창업가

창업가

경종민 지음

율곡출판사

추천의 글 1

1971년 가을, 전국에 위수령이 발동되고 모든 대학이 휴교 상태에 들어갔을 때, 한 공대 학생이 실존주의 철학책을 갖고 지리산을 찾았다. 이 공대생은 그 후 공대를 졸업하고 KAIST에 진학하여 전기전자 분야에서 석 · 박사를 끝내고 Bell Lab에서 post doc을 거친 후 KAIST 전기및전자공학과의 조교수로 부임하였다. 바로 경종민 교수다.

경 교수는 그 후 KAIST에서 CAD 분야의 교육과 연구에 정진하였고 부교수, 정교수로 승진하면서 많은 제자를 양성하였으며 65세에 정년퇴직하였다. 교수로 지내는 동안 스스로 창업해 창업의 실무를 체험하였고 깊은 생각을 통해 창업에 필요한 지식, 창업의 마음, 창업의 철학에 대해 많은 깨달음을 얻었다. 정년을 앞두고 CISSCenter for Integrated Smart Sensors 연구단을 조직하여 여러 가지 smart sensor 기술에 대한 연구사업을 지원하였고 연구결과를 창업과 연결하기 위해 노력하였다.

CISS를 통하여 30여 개의 기술창업이 이루어졌고 300억원 이상의 투자를 받게 되었다. 이런 결과는 기술창업이 성공할 수 있다는 확신을 우리 주변에 확산시켰으며, 기술창업의 영업, 홍보, 투자유치 등에 대한 소중한 경험을 쌓게 되었고, 경 교수는 기술창업의 전도사로 발전하였다. 그가 이제 CISS 연구단의 마지막 단계에서 그동안의 생각을 정리하여 『창업가』를 출판하게 되었다.

이 책은 기술창업의 중요성에서 출발하여 창업의 준비, 기업의 운영 등 창업활동에 대해 넓고 깊이 있는 저자의 생각을 전달해 준다. 그뿐 아니라 기술창업을 통한 사회 발전, 국가 발전을 생각해 보게 한다. 교육자로서, 신앙인으로서, 미래 사회를 걱정하는 교수의 입장에서 창업의 의미, 창업의 보람에 대해서도 이야기한다. 창업을 위한 행동과 창업의 마음을 함께 생각해 보는 값진 계기를 마련해 준다.

저자의 표현을 빌려 창업의 의미를 생각해 본다.

> 창업은 새로운 세계를 여는 문이다. 남이 만들어 놓은 세계에 들어가 어울리는 것이 아니라 새로운 세계를 만들어 가는 것이다. 창업자가 열어 놓은 세상에는 다양한 꿈과 성향을 지닌 사람들이 모여들어 힘차고 행복하게 일하며 살아간다. 성경의 창세기 제1장 1절에 의하면 태초에 하나님이 천지를 창조하셨다. 창조자의 정신에 가장 가까운 창업의 길을 우리 청년들이 힘차게 걷는 것이 우리나라와 민족의 활로가 될 것이다.

창업에 관심이 있는 젊은이, 정책입안자, 그리고 교육자에게 권하고 싶은 책이다. 새롭고, 풍요로운 사회에서 보람 있게 행복하게 살아가는 미래를 꿈꾸는 젊은이들에게 추천하고 싶은 책이다.

대한민국과학기술유공자 김충기

추천의 글 2

COVID-19로 전 세계가 경제적 · 사회적 위기 상황을 맞고 있다. 이번 COVID-19 사태에서는 우리 대한민국의 저력이 충분히 발휘되었으나, 우리나라는 해외 경제 의존도가 매우 높아 전문가들도 우리나라의 미래에 대해서 걱정을 많이 하고 있다.

이러한 우리의 위기 상황을 돌파하고 젊은이들에게 꿈과 비전을 주기 위하여 평생을 교육과 연구에 매진해 온 저자가 생생하고, 가슴에 와 닿는 역저를 출간하였다. 참으로 반갑고 고마운 일이다.

이 책은 경종민 교수의 소중한 경험과 경륜을 바탕으로, 젊은이들에게 꿈과 미래의 방향을 전해 주는 지침서이다. 많은 젊은이들이 공무원 고시 준비와 대기업 입사를 위한 스펙 쌓기에만 열중한다면, 사실상 우리나라의 미래는 없다. 깊은 생각과 창의 발상으로 새로운 도전을 시작하여야 하며, 이 책이 훌륭한 전도서가 될 것이다.

막연한 외국의 이야기가 아니라 저자가 스스로 경험한 창업 이야기를 피를 토하는 심정으로 젊은 사람들과 소통하고자 하는 소중한 책이다.

한국과학기술한림원장 **한민구**

추천의 글 3

과감한 도전과 성실한 노력의 결과로부터 얻은 실패만큼 값진 경험은 없다. 창업은 그 기회를 제공함에 틀림이 없다. 젊은 연구자, 엔지니어들의 기업가정신은 대한민국의 산업 생태계에 새 숨을 불어넣어 줄 호흡기와 같다. 이 책은 기술창업을 성공시키기 위해 필수적으로 알아야 할 지식과 조언을 빠짐없이 담고 있다. 경종민 교수가 긴 인생 여정에서 터득한 보석 같은 노하우와 지혜들이다. 세상을 바꾸고 싶은 청년들, 대한민국을 혁신 국가로 만들고자 하는 리더들에게 이 책을 적극 추천한다.

한국공학한림원 회장 **권오경**

추천의 글 4

경종민 교수는 학창시절에 다이나믹했었다. 자신을 필요로 하는 일이라면 힘들어도 꼭 하는 학과나 동기들의 문제 해결사였다고나 할까?

교수는 연구만 하는 조용한 학자라는 편견에 익숙했던 나도 경종민 박사가 '교수의 역할을 잘할 수 있을까?' 하는 생각을 한 적이 있었다. 그것은 기우였다. 시대가 요구하는 분야로 연구를 확장하며 학문도 정진하고, 스타트업 회사도 창업해 보고, 국내 반도체 설계 인력을 육성하기 위한 IDEC도 주도하는 등 학창시절의 다이나믹한 성향이 그대로 유지되었다. 한국과학원 설립을 주도한 실리콘밸리의 설계자인 스탠퍼드 대학 터먼 학장의 철학을 잘 실천한 교수가 된 셈이다.

대학교가 해야 할 일은 교육과 연구지만 공과대학은 연구한 기술이 사회(기업)에서 활용될 수 있도록 연결고리 역할도 해야 한다. 과거 한국 대학의 연구 수준이 낮을 때는 연구 자체만으로도 의미가 있었으나, 현재 한국의 연구 수준이 선진국과 비슷한 경우에는 변신을 해야 한다. 연구 결과가 사업화되도록 노력할 필요가 있다.

지난 수십 년간 우리나라가 성공한 fast-follower 모델로는 더 이상 성장할 수 없게 되었고 first-mover가 되는 길만이 우리가 갈 방향이다. 스탠퍼드나 MIT처럼 우리나라도 교수나 학생들이 창업도 해보는 적극적이고 도전적인 자세가 필요한 시기가 되었다. 그러한 관점에서 '창업이 한국의 미래' 라는 경 교수의 주장에 공감할 수밖에 없다.

경 교수가 지난 30여 년 이상 교수, 창업자로서 활동하면서 체득한 경험을 담은 소중한 책이 발간되었다. 그가 창업하면서 느꼈던 소회, 실패와 그 이유, 창업 때 유의해야 할 사항 등이 자세하게 설명되어 있어 후배 창업자들에게 많은 도움이 될 것이다. 더불어 창업이 단순히 성공만을 지향해서는 안 된다는 따끔한 경종의 메세지도 전달하고 있다. 결과도 중요하지만 태도는 그보다 더 중요하다. 책 후반부는 창업자뿐만 아니라 우리나라 리더들이 꼭 읽어야 할 내용이 들어 있다.

우리나라에서 우수한 인재들이 가장 많은 대학에서 교수와 학생들이 이 책을 읽고 새로운 도전을 시작하길 기원한다.

삼성전자 고문, 前 삼성종합기술원 회장 **권오현**

추천의 글 5

스탠퍼드대학은 지금까지 4만여 개의 창업 기업을 창출했고, 이들 기업의 연 매출 총액은 3,000조 원에 이른다. 이는 우리나라 GDP의 1.7배에 해당하는 엄청난 규모다. MIT에서도 비슷한 규모의 창업이 이루어지고 있다. 우리나라에서 창업사관학교로 알려진 KAIST의 경우 1,800여 개의 창업 기업을 창출했고, 이들 기업의 연 매출은 13.6조 원 정도다.

우리나라는 0.8%의 대기업이 수출의 2/3를 차지하는 반면, 97.1% 중소기업이 수출의 17.1%를 차지하고 있다. 심각한 대기업 편중적 경제 구조를 타개하기 위해서는 대학의 기술 기반 창업 활성화가 매우 중요하고 시급하다. 본인은 KAIST 총장으로 취임하며 이러한 국가적 상황을 직시하고 '기술사업화' 를 대학 혁신의 중요한 과제로 추진하고 있다. 하지만 현실은 그리 녹록지 않다. 창업에 대한 대학 사회의 인식이 부족하고, 젊은이들의 도전의식이 부족하며, 국가적으로 창업 생태계가 성숙하지 못하기 때문이다.

저자는 우리나라 비메모리 반도체 연구의 대표적 공학자이자 연구개발 결과를 기술사업화하여 여러 기업을 탄생시킨 창업가이다. 저자는 창업가로서의 고뇌와 실전에서 체득한 생경한 경험을 이 저서에서 논리적이고 설득력 있게 제시하고 있다. 창업의 메카 실리콘밸리의 아버지 프레데릭 터먼의 비전이 우리나라 대학에도 이루어지길 희망하고, 이공계 청년들이 세계와 미래를 향해 올바른 자세로 한껏 도전하도록 격려하는 사회를 만들어 가자고 주장한다. 또한 좋은 기술을 가진 과학기술자들이 노블레스 오블리주의 정신으로 세계와 사회를 섬기는 마음으로 창업을 하자는 높은 가치관을 제시하고 있다.

창업을 꿈꾸는 젊은이, 스타트업을 경영하고 있는 CEO, 21세기 한국 대학의 새로운 혁신의 길을 모색하려는 대학 경영자들에게 본 저서를 필독서로 추천하고 싶다.

KAIST 총장 **신성철**

들어가는 글

세계의 대륙 간, 나라 사이의 벽을 치며 오가는 파도가 점점 사납고 높아진다. 개방과 협력, 화합을 내세우던 기류가 강대국의 봉쇄정책으로 세계의 정치와 경제가 경색의 길로 빠지고 있다. 포퓰리즘과 돈과 힘의 논리가 득세하면서 1, 2차 세계대전과 냉전을 지나고 조금씩 다져온 자유와 개방과 화합의 정신이 훼손되고 있어 안타깝다.

내수시장만으로 굴러가기에는 작은 경제 규모, 다른 한두 나라에 부속되거나 의존하기에는 큰 인구의 나라인 한국. 우리나라의 문제는 열강과 인접한 지정학적인 조건으로 인하여 더욱 독특하다. 유럽이나 동남아처럼 비슷비슷한 여러 이웃은 없고 덜컹 중국, 일본, 러시아, 그리곤 북한, 이렇게 딱 봐도 녹록지 않은 상황이다. 긴 역사로 마주해 온 중국, 지난 500년간은 일본, 최근 100년 역사에서는 미국과의 관계 어느 하나 간단한 것이 없다. 강대국 사이에서 지난한 역사의 온갖 모진 상황 가운데서 살아남았듯이 대한민국은 앞으로도 스스로 이 특수한 상황을 헤치고 나아가야 한다. 이것은 명백히 우리의 운명이다.

저자가 대학에 들어간 1971년 시절에 비하면 지금 우리나라의 산업과 경제의 세계적인 수준과 위상은 엄청나게 높아졌다. 그러나 청년들의 열정, 의지와 기상은 산업과 환경이 초라하고 미천하던 당시보다 크게 나아 보이지 않는다. 우리 청년들은 진지하고 성실하게 노력하며 똑똑하지만 도전의 기개는 충분히 높지 않다. 우리나라 역사 이래 세계적인 수준에서도 가장 경쟁력이 있는 알차게 무장한 세대인데 오히려 짓눌려 있고 행복해 보이질 않는다. 무언가 잘못된 것이다. 대학, 사회, 아니면 멘탈이 약한 청년들 자체, 그중 무엇이 문제인지 어느 누구도 잘 모르고 있다.

'문제가 이것' 이라고 딱 하나 집어서 말할 수 없고, 답도 하나만 있는 것은 아닐 것이다. 그러나 한 가지 확실한 것은 우리가 그냥 열심히 해오던 것을 다시 진지하게 생각하고 중요한 것을 바꾸는 결정을 하지 않으면 안 된다는 것이다. 열심히 하지 않는 것이 문제가 아니라 잘못된 길을 열심히 걷고 있다는 것이 문제다.

이제부터 걸어가야 할 길은 지금까지 해오던 일을 조금 더 열심히 하는 것이 아니다. 열심히 치열하게 하는 것과 본질적인 문제를 찾아서 몰두하는 것은 전혀 다른 것이다. 올바른 문제를 잘 찾는 것에 집중해야 한다. 당시에 떠오르는 문제를 대충 그럴듯하게 푸는 것은 좋은 생각이 아니다. 우리가 할 일은 논문을 좀 더 많이 쓰고 차와 집을 좀 더 비싼 것으로 바꾸는 그런 부차적인 일이 아니다. 청년 문제는 바로 '대학의 사명과 역할이 무엇이어야 하는가?' 하는 대학의 문제로 연결된다. 대학의 모습과 역할이 진리의 상아탑, 인재의 등용문, 두뇌집단, 이 정도로 충분한가?

지난 70년간 한국의 성장은 양적인 지표 중심으로 몰고 온 결과다. 소득 3만 달러를 넘은 이후 한국의 성장 동력은 숫자, 외관에서 질과 내

실로 과감히 기어 변환을 해야 한다. 이미 한국은 숫자나 단체로 단순하게 밀어붙이는 것을 버리고, 기술과 산업의 본질적이고 핵심적인 영역에 최고의 방법과 전략으로 도전하여 새로운 결과를 내야만 성장이 가능한 단계에 다다랐다. 그냥 좀 더 밀어붙이는 것으론 안 되는 피로점에 도달했다. 깊은 생각, 창의 발상, 새로운 도전으로 대전환을 해야 한다.

이를 위해서 가장 중요한 교육, 연구, 산업, 정치, 인생의 의미와 가치에 대하여 어디에서도 물러서지 않고 누구와도 당당하게 토론하며 헤쳐 나갈 수 있는 사람들을 키워내야 한다. 얼굴, 학벌, 모양이 그럴듯하게 보이는 것이 아니라, 실제로 마음, 실력, 재정의 강인성을 키우는 것이 중요하다. 예쁜 것, 번지르르한 것에 미쳐 있는 사회를 떨치고 투박해도 정직한 도전자들이 자라나야 한다.

사회의 환경은 청년에게 절대적인 영향을 끼친다. 우리 사회에서 돈과 법과 마음이 흐르는 길을 깨끗이 만들어야 맑고 강한 청년들이 자라날 수 있다. 재화의 흐름은 창의와 도전의 창업의 힘과 투명하고 건강한 소비가 주도해야 한다. 정신의 흐름은 깊은 통찰, 기탄없는 소통, 건강한 도전정신이 주도해야 한다. 그래야 사회에 비전이 생기고 생명의 활기가 돌며 청년들이 꿈을 꾸며 비전을 품고 뛰게 된다.

오랫동안 말로만 외쳐 오던 개혁은 창의와 도전에서 나와야 한다. 말이 아니라 생각과 행동이 근본적으로 창의와 도전으로 정조준되어야 한다. 새로운 길, 새로운 물줄기를 찾고 새로운 동력을 만들어 내는 문을 열어야 한다. 점수와 스펙을 만들어 좋은 대학과 직장에 들어가 여기저기 재테크를 하며 사는 것은 결국 망하는 길이다. 이런 것은 시뻘건물 레드오션으로 인도하는 길이다. 정답은 창업이다. 창업의 길이 올바른 길이라는 것에 대해서는 온 세계에 증거가 넘친다.

이공계 대학의 제일 사명은 기술창업의 길을 여는 것으로 재정립되어야 한다. 노블레스 오블리주(고귀한 자의 책무)가 살아나야 한다. 가장 많은 재능과 자산을 갖게 된 사람들이 고귀한 자의 책무를 지는 것만이 우리 사회가 사는 길이다. 사회의 톱에 있는 사람들이 후방에 물러앉아 안전하게 주어진 것만 지키려 할 때, 가난하고 힘없는 자들이 먼저, 그리고 이어서 후방의 그들, 그리고 사회 전체가 차례로 몰락하게 된다. '창업이 길' 이라는 주장에 대하여 치열하게 토론하고 구체적인 방안을 찾아야 한다.

우리 사회에서 탐험과 도전, 희생과 섬김이 부자들, 권력자들의 사회에서 키워드로 자리 잡아야 한다. 지금 우리 사회의 모습은 그렇지 않다. 미국이나 창업이 활발하고 창업 일 세대가 산업과 경제를 주도하는 다른 어느 나라에 비해서도 우리나라는 부의 세습으로 된 부자의 비율이 압도적으로 높다. 중소기업과 창업이 활발한 대만의 한 친구는 대기업이 강한 한국을 너무나도 부러워한다. 우리에게 강한 대기업이 있는 것은 나도 좋다. 그렇지만 지금 한국은 대기업 못지않은 강한 중소기업과 벤처 창업의 열풍이 훨씬 더 강하게 불기 시작해야 할 때다. 그래야 미래가 있고 청년이 살며 온 국민이 행복해질 수 있다.

저자의 전문 연구분야도 아닌 창업이라는 영역에서 글을 쓰게 된 것은 창업, 특히 기술창업의 중요성을 강조하며, 기술창업이 우리나라 대학의 제일 사명으로 자리매김하게 되길 바라는 간절한 마음에서다. 열정과 근성이 있는 청년들과 능력을 갖춘 대학의 교수들이 논문 쓰는 데서 그치지 말고, 부디 작게는 우리나라, 크게는 세계의 미래를 위해서 기술창업을 잘 이끌어 주길 바라는 마음 간절하다.

이 책을 내놓으며 미래를 살아갈 이 땅의 청년들과 창조자(홀로 자신의 이름을 알고, 최전방의 인간 전사들이 보고 온 창조의 벽 건너편에 계신 존재)를 생각한다. 우주는 창조의 소리로 가득하다. 우주에는 지금도 빅뱅의 굉음이 온갖 주파수의 빛으로 편만히 퍼지고 있다. 뭍 사람들에게 큰 바람 소식이 오기 전에 먼 큰 바다에서 큰 바람의 눈이 뜨인다. 우주의 눈은 빅뱅의 현장이다. 전파신호에도 바람에도 아이에게도 눈이 있다. 눈을 뜨면 사는 것이다. 창업은 기술을 눈뜨게 하는 것이다. 그리고 인생을 눈뜨게 하는 것이다. 눈을 보면 사람이 보이고 깊이 들여다보면 인생이 보인다.

메이데이 메이데이 메이데이, 여기는 창업 중 …… 하늘로 신호를 보낸다. 검은 공간에 적막이 흐른다. 이어 빅뱅의 굉음 너머, 블랙홀의 깊음 안쪽에서, 형체와 기원을 몰라 수식과 개념으로 고착화시킨 계면의 저편에서 작은 소리가 들려온다. 메이데이 메이데이. 여기도 창조 중, 여기도 창조 중 ……

괴나리봇짐 하나 걸쳐 메고 작은 땅 위에 살아남은 우리 한국인들과 청년들, 여기서부터 얘기를 시작하자.

경종민

차례 대강 살펴보기

이 책은 5장 18절로 구성되어 있으며, 창업과 관련되는 다섯 개의 주제, 즉 시장, 인생, 힘점, 자세, 세계관을 1~5장에서 차례로 논하고 있다. 가장 실용적인 주제인 ① 시장과 기술, ② 창업가의 인생에서 시작하여 ③ 창업의 진작을 위한 힘점(지레의 작용점인 현장에서 창업의 활성화를 위해 힘을 가해야 하는 지레의 힘점)이 되는 대학과 국가와 창업가의 역할에 대한 논의를 거쳐, 경쟁력과 지속성을 갖는 좋은 창업에 꼭 필요하면서 간과되고 있지만 가장 근본적인 주제인 ④ 창업가의 자세, 그리고 ⑤ 창업가의 철학인 세계관까지 옮겨간다. 이것을 다섯 개의 계단석으로 된 피라미드로 그려보면 다음 〈그림 1〉과 같다. 시장, 인생, 힘점, 자세, 세계관이라는 이름의 계단석을 따라 위에서부터 내려오는 것이 읽는 순서다.

그림 1 책의 장 구성을 보인 피라미드

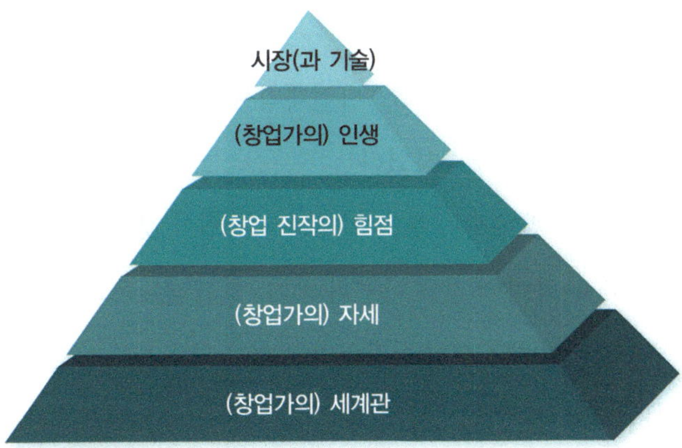

다음은 각 장과 각 절에 대한 요약이다.

[제1장 시장과 기술 사이]

이 장은 1. 빅뱅 사건과 현장의 소리, 2. 실패한 열정, 꺼지지 않은 불씨, 그리고 3. 글로벌 프런티어 사업단 CISS의 창업 이야기로 구성하였다.

'1. 빅뱅 사건과 현장의 소리' 에서는 창업의 초기 단계에서 특히 중요한 기술과 시장이라는 두 가지 요소를 비추어 본다.

'2. 실패한 열정, 꺼지지 않은 불씨' 에는 저자의 KAIST에서 지난 35년간의 연구 역정과 창업 도전기, 그리고 실패 에피소드와 그로부터 얻은 교훈을 실었다.

'3. CISS 이야기' 에는 저자가 지난 9년간 일해 온 글로벌 프런티어 사업단 CISS(Center for Integrated Smart Sensors, 스마트IT융합시스템 연구단)의 창업 이야기와 CISS에서 지원하는 네 개의 스핀오프 기업의 창업기를 담았다.

[제2장 창업으로 여는 미래]

이 장은 4. '창업과 인생', 5. '사업계획서 쓰기', 그리고 6. '창업이 살아야 나라가 산다' 로 구성하였다.

'4. 창업과 인생' 에서는 우리 인생에서 창업이 갖는 의미와 도전의 가치와 정신에 관하여 얘기를 나누어 본다. 엠크래프츠 전정범 대표의 특별한 인생 경험인 데스크탑 전자현미경 회사 창업기를 실었다.

'5. 사업계획서 쓰기' 에서는 사업계획서(Business Plan ; BP) 작성에 관한 기본 원칙과 실용적인 방법을 제시하였다.

'6. 창업이 살아야 나라가 산다' 에서는 우리 사회의 문제, 인생의 관점에서 이 세계를 조감하고, 우리가 처한 상황을 파악하고, 청년, 대학, 산업 생태계의 문제와 해결방안의 큰 그림을 소개한다.

[제3장 창업의 힘점 : 나라, 대학, 사람]

이 장은 네 개 절로 구성되며, 창업의 중요 플레이어인 정부, 대학, 사람의 역할에 대한 생각을 담았다. 정부의 마중물 역할이 민간 산업 생태계의 대양[大洋]으로 연결되어야 하고, 대학은 창업의 문제를 근본적으로 생각하고 임해야 하며, 창업자는 비저너리, 지도자이자, 몸소 좋은 일꾼이어야 한다고 말한다.

'7. 창업하기 좋은 나라' 는 기업을 하는 데 가장 큰 영향을 끼치는 시장 다음으로 중요한 국가의 역할과 기업의 역할의 공통점과 차이점을 다루고 있다. 정부와 기업의 조직과 돈을 관리하는 방법에 관한 생각을 담았다.

'8. 창업하는 대학이 미래를 연다' 는 창업이 왜 대학의 사회와 청년에 대한 책무가 되어야 하는지 다루고 있다. 사회의 미래는 대학에 달려 있다. 대학이 제대로 살아나려면 교육과 연구의 이유를 창업에서 찾고 교수, 학생들이 나서야 하고 정부와 대학은 그들이 꿈을 불태울 친창업 환경을 만들어 주어야 한다.

'9. 일 잘하는 사람' 은 일을 잘하는 실제적인 방법과 자세에 대한 것이다. 일을 잘하려면 잘 준비해야 한다. 혼자 해도 안 되고 원칙만 갖고 밀어붙이기만 해도 안 된다. 너무 조심하고 재기만 해도 안 된다. 제대로 준비하고 도전할 때가 되면 거침없이 도전해야 한다.

'10. 창업가는 지도자다'는 좋은 지도자에 관한 내용이다. 창업은 기업이라는 하나의 세계를 만들어 내고 운영하는 것이며, 하나의 기업이 만들어지고 지속하려면 좋은 지도자가 필요하다. 창업가는 반드시 좋은 지도자여야 한다.

[제4장 창업가의 기본 기술과 자세]

이 장은 소통, 분별의 기술, 그리고 돈과 법을 대하는 바람직한 마음과 정신의 자세에 대하여 논하고 있다.

'11. 소통의 기술'은 세계의 다양한 존재자들과 만나고 소통하는 방법으로서 인식과 사고의 기술, 언어라는 수단의 효용성과 위험성, 그리고 이 위험을 뛰어넘는 방법에 대한 생각을 나누고 있다.

'12. '분별의 기술'은 분별력에 대한 얘기다. 분별력이 없으면 아무리 소통하고 많은 도전을 해도 배우지 못한다. 모든 능력의 최고봉은 분별의 능력이다. 분별의 힘은 능력보다 자세에서 나온다.

'13. 돈과 법을 대하는 자세'는 우리가 익숙하여 무지하기 쉬운 주제인 돈과 법에 관한 얘기다. 돈과 법, 이 둘은 무언가 열심히 해보려면 꼭 필요하고 알아야 하지만 왕왕 발목을 잡는 주제로, 정말 애증이 교차하는 필요악이다. 창업과 기업의 운영에서 돈과 법은 가장 중요한 변수다. 돈과 법은 결코 간단하지 않다.

[제5장 창업가의 세계관]

이 장에는 창업가가 스타트업의 과정에서 만나게 될 예측하기 어려운 상황에서 잘 이겨내고 배우고 즐기며 성장해 가는 데 필요하다고 생각되는 세계와 삶의 근본적인 생각을 담았다. 창업가의 실용철학이라고 할 만하다.

14. '물심物心양면의 세계'는 서론, 세계의 중요한 존재자들에 대한 소개다.

'15. 타인과 세계'는 세상을 바라보는 나의 안경인 인간관과 세계관에 대한 것이다(세계는 인간이 있기 전의 무대, 세상은 인간이 들어선 무대, 즉 '세상 = 세계 + 인간'으로 생각해 본 것이다).

'16. 자기와 신'은 모든 생각과 행동의 기반이 되는 중요하고 어려운 주제지만 기본적인 생각만 나누는 것도 큰 의미가 있다. 창업의 도전 과정에는 워낙 예측하기 어려운 것이 많아 열심히 쌓아 올린 업적을 어이없는 잘못으로 하루 사이에 날려 버리는 경우가 많다. 우리는 '어떤' 렌즈를 통해 세계와 사건을 본다. 자신과 신은 서로를 보고 비추는 거울이고 렌즈다.

'17. 물질, 생명, 생각, 그리고 마음'은 이과적 사고와 문과적 사고가 상호 자유롭게 오가는 비즈니스의 현장에서 당당한 역할자가 되기 위하여 꼭 섭렵해야 할 내용이다. 물질은 이과의 영역, 생각과 마음은 문과의 영역이 확실하고, 생명은 두 가지 측면이 다 있어 보인다. 이과생은 마음에도 법칙이 있다는 것을, 문과생이나 경영학도는 물질의 세계에 대한 친숙함을 통해 사고의 수준이 점프할 수 있다. 기업을 경영하려면 이 어색함과 두려움을 극복하는 것이 꼭 필요하다.

'18. 창업에 미치다'는 '창조의 벽'의 이편에 존재하는 우리가 '사고의 벽'과 '나태의 벽'을 넘어서야 진정한 창업가로서 '창업의 영역'에 들어갈 수 있음을 설명하고 있다. 지금까지 우리나라의 교육이 능력과 스펙 중심의 전반전이었다면, 이제부터의 후반전은 나태의 벽을 넘어 열정을 회복하고 사고의 벽을 넘어 창의력을 갖추어 가며, 시장의 요구, 인생의 참 의미, 존재와 기회에 대한 감사로 동기부여된 창업가로 발돋움하는 과정이어야 할 것이다.

차 례

3장 창업의 힘점 : 나라, 대학, 사람

4장 창업가의 기본 기술과 자세

5장 창업가의 세계관

1장

시장과 기술 사이

시장이라는 '보이지 않는 손'은 작지만 명확하고 일관된 목소리를 낸다. 그러나 넘실대는 욕심의 파도나 사이렌의 유혹에 넘어가면 시장의 소리는 더 이상 들을 수가 없다.

시장의 소리를 들으려면 마음의 준비가 필요하다. 시장의 소리가 들리면 내가 할 일이 보이기 시작한다. 자신이 가진 기술이 어떤 가치를 갖고 있는지, 어떻게 보완해야 상품이 될 수 있는지 알게 된다.

01
빅뱅 사건과 현장의 소리

사건이 터지는 최전방, 현장을 찾아가라

이미 태어나 이 세계에서 살아가고 있는 당신에게 질문 하나를 드린다.

이 세계에서 가장 중요한 일이 벌어지고 있는 곳은 어디인가?

가장 중요한 사건이 벌어지고 있는 현장을 찾아가는 것은 기자의 본능이다. 우주에서, 지구상에서, 전쟁터에서, 시장에서, 사람의 마음속에서 일어나는 사건의 현장에 도착하여 그 사건의 본질, 본말을 파악하고 알리고 싶은 것이 최고 수준의 물리학자, 정치가, 종군기자, 사업가와 심리학자의 마음이자 소임일 것이다. 물론 프런티어, 즉 전선戰線에 직접 가지 않고 후방 안전지대에 머무르면서 다른 사람이 하는 얘기를 베끼거나 가짜를 만들어 내거나 별로 중요하지 않은 얘기를 쓰는 사람들도 있다. 대개 사람들은 쉬운 길로 가지만 진짜배기는 생각이 다르다. 사건이 터지는 현장과 아늑한 사무실의 책상 사이에는 진짜배기 기자의 열정과 땀으로만 메꿔지는 커다란 갭이 있다.

물리학을 예로 들면, 우주의 기원을 연구하는 거대과학과 아주 작은 소립자를 연구하는 소립자 물리학이 아마 가장 싱싱한 연구결과를 찾을 수 있는 전선일 것이다. 그러나 어느 방향으로 가든, 우주의 깊고 먼 곳으로 가든, 나노 입자, 소립자의 미시 세계를 택하든 새로운 것을 발견하기는 쉽지 않다. 그래서 여기가 전선이다. 〈그림 1-1〉을 보자. 심해의 싱싱한 물고기를 잡기가 어려운 것처럼, 나무의 경우를 보면, 하늘로 땅으로 크고 멋지게 뻗는 가지와 뿌리가 하나의 전선을 형성하고 있는 것이라면, 나무의 비밀과 미래가 담겨 있는 작은 씨앗이 다른 하나의 전선일 것이다. 인체의 전체를 연구하는 의학이 있고, 세포나 DNA를 들여다보는 분자생물학도 있다. 아주 큰 곳에도, 아주 작은 것에도 새로운 움직임의 단서가 살아 있다. 폭발 팽창의 방향이나 흡입 수축의 방향이나 끝이 없는 방향으로 무한히 뻗어나가는 것에는 도전이 있다.

그림 1-1 자연계 양극 프런티어의 예

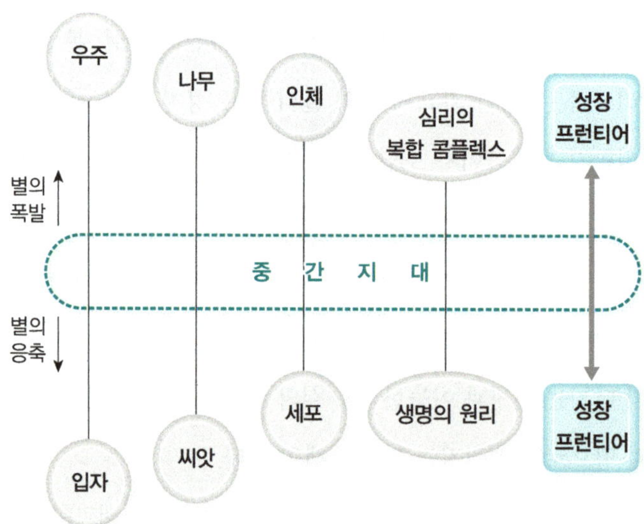

자연계에 있는 양극 프런티어들이다. 생명의 원리, 심리의 복잡성을 연구하는 영역은 지금의 성장점이 있는 성장의 전선으로, 이곳을 통하여 미래의 블루오션이 열릴 것이다.

잠깐 우주마이크로파배경Cosmic Microwave Background ; CMB 복사 이론에 대한 얘기를 하고 가자. 1964년 벨연구소의 펜지어스는 윌슨과 함께 천문 관측을 위해 만든 고감도 수신기에 은하수에서 오는 것이라고 보기에는 너무 큰 잡음이 잡혀 뉴욕시의 방송전파인지 의심해 보기도 하고, 커다란 뿔 안테나 안에 가득 쌓인 박쥐, 비둘기 똥을 다 치우기도 했다. 그러고도 여전히 들리는 잡음이 (이론물리학자의 자문을 거쳐) 빅뱅의 흔적인 우주마이크로배경복사임을 결국 확인하게 되었다. 지금의 우주가 당시 다른 가설인 정상상태 이론의 주장처럼 항상 그래왔던 것이 아니라 어느 한 시점에 대폭발에 의해 만들어졌다는 빅뱅 이론의 근거가 만들어지는 순간이었다.

팽창하는 우주는 빅뱅 이후 우주 변화의 방향이 팽창임을 말하고 있다. 빅뱅에 대한 물리학계의 현재 한 설명에 의하면 우주 탄생 초기 1초도 안 되는 시간 안에 엄청난 사건들이 일어났다고 한다. 그런데 빅뱅 이전에 대해서는 아무런 얘기도 없다. 빅뱅 이전의 공간, 블랙홀 외부의 공간은 존재하지 않은 것처럼 금기의 영역이다. 별도 폭발하고 수축하며 별의 일생이 관측된다고 하는데, 왜 우주에 대하여는 폭발 이후 팽창만 있는 것인지 이해하기가 어렵다. 엄청난 사건들이 숨 막히게 바쁜 순서와 시간을 따라 일어난 것이라는데, 아마 이런 설명들은 지금까지 관찰되고 드러난 사실들을 설명하기 위하여 도입된 몇 가지 가설에 기반하여 만들어진 하나의 이론, 즉 가설이라는 생각이 든다. 1초의 백억 분의 일도 안 되는 시간을 쪼개고 쪼개어 지금의 모든 우주와 작은 소립자들이 만들어졌다고 한다. 백억 년도 넘는 시간 이전에 백억 분의 일의 백억 분의 일도 안 되는 시간 안에 1mm의 백억 분의 일의 백억 분의 일도 안 되는 작은 물체가 지금의 우주로 폭발하고 팽창하는 엄청난 사건이 일어났다고 하니, 이것이 진실인지 알 길이 없고 상상이 가질 않는다. 도저히 설명할 길이 없는 엄청난 불연속의 장벽을 어떻게든 풀어보려는 처절한 노력이라고 해야 할 것 같다. 소문은 소문을, 이야기는 이야기를 만들며 미디어를 채워가고, 가설은 가설을 낳으며 이어지는 것이 학문의 끝없는 행진이 아닌가? 하는 생각이 든다.

매슬로우는 사람의 욕구를 ① 생리적 욕구, ② 안전 욕구, ③ 애정사회적 욕구, ④ 존경받고 싶은 욕구, ⑤ 자아실현의 욕구의 다섯 단계로 설명했는데, 앞의 둘 ①, ②는 형이하학적, 즉 물질적 욕구이고, 뒤의 둘 ③, ④는 정신적 욕구이며, 가운데 ③ 사랑의 욕구는 물질과 정신 두 가지 면이 모두 있는 것이라 볼 수 있다. 즉, 사람의 욕구는 '시장'으로 대변되는 물질형이하적 욕구와 '정의'로 대변될 수 있는 정신적형이상 욕구의 두 가지로 구분할 수 있는데, 이 두 가지는 모두 현재의 욕구현재향라 할 수 있다. 여기에 인류의 성장과 심화가 이루어지는 프런티어, 즉 인류의 미래를 향한 동력으로서 호기심과 도전정신을 각각 형이하 영역과 형이상 영역에 추가하여 보면 〈그림 1-2〉와 같다. 즉, 사람은 다른 동물과는 달리 현재와 미래를 생각하기에, 사람의 행동에는 시장경제, 정의의 정치라는 현재 문제를 다루는 영역과 호기심과 도전정신이라는 미래를 만들어 가는 영역, 이렇게 총 네 가지 동력이 있다고 볼 수 있다.

그림 1-2 인간의 행동의 네 동력

그림 1-3 기술창업과 사회적 기업

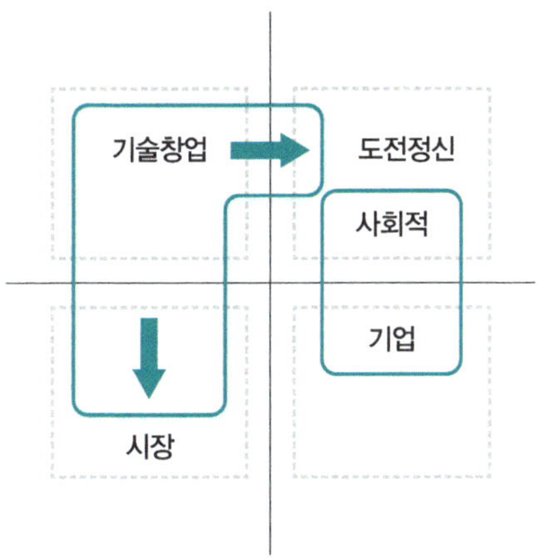

과학기술은 인간의 호기심에서 시작되며, 〈그림 1-3〉에 보인 것처럼 기술창업은 과학기술의 산물을 시장의 수요에 부응하도록 적용하려는 도전정신을 갖고 하는 것이다. 이에 비하여 사회적 기업은 사회적 약자를 배려하는 정의감으로 도전하는 것이라 할 수 있다. 안정적인 사회를 이루려면 두 가지 기업이 모두 필요하다(사회적 기업에도 기술이 얼마든지 중요한 역할로 포함될 수 있지만 사회적 약자에 대한 배려가 더 중요한 기본 정신이다. 본서에서는 기술창업적인 면만 다루지만 사회적 기업에도 적용될 수 있는 부분이 있을 것이다).

그림 1-4(a) **탐구와 도전으로 하나의 미래를 여는 전선, 프런티어 영역**

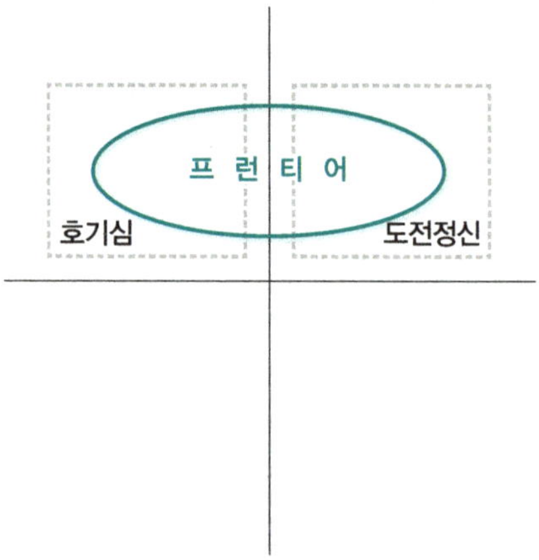

그림 1-4(b) **현실정치의 이분구도**

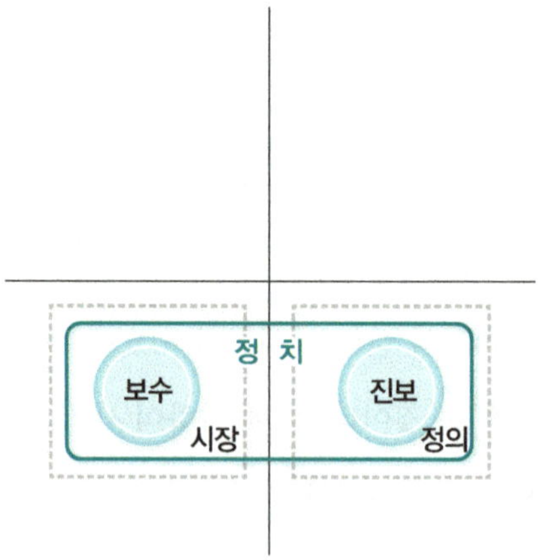

〈그림 1-4(a)〉에 보인 네 사분면 중 위 두 영역은 인류의 미래에 호기심에 의한 과학적 탐구와 도전의 정신으로 투자하는 인간의 행동 영역, 즉 프런티어 영역이다. 〈그림 1-4(b)〉에 보인 것처럼 아래 두 영역에 해당하는 현실 정치는 양당 구조에서는 보수와 진보로 나뉘게 되는데, 보수는 시장경제의 영역, 진보는 정의와 배려를 핵심 가치로 삼기 때문에 성장이냐 분배냐를 놓고 충돌할 수밖에 없다. 물론 이 충돌을 얼마나 잘 타협해 내는가가 중요한 정치의 기술이겠지만, 같이 바라보고 투자하는 미래를 여는 프런티어 영역을 공유하지 못하고 당장, 즉 현재 상황만 보고 행동한다면 소모적인 정쟁을 피하기가 어려울 것이다. 서로 현재 입장이 달라도 최소한 ① 과거를 공부하는 것은 더 좋은 미래를 열기 위함이고 이를 기반으로 현재의 어려움을 이겨낼 수 있으며, ② 미래에 대한 그림을 같이 그려가야 한다는 생각을 공유해야 희망의 미래가 열린다는 것을 인정해야 한다. 그렇지 않으면 보수와 진보 진영 간에 의미 있는 대화를 할 수 없을 것이다.

정보기술IT을 예로 들면 IT 산업의 양극 프런티어는 다음 〈그림 1-5〉에 보인 것과 같이 미국과 유럽이 강한 분야인 시스템 설계 기술이 있고, 일본이 상대적으로 강한 재료분야가 있다(소자 및 물성 분야는 미국이 더 강하다). 양극 프런티어는 두 극으로 이루어진다. 복잡하고 큰 시스템이나 소프트웨어를 설계하는 프런티어 영역이 하나요, 소자, 재료, 물성을 분석하는 영역이 또 하나의 블루오션이다(모든 프런티어는 블루오션의 게이트웨이, 즉 진입로다). IT 산업만 들여다 보면 스마트폰, 서버 등 하드웨어 기술과 소프트웨어 기술이 양극 프런티어를 이루고 있는데, 이 두

그림 1-5 IT 산업계 양극 프런티어

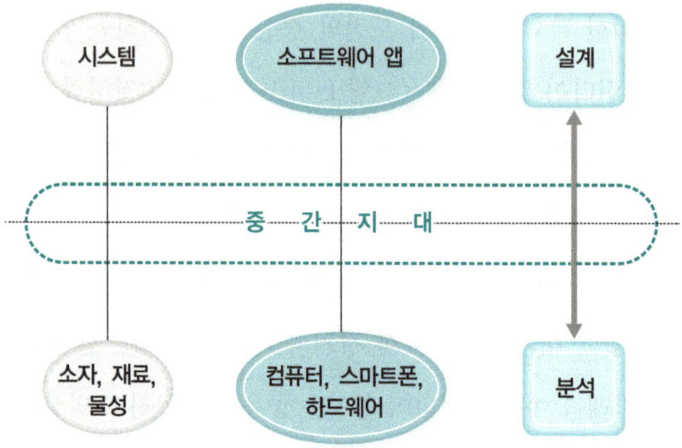

☞ 새로운 수확은 도전의 현장인 프런티어 영역에서 생긴다. 중간지대는 안전지대로서 위험도 적지만 수확도 적은 레드오션이다. 양극 프런티어는 두 극으로 이루어진다. 복잡하고 큰 시스템이나 소프트웨어를 설계하는 프런티어 영역이 하나요, 소자, 재료, 물성을 분석하는 영역이 또 하나의 블루오션이다.

프런티어에서 모두 미국이 최강이고, 중국이 상당히 추격하고 있으며, 한국은 컴퓨터와 스마트폰 하드웨어에서 상당한 지분을 갖고 있으나 소프트웨어는 매우 약하다.

저자가 1999년에 '우리나라에서 어떤 인재를 키워야 하는가?' 하는 주제로 발표한 자료를 [표 1-1]에 보였다. 여기에는 당시 저자가 분석한 일본과 미국의 기술인력 수요와 교육방식에 대한 비교가 나와 있다. 당시 우리나라의 인력 양성 정책과 방식이 일본식보다는 미국식으로 가야 한다는 주장을 하기 위해 만든 자료다. 당시의 한국은 물론 지금의 한국도 미국보다는 아직 일본과 더 가까운 편인 것 같다. 즉, 지금 우리의 모습은 사원 선발을 공채로 하지 않는 것 말고는 대개 당시의 일

표 1-1 기술인력의 수요와 교육방식에 대한 미국과 일본의 비교(1999년 저자 강의 자료)

	일본	미국
착상	개량기술	창의적 기술
중심 muscle	부품 제조 및 어셈블리	시스템 설계 및 응용
생각/기술의 중심	하드웨어(현실적)	스프트웨어(개념적)
일의 순서	local solution 중심 최적화	infra structure 우선
직업에 대한 태도	devotion(충성심)	flexibility(다양성)
교육방식	일방적 평균 향상 교육	대화적 편차 인정 교육
사원 선발	공채	필요 부서 수시 면접
latency	신입사원 교육	바로 일 시작하며 배움
기술의 소재지와 기술의 융복합 가능성	폐쇄적 장인 기술로 사람 안에 있어, 기술의 복합화가 어렵다	표준화 및 문서에 의한 소통기술로 시스템 내에서 기술의 복합화가 용이함
기술의 산실	기업	대학 + 기업
적합한 반도체 분야	메모리	마이크로프로세서, ASIC
기업이 대학을 보는 태도	기초교육만 해주는 곳	새로운 기술의 원천

본식과 거의 비슷한 것 같다(물론 아직까지 공무원이나 변호사 시험은 일괄 필기시험으로 뽑고 있다). 장인정신과 손기술도 물론 필요하지만, 이것만으로는 이웃나라 일본도 도저히 당하기가 어렵고, 정작 우리 대학 교육에서 훨씬 더 중요하고 시급한 것은 청년들에게 큰 그림과 개념에 대한 이해와 새로운 시스템의 설계 능력, 그리고 이것의 기반이 되는 다양하고 창의적인 사고 능력을 일깨우고, 그리고 이것들을 확실하게 받쳐주는 융통성 있는 교육 연구 시스템과 인프라, 창의와 도전을 격려하는 정신의 문화와 환경을 갖추는 것이다. 이것이 대학은 물론 사회가 속히 나아가야 할 방향이라고 생각한다.

시장과 기술을 아울러 보고 호기심과 창의성, 도전정신을 격려해 주는 교육 시스템을 통하여 키워지는 인재는 스스로 생각하고 움직이고 추진하는 열정을 가진 사람이다. 세계는 열정을 가진 사람에 의하여 움직인다. 큰 그림과 기초 지식을 올바로 갖추고, 그 위에 시장의 요구와 세상의 흐름을 읽을 줄 알게 된 사람은 반드시 열정을 갖게 되고 도전하게 될 것이다. 왜가리에게 먹힐 절명의 순간에도 '동기부여된, 열정으로 가득한, 미친' 개구리처럼 끝까지 저항하여 살아남을 것이다(〈그림 1-6〉).

그림 1-6 열정의 개구리

시장에서 시작하라

아이에게 물고기를 한 마리 잡아주는 것보다 물고기 잡는 법을 가르쳐주는 것이 좋다고 한다. 그러나 물고기 잡는 법을 배웠다고 해서 물고기를 확실히 잡게 될 것이라는 보장이 있는 것은 아니니, 어떤 아이는 당장 물고기 한 마리 받는 것을 선호할 수도 있다. 어쩌면 물고기 잡는 법을 가르쳐주기보다 장기적인 관점에서 더 좋은 건 맛있는 물고기 요리를 한 번 먹여주는 것일지 모른다. 그러면 맛있는 물고기를 잡고 싶어질 것이니, 억지로 가르쳐주는 것보다 아이가 열심히 잘 배우게 될 것이니까. 더 나아가 아이를 생선시장에 데려가서 상인들이 생선을 팔아 많은 돈을 버는 것을 보여주면 어떨까. 생선이 먹고 싶을 때뿐 아니라 좋은 옷을 사서 입고 싶을 때도 물고기를 잡으러 가려 할 테니까 결국 더 부지런히 일하게 되어 아마 더 부유해질 것이다. 그런데 만약 생선시장 옆에 새로 생긴 야채시장에서 친구가 신나게 돈을 버는 것을 보게 된다면 이제 생선 장사로 장년이 된 아이의 생각이 어떨까. 새로운 시장으로 옮겨갈 것인가, 자신의 현재 업종에서 발전의 기회를 찾을 것인가? 고민하게 될 것이다.

시장을 보고 시장을 알아야 좋은 제품을 만들 수 있다. 아무리 좋은 낚싯대라도 고기가 있는 곳에 줄을 내려야 고기가 잡힌다. 좋은 기술은 무엇인가? '꿩 잡는 게 매' 라고 좋은 기술은 좋은 제품에 사용되는 기술이다. 좋은 특허를 내고 좋은 기술논문을 썼다고 좋은 기술이 아니다. 특허는 물론 논문은 그 목적이 그 자체에 있는 것이 아니라 누군가를 통하여, 누군가에게 유용한 좋은 제품을 만드는 데 있다. 대기업 연구소의 연구자나 대학의 교수는 논문을 쓰는 것까지만 해도 충분히 자기 역할을 다 한 것이라고 볼 수도 있다. 그러나 좀 더 크게 보면 그 논문을 쓰는 데 사용된 기술이 제품을 만드는 데 도움이 되고, 그 논문을 같이 쓴 학생이나 그 논문을 읽은 사람들이 좋은 제품을 만드는 데 사용되어야 그 논문이 비로소 역할을 한 것이라 할 수 있다.

그런데 시장의 요구를 알아내는 것은 쉽지 않은 일이다. 시장의 요구를 특정한 사람이 알거나 말해 줄 수도 없다. 애덤 스미스가 말한 '보이지 않는 손'은 자유경제에서의 시장을 말한 것이다. 시장은 거의 신神과 같다. 신이라는 개념의 장점이 인간을 겸허하게 만드는 것이라면, 단점은 자신이 해야 할 일에 대하여 나태하거나 자기가 한 일의 결과에 대하여 무책임하게 될 수 있다는 것이다. 자신의 한계를 알고 언행을 겸허히 하면서도 열심히 일하고 결과에 책임지는 자세로 산다면 좋은 신앙인이자 생활인이라 할 수 있다. 그러나 어느 누구도 신의 개념을 정확히 알 수도, 말할 수도 없다. 막연하게 느끼고, 느낀 대로 말할 뿐이다. 신의 개념을 정확히 아는 것이 중요한 것이 아니라, 그 개념을 중시하는 자세를 갖고, 좀 더 가까이 신의 생각과 마음에 다가가고자 하는 노력이 자신의 삶에 큰 영향을 미친다는 생각을 하는 것이 중요한 것이다. 시장도 그와 같다고 생각한다.

시장의 요구를 알아내는 것이 어렵고 막연하다는 이유로 그냥 아무런 활용 방안이나 계획 없이 연구하고 기술을 개발하는 것은 적절치 않다. 그러나 실제로 대다수 연구자나 학생들은 자신이 연구하고 일하게 될 전문분야에서 시장의 요구에 대하여 열심히 알려고 하지 않는다. 이유는 두 가지다. 앞에서 말한 것처럼 시장의 요구를 아는 것이 어렵다는 것이 하나고, 다른 하나는 굳이 시장의 요구를 알지 않아도 별로 불편한 게 없다고 느끼기 때문이다. 대기업이나 큰 공장에서는 회사나 공장 밖에서 돌아가는 일은 모르고 자기가 하던 일만 평생 해도 살아가는 데 아무런 문제가 없다고 생각하게 된다. 주변의 모든 사람이 다 그렇게 살고 있을 경우에는 자각 증상도 없기 쉽다.

그러나 적어도 커다란 기회의 손실이 일어나고 있다는 것은 확실하다. 무슨 기회가 있었단 말인가? 잘 알려고 해봐야 딱 부러지게 알아낼 수도 없는 시장의 요구를 알려고 하지 않은 것이 무슨 손해를 끼친단 말인가? 그러나 내 손에 들어왔다가 잃은 것뿐 아니라 바로 눈앞을 지나간 것, 내가 이런저런 이유로 잡지 않은 기회도 손해라고 보아야 한다. 세상에 모든 것이 산수 문제처럼 답을 아는 것과 모르는 것, 딱 두 가지로 나뉜다고 생각하고 행동하면 너무 순진한 것이다. 포기하지 않고 알려고 노력하는 과정에서 예기치 않은 열매를 얻게 될 수도 있다. 나다니엘 호오손의 '큰 바위 얼굴' 이라는 단편에서 어니스트가 어린 시절부터 큰 바위 얼굴을 닮은 사람을 동경하며 찾다가 나이 들어 고향에 돌아오니, 마을 사람들이 결국 어니스트가 그 사람이라는 것을 발견한 것처럼, 마음속의 간절한 그리움이 그 사람의 삶과 얼굴에 그 형상을 빚은 것이다.

미래는 만들어 가는 자의 것, 시장은 공격하는 자의 것이다

시장은 '미래'와도 비슷하다. 미래가 어떻게 될지 누구도 정확히 알 수는 없다. 미래는 그저 남들이 만들고, 나는 앉아서 구경만 하는 그런 것이 아니다. 외계인이나 과거의 사람들, 조상들이 미래를 만드는 것도 아니다. '미래는 신이 만든다'라고 말하는 것은 '모르는 것을 모르는 존재가 만든다'라는 하나마나한 얘기이다. 가장 실용적인 생각은 지금 살아가고 있는 나, 특히 미래에 대하여 관심이 많은 내가 결국 미래의 모습에 영향을 끼치게 된다는 것이다.

시장을 만나지 못하면 어떤 기술도 살아남지 못한다. 좋은 예가 인공지능이다. 1980년대에 인공지능AI과 신경망Neural Network이 유망한 학문 분야로 떠올랐지만, 논문만 많이 나왔지 크게 산업으로 연결되지 못하고 시들었다. 소프트웨어 구현 방식으로는 의료진단 시스템이 거의 유일한 실용적인 전문가 시스템expert system 제품으로 나왔다. 하드웨어 구현 방식으로는 퍼셉트론이라는 3단 신경회로망이 나왔지만 간단한 논리 연산인 배타적 합산Exclusive OR 연산도 못하는 회로라고 폄하되기도 했다. 아무튼, 기능에 비하여 하드웨어 복잡도가 지나치게 크기 때문에 당시 잘나가던 마이크로프로세서와 같이 정확한 연산을 보장해 주는 디지털 논리 연산 방식보다 실용성이 현저히 떨어진다는 평을 받고 저자를 포함한 대부분의 사람들과 연구자들의 머리속에서 사라져 버렸다.

그러다가 약 2012년 캐나다 토론토대학의 힌튼Hinton 교수 그룹에서 딥러닝deep learning 논문을 통하여 기존의 영상 인식 알고리즘과 비교

할 때 AI 기술의 영상 인식 정확도가 두 배 이상 좋아진다는 획기적인 결과를 발표하면서 AI는 딥러닝의 이름으로 교육, 연구와 산업의 전 영역에 화려하게 컴백했다. 그 후로 전 세계의 수많은 연구자들이 달려들면서 AI 기술의 발전 속도와 산업에의 파급 속도는 엄청나게 빨라졌다.

1980년대와 2010년대의 차이는 무엇인가? 2010년대에는 이미 빅데이터 시장이 올라오고 있었고 DRAM뿐 아니라 그래픽 시장에서 큰 재미를 못 보던 NVIDIA가 소위 그래픽처리장치Graphic Processing Unit ; GPU를 통해 영상처리 등 고속신호 처리 및 데이타 연산 시장을 이미 달궈놓은 상태였다. 힌튼이 제시한 딥러닝 신경망회로는 30년 전의 퍼셉트론의 단段 ; stage의 수를 3에서 200 이상까지 키워 놓은 것에 지나지 않는다. 훈련을 위한 알고리즘도 기본적으로 퍼셉트론에서 쓰이던 것이 발전된 형태였다. 30년 전에는 3단 신경망도 기능에 비하여 복잡하다고 퇴짜 맞던 다단신경망 회로가 2010년 들어서 나노 반도체 공정 기술과 고속신호처리 시장이 후끈 달아오르게 되니, 신경망의 단의 수가 퍼셉트론의 3을 훌쩍 뛰어넘어 200이 넘게 올라갔어도 시장에서 아무런 문제 없이 성큼 받아들여졌다. 힌튼은 영웅이 되었다.

시장에 관한 생각을 정리해 보면 대략 다음과 같다.

① 시장을 안다는 것은 어렵다.

② 그래도 시장을 알려고 노력하면 많은 시간과 돈의 낭비를 줄이게 된다. 아예 관심을 끊고 무조건 기술을 개발하는 것과는 비교가 안 되게 좋은 결과를 가져올 것이다.

③ 미래와 시장은 어느 한 사람이나 특정 그룹의 마음대로 만들어지는 것은 아니지만 하늘에서 뚝 떨어지는 것은 아니다. 그것에 많은 관심을 갖고 사는 사람에게 유리하게 전개되기 마련이다. 결국 (영향력 곱하기 관심도)를 더 많이 가진 사람들이 시장의 요구, 그리고 미래의 모습을 만들어 가게 된다.

좋은 제품이 나오려면 시장도 잘 읽어야 하고 기술도 좋아야 한다. 시장을 읽는 것은 기술을 개발하는 것보다 고위험 고수익high risk high return의 성격이 짙다. 좋은 문제를 내는 것이 남이 준 문제에 정답을 내는 것보다 더 큰 가치를 갖는다. 시장을 읽는 것이 문제를 내는 것이라면, 기술을 개발하는 것은 그 문제를 푸는 것이다. 답을 잘못 내면 다시 하면 되고, 나만 손해 보면 되며, 어쨌든 실패를 통해서도 배우게 되지만, 문제를 잘못 내면 그다음에 들어간 나와 다른 사람들의 모든 노력은 거의 보상받지 못한다.

배추 한 포기가 오천 원에 팔리면 실제 농부가 손에 쥐는 것은 천 원도 안 된다고 한다. 나머지는 중간상들이 다 가져간다고 하니 농민들이 참 억울하다고 할 만하다. 그러나 밭에는 배추 외에도 무, 당근 등 어떤 채소든 심을 수 있다. 무엇을 심을 것인가는 시장의 요구, 예상되는 각 채소의 가격에 의해 결정된다. 매년 무조건 배추만 심는 농부는 격변하는 배추 시세에 따라 수입이 춤을 추게 된다. 소비자의 기호, 음식시장의 추세를 잘 아는 중간상들로부터 듣는 정보에 따라 심을 작물을 정하면 수익이 커질 가능성이 크다.

농사가 한 해를 보는 것이라면 연구·개발은 적어도 십 년은 보고 하는 것이므로 시장을 더 공들여서 읽어야 한다. 중간상에게 시장 읽는 것을 맡기거나 이윤을 배분할 필요 없이 시장은 연구자 자신이 직접 읽는 것이 맞다. 시장을 읽는 것은 귀찮고 어려운 일이지만 그만한 가치가 있기 때문이다. 좋은 연구결과를 내려면 연구분야를 잘 잡아야 한다. 좋은 연구라는 것은 당장 지금이 아니라도 시장에서 잘 팔리는 연구를 말한다. 시장에서 절대로 팔리지 않는 연구는 말 그대로 '쓸데없는' 연구다. 이러한 좋은 연구는 시동을 거는 데 비용(시간, 돈, 노력)이 많이 든다. 새로운 분야이거나 경쟁이 심한 어려운 분야이기 때문이다. 그래서 일단 자리를 잡으면 오래 해야 밑천을 뽑을 수 있다. 오래 한다는 것은 챔피언 자리를 오래 지키는 것과 비슷하다. 챔피언은 되는 것 못지않게 지키는 것이 힘들다. 자리를 잡았다고 그냥 그대로 똑같은 일을 하는 것이 아니라 만들어진 플랫폼과 연구망을 어떻게 새로운 시장의 요구에 적응시켜 갈 것인가에 처음에 연구분야를 잡을 때 들이던 것에 못지않은 노력을 기울여야 할 필요가 있다. 시장의 흐름에 대하여 큰 그림과 작은 그림을 동시에 읽어 내야 한다. 그렇지 않으면 모여든 사람들, 투자된 인프라는 이내 무너지고 흩어지게 된다. 크고 영향력 있는 연구일수록 이런 점이 중요하다.

02

실패한 열정, 꺼지지 않은 불씨

열정으로 도전한 386 프로젝트

1983년에 삼성전자가 국내 최초로 64k DRAM 제작에 성공하면서 우리나라는 메모리 중심으로 반도체 산업의 포문을 열었다. 당시 저자는 '앞으로는 메모리보다 비메모리가 더욱 중요해질 것'이라고 생각하며 1990년부터 마이크로프로세서 칩 설계에 도전하였다. 첫 도전은 독자적인 RISC(축약 명령어 집합형) 프로세서 그림돌 칩의 설계였다. 전산학과 맹승렬 교수 팀에서 컴파일러를 맡고 삼성전기 사장을 지낸 이윤태 박사, 코아리버 배종홍 사장, 카이로넷 대표를 지낸 김형원 교수(현 충북대에서 자율주행 연구 중)로 구성된 팀이 칩 설계를 맡아 1993년에 국내 최초로 독자적인 구조의 32 비트 RISC 프로세서를 설계하여 동작하는 칩까지 구현하는 데 성공했다. 당시 가장 앞선 공정이던 0.8마이크론(0.8나노가 아니라) 공정으로 만들었다.

이어서 당시 팔리기 시작하던 386PC의 핵심 부품인 80386 마이크로프로세서 칩의 설계에 도전하였다. 1992년도에 KAIST에서 전기및전자공학과와 전산학과의 학생들로 구성된 연합팀을 만들어서 인텔

80386 프로세서와 80387 코프로세서 호환칩 설계를 시작한 것이다. 대학에서 반도체 칩, 그것도 마이크로프로세서를 설계하려면 고가의 설계 소프트웨어와 이들을 돌릴 고성능 워크스테이션이 필요한데, 다행스럽게 대형 연구과제를 산업자원부 과제로 수주하여 이들을 갖추게 되었다. 학생들이 칩 설계 도구의 사용에 익숙해지고 칩을 제작해 주는 회사와의 관계가 정립되는 데 많은 시간이 걸렸다. 이 프로젝트는 당시 약 4~5년 동안은 논문이 거의 안 나올 정도로 모든 팀원들이 이 프로젝트에만 집중하는 엄청난 열정과 열기 속에 진행되었다. 박인철 교수, 김덕태 박사, 배성옥 박사가 각각 386 칩, 386 마이크로코드, 387 칩 설계팀을 맡아 두어 차례 칩 제작 끝에 결국 완벽하게 동작하는 칩을 얻는 데 성공했다. 칩의 동작을 증명하는 방법도 실로 단순무식(?)했다. 상용 PC의 주기판에서 인텔 386, 387 칩을 뽑고 그 자리에 우리 학생들이 마이크로코드부터 완벽하게 바닥부터 설계하고 현대전자에서 제작해 온

그림 2-1 인텔 386과 호환되는 KAIST에서 설계하고 현대전자에서 제작한 HK386(좌), HK387(우) 마이크로프로세서 칩

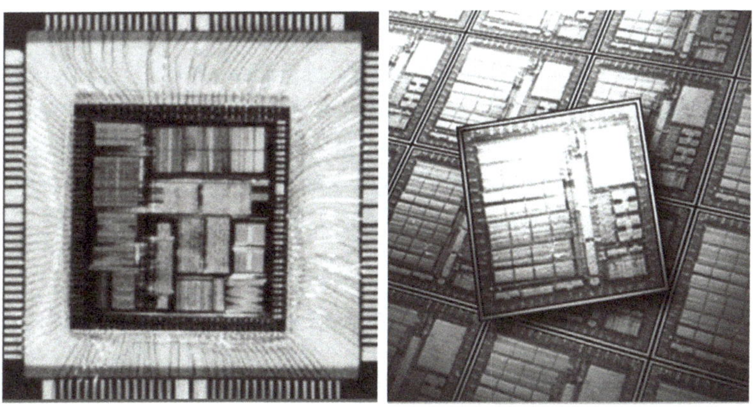

386 프로세서 칩과 387 코프로세서 칩을 꽂고 PC의 다양한 프로그램을 모두 돌릴 수 있었다. 빙고! 할렐루야! 내가 정부 프로젝트를 수행하여 이처럼 통쾌한 데모를 해보인 적은 그 전에도 그 후에도 없었다.

그림 2-2 386 CPU 설계 검증 도구인 버츄얼 PC

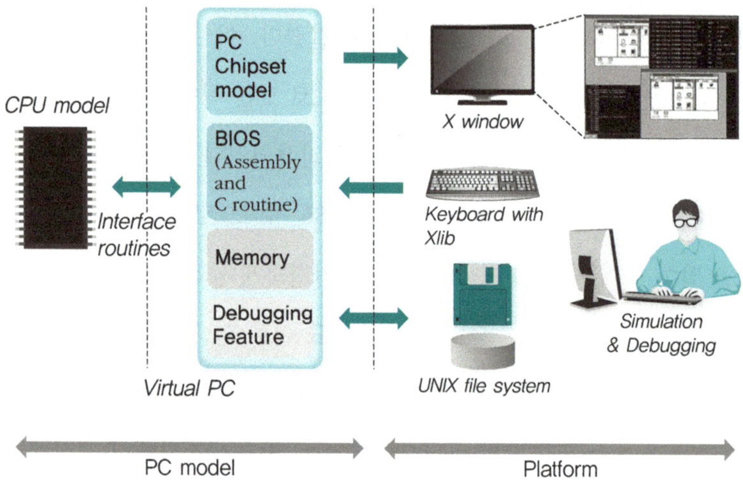

☞ 설계된 386 칩의 동작을 검증하기 위하여 개발된 소프트웨어인 'Virtual PC'라는 검증 시스템은 PC 칩셋, 바이오스(BIOS) 등 모든 PC 전체 시스템의 동작에 대한 소프트웨어 모델을 포함한다. 가상 PC(Virtual PC)와 개발된 CPU 모델이 합쳐져서 전체 PC처럼 동작하는 소프트웨어 모델을 이루며, 이것을 여러 응용프로그램 상에서 완벽히 동작하는지 당시 유닉스(UNIX) 워크스테이션 상에서 검증하였다. 즉, 하나의 새로운 프로세서, CPU를 개발하려면 CPU의 동작을 검증하기 위하여 PC 시스템 전체의 소프트웨어 모델이 필요하다. 실제 PC는 너무 빨라서 이 목적으로 쓸 수가 없기 때문에 실제 PC와 동작은 같지만 약 만 배 정도 느린 소프트웨어 모델을 만들어야 한다. 배보다 배꼽이 큰 셈이다. 실제로 아주 느린 PC를 만들어 파는 회사도 있다. 이 경우에 PC는 느릴수록 비싸다.

386 칩 설계 프로젝트는 386 칩만 설계하면 되는 것이 아니라, 설계된 386 칩의 동작을 검증하기 위하여 PC 칩셋, BIOS 등과 메모리,

파일 시스템, 키보드, 디스플레이 등 모든 PC 전체 시스템의 동작에 대한 소프트웨어 모델을 개발하여야 하는 것을 의미한다. 우리는 이 부분까지 모두 개발하여 '가상 PC Virtual PC' 라고 명명하였다. 개발된 가상 PC와 개발된 CPU 모델을 연결하면 실제 PC처럼 동작하는 소프트웨어 모델이 만들어지는데 이것을 '가상 PC 모델' 이라고 한다. 이 '가상 PC 모델' 상에서 PC에서 돌아가는 여러 응용프로그램이 완벽히 동작하는지 당시 UNIX 워크스테이션 상에서 검증하였다(이런 소프트웨어 모델에 의한 검증 속도는 실제 PC 시스템의 동작속도에 비해 수만 혹은 수십만 배 정도로 느리지만 가장 정확한 프로세서 설계 검증 도구이다. 역설적으로 우리는 엄청난 돈과 시간을 들여서 당시 제일 비싸고 제일 느린 PC를 개발한 셈이다. ㅎㅎ).

그 후 두 가지 어려움이 우리를 덮쳤다. 하나는 메모리를 주제품으로 생산하는 현대전자가 인텔과의 사업 관계로 인하여 더 이상 마이크로프로세서 칩 개발을 진행할 수 없게 된 것이다(PC의 사양을 결정하는 실질적인 권한은 유일한 386 프로세서 공급사인 인텔이 갖고 있었다. 상대적으로 메모리 생산업체는 여럿이라서, 실질적으로 386 프로세서의 유일한 공급자인 인텔이 슈퍼 갑이었다). KAIST와 현대전자의 마이크로프로세서 설계 프로젝트는 중단될 수밖에 없었다. 둘째 어려움은 우리가 사용한 설계 도구의 공급자인 미국 회사(Compass)가 이듬해에 폐업했고, 우리가 설계에 사용한 설계 포맷은 더 이상 통용되지 않게 되었으며, 학생들은 졸업 후 각각 다른 회사로 취업해 떠나게 되었다는 것이다. 그런 상태에서 대만과 호주의 전문가들로부터 두 번이나 사업 제의를 받았으나, 그 당시

그림 2-3 현대전자에서 만든 HK386과 HK387 칩이 꽂힌 PC

☞ KAIST 팀이 설계하고 현대전자에서 만든 HK386과 HK387 칩이 인텔 386, 387 칩 대신 꽂힌 PC에서 한글 윈도우가 부팅되는 그림이다. 놀랍게도 실제로 PC의 모든 응용프로그램이 다 돌아갔다.

상황에서는 그 제안에 응할 수가 없었다(그런데 학회에서 만난 사람 중에 그렇게 불룩한 지갑을 가진 사람을 처음 보았다. 그 호주인(Niel Weste)은 반도체 설계 교과서를 쓴 공학자인데 100달러짜리가 가득한 통통한 지갑이 참 인상적이었다. 내가 학회에서 우리 386 칩 설계 얘기를 발표했더니 동업으로 창업을 하자는 제안을 해왔다. 그는 그 후에 헬리콥터 훈련기 시스템을 만들어 큰 돈을 벌었다 한다). 기회는 환하게 웃으며 다가오지만 일단 지나간 후엔 뒤도 돌아보지 않는다.

아무튼 그 결과를 상용화시키지 못한 것은 나의 안목과 경험의 부족함에 기인한 것으로, 이는 평생 내게 뼈를 깎는 아픔과 후회로 남았다.

탁월하고 성실한 학생들의 분투와 명민함에 나의 모자람을 아낌없이 보탠 결과였다. 대박 창업을 이루어 낼 수 있었던 좋은 결과를 신출내기 젊은 교수가 말아먹은 것이다. 물 들어올 때 반드시 배를 띄워야 한다. 배 띄운 후에는 반드시 물고기를 잡아야 한다. 지나고 나니 그런 기회는 다시 오기 힘든 것이었고, 과연 그랬다. 왔더라도 나는 그렇게 젊은 힘과 열정으로 붙잡지는 못했을 것이다. 아마 약간의 노련함과 경험을 갖고 다른 방식으로 대하였을지는 모르지만, 이미 지나간 일이다. 아무튼 큰 기술을 갖고도 창업하지 못하고 있는 사람들을 위하여 나의 큰 젊음의 투자였던 지나간 386 이야기를 짧게 남겨 본다.

첫 번째 창업 도전기, 파이온과 다이나릿

1999년 저자는 파이온이라는 회사를 창업하였다. 386, 486, 펜티엄 호환칩 설계 프로젝트를 통하여 확보한 고성능 프로세서 코어를 활용하여 한 대기업과 기가비트 이더넷용 통신망 프로세서 칩 설계 프로젝트를 시작하게 되었으나, 회사가 사정상 이 과제를 지속할 수 없게 되어 연구과제를 중단하려다가 이 과제에 대한 VC벤처투자자의 투자 의향이 타진되어 창업을 추진하게 된 것이다. 개발 품목은 시스코와 같은 큰 통신장비 회사에 팔아야 되는 제품인데, 고객사에 대한 접근력이 부족한 상태에서 시작품인 칩은 일단 성공적으로 만들었으나, 시장의 새로운 요구에 맞춰 계속 스펙을 올리면서 개발을 하다 보니 개발 일정이 자꾸 늦어지게 되어 결국 현금이 바닥나 회사를 접게 되었다. 창업 초기에 이를 주도한 대주주인 중소기업이 VC 투자를 받자마자 자신들의 주식 지분을 매각하고 빠져나가는 바람에 남은 우리 연구자들은 주식 지분도 별로 없이 일만 떠맡고 그 후 회사를 접을 때까지 숱한 고생을 하게 되었다.

나는 CTO최고기술책임자로서 CEO대표이사와 마케팅, CFO최고재정책임자를 모두 전문가를 세우고 열심히 했으나 주어진 시간 안에 작은 시장에라도 출시를 했어야 하는데 결국 시간을 못 맞춘 것이다. 설계와 검증, 시작품 제작에 걸리는 시간을 충분히 여유를 두고 개발 작업을 진행했어야 하는데, 결과적으로 우리 설계 팀의 경험과 능력에 비해 스펙을 너무 공격적으로 잡는 바람에 일정이 늦어지다 보니, 한두 사람이 다운되어 버리면 그 일을 메꾸느라 팀웍이 무너지고 그로 인하여 전체 일정이 또 지연되는 악순환의 늪에 빠지고 말았다. 기술만 보고 제품을 정했고, 큰 시장만 보고 자꾸 스펙을 상향 조정하는 일(소위 설계자를 힘들게 하는 ECOengineering change order 문제)이 빈번해졌다. 결국 CTO, CEO가 큰 그림을 보지 못해서 생긴 예정된 몰락이었다. 팀원들의 능력 파악, 시장의 요구사항과의 적절한 타협(무조건 최고 사양의 시장으로 갈 필요는 없다), 시장 출시 시간 예측 능력이 부족했다. 이는 복잡한 대규모 과제에서 얼마든지 생길 수 있는 일이다. 결론적으로 당시 나를 포함한 우리 팀의 실력으로는 이 기술은 창업을 해서는 안 될 것이었다.

파이온이 외부 투자자와 경영진의 요청에 우리가 부응하여 이루어진 창업이라면, 거의 같은 시기에 우리 연구실에서는 지난 십여 년간 다져온 프로세서 설계 및 검증 기술을 이용하여 주도적인 창업을 준비하고 있었다. 칩 설계를 소프트웨어 설계처럼 C언어로 할 수 있는 iSAVE 라는 제품을 개발하여 다이나릿 시스템이란 회사를 창업하고 45억 원을 투자자들로부터 받게 되었다. 당시 칩 설계 엔지니어는 세계적으로 수만 명 정도였지만 C언어 프로그래머는 수백만 명이었으므로 이들이 칩 설계에 투입될 수 있다면 생산성도 올라가고(C언어는 하드웨어나 칩 설계 언어인 VHDL이나 Verilog에 비해 배우기가 훨씬 수월하고 저변이 넓다) 우리 제품의 시장도 매우 커질 것이란 생각을 하고 있었다. 실제로 DAC라는 이 분야의 최고 학회이자 전시회에 나가 보니 많은 사람들의 문의와 관심이 쏟아져서 우리는 잔뜩 고무되어 미국 현지 사무소를 차리고 연봉 14만 달러, 16만 달러로 임원 두 사람을 채용하였다. 그리고 iSAVE 시스템의 판가를 겁도 없이 15만 달러로 책정하였다. 실제 당시 칩 설계 도구인 CAD software의 값에 비하여 결코 비싼 것은 아니라고 생각했다. 그런데 실제 제품을 만들고 전시회에 나가 보니 교육 · 연구용으로 1~2만 달러 정도에 달라는 요구가 간간히 있는 정도였다. 그런데 다른 회사의 한 중국인이 와서 귓속말로 해주는 얘기가 '물건이 아무리 좋아도 그 정도 크기, 성능의 하드웨어 제품은 3만 달러 이하여야 팔린다'는 것이었다.

반도체 칩을 C언어로 설계하고 검증해 주는 iSAVE 제품은 개념으로는 매우 혁신적이고, 학문적으로는 흥미 있는 방식이어서 대학과 연구소에서는 관심을 보였으나 기업체에서는 그렇지 않았다. 정작 이 제품의 고객인 칩 설계 기술자들은 매우 보수적이어서 Verilog 언어를 고수하였고, C언어로 설계하고 검증할 생각은 거의 없었다. 우리는

그림 2-4 저자가 창업한 '다이나릿 시스템' 사의 첫 제품 아이세이브(iSAVE)

☞ 오른쪽에 보이는 다이나릿의 첫 제품 아이세이브(iSAVE)를 이용하여 C언어로 쓰인 엠펙2(MPEG2) 영상해독 알고리즘이 실시간으로 하드웨어 타겟보드 상에서 돌아간다. 즉, 설계할 엠펙2(MPEG2) 디코더 칩의 C 알고리즘을 타겟 시스템 상에서 모두 검증한 후에 안심하고 베리로그(Verilog) 언어로 바꾸는 과정에 들어가면 된다. 그러나 우리는 나중에야 기업체의 칩 설계 엔지니어들이 처음부터 베리로그(Verilog) 언어를 쓰는 것에 익숙해 있었고 이 관습을 구태여 바꾸려 하지 않음을 알게 되었다.

iSAVE를 이용해 C언어로 쓰인 MPEG2 영상 해독 알고리즘이 실시간으로 하드웨어 타겟보드 상에서 돌아가는 것을 전시회에서 성공적으로 데모했고 많은 사람들이 신기해 하며 관심을 보였다. 설계할 MPEG2 디코더와 같은 복잡한 칩을 처음부터 복잡하고 어려운 Verilog 언어로 쓰지 말고 '쓰기 쉬운 C 언어로 알고리즘을 짜서 타겟 시스템 상에서 모두 검증한 후에 안심하고 Verilog 언어로 바꾸는 과정에 들어가면 된다'는 우리의 메시지는 매우 명확했다. 그러나 우리는 나중에야 기업체의 칩 설계 엔지니어들이 처음부터 Verilog 언어를 쓰는 것에 익숙해 있었고 이 관습을 구태여 바꾸려 하지 않음을 알게 되었다. 시장을 더 구체적으로 확인하지 않고 제품을 만든 것은 우리의 큰 실수였다. 결국 우리는 Verilog 언어로 검증하는 실수요가 있는 iPROVE라는 제품을 만들어 출시했으나 이미 시장에는 이러한 종류의 여러 제품들이 나와 있는 상태였다.

창업자는 시장, 기술, 사람을 모두 읽어야 한다. 시장은 크게 움직이고 기술은 섬세하다. 시장의 요구에 어떤 기술이 어떤 형태로 적용되어야 하는지 누가 알 수 있는가? 시장의 큰 그림과 기술의 작은 글씨를 모두 읽을 수 있는 사람이라야 한다. 그런 사람이 연구나 기술개발, 창업의 지도자가 되어야 한다. 기술의 원리와 한계, 적용 영역에 대한 지식과 관심을 가져야 하고, 동시에 기술을 연구개발하는 사람, 사람이라는 존재에 대한 따스한 인식과 배려, 연구자의 삶에 대한 비전과 열정이 있는 사람이어야 한다. 그런 비전과 열정이 있는 사람이라야 다른 사람들과 동료애를 가진 지도자로서 판을 깔고 팀을 이끌어갈 수 있다. 창업자는 시장과 기술을 모두 세밀하고 정확하게 읽되 큰 그림도 놓치지 않아야 한다. 마치 모든 연주자를 하나하나 들여다보며 정확한 때에 필요한 신호를 보내는 노련한 교향악 지휘자와 같이.

챔피언은 되기도 힘들지만 지키기가 더 힘들다. 창업은 물론 수성도 좋은 전략과 팀이 필요하다. 혼자서 하는 경기는 단명할 수밖에 없다. 특히 사업화를 염두에 두고 하는 실용적인 연구는 절대로 혼자 혹은 독불장군으로 하면 안 된다. 팀을 짜는 것도 한꺼번에 급히 짜는 것보다 이왕이면 한두 사람씩 모으는 것이 좋다. 기술만 보고 사람을 들여와도 안 된다. 한 사람이 들어와서 기술적 · 문화적 · 인간적으로 융화가 된 후에 또 한 사람이 그렇게 들어와 적응하면 소나무의 옹이처럼 단단한 팀이 만들어질 수 있다. 길고 크게 보고 천천히 키워나가는 것이 큰 판을 벌이는 자세다. 연구, 특히 상용화와 창업을 염두에 둔 연구라면 그렇게 하는 것이 맞다. 학생이나 부하들을 근태 기록이나 외형적인 단기 실적으로 평가하거나 돈으로 관리하는 것은 바람직하지 않다. 그런 판에서는 좋은 결과가 나오기 어렵다.

어떤 기술분야에서 시장의 요구가 무엇인지 읽으려면 우선 최고 전문가의 소리를 들어야 한다. 그리고 집중하여 기술의 본질, 한계, 가능한 응용분야가 무엇인지 깊이 생각하고 전문가나 동료들과 의논하고 다양하게 질문하고 확인하는 과정을 거치되, 스스로 통찰이 생길 때까지 지속적인 노력을 해야 한다. 특히 제품의 방향에 영향을 미칠 첫 이야기를 좋은 경험을 가진 전문가에게서 듣는 것이 중요하다. 누가 최고 전문가인지 잘 분별해야 한다. 피상적인 정보와 원론적인 지식을 매끄럽게 나열하는 사람의 얘기를 듣고 안주하는 것은 금물이다. 제대로 아는 것의 가장 큰 적은 아는 척하는 것이며, 그 결과는 '안다고 착각하게' 되는 것이다. 한 번 물이 잘못 들면 방어막이 처져서 영영 제대로 배우기는 글러 버리기 쉽다. 한 사십 년 전쯤인가, 우리나라에서 택시들이 거의 곡예 수준으로 시내 주행을 하던 시절, '미국으로 이민 가서 운전면허 절대로 못 따는 사람은 서울에서 택시 운전하던 사람' 이라는 얘기도 있었다.

현재 상황에 대한 피상적인 자료를 제공하는 보고서는 많이 있지만,

이들로부터 2~5년 후의 산업과 연구개발 경향을 알아내기는 어렵다. 비싼 보고서라고 해서 좋은 정보가 있는 것도 아니다. 전화나 설문지 설문을 통해서 얻는 자료는 통계자료를 얻는 용도로는 몰라도 시장의 흐름에 대한 통찰을 주지는 못한다. 반면 돈과 시간이 들어도 명성 있는 국제 학회에 직접 참석하여 되도록 전문가들과 직접 얘기를 나누어 보는 것이 효과가 크다. 선진국에는 비교적 고급 지식을 나누는 인프라가 잘되어 있어 최소한의 비용만으로도 개인의 노력과 능력에 따라 좋은 효과를 얻을 수 있다. 국제 전시회에 가보는 것도 좋지만 국내에 앉아서도 국제적인 미디어의 전문 기자들의 기사로부터 공짜로 접할 수 있는 중요한 지식도 많다.

시장의 요구를 알아내는 방법에 관한 생각을 정리하면 다음과 같다. 최고 전문가의 얘기를 듣는 것, 그들과 되도록 깊이 있는 이야기를 나누는 것, 통찰에 이를 정도로 깊이 집중하여 생각하고 검증하는 것. 그러나 물론 시장의 요구에 대한 가장 좋은 학습 방법은 직접 고객을 만나는 것이다. 그리고 고객을 만나는 가장 좋은 방법은 당연히 창업을 하며 시장에 뛰어드는 것이다. 그러려면 고객을 만나기 전에 투자자를 만나서 통과해야 한다. 어떤 투자자는 고객을 먼저 만나고 오라고 한다. 보수적인 투자자나 후기 투자자들은 매출 실적이나 최소한 구매의향서를 갖고 오라고 하기도 한다. 고객을 직접 뚫어 매출을 올리든지, 투자자를 뚫어 투자를 받든지 둘 중의 하나는 해야 한다. 돈이 떨어지기 전에. 충분히 전에 곳간을 채우지 않으면 더 어려워진다.

많은 VC벤처 투자가들이 교수 CEO를 좋아하지 않는 이유는 회사가 망해도 교수는 돌아갈 곳이 있기 때문이다. 그래서 VC들은 대학에 사표를 내고 시작하는 교수 CEO를 가장 좋아한다. 사표를 냈으니 죽어라고 할 것이고, 사표를 낼 정도이니 기술에 대한 자신감과 열정도 증명되었기 때문이다. 나는 아직 민간회사의 CEO를 해본 적은 없다. 그냥 교수를 겸직하면서 대주주로서, 그리고 CTO로서 의사 결정에 깊이 간여했었다. 아무튼 내가 주도한 386 프로젝트, 그리고 다이나릿 시스템과 파이온 창업 프로젝트 이렇게 세 개의 창업 프로젝트는 모두 실패로 돌아갔다. 386은 창업을 시도해 보지도 못한 것이 뼈저린 실패고, 나머지 둘은 투자금을 다 쓸 때까지 변변한 매출을 못 올렸으니 이 역시 명백히 완전한 실패다.

실패의 원인을 분석·정리해 보면 다음과 같다.

첫째, 시장을 명확히 알고 움직이지 않았다. 즉, 기술을 어떤 제품으로 개발하여 어떤 사람, 회사에게 팔 것인가를 명확히 하질 못했다. 명색이 CTO인데 부끄럽게도 진짜 고객을 직접 만난 적도 별로 없다. 진짜 고객이란 자기 돈, 혹은 자신이 책임지는 돈을 내고 우리 물건을 사는 사람을 말한다.

둘째, 우리 기술이 경쟁사 제품에 비해 얼마나 좋은지, 고객의 수요를 왜 우리 제품이 가장 잘 맞출 수 있는지 고객이나 전문가들과 진지하게 토론하는 단계에까지 제대로 가보지도 못했다. 내가 팔려는 기술과 제품에 대하여 충분히 잘 알지 못했다는 얘기다. 정작 가장 부끄러운 것은 실패가 나에게 그만큼 처절하지 않았다는 것이다. 이건 엄청나게 부끄러운 얘기임을 나중에야 알게 되었다. 교수는 아무것도 할 줄 모른다는 얘기가 있는데 이는 나처럼 좋은 학교에서 일한 교수에겐 상당히 들어맞기 쉬운 얘기다. 좋은 학생들이 다 해주니까 직접 할 줄 아는 것이 별로 없다.

셋째, 교수는 회사가 망해도 돌아갈 자리가 있다는 게 저주가 될 수도 있다.

종합해 보면, 나는 시장도 모르고, 기술과 제품도 잘 모르고, 망해도 갈 자리는 기다리고 있으니 모든 악조건을 다 갖춘 것이다. 그런 줄도 모르고 열심히 달려들었으니, 지나고 보니 참 부끄럽기 한이 없다. 또 하나 들자면 너무 쉽게 투자를 받은 것이 문제였다. 물론 정부나 기업에서 연구비를 받기 위해 연구계획서를 쓰고 발표하는 일은 교수들의 생존 기술이니 어느 정도 잘 훈련되어 있었는데, 이 기술이 투자유치에서도 잘 활용된 것이다. 그러다보니 돈을 좀 더 열심히 아껴 쓰지 못한 것도 마음에 걸린다. 회사 운영도 집 살림이나 똑같아서 아무리 많이 벌어도 아껴 쓰지 않으면 바닥나는 것은 시간 문제다.

나는 창업자가 인건비를 제대로 받으면서 일하는 것이 좋다고 생각하지만 투자자들의 생각은 좀 다를 수 있다. 그들은 만약 어떤 창업자가 자기 월급을 월 만 원만 받고 첫 1년간 일하겠다고 하면 반드시 가점을 줄 것이다. 돈을 안 받고서도 일할 수 있는 열정이 있다는 것을 보기 때문일 것이다. 결국 창업을 성공시키는 데 가장 중요한 것은 무엇일까? 나는 이 질문을 투자자 몇 사람에게 직접 해봤다. 그들의 답은 딱 한 마디로 '열정'이었다. 그런데 나는 열정 하나만은 충만하다고 생각하고 창업에 뛰어들었는데 모두 실패했다. 어찌 된 일인가? 아, 최소한의 지식, 시장과 자신의 기술에 대한 지식이 있은 후에야 열정이 중요하고 의미가 있다는 얘기였다. 그러면 나는 지식이 없었는가? 맞다. 이미 고백한 것처럼 나는 시장도, 내가 팔려는 기술도, 제품도 잘 몰랐다. 지식이 없었던 것이다. 지피지기면 백전백승이라는데, 앞으론 철저하게 내가 팔려는 제품을 알고 상대인 고객과 시장을 알고 시작해야지, 이렇게 참회하며 돌아서려고 했다. 그때 '잠깐, 그러면 너는 열정 하나는 제대로였어?' 라는 물음이 달려들었다. 나는 무릎을 꿇고 울었다. 많은 사람들의 돈, 시간, 꿈과 노력을 희생한 너의 행동이 과연 무엇을 위한 열정이었느냐는 물음에 나는 아무 말도 할 수 없었다. 왜냐하면 그것은 교만, 체면, 집념, 좌절, 분노, 조급함이었기 때문이다. 나는 패배가 드러나기 이전에 자신과의 싸움에서 이미 지고 있었던 것이다.

03
CISS 이야기

CISS는 저자가 2011년 시작하게 된 연구단의 이름이다. 내게 CISS는 크게 세 가지 의미가 있다. ① 하프타임 슬럼프에서의 화려한 엑소더스, ② IT 반도체 분야에선 유일한 초대형 국책연구사업 책임자로서 갖게 되는 책임감과 기회 권한, ③ 정부 돈을 마중물 삼아 민간으로 나아가 산업 생태계를 살찌우고 그곳에서 건강하게 살아남는 일종의 사파리 방출 프로젝트가 그것이다. 이 글의 전반부인 3a에서는 CISS 전체에 대한 얘기를, 후반부인 3b에서는 CIS발 스핀오프 창업회사의 생존의 이야기를 담았다.

3a. 하프타임에 만난 기회

2010년 늦은 가을, 인생 하프타임에 들어선 저자는 사무실에 앉아 창밖으로 벌겋게 떨어지는 해를 보며 이제 남은 시간을 어떻게 채워야 하나, 후반에는 잘 뛰기 힘들겠다는 막연한 생각을 하고 있었다. 교수 생활을 시작한 삼사십 년 전과는 달리 전자공학의 성격도 많이 달라지고 나이도 들어 경쟁력도 떨어져 논문 내고 연구비 수주하기도 어려워졌다. 저자가 어쩌다가 교수가 되어가지고 조용히 연구만 하고 있질 않고 여기저기 이것저것 참견하고 다니는 사이에 대학과 언론은 개혁을 부르짖으며 노벨상은 물론, SCI 논문, 사이언스, 네이처 논문 실적으로 대학과 교수를 평가하고 스타 과학자를 띄우고 있었다. 내가 더 뛸 수 있는 운동장은 별로 없어 보였다.

고등학생 시절 시청 앞 코리아 헤럴드 학원에서 밤늦게 강의를 듣고 삼청동 집으로 돌아오는 버스 타기 경쟁에서 밀리고 밀려나서 결국 터덜터덜 걸어서 돌아오며 '왜 나는 가장 오래 기다리고도 버스를 못 탔지?' 하며 묻던 생각이 난다. 버스를 못 탄 것이 인생의 패배자는 아니지만, 슬럼프에는 이런 하찮은 기억도 용케 비집고 나와서 숙주를 괴롭힌다. 아무튼 이미 2018년에 정년퇴임한 나는 CISS 사업을 통하여 슬럼프를 제법 화려하게 벗어났다. 감사할 수밖에 없다.

기성세대와 사회가 청년들에게 보내는 메시지

초등학교 시절에 '바다의 용과 싸우러 나간 남편을 바닷가에서 기다리던 아내는 붉은 돛을 단 배가 저녁 하늘 끝 수평선 위로 나타나자 무너질 듯 낙심하여 목숨을 끊고 말았다' 라는 슬픈 이야기를 들은 적이 있다. 용과 싸워 이기면 흰 돛, 지면 붉은 돛을 달고 오리라는 약속이 있었고, 남자는 혈투 끝에 용을 죽였고 흰 돛을 달았으나, 용의 피에 그만 돛이 붉게 물들어 버린 것이다. 신호가 잘못 전달되었다.

열심히 공부하고 일하는 것은 좋지만 그 결과가 얼마나 좋은가는 또 다른 얘기다. 일과 공부의 결과가 좋아지려면 ① 좋은 일을 찾아서 ② 잘 이루어 내고, ③ 그 과정과 결과를 다른 사람들과 잘 소통하고 나누는 것이 중요하다. 작은 그림만 보다 보면 그 안에 빠져 버린다. 자기 것만 옳다고 우기게 되고 남의 얘기를 듣지 않으려 하게 된다. 깊지 않은 생각들을 너무 자주 나누다 보면 불필요한 분열이 생긴다. 작은 생각들을 너무 크게 펼치려 하면 무의미한 싸움에 빠져 버린다.

왜 그럴까? 하고 묻는 과학은 이걸 어디에 쓰지? 하는 공학과 어울리면 큰 시너지를 만들고 좋은 열매를 맺는다. 기초과학은 무조건 호기심과 순수성에만 매달리고, 응용과학, 즉 공학은 돈 벌고 산업을 일으키는 데에만 매달리면 되는가? 아니다. 내용[콘텐츠]도 중요하고 어떻게 응용하는가, 즉 환경[context]도 중요하다. 재미와 돈벌이는 같이 갈 수 있다. 재미있게 하는 공부가 큰사람을 만든다. 억지로 하는 공부는 사람을 억누르고 왜곡되게 만든다. 우리가 이편저편 갈라서는 것은 큰 그림을 못 보고 작은 그림의 차이에 집착하여 당장 밥그릇 키우기에만 몰두하느라 긴 흐름의 이야기를 만들어 내지 못하기 때문이다. 갈라서 싸우기 전에 잘 분별하고 신중하게 생각해 보아야 한다. 상대가 공격의 대상인지, 아니면 같이 협력할 사람인지 알아보고, 서로 보완하고 활용할 단점과 장점이 무엇인지 잘 검토해 보아야 한다. 우리가 전하려는 메시지가 정말 본질적으로 중요하고 옳은 것인지, 우리가 든 하얀 돛이 혹시 용의 피나 저녁노을에 물들어 상대에게 혹시 붉게 보이지는 않는 것인지 잘 챙겨 보고 행동해야 한다. 우리로 인하여 좋은 신호가 만들어지고, 우리를 통하여 메시지가 올바르게 전달되도록 신경쓰며 살아가는 것이 현존하는 삶의 주인들이 남은 세월 동안 보이고 이루어갈 자세요, 사명이 아닐까 한다.

터먼의 창업 유산

프레데릭 터먼Frederick Terman은 실리콘밸리의 아버지라 불리는 인물로 1971년에 설립된 KAIST의 기본 정신을 소위 '터먼보고서'를 통해 제시함으로써 우리나라 이공계 대학의 교육과 연구, 그리고 산업의 발전에 크게 이바지하였다. 이 보고서는 KAIST 설립 이념을 산업체에 필요한 기술과 고급인력을 키우는 것으로 명확하게 제시함으로써 KAIST를 포함하여 국내 이공계 대학이 교육과 연구를 더 실용적이고 구체적인 방향과 방식으로 추진할 수 있게 하였다.

교과서 읽고 연습문제 풀고 좀 여건이 되면 논문 쓰는 수준이었던 것이 당시 대부분 대학원의 상황이었던 것을 생각해 보면 학생들이 실제로 기계나 회로, 소프트웨어를 설계해서 만들어 돌려보고, 측정하고 분석하며 토론하는 모습이 대학에 들어서게 된 것은 실로 당시로서는 이공계 대학에 일어난 커다란 변화였다. 이런 경험과 능력을 갖춘 졸업생들이 산업체에 들어가면서 산업체도 남의 것을 몰래 베끼거나 외국에서 기술을 들여다 쓰는 수준을 벗어나 자신의 고유한 제품을 만들어 낼 수 있게 되었다. 대학과 산업체에 새로운 바람이 불기 시작한 것이다. 터먼은 1970년 당시 우리나라 교육과 산업의 발전에 필요한 것이 산업체에서 일할 고급 기술 인력임을 간파하고 당시로서는 파격적인 특혜를 받으며 기획되고 있던 KAIST의 설립 제안서에서 이 포인트를 정확하게 짚어 주었다. 그러나 터먼보고서가 우리나라에 미친 영향은 터먼이 스탠퍼드대학과 실리콘밸리를 통해 미국 산업에 끼친 공헌에 비하면 미미하다는 생각이 든다.

아무튼 그 후 50년이 지났고 KAIST와 많은 대학이 석·박사급 고급 인재를 많이 배출했지만, 터먼보고서의 메시지는 아직도 유효하다. 터먼이 남긴 업적은 크게 세 가지다. 첫째, 제2차 세계대전 시에 Radar 개발을 주도하여 연합국의 승전에 이바지한 것, 둘째, 전후前後에 스탠퍼드대학 학생들의 창업을 독려하며 실리콘밸리의 모태가 된 HP, Varian와 같은 1세대 기업을 키우는 데 이바지한 것, 셋째, KAIST 설립 이념을 산업체에서 일할 고급기술 인력의 양성으로 설정한 것이다. 이미 실리콘밸리는 세계의 창업 중심지로 자리를 잡고 훨훨 날아 미국을 요지부동의 강한 나라로 만드는 데 일등 공신이 되었다. 위대한 터먼이 생전에 뿌린 씨앗이 크게 실리콘밸리와 KAIST 두 가지라면, 실리콘밸리가 그랬고 앞으로도 그럴 것이듯, KAIST가 창업 혁신의 기치를 높이 들고 많은 청년들의 꿈을 싣고 세계의 하늘을 웅비하게 되기를 염원해 본다.

저자는 KAIST에서 교수로 36년간 좋은 학생들과 좋은 시간을 보내고 무사히 은퇴까지 한 행운아다. 세월이 각박하진 않아서 교수 생활을 하면서 승진 걱정을 크게 해본 적도 없다. 불과 얼마 전까지만 해도 개혁은 달달 볶아대는 것이란 생각이 통념이었다. 잘하는 것을 재미있게 해야 글로벌 경쟁력이 생긴다. 이것을 그나마 이제는 깨달았고, 지금은 달라졌으니 다행이다(아직도 젊은 교수들이 느끼는 것은 좀 다를 것이다. ㅠㅠ).

석·박사과정 시절엔 반도체 연구실에서 전기, 수도, 공기, 장비 설치 등 막일을 정말 많이 했고, 이를 통해 일하는 법을 많이 배웠다. 박사과정 학생으로서 깊은 이론이나 첨단 연구를 해야 할 시기에 소위 삽질하느라 시간을 많이 보낸 셈이다. 그래도 공학도로 일하는 것이 어떤 것인지 조금이라도 배운 것은 그 시절이다.

하프타임

하프타임은 치열하게 싸운 전반전을 되짚어 보며 어떻게 후반전을 싸울 것인가를 생각하는 귀한 시간이다. 나에게도 하프타임이 찾아왔다. 나는 대학교에서는 별로 공부를 못 했다. 데모로 휴교가 자주 있었고, 1971년 9월 1학년 2학기 때는 전국에 위수령이 발동되어 전국의 대학이 휴교 상태에 들어갔다. 머리를 싹 밀고 지리산에 배낭을 지고 들어가기도 하고, 허무와 고독을 찾아 실존주의 철학책을 끼고 혼자 한라산 가을을 찾고 겨울 설악을 찾았다. 일주일간 산속에서 친구들과 술만 마시다가 거의 폐인이 되어 서울로 돌아오던 때 버스에서 느낀 무력감, 어떻게 다시 사회에 적응하지?

KAIST에 입학하여 김충기 교수님 밑에서 반도체 소자 연구로 석·박사과정을 마치고 벨연구소 포닥을 거친 후 KAIST 교수로 돌아왔다. 별로 깊이 아는 것이 없어서 조교수, 부교수 때 십여 년간 정말 고생 많이 했다. 그때는 매일 아침 7~8시 출근, 밤 11시 퇴근하며 정말 죽기살기로 일했다. 내가 살기 위해서 일어서려고 발버둥치던 그때가 아내와 아이들에게 가장 잘 못해 준 시간이다.

'왜 그렇게 실력이 없었느냐?' 라고 물으면 전공을 바꾼 핑계가 하나 있긴 하다. 나의 박사과정 논문은 CCD Charge-Coupled Device 로, 빛을 받아 반도체 표면에 생긴 전자를 전기신호로 읽어 내는 반도체 소자인데, 1970년에 벨연구소의 스미스와 보일이 발명하였고 때마침 콜럼비아대학에서 반도체 소자 연구로 박사학위를 받은 김충기 교수님이 KAIST에 조인하기 전 페어차일드에서 5년간 열심히 연구결과를 내어 크게 기여한 바로 그 소자다. 그런데 나는 이것을 1979년에 박사학위 연구주제로 잡고 시작한 것이다. CCD의 성지인 벨연구소엘 포스트닥으로 가 보니 그것에 관심 있는 사람은 아무도 없었다. 이미 연구는 끝났고 일본 소니에서 열심히 상품을 만들어 재미를 보기 시작하던 때였으니 1983년에 KAIST에 교수로 돌아온 내가 계속 하기에는 전망이 없는 분야였다(기술이 이렇게 빨리 바뀌니까 이공계 교수는 고달프다). 더욱이 이미 국내에 적지않은 분들이 반도체 소자 물성 분야에서 일하고 있었기 때문에 나는 새로운 분야인 반도체 회로 설계로 방향을 잡고 주경야독의 삶에 돌입하였다. 그리고 이후 약 20년간 똑똑하고 성실한 많은 학생들과 정말 열심히 살았다.

그리고 침체기가 찾아왔다. 왜 그렇게 되었느냐? 나는 산업체에 많은 관심이 있어서 산업체에 좋은 사람들이 가야 한다는 생각에 연구과제도 실용적인 것으로 하고, 졸업생들도 회사에 가서 일을 잘할 수 있도록 랩을 운영해 왔던 것이다. 학교에서 깊은 이론보다 실용성을 중시한 것의 대가는 지불되어야 했다. 나의 학문적 깊이가 먹어가는 나이에 치였다는 것을 알게 되었다. 나의 연구과제가 방황하기 시작했다. CAD 알고리즘, 컴퓨터 그래픽스, 마이크로프로세서 설계, 영상 코덱, 3차원 반도체, 저전력 집적회로, 스마트센서, 그리고 지금은 3D 영상센서. 동네 축구에서 열심히 공을 좇아 다니듯이 시장을 따라다니다가 힘이 빠진 것 같다.

2010년 가을, 정부에서 글로벌 프런티어 연구사업 공모가 있으니 한 번 응모해 보자는 동료 박효훈 교수의 권면이 있었다. 적지않은 분들이 격려하고 도와주셔서 같이 열심히 준비해서 길고 긴 평가 과정을 거쳐 드디어 선정되었고, 2011년 9월부터 대형 장기 연구사업(매년 약 90억 원, 9년간 수행)을 시작하게 되었다. 그때 나는 정년을 7년 정도 앞두고 있었기 때문에 이 과제가 나의 마지막 연구과제가 될 것이라 생각하며 준비했고, 선정된 후에는 어떻게 운영할 것인가를 놓고 주위의 동료 교수들과 의논도 많이 하면서 장고에 들어갔다.

1995년으로 돌아가 보면 나에게는 그때 두 가지 좋은 일이 있었다. 하나는 그동안 연구하던 마이크로프로세서의 국산화를 염원하던 현대전자의 고 정몽헌 회장이 당시 약 40억 원 정도를 들여 초현대식 반도체 설계 연구 공간인 칩스 건물을 흔쾌히 기증해 주었던 것이고, 다른 하나는 내가 이를 활용하여 반도체 설계 인력 육성 사업으로 IDEC반도체설계교육센터을 설립하게 된 것이다. 그리고 그 후 2011년 대형 연구사업인 글로벌 프런티어 연구사업을 수행할 CISS를 설립할 때까지 약 16년간 IDEC에 많은 열정을 쏟았다. 지금도 IDEC은 박인철 교수의 리더십 하에 잘 운영되며, 수많은 시스템 반도체 설계 인력의 양성에 핵심적인 역할을 하고 있다.

2011년, IDEC도 내려놓고 당시 열심히 하던 여러 연구과제도 모두 포기하면서 글로벌 프런티어 사업을 시작하게 되었다. 창립된 CISS의 비전을 무엇으로 할 것인가? 오랫동안 패배자로 남아 있던 기술창업의 융성에 다시 도전하자는 마음을 단단히 하며, 마지막 연구사업의 목표를 창업으로 잡고 시작하면서 나는 침체기를 벗어나기 시작했다. 머리가 다시 부시시 깨어나듯 돌기 시작하고 연구자로서의 의욕이 생겨나기 시작하는 것 같았다. 그리고 지금까지 9년이 흐르고 금년 8월 말이면 대망의 졸업이다. 정부로부터 받던 연구비를 이제는 받을 수 없게 되었지만, 그저 감사하고 좋다. 거액 연구비를 못 받게 된 것이 좋은 이유를 지금부터 말하고자 한다. 끝날 것이 끝나주어야 새로 시작할 것이 자리를 제대로 잡는 법이다. 이제는 정부 사업에서 민간의 산업 생태계로 올라타야 한다. 새는 알을 깨고 나와야 산다.

정부 지원 연구사업을 통해 CISS가 뿌린 창업의 씨앗

2011년 KAIST에 설립된 CISS는 정부가 지원하는 글로벌 프런티어 연구사업을 진행하면서 논문 실적에 그치지 않고 실제로 시장에 팔 수 있는 기술을 개발하여 창업까지 하는 것을 큰 목표이자 방향으로 정했다. 대학에서 창업을 목표로 잡는 것은 매우 도전적인 일이다. 논문은 당장 누구라도 인정해 주는 실적으로서 연구자에게는 현찰과도 같은 것인데 비해, 창업은 몇 년간 노력해도 될지 안 될지 모르는 먼 나라 채권

그림 3a-1 CISS 포트폴리오 기업의 창업연도와 제품

CISS
Center for Integrated Smart Sensors
(재)스마트 IT 융합 시스템 연구단

2020	(주)메그노시스 뇌파 기반 치매진단 솔루션	(주)아고스비전 자율주행용 360카메라센서		
2019	(주)올케어러블 무선 신체상태 모니터링 웨어러블 디바이스	(주)무티 초음파 다이나믹 접속 센서 활용 의료&헬스케어 솔루션	(주)유벤처파트너스 신기술 창업 전문회사	
2019	(주)소리케어 공동주택 층간 소음 및 진동 측정 솔루션	(주)엠시스랩 V2X 기반 다중 카메라 객체 인식 공유 기술		
2018	(주)파인나노 복합 나노 ink 및 나노전극재료	(주)셀라바이오텍 미세유체 세포 계수 디바이스/일회용 칩	(주)피코파운드리 고해상도 나노 패터닝 공정 기반 고민감도 SERS 기판	(주)브레인기어 외상성 뇌 손상(TBI) 환자용 경두개부 광 테라피 시스템
2017	(주)오펠솔루션 차량용 블랙박스, OPEL 기반 SDK	(주)브이아이소프트 실내외 통합 내비게이션	(주)아이리스 실시간 방사선 측정 도시미터	(주)파워비틀 에너지 하베스팅 직접회로 IC
2016	(주)워프솔루션 원거리 무선충전 기술 및 PA 패키지	(주)이엠브이 전기자동차 컨버전 키트	(주)프로닉스 유연 압전 음성 센서, 마이크로 LED	(주)브이픽스메디칼 실시간 공초점 내시현미경 시스템
2016	(주)루프트센스 미세먼지, 유해가스 등 환경 모니터링	(주)키센스 인공지능 사물/사건 인식 솔루션	(주)쉐마 미세먼지 센서 스마트 마스크	
2015	(주)칼리온 고해상도 고속 3D 스캐너	피에스에스(주) 고체 전기 화학식 용존 수소 측정기 기술	(주)듀얼리티 Padless Sensor 용 반도체 칩	(주)와이젯 고속 영상 무선 전송 기술
2014	(주)포인투테크놀로지 단거리 고속 유선통신 QSFP Active Cable	(주)스몰머신즈 응급 및 클리닉 전용 현장진단 시스템(POCT)	(주)듀얼어퍼쳐인터내셔널 3D Depth 카메라	
2013	(주)오비이랩 실시간 휴대용 고해상도 근적외선 뇌 영상장치			

같은 것이다. 참여하는 교수들과 연구원들에게 창업이 가능한 기술의 개발을 추진해 줄 것을 적극적으로 독려했다. 숱한 어려움이 있었지만 많은 사람의 협력의 결과로 30여 개의 창업이 이루어졌고, 300억 원 이상의 투자를 받게 되었으며, 30개 기업의 현재 가치 평가액은 거의 2천억 원에 달한다. 앞으로 이 기업들의 일부는 더 큰 기업으로 성장해 가리라 기대된다.

아직 연구단의 일은 현재 진행형이다. 지금까지의 과정을 통하여 얻게 된 소득은 크게 두 가지다. 첫째, 대학과 연구소의 연구실에서 시작된 연구가 어떻게 시장에서 실제로 팔리는 제품으로 연결될 수 있는지 그 과정을 바로 눈앞에서 볼 수 있게 되면서 연구에 참여했던 많은 사람이 크게 고무되었다. 논문을 쓰는 것과 제품을 개발하는 것의 차이가 무엇인지 보고 느끼고 알게 되었다. 둘째, 개발된 기술로 양산 제품을 만들고 기업을 만들어 성공시키는 과정에서 많은 것을 느끼고 배웠다. 우리는 창업된 기업의 영업, 홍보, 투자유치를 돕는 과정에서 자연스럽게 창업의 의미, 추진 방법, 사업계획서 작성법, 투자유치 발표 요령을 배우게 되었고, 투자자들과도 다양한 얘기를 나누며 적지 않은 경험과 지식을 얻게 되었다.

여기서 잠시 이 연구단을 시작하게 된 2011년 당시를 회상해 보고자 한다. 2011년 당시 마침 인터넷에서 가져온 1930~2011년 기간의 다우존스 주가지수의 변화 곡선(〈그림 3a-2〉 참조)에서 주가지수가 약 20년 정체, 20년 활황의 패턴을 반복하는 것을 관찰하게 되었고, 앞으로 10년 안에 경제가 다시 오름세를 돌아선다면 우리나라와 우리(공과

그림 3a-2 1930~2011년 기간의 다우존스 주가지수의 변화

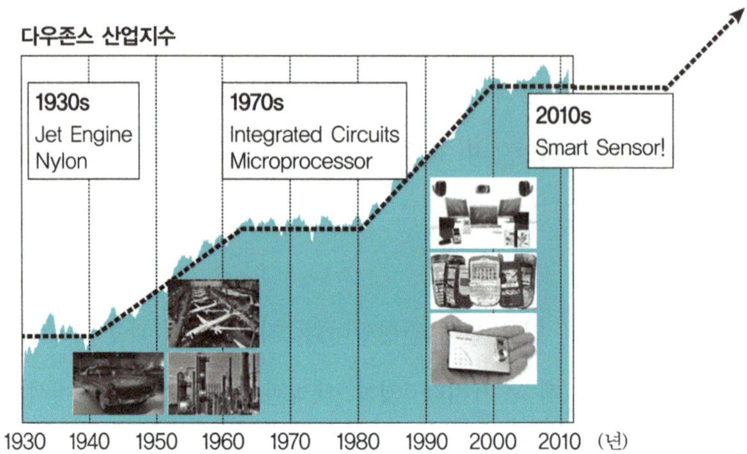

대학의 교수들)는 무슨 연구를 해야 할까 하는 논란을 시작하였다.

저자가 진행해 온 시스템 반도체 설계 기술만 가지고는 연구단이 지향하려는 창업의 성공 가능성이 별로 크지 않다고 보였다. 그 대신 반도체 기술을 이용하여 앞으로 세계의 시장이 크게 열릴 수 있는 분야를 찾아본 결과, 다음과 같은 생각으로 스마트센서 분야가 우리 연구단의 연구 및 창업 추진할 분야로 적당하다고 판단하게 되었다.

앞으로 시간은 걸리겠지만 결국 우리 주위, 즉 들고 다니는 모바일 기기, 자동차, 건물과 교량, 그리고 우리 몸 여러 곳에 다양한 센서가 달리게 될 것이다. 지난 수십 년간 말로만 얘기하던 사물인터넷이 뜨게 되면 빅데이터 시장이 크게 열리겠지만 전력 소모와 단가 등 아주 근본적인 문제로 인하여 사물인터넷이 실용화되지 않고 있었다. 우리는 이것이 결국 숱한 종류의 센서를 좋고 싸게 만들 수 없다는 센서 산업의 능

력 부족과 영세성에 기인하는 것임을 알게 되었다. 정확하고 빠르며, 작고 전력 소모도 적은 값이 싼 센서, 즉 스마트센서를 만드는 것이 핵심인데 앞으로 이 분야가 유망 성장주가 될 것이라 생각하게 되었다. 논란 끝에 우리는 스마트센서를 연구단의 연구 주제로 선정하였다. 저자의 연구실의 이름도 스마트센서 구조연구실이라고 개명하였다.

전술한 바와 같이 많은 참여자의 지난 8년간의 분투에 힘입어 연구단은 상당히 고무적인 성과를 얻게 되었고, 2020년 올해부터는 우리가 그동안 추진하던 연구, 연구결과의 사업화뿐 아니라 국내의 유망한 연

그림 3a-3 우리 생활 주변의 다양한 센서들

☞ 우리 몸의 건강 모니터링(health monitoring), 모바일 기기(mobile), 자동차(vehicular), 환경 모니터링(environment monitoring)을 위하여 우리 주위에 쓰일 다양한 스마트 센서들.

구를 창업으로 연결하는 것을 지원하는 독립적인 투자법인의 역할까지 수행할 예정이다. 이것은 '스마트센서'라는 하나의 작은 기술분야에서 일어난 일이지만 연구참여자, 사업화지원팀, 행정지원팀의 사람들은 이 일이 진행되는 과정을 보면서 대학의 창업 노력을 격려하고 체계적으로 지원함으로써 국민 세금으로 지원되는 정부 주도 연구사업이 산업 생태계의 발전에 이바지할 수 있다는 것을 알게 되었다.

연구단의 일원으로 지난 9년간 이 사업에 참여해 온 저자도 느끼고 배운 것이 많다. 대학의 연구실에서 청년들이 창업을 통해 미래와 세계를 향하여 적극적으로 도전해 나가는 가운데 성공도 실패도 하게 되겠지만, 이런 도전의 물결이 캠퍼스 중심을 힘차게 흐를 수 있다면 이를 통하여 청년들이 큰 세상을 배우며 도전하고, 그 경험을 다시 후배와 이웃들에게 전달하면서 건강한 문화와 산업의 생태계가 만들어질 것이다. 지금도 CISS에서는 여러 창업을 활발하게 추진하고 있다. 앞으로 1~2년 안에 약 10개 정도의 중요한 창업이 더 이루어질 것으로 보인다. 연구에 참여한 연구교수와 연구원은 물론 옆에서 보아 온 학생들도 속속 한둘씩 창업의 대열에 합류할 것으로 보인다. 이러한 고무적인 모습이 서서히 많은 대학에 확산되어 갈 것이라 생각된다.

청년 창업자에게 나라의 미래가 걸렸다

세계를 보는 생각이 넓어지고 사물에 대한 지식과 사람에 대한 이해가 깊어지면 인생을 대하는 자세도 성숙해지고 담대해진다. 청년들에게 점수 따고 스펙 잘 만들라는 메시지 대신 세상과 담대하게 직접 소통하고 미래를 향해 도전해 가며 진짜 삶을 즐기라는 신호를 보내야 한다. 가장 좋은 방법은 실제로 스스로 생각하고 만들어 보며 거침없이 도전하게 하는 것이다. 청년들이 단호히 그들의 미래를 창업에 걸 수 있도록 해주어야 한다.

성경의 첫 장 창세기는 하나님의 창업기다. 지금의 세상과 세상을 주도하는 것으로 보이는 '사람'에 대하여 깊이 연구하여 본질을 알게 되면서 내게는 어렴풋이나마 두 가지 질문이 생겼다. 하나는 사람이 어떻게 이 세상을 살아가야 하는가? 또 하나는 창조자가 어떤 목적과 희망을 품고 세상을 창조했는가? 하는 것이다. 우리들 대부분은 학교에서 구구단을 외우고 영문법을 배우면서 이것을 어디에 써먹지, 골치 아픈 것을 왜 배우지? 하는 짜증 섞인 궁금증을 가져본 적이 한두 번은 있을 것이다. 시키니까 그냥 했던 것이고 나중에야 써먹게 되었으니까 큰 불만은 없지만 그게 가장 좋은 방법일까 하는 의심이 든다. 세계를 만드신 창조자의 방법은 확실히 다르다. 왜 우리는 창조자가 우리에게 한 일의 품새와 정신을 전혀 모르는 듯이 후세들에게 '이래라 저래라, 그건 안 되고 저건 되고' 하면서 쪼잔하고 팍팍하게 대하고 있을까? 또 창조자는 사람을 거친 세상에 나가 살며 부딪치게 했다. 지나친 보호는 진짜 바람과 햇살을 받으며 사는 건강한 삶을 방해하기 쉽다. 간섭 대신 사랑을, 보호 대신 지혜를, 지시 대신 비전을 주는 것이 올바른 방법이지 않을까?

도서관과 교실에서 얻은 지식과 사고방식만으로는 세계로 나가 어울리고 도전하기 어렵다. 살아 움직이는 지식을 갖고 유연한 사고와 행동을 할 줄 아는 사람이 힘차게 살아남는다. 남이 쓴 책도 읽지만 혼자 생각할 줄 아는 사람이 결국 많은 열매를 맺는다. 빨리 많은 일을 그럴듯하게 하는 대신 느려도 확실하게 자신의 냄새가 물씬 나는 세계를 발견하고 누리는 자의 삶이 즐겁고 행복하다. 이건 사실 별게 아니다. 공부하다가 유레카Eureka! 하면서 솟구치듯 깨닫는 것일 수도 있고, 고민하다가 말로는 표현이 안 되어도 무언가 확실하고 평범한 진리를 깨쳤다는 느낌이 드는 것일 수도 있다. 깨달음의 대상은 꼭 어려운 학문 영역 내의 사실일 필요가 없다. 평범한 우리의 일상이지만 별로 신경 안 쓰고 지나치던 것들, 그냥 고정적인 관념으로 처리해 오던 주위의 정치, 종교, 돈, 창업, 뭐 이런 것들에 대하여 조금 더 깊은 통찰을 얻는 것이면 된다. 정해져 있는 교과목 시험에서 좋은 점수를 받고 기뻐하는 것보다 이런 기쁨을 얻어가는 것이 더 축하할 만한 기쁜 일이다.

책에 쓰여 있다고 무조건 받아들이지 말고 우리 주위에서 벌어지는 중요한 사건의 의미를 그때그때 싱싱할 때 꼭꼭 씹어가며 나의 지식과 체험으로 만들어 가는 경험은 어느 교과서를 읽는 것보다 건강한 것이다. 열심히 공부하는 것은 좋지만 무조건 하는 것은 좋지 않다. 종교도 무조건 믿는 것보다 욕을 좀 먹더라도 물어보고 따지고 싶은 것은 꼭 그렇게 하는 것이 무조건 좋다. 아무리 누가 몰아쳐도 굳건히 버티면서 자신의 믿음과 지식의 세계를 열어가면 된다. 무조건 외우고 믿고 순종하고 충성하라는 것은 별로 좋지 않은 방법이다. 그렇게 해서는 좋은 작품도 큰 사람도 만들어지지 않는다. 좀 까칠해도 좋으니 처음에 주춧돌을 놓을 때 확실하게 잘해야 한다. 너무 눈치 보지 말고 소신껏 깊이 생각하는 사람을 키워내면 된다. 학교, 교회, 연구소, 기업을 불문하고 어디서든지 싱싱하고 당차게 자기 생각을 펼치지 못하는 사람은 결국 일의 마무리도 짓지 못하고 사회에 이바지할 가능성도 적다.

이 책의 목적은 우리 청년들이 창업의 꿈을 갖도록 도와주고 우리나라에서 좋은 기술창업이 활발하게 일어나게 하는 것이다. 기술창업을 한다는 것은 그냥 해보고 아니면 말고 식으로 하는 것이 아니라, 기술의 연구개발 과정부터 공들여 진지하게 준비하고 시장에 도전하는 것이다. 정말 최선을 다해서 생각하고 준비해야 진정한 기술창업의 의미가 있다. 대충 주변에서 그 정도면 되었다고 하는 데까지 하는 것이 아니라 정말 할 수 있는 데까지 깊이 생각하고 도전하는 것이 창업의 핵심이다. 자격증을 따서 개인 사무실을 열고 스펙을 잘 만들어서 돈 더 주는 곳으로 옮겨 다니며 주식 투자로 수익을 올리는 길을 택하는 삶은 시간이 가고 나이가 들수록 힘이 떨어질 것이다. 우리 사회에 필요하며 앞으로 빛을 발할 사람들은 오래 공들여 준비한 기술과 실력으로 창업을 성공시키려고 뛰는 사람들이다. 지금부터는 우리 사회가 그런 사람을 키워내는 데 사회의 자원을 집중적으로 투자해야 한다.

대학이 앞장서 사회의 미래를 이끌어야

청년이 바뀌려면 주변과 사회가 바뀌어야 하는데, 그러려면 어디선가 변화가 시작되어야 한다. 그 변화의 시동은 대학이 걸어 주어야 한다.

지금 우리 대학은 이공계의 경우 대학원은 논문 쓰고 학위 받는 것이 거의 유일한 목표로 되어 있다. 대학에서 입학과 교육, 연구를 현재의 방식으로 계속하게 되면 학생들을 쉽게 평가하고 혹시 분쟁이 생길 때 평가 결정의 근거를 확보하기엔 좋겠지만 정말 실력 있는 사람을 키워내고 우리 사회가 발전하는 데에는 별로 도움이 되지 않을 것이다. 선진국은 말할 것도 없고 우리나라도 사기업들은 이미 신입사원 뽑는 방식이 더 실용적인 방법, 즉 개인 인터뷰 중심으로 바뀐 지 오래이며, 기업의 경쟁력을 높이기 위해서 온갖 과감하고 파격적인 생각을 일선에 도입하고 있다. 이게 맞다. 그래야 살아남을 수 있다.

이에 비하여 대학을 포함하여 우리 사회의 인력, 제도 등 사회의 인프라와 원동력을 제공하고 미래를 만들어 가야 할 공적인 영역의 움직임은 선진국의 그것에 비하여 상당히 처져 있다. 내면의 실질적인 변화를 만들어 내기 위한 드라이브를 제대로 걸지 못하고 있는 것 같다. 결국 우리의 미래는 명백히 청년들에게 달려 있다. 청년이 깨어 사기가 오르고 꿈을 갖고 달려 나가게 하려면 대학과 나라가 그들에게 당당하게 주문해야 한다. '지금은 험해도 미래의 비전이 있는 곳으로 가라', '당장 그럴듯한 모양을 만들어 내려 하지 말고 시간이 걸리고 힘들어도 세계 시장, 미래의 시장이 요구하는 물건을 만들어 내는 꿈과 계획을 갖고 나아가라'라고 말할 수 있어야 한다. 우리 사회와 대학이 그들이 그렇게 하도록 온 힘과 자원을 들여 지원해 주어야 한다.

3b. CISS발 스타트업 이야기

CISS의 연구자는 때가 무르익으면 창업을 하며, 우리 산업 생태계로 들어간다. 소위 연구단의 스핀오프가 이루어지는 것이다. 트로이와의 싸움에서 진 그리스가 트로이에 보낸 목마에는 그리스의 준비된 용사들이 들어 있었다. 나는 이제 CISS에서 스핀오프하여 시장으로 나아가는 창업팀과 같은 사람들에게 우리 사회의 마지막 희망이 있다고 생각한다. 30개 스핀오프 기업의 상황을 〈그림 3a-1〉에 보인 바 있고, 그중 네 회사 이야기를 여기 실었다. 간략히 소개하자면, ① 워프솔루션은 LG전자에서 RF 안테나와 power FET 설계 경력을 쌓고 광운대에서 박사과정 중에 CISS에 조인하였다가 창업을 하게 된 이경학 대표의 이야기다. 4G, 5G 기지국 중계기에 쓰일 RF Power FET와 무선 전력 충전 장치를 개발하는 회사를 창업하였다. ②, ③ 오비이랩과 포인투는 모두 KAIST의 배현민 교수가 창업한 회사다. 배 교수는 일리노이대학에서 지도교수와 창업해 본 경험을 살려서 KAIST 합류 후 10여 년간 활기차게 고속 광대역 송수신기 칩 설계 기술을 기반으로 다양한 응용분야에서 창업을 성공적으로 이끌어 가고 있어 교내외에서 크게 주목받고 있다. ④ 피코파운드리는 KAIST 신소재공학과의 정연식 교수가 개발한 나노자기결합기술을 어떻게 응용할까 고민하다가 약품이나 음식물 등의 이물질 검사에 쓸 수 있는 SERS표면증강 라만 분광기술 장비 개발에 활용한 것이다. 이 회사는 기초연구에 매진하던 젊은 연구자가 CISS의 창업 권면에 적극적으로 호응하여 일취월장하고 있는 기업이다.

가. (주)워프솔루션(이경학 대표의 이야기)

나는 대기업 연구소에서 거의 10년간 무선 고주파 소자와 회로 설계 연구를 하다가 광운대학교로 옮겨 박사학위 논문 연구를 하던 중 KAIST의 CISS 연구단에서 전에 같이 일하던 친구로부터 같이 일하자는 제의를 받고 연구원으로 다시 자리를 옮겼다. 자리를 옮긴 지 얼마 안 되어 그 친구와 창업을 추진하게 되었고 친구는 CEO, 나는 CTO로서 역할을 나누어 맡게 되었다. 창업을 한다는 것이 두렵기도 했지만, 좋은 친구와 공동창업을 한다는 기대감에 설레었던 것이 기억난다. 그런데 디데이 바로 전날인 2016년 1월 11일 막연했던 두려움이 현실이 되어버렸다. 공동창업 결렬 소식. 예기치 않게 친구가 한 대학에서 좋은 제의를 받아 교수로 가게 된 것이다. 친구에겐 거부할 수 없는 좋은 일, 그러나 내겐? 눈앞이 깜깜해졌다. 내일이 창업 날인데.

밤새 물 한 모금도 마실 수가 없었다. 한참을 생각하고 또 생각했지만, 엎지른 물을 되담을 수도 없는 상황인지라 일단 '시작하고 보자' 고 마음을 정했다. 결혼식 전날과 같은 설렘과 두려움이 느껴졌다. 어린 시절에도 창업을 앞둔 시기의 두려움과 유사한 경험이 있었다. 새해가 되면 구석진 촌동네에 서커스단이 방문하곤 했고, 그 서커스단에는 '귀신의 집' 이라는 놀이시설이 늘 함께였다. 어떻게 저런 곳에 사람들이 입장을 할 수 있는지 놀라웠다. 어머니가 "남자가 혼자 저기도 못 들어가?" 라고 놀리시는 바람에 "표를 끊어 주면 들어가겠다" 며 큰소리쳤다. 그러나 그때는 정말이지 너무도 무서웠고 입장 후 조심하며 내디뎠던 한발짝 한발짝이 아직도 생생하게 기억날 정도다. 다시 입구로 돌아가고 싶은 마음뿐이었지만, 자존심 하나로 눈물을 머금고 끝까지 '완주' 하였다. 이후 귀신의 집은 연례행사로 나의 단골 놀이터가 되었으며, 두려움이란 처음에는 극복하기 힘들지만 그다음부터는 놀이가 될 수 있다는 걸 체득하게 되었다. 두려움은 모든 시작점에 나타나는 설레임일 뿐이다. 창업은 그렇게 시작되었다.

엔젤 투자라는 것은 '사실상 없다' 는 말도 있다. 그러나 정부에서 지원하는 국책 과제를 잘 활용하면 이것이 하나의 엔젤 투자가 될 수 있다. 일단 선정되면 정부는 기업의 기술을 믿고 필요한 재료비나 인건비를 지원하여 기술이 완성되도록 돕는다. 대한민국 정부는 크게 과학기술정보통신부, 중소벤처기업부, 산업통상자원부 세 부처에서 창업 기업의 연구개발 및 인력 양성을 위해 지원하고 있으며, 주기적으로 기업을 지원할 과제 및 지원 사업이 공고된다.

세부적으로는 지자체나 창업진흥원, 창조경제혁신센터 등의 여러 기관과 단체에서 추가적인 지원 사업이 공지가 되고 있으므로 잘 이용하면 큰 도움이 된다. 특히 초기 창업 진행 시 중소벤처기업부에서 운영하는 k-startup(https://www.k-startup.go.kr)은 창업 전후에 지원받을 수 있는 많은 과제와 사업을 주기적으로 공지하므로 자주 살펴보는 것이 좋다. 또한 기업이 있는 공단을 잘 활용하여 중소기업 진흥공단 및 연구개발 특구 진흥재단에서 진행하는 많은 지원 사업과 연계 사업을 이용한다면 국내외 수출입 및 판매, 홍보, 마케팅, 자문, 전시 등 많은 지원을 받을 수 있다. 특히 기술창업을 앞두고 있다면 대전 한국과학기술원 내에 위치한 스마트IT융합시스템 연구단(ciss.re.kr)에서 창업 전후 전반에 대한 컨설팅과 사업계획서 작성 등의 도움을 받을 수 있다.

그리고 넉넉한 자금으로 창업했다면 문제가 없겠지만, 자금조달이 필요하다면 기술보증기금과 신용보증기금을 활용할 수도 있다.

창업 기업 운영, 전문가 컨설팅의 필요성

기업을 운영하면 많은 고민이 따른다. 이를테면 투자를 받을 것인가, 대출을 받을 것인가, 아니면 받지 않고 버틸 것인가? 받는다면 얼마나 어떻게 받을 것인가? 등등. 나는 엔지니어였고, 경영 전문가가 아니었기 때문에 당연히 기업의 운영이 여러 면에서 생소했다. 또한 대표 혼자 모든 업무를 다 할 수 없기 때문에 행정, 인사, 연구, 기획, 마케팅, 영업 등 각 업무에 맞게 직원을 배치해서 업무를 분산해야 한다. 내가 어릴 때, 책을 좋아하지는 않았지만, 삼국지만은 끝까지 읽었다. 위, 촉, 오 세 나라의 지도자인 조조, 유비, 손권은 휘하에 여러 장수와 책사를 각각 두어 국가를 세심하게 운영하여 발전시켰던 것이 용기와 아이디어를 내는 데 큰 도움이 되었다.

그런데 기업 내부의 업무는 분배할 수 있지만, 회사 경영에 대한 업무는 분배하기 쉽지 않다. 물론 CFO나 CTO를 두어 분배할 수도 있겠지만 초기 창업 시에 이 모든 것을 회사 자체로 해결할 수는 없다. 이때 외부 도움이 필요한데, 그것이 바로 컨설팅 지원이다. 기업에 대한 전반적인 내용을 전문가에게 점검받을 수 있으며, 추가 자금의 확보에도 도움을 받을 수 있다. 즉, 내부에서 볼 수 없었던 문제점을 찾아낼 수 있으며, 운영에 필요한 조언 및 해결책을 찾아낼 수 있기 때문에 신규 창업기업의 입장에서는 컨설팅이 꼭 필요하다고 할 수 있다. 이러한 문제점들을 찾아내고 해결하고 나니 자신도 모르게 회사가 한 단계 더 성숙해져 있다는 것을 깨닫게 되었다. 이러한 것들이 회사의 가치를 올리고, 외부적으로 더욱 견고한 기업으로 인정받는 길이다. 우리 회사는 외부의 창업 · 경영 전문가 컨설팅을 통해 회사의 가치를 인정받았고, 해외 투자유치에 성공하여 제품의 생산에 들어갈 수 있게 되었다. 컨설팅 전문가에게 약간의 창업자 지분을 할애하였지만 충분히 그 이상의 도움을 받았다고 생각된다.

그림 3b-1 RF 무선충전 송신 스탠드(오른쪽 상단) **와 '스마트패드 미니'**(하단)

☞ 스마트패드 미니는 산업통상자원부의 '첨단기술 제품'에 선정된 원거리 무선충전과 접촉식 무선충전이 동시에 가능한 제품이다.

(주)워프솔루션은 4년 전 창업 초기에 5G의 핵심 부품인 RF 전력 증폭기RF Power Amplifier를 개발했고, 이를

이용해 비접촉식 원거리 무선충전 기술을 개발했다. 현재까지도 5G용 RF 부품을 개발 및 개선해 근거리, 중거리, 원거리 제품들의 테스트를 진행하고 있다. 아직도 갈 길이 멀지만, 동료 직원들과 함께 하고 있기 때문에 지칠 수도, 실패할 수도 없다.

'원거리 무선충전'은 기기나 제품에만 적용될 것이라고 생각할 수 있으나, 이 충전 기술은 향후 사람들의 건강까지도 충전할 수 있는 완전히 새로운 기술이 될 것이며, 자사에서 개발된 혹은 개발할 기술과 제품은 향후 세계 최고의 기술과 제품이 될 것이라 생각한다.

야심차게 준비했던 RF 파워앰프가 나왔을 때 엄청난 희열을 느끼며 환호했지만, 처음에는 아무도 우리 제품을 선택하지 않았다. 판매 이력이나 장기간의 신뢰성 테스트 이력이 없으면 신제품 도입을 하지 못하는 것이 보통이다. 제품을 개발해도 판매에 이르기까지는 긴 시간이 걸린다. 이런 시간이 오래 지속되자 회사의 포기까지 고민할 정도로 마음이 매우 힘들어지곤 했다. 엎친 데 덮친 격으로, 2019년 목표로 진행되었던 국내 5G 시장이 1년 이상 늦춰지는 바람에 개발이 완료된 제품의 판매시기도 1년 이상 늦어지게 되어 다시 한 번 크게 좌절의 시간을 맞았다.

그러나 이러한 시장의 상황과는 달리 IT 및 IoT 시장이 급격히 증가하였고, 스마트팩토리 및 스마트홈 위주의 IoT 시장이 확대되었으며, 원거리RF 무선충전 시장에 대한 관심이 급격하게 높아졌다. 이에 맞추어 IoT 센서에 장착되는 배터리 전원을 무선으로 충전할 수 있는 RF 충전 솔루션을 개발하기로 하였다. 5G 시장을 목표로 했던 부품인 RF 전력 증폭기를 우선 원거리(수 미터 정도) 무선충전 시장에 적용하는 것이다. 이렇게 개발된 '스마트 마우스 패드'는 2019년 세계 최고의 모바일 기기 박람회인 MWC와 2020년 세계 최대 규모의 가전제품 박람회인 CES에서 관람자들로부터 상당히 좋은 반응을 얻었다. 창업에서 가장 중요한 것이 시장과 트렌드에 맞는 제품의 적기 출시다. '열심히 개발한 제품이라도 시장의 트렌드에 맞지 않는다면, 포기하지 말고 다시 트렌드에 맞추어 다시 개발하여 재도전하면 된다'라는 너무나도 소중한 교훈을 얻게 되었다.

IT 강국인 대한민국 IT 기업 중 하나의 대표로서 자부심을 느끼며, 더 좋은 제품과 해결책을 개발하기 위해 더욱 노력할 것이다. 그리고 10년 안에 전 세계에 '워프솔루션'이라는 최고의 브랜드 가치를 창출할 것이다. 그동안 만난 투자자들이나 후보 고객사들이 우리 기술에 대해 의심과 경계의 눈길을 보내오지만, 나는 그 또한 관심의 표현이라고 생각한다. 아무튼 우리는 결과로 말할 것이고, 우리의 기술을 제품으로 입

그림 3b-2 RF 무선충전 수신 건전지

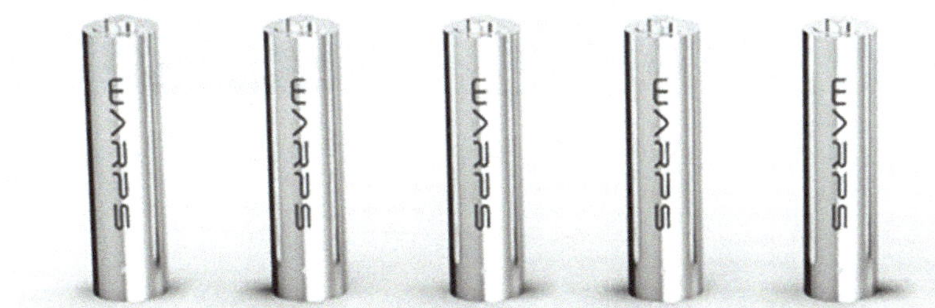

☞ RF 무선충전 수신 건전지를 도입함으로써 건전지 교환이 필요 없는 도어락, 키보드, 마우스가 가능하게 되었다

중할 것이다.

세상에 안 되는 건 없다. 내가 어릴 때부터 신념처럼 지녀온 말이다. 뭐든지 끝까지 노력하면 안 되는 것은 없다고 생각한다. 부정적인 생각을 할 시간에 하나라도 더 행동해라. 그러면 뭔가를 발견할 것이다. 나에게는 나누고 싶은 많은 꿈이 있다. 그중의 하나는 향후 후배들과 함께 내가 지금 꾸고 있는 이 꿈을 같이 꾸는 것이다. 우리는 무선충전 시장과 영역이 실내 와이파이 중계기와 실외 기지국 혹은 중계기를 이용하는 방향으로 확대될 것이라 생각한다. 남들보다 먼저 이 새로운 시장에서 독보적인 기술과 제품으로 기여하는 것이 우리의 비전이다(〈그림 3b-3〉).

그림 3b-3 외부 기지국이나 중계기를 이용하여 무선충전 하는 방법과 실내 와이파워기를 이용한 무선충전 방법 (위프솔루션의 비전)

나. 오비이랩 창업(KAIST 배현민 교수의 이야기)

미국에서 학위를 마치고 직장생활을 하던 2000년대 중반, 병원 소속 변호사로 일하던 아내에게 '병원이 가장 수입을 많이 올리는 질병이 무엇이냐' 고 물어보았다. 당시 아내의 대답은 좀 의외였다. 나는 암이나 백혈병 등 많이 알려진 질병은 치료비용도 클 것이라고 예상했었는데, 나에겐 좀 낯선 뇌졸중이 비용이 가장 많이 발생하는 질병이라는 것이었다. 뇌졸중은 뇌혈관에 문제가 생겨 뇌에 산소가 공급되지 않음으로 인하여 발생하는 질병인데, 그 예후가 좋지 않아 입원기간이 길어져서 비용이 많이 든다는 것이었다. 입원기간이 긴 이유는 뇌의 특성상 재활 말고는 딱히 다른 치료를 할 수 없기 때문에 그렇다는 것이었다.

실제로 인터넷으로 WHO 사이트를 검색해 보니 과연 뇌졸중이 심장마비 다음으로 사망률이 높은 질병이었고, 치료비용은 당시 이미 100조에 육박하고 있었다. 인구의 노령화로 인해 비용은 계속 증가할 것이라는 것을 고려할 때, 이 질병에 관해 무언가 기여할 수 있으면 좋겠다고 마음을 먹게 되었고, 틈나는 대로 뇌졸중에 관한 지식을 모으기 시작했다. 인간은 아직은 인간의 뇌가 어떻게 동작하는지 알 수 없기에, 고장난 뇌를 치료한다는 것은 요원한 것이고, 일단 뇌에서 무슨 일이 일어나는지 쉽게 알 수 있는 해독解讀장치가 필요하다고 결론을 내렸다.

우리 몸에서 무슨 일이 일어나는지 알려면 무언가는 우리 몸을 통과하여야 하고, 우리는 그 통과한 무언가를 분석해야 한다. 우리 몸을 통과하는 매체로 인간이 지금까지 알아낸 것은 초음파, 자기장, 그리고 전자기파 이 세 가지다. 초음파는 70%가 물인 우리 몸을 아주 잘 투과하기 때문에 좋은 정보를 얻을 수 있는 수단이 된다. 그러나 초음파는 뼈를 통과할 수 없기 때문에 두개골로 싸인 뇌에는 사용이 불가능하다. 자기장은 물을 잘 통과하는 좋은 수단이지만, 거대한 MRI 기기를 상상해 본다면 사용하기 아주 어려운 기기라는 것을 알 수 있다. 높은 주파수의 전자기파를 이용해 우리 몸을 보는 것이 X-ray나 CT인데, 이 방법은 어느 이상으로 누적되면 우리 몸에 해롭기 때문에 자주 사용하기에는 좋은 선택이 아니다. 낮은 주파수의 전자기파의 경우는 물을 잘 통과하지 못하고 또한 파장이 길어 해상도가 무척 좋지 않다. 가시광 영역으로 주파수를 높이면 물을 잘 통과하는 반면 우리 몸이 불투명해서 사용할 수 없고, 가시광선보다 주파수가 높아지면 이제 자외선 영역으로 우리 몸에 해롭게 되는 문제가 발생하기 시작한다. 이런 상황 가운데 기적 같은 주파수 영역이 존재하는데, 그 영역이 바로 근적외선이다. 우리가 백열등을 손으로 잡으면 우리 손이 붉게 보이는데 이는 붉은 색 영역 근방의 전자기파가 우리 몸을 아주 잘 통과하기 때문이다.

뇌를 해독하기 위해 선택된 수단은 근적외선을 이용하는 것이었고, 당시 광통신 분야에서 일하고 있었던 나는 광소자를 이용해 만들 수 있는 이런 소자는 얼마든지 제작할 수 있을 것이라고 판단했다.

2009년 카이스트에 부임해서 나에게 주어진 자원이 어느 정도 충분해지면서 본격적인 개발에 착수할 수 있게 되었다. 나의 주 전공인 광통신 칩셋 설계의 경우 궁극적으로 풀고자 하는 것은 광케이블을 통과한 신호를 받아보고 먼 곳에서 어떤 신호를 보냈는지 알아내는 것이었다. 그것에 반해 뇌 영상에서 풀어야 하는 문제는 내가 알고 있는 신호를 뇌에 보내고 되돌아온 것을 받은 다음 어떤 물질들을 통과했는지 그 통과한 물질의 성격을 알아내는 것인데, 처음에는 내가 전에 풀던 문제와 매우 흡사하다고 생각하고 만만하게 접근했다. 그런데 결정적으로 어려웠던 점은 뇌를 통과한 광 신호 중 뇌의 정보를 가진 신호는 너무 작아서 추출하기가 매우 어렵다는 것이었다. 그리하여 광통신에 자신이 있었던 나였지만 이 부분을 해결하는 데에만 1년 반이란 시간을 흘려보냈다. 그리고 이어서 당시 세상에 나오기 시작한 3D 프린터를 이용해 넓은 뇌 영역을 덮을 수 있는 복잡한 헤드기어 같은 시스템도 제작해 보았다(〈그림 3b-4〉 참조).

그림 3b-4 뇌 영상 장치 시작품

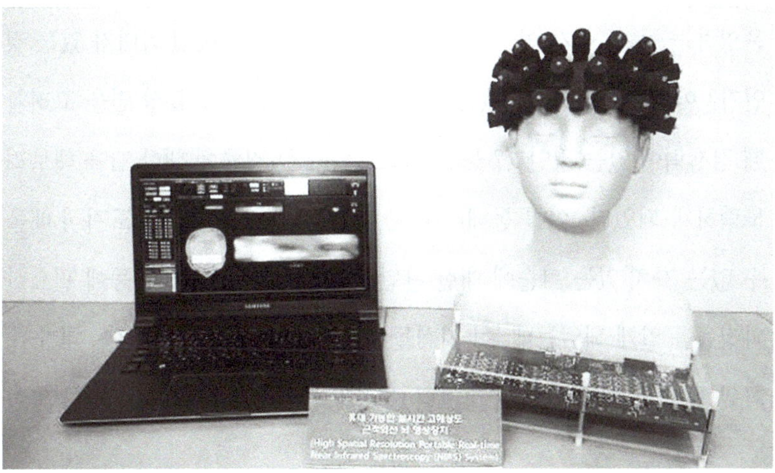

이 프로토타입 시스템이 동작하는 것을 확인하니 이제 벤처회사를 만들어 투자를 받아도 되겠다는 생각이 들었다. 내가 생각하는 벤처회사를 시작할 수 있는 가장 이른 시점은 어떤 문제를 해결하는 데 있어 얼마의 시간이 필요한지 예측이 가능할 때다. 처음 뇌 영상 장치를 시작할 때는 과연 이런 것이 만들어질 수 있을지, 만든다면 얼마의 시간이 필요할지 알 수 없었기 때문에 벤처를 시작한다는 것은 무모한 일이었다. 이제 제작된 프로토타입이 상품화되기 위해 남은 일은 전자장비들을 반도체로 집적하고, 3D 프린터로 제작한 것들을 외주를 통해 사출된 플라스틱 형태로 만드는 것이었다. 이러한 문제들은 일반적인 것들이었기 때문에 해결은 시간문제라 생각했다.

나는 모든 연구결과는 반드시 벤처 창업으로 이루어져야 한다는 생각을 가지고 있다. 내가 실제 박사과정 중에 지도교수님과 창업을 하고 운영하는 동안, 내가 연구하고 만드는 것이 세상에 어떤 의미가 있는 것인가? 어느 정도 가치가 있는가? 다른 주변 기술과 효율성 면을 고려할 때 경쟁력이 있는 것인가? 등등 스스로 무수한 질문에 대한 답을 해보려 노력하게 되었다. 이를 통해서 논문 쓰는 것만을 통해서는 도저히 배울 수 없는 가치 있는 기술에 대한 판단, 기술의 개발과 Exit* 등에 필요한 과정들을 알게 되었는데, 이 지식들은 너무나 소중한 것이었다. 내가 대학원 과정 때 이를 얻었던 것처럼 KAIST 학생들도 대학원 과정 동안 이

* Exit이란 기업 합병이나 상장, 혹은 기술이전 등을 통해서 연구에 들인 연구비, 창업에 들인 사업비 이상을 버는 행위를 말한다.

것을 깨닫고 배울 수 있게 하는 것이 나의 사명이라 생각했다.

카이스트 부임 초기에는 내가 교수로서 창업을 해야 하는 것인가, 아니면 교수니까 창업을 하지 말아야 하는 것인가를 놓고 고민하기도 했었다. 하지만 교육자로서 의미 있는 기술을 발견하고, 개발하며, 세상에 내놓는 방법을 제자들에게 알려주고, 또한 이러한 과정에 대한 막연한 두려움을 없애고 자신감을 심어 주는 것이 나의 의무라 판단하여, 모든 연구결과는 반드시 창업으로 이어질 수 있도록 해야겠다고 생각했다. 의미 있는 연구는 인간의 삶을 효율적으로 만드는 것이고, 그런 연구라면 반드시 사업화가 가능하다라는 것이 나의 생각이다.

다시 뇌 영상 장치로 돌아가면, 이러한 뇌 영상 장치를 이용한 창업처럼 완제품을 팔아야 하는 사업은 지금까지 해왔던 B2B* 형태의 창업과는 전혀 다른 형태였는데, 오히려 기술에 관한 전문성이 부족한 한국의 투자시장에서는 더 안전한 사업 방법이라는 생각이 들기도 하였다. 기술창업이라는 것이 시작 단계에서는 투자자가 기존에 다루던 사업 모델을 바탕으로 하는 사업과는 달리 많은 투자자의 지식과 경험을 요구하기 때문에 많은 어려움이 존재한다. 또한 투자자의 기술 사대주의, 즉 우리나라의 창업 회사가 기라성 같은 해외 기업과 경쟁이 가능할까 하는 선입관도 창업자에게는 큰 어려움을 안겨 준다. B2B 기술창업의 경우 내가 물건을 만들더라도 현금흐름cash flow이 발생하기까지는 꽤

* 일반 소비자에게 파는 제품을 가진 회사를 B2C라 하고, 다른 기업을 고객으로 하는 사업을 B2B 사업이라 한다.

많은 시간이 걸린다. 이것은 내가 만든 것을 납품받은 업체가 그것을 이용해 다시 상품을 만드는 데 시간이 필요하기 때문이다. 또한 내가 물건을 납품하는 곳이 대기업인 경우 내가 납품해야 하는 상품의 물량이 크기에, 현금흐름이 없는 상황에서 양산을 해야 하는 난감한 상황에 처하게 된다. 이 경우 한국의 투자자로부터 현금흐름이 없는 회사가 대규모 자금을 유치한다는 것은 매우 어렵다. 이런 투자의 불확실성을 고려할 때, 한국에서는 기술창업의 경우 B2B보다는 직접 완제품을 팔아서 현금흐름을 만들 수 있는 것이 최악의 상황을 막을 수 있는 안전한 사업 방법이라 생각했다.

초기에 KITE 재단, KTB network로부터 11억 원의 seed 투자를 유치하고, 삼성전자에서 외주 관리를 통해 태블릿 제작을 담당하던 디자이너를 1순위로 영입하고, 반도체는 연구실에서 통신기술, 광통신기술을 융합하여 제작하였다. 2015년엔 첫 프로토타입을 가지고 CES 쇼에 참가하였는데, 내가 당장 팔기엔 완성도가 떨어지는 상황에서 외부에 상품을 공개하는 것이 잠재적 경쟁자만 키운다는 사실을 깨닫게 되었다. 이 쇼에서 언론들의 많은 주목을 받기는 했지만, 회사의 이익은 전혀 발생하지 않았고, 반면에 Facebook, Google 등의 직원들이 이 사업에 뛰어들게 만들어 결과적으로 경쟁자만 만들어지게 되었다. 전시회에 출품하는 것도 양날의 칼이 된다는 것을 몸소 깨닫고 이후엔 이러한 전시회의 참가는 회사의 직접적인 이익을 예상할 수 있을 때만 참여하기로 했다.

뇌 영상 장비(〈그림 3b-4〉)는 2016년 의료기기 허가를 받았고, 이

그림 3b-5 오비이랩(OBELAB)의 근적외선을 이용한 첫 휴대용 뇌 영상 장치 제품 널싯(Nirsit)

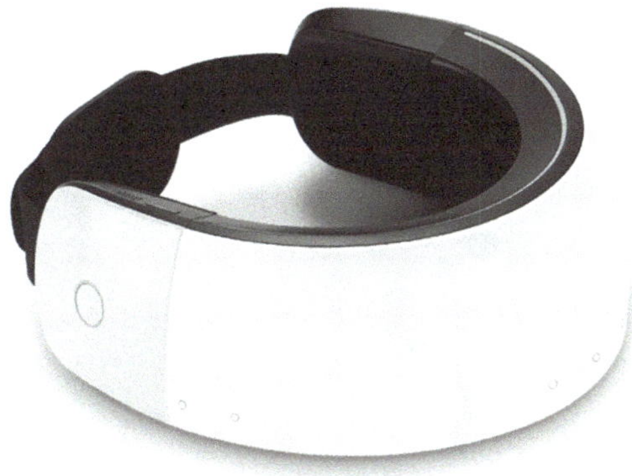

후 환자용, 어린이용을 비롯한 다양한 파생상품을 내놓기에 이르렀다. 현재 〈그림 3b-5〉에 보인 OBELAB의 첫 휴대용 뇌 영상 장치 제품 Nirsit을 사용해 전 세계 100여 개 의료기관 및 뇌 연구기관에서 뇌질환과 뇌 연구를 위해 다양한 임상이 진행되고 있다. 지금까지 의학계의 난제로 여겼던 뇌경색의 조기진단, 의식불명 환자의 뇌손상 여부, 자율신경계의 정확한 진단 등이 가능하다는 것이 논문들을 통해 밝혀지기도 하였다.

뇌 영상 장비는 이제 기능영상에서 한걸음 더 나아가, 기존에 불가능하다고 여긴, 빛을 이용한 구조 영상 장비로 진화하고 있으며, 곧 임상시험이 진행될 예정이다.

그림 3b-6 오비이랩(OBELAB)의 주요 고객사 및 파트너

다. 포인투 창업(KAIST 배현민 교수)

본인의 박사학위를 비롯한 이후 모든 커리어는 초고속 유선통신에 집중되어 있었다. 회로 설계를 전공한 사람으로서, 주어진 스펙에 맞게 설계를 하는 것이 주업무였는데, 이러한 스펙들이 어떻게 도출되었는지 늘 관심의 대상이었다. 박사과정에 있는 동안에는 장님이 코끼리 다리 만지듯 어떤 방법으로도 이런 것들을 알 수가 없었는데, 이후 미국에서 Intersymbol Communications라는 회사를 창업·운영하며 씨스코와 같은 시스템 회사들과의 소통을 통해 얻은 정보들을 취합해 시스템이 어떻게 설계되고 그에 따른 스펙이 어떻게 도출되는지 큰 그림을 얻게 되었고, 더 나아가 새로운 상품의 존재 가치 및 성장성에 대한 생각을 발전시킬 수 있게 되었다.

유선통신 칩 설계의 경우 동작 주파수가 올라갈 때마다 이퀄라이저(신호전송채널의 주파수 특성을 보상하기 위한 회로장치)의 스펙이 점점 빡빡해졌다. 모든 연구자들은 스펙이 타이트해지자 더욱 정교한 이퀄라이저 회로를 만드는 것이 가장 중요하다고 언급하였고 이것이 모든 연구자들의 집중 공략 대상이었다. 나도 이러한 시류에 맞추어 연구를 하고 있었지만, 한편으로는 회로의 정교함은 한계가 있기 때문에 이러한 게임은 영속될 수 없고 언젠가는 막다른 길에 다다를 수밖에 없다고 생각했다. 내가 예측한 속도의 한계는 약 100Gb/s 근방이었고, 이러한 때가 오면 인류는 새로운 솔루션을 찾을 수밖에 없다고 확신했다.

구리를 통한 유선통신의 근본적 한계는, 전류가 유도한 자기장에 의해 자유전자가 영향을 받아 전류가 표면을 따라 흐르기 때문인데, 이러한 문제를 표면효과skin effect라 부른다. 표면효과는 주파수가 높아질수록 더욱 심해지는 경향을 보인다. 표면효과는 매우 원론적인 것으로 기존의 기술로는 도저히 극복할 수 없다. 그래서 2013년부터는 '그러면 자유전자가 없는 부도체를 사용해 유선통신을 해보자' 고 생각했다. 부도체에 신호를 보낸다 하면 다들 '그것이 가능하냐?' 라고 묻는데, 실제로 우리는 매일 부도체인 공기를 통해 신호를 주고받으며 무선전화기를 사용한다. 무선통신에서는 우리가 전송하는 신호가 방향성이 없이 사방으로 흩어지게 되는데(마치 방송국이 신호를 송출하듯), 이런 이유로 무선전화의 전력 소모가 커져서 늘 배터리 문제가 생기는 것이다. 하지만 무선통신의 경우 부도체인 공기 중엔 자유전자가 없어 속도에 물리적 한계가 없는 장점이 있다.

우리가 보내는 전자기파의 경우 '밀密한 매질에서 진행하는 전자기파는 소疏한 매질로 나가지 않는다' 라는 물리적 기본 성질이 있다. 다시 말해 플라스틱 등의 공기보다 밀한 매질에 전자기파를 방사하면 신호는 공기 중으로 나가지 않고 플라스틱을 따라 전달될 수 있다는 것이다. 이러한 기본 성질에 착안하여 부도체를 이용한 케이블인 E-TUBE와 전용 안테나 등을 제작하여 실험해 보니 예상대로 신호가 부도체를 통해 잘 전송된다는 것을 확인했고, 이어서 원천특허들을 출원하고 2015년엔 Scientific reports에 논문을 발표했다.

E-TUBE 사업의 경우 완제품 케이블을 만들어 팔더라도 그 대상이 일반 소비자가 아니기 때문에 B2B 사업의 형태가 될 것이라는 판단 하

에 미국 실리콘밸리에서 창업을 하였다. 또한 인류가 만든 3번째 케이블로 전 세계가 이 기술을 도입하게 만들기 위해서는 실리콘밸리라는 명성이 도움이 될 것이라는 생각을 하였다. 미국에 본사를 두고 실리콘밸리의 투자를 유치하지만 엔지니어링은 한국에서 하는 형태로 회사 구조를 만들었는데, 한국의 외환거래법 등 고려사항이 많아 생각보다 설립에 많은 시간이 걸렸다. 초기 투자를 유치할 때 미국의 Mellanox라는 회사가 회사 자체를 사겠다는 제안을 하기도 했는데, 아직 시기상조라 판단하여 미국 실리콘밸리에서 40억 원가량의 투자를 유치했다. 최대한 스텔스 모드로 아이디어 유출을 최소한으로 한 채 회사 홈페이지도 없는 상태에서 개발에 착수하였다.

시간이 흘러 2018년경, 미국의 인텔은 구리선과 광통신을 이용한 모든 유선통신을 개발하는 업체이기 때문에 부도체 통신선에도 관심이 있을 것이란 판단 하에 인텔 본사에 연락하여 방문 세미나를 하겠다고 하였다. 그런데 좀 의외였던 것이, 내가 인텔에 지인들이 여럿 있는데도 불구하고 나의 방문에 대해 좀 꺼리는 듯한 모습을 보였다. 또한 방문해 발표하는 내용에 관해 인텔은 NDA[비밀 유출 금지 협약]를 맺을 수 없다고 하였다. 우여곡절 끝에 방문 세미나가 주선되었는데, 그 결과는 대만족이었다. 많은 사람들의 관심을 받았다. 그런데 세미나를 마치고 약 1년 뒤 인텔에서 다시 방문 요청이 왔고 재방문해서 세미나를 하였는데, 새로운 사실들을 알게 되었다.

인텔은 이미 2015년 나의 논문을 보고 내부에서 팀을 만들어 부도체 통신선을 개발하고 있었던 것이다. 나의 첫 방문 시 내 강연을 듣고 엔지니어들이 본의 아니게 내 아이디어에 영향을 받는 IP contamination, 즉 특허 문제가 발생할 것을 우려하여 모든 부도체 통신선을 만드는 엔지니어는 세미나에 참석하지 말라고 지침이 내려왔었다고 한다. 두 번째 세미나에서는 우리의 진도가 상당히 빠름을 인지하고 부도체 통신선을 개발하는 엔지니어링 팀을 인텔 인베스트먼트와 연결시켜 주었다. 그리고 2019년에는 미국의 TI[Texas Instrument]사에서도 우리의 기술에 관심이 있다고 연락이 왔다. TI도 상당 기간 자동차용 응용을 염두에 두고 부도체 통신선을 개발해 왔는데, 우리의 칩셋을 사고 싶다고 이야기를 하기도 하였다.

현재 포인투테크놀로지는 부도체 통신을 위한 Baseband와 RF 칩셋, 안테나, E-TUBE, 그리고 이 모든 것이 포함된 모듈을 자체적으로 만들었고, 2019년 글로벌 회사들을 방문하여 성공적 시연을 마쳤다. 현재는 그동안 얻은 부도체 통신에 관한 지식을 바탕으로 성능이 더욱 좋아진 두 번째 시제품을 제작하고 있다.

초고속 부도체 통신선은 현재 구리선을 사용하는 모든 단거리 통신에 적용이 가능하다. 예를 들어 초고속 데이터 통신이 필요한 데이터센터, 컴퓨터 주변기기 연결, 컴퓨터 내부 연결을 비롯하여, 컴팩트하면서

그림 3b-7 포인투에서 제작한 부도체 통신선을 이용한 모듈

도 고속 연결이 필요한 TV와 셋톱박스 간의 연결, 그리고 도선의 무게가 중요한 미래형 자동차, 항공기 등 매우 다양하다. 이러한 적용분야에 기존의 광통신이 사용되기는 어려운데, 그 이유는 광섬유는 전력 소모가 크고, 온도 및 진동에 취약하며, 가격이 구리선에 비해 약 100배 비싸기 때문이다.

라. 피코파운드리 창업(KAIST 정연식 교수의 이야기)

2011년 KAIST 초임 조교수 시절에 운 좋게도 스마트IT융합시스템 연구단의 연구에 참여하게 되었다. 당시 신임 교수로서 어떻게 하면 연구 환경을 잘 구축하고 임팩트 있는 연구실적을 쌓아 나갈지가 가장 큰 문제였기 때문에, 글로벌 프런티어 사업과 같이 큰 비전을 가진 장기 연구사업에 참여하는 기회가 너무도 소중하게 느껴진 것은 어쩌면 자연스러운 일이었다. 하지만 스마트IT 연구단과의 인연이 그로부터 몇 년 뒤의 스타트업 경험으로 이어지리라고는 전혀 생각도, 예상하지도 못했다. 그래서 더욱 이제 지나온 그 과정에 대해서 한 번 돌이켜 보는 것이 나름의 의미가 있어 보인다. 개인적으로는 여러 우연한 작은 일들과 연구에 기여한 사람들의 노력과 관심, 주위의 많은 분들의 아낌없는 조언들이 유기적으로 결합하여 스타트업이라는 공동의 그림을 그려나가고 있는 과정이 꽤나 흥미진진하기도 하고 고무적으로 느껴진다.

2005년으로 거슬러 올라가 MIT Caroline Ross 교수님의 지도를 받던 박사과정 시절부터 본인은 초미세 나노패터닝 소재 및 공정, 그리

그림 3b-8 (주)피코파운드리의 비즈니스 타겟

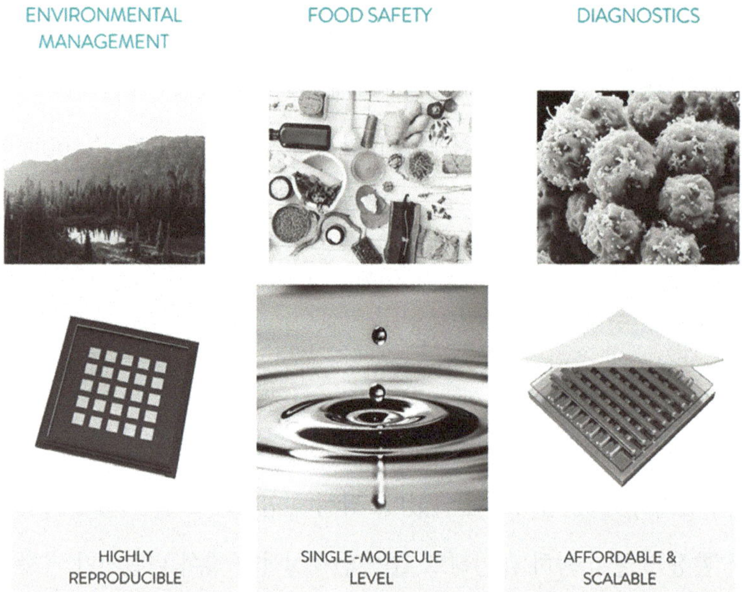

고 소자 응용에 관한 연구를 수행해 왔다. 나노패터닝 기술은 반도체 칩의 지속적인 집적도 향상을 위해 필수적인 요소 중 하나인데, 특히 고분자가 스스로 움직여 미세하고 규칙적인 구조를 만들어 내는 현상을 기반으로 10나노미터급, 혹은 그 이하의 미세한 패턴을 빠르게 형성하는 것에 관한 연구를 수행하고 있다.

KAIST에 임용된 2010년, 연구실 이름밖에는 아무것도 없었던 우리 연구실에 1기 멤버로 합류한 정재원 박사(현재 재료연구소 재직)는 연구 경험이 점차 쌓이면서 많은 창의적인 아이디어를 구현하였다. 그 기술 중 하나가 바로 극미세 패턴을 복제하여 기능성 나노 소재 패턴을 손쉽게 저비용으로 인쇄할 수 있는 S-nTP 기술인데, 이 성과는 Nature

Communication지에 게재되었고, KAIST 대표연구 우수성과 10선에 선정되었으며, 후에 미국 및 유럽 특허까지 획득하게 되었다. 이러한 노력과 성취는 (주)피코파운드리의 창업에 핵심 기술이 되었는데, 이는 정재원 박사가 개발한 초미세 인쇄 기술이 여러 가지 중요한 차별성이 있었기 때문이다. 즉, 기존에도 미세 인쇄공정 기술은 있었지만 10나노미터급의 극미세한 구조체를 생성하고 복제하는 것은 물리적으로도 비용적으로도 고난도의 기술이다. 현재 우리 연구실에서는 이런 세계 최고 해상도의 기능성 소재 인쇄 기술을 적용함으로써 합성에 주로 의존하던 기존 나노 소재 및 이에 기반한 소자 제작에서 패러다임 전환을 도모하고 있다.

그림 3b-9 (주)피코파운드리의 핵심 제품군

Omni-SERS™

- 초미세 3D 나노 패턴 기반 Raman 신호 증강용 Chip
- Picomole 이하 극미량 검출 가능

QUCIK-SERS™

- 식품 및 환경 내 극미량 위험물질의 검출
- 단백질 등 바이오 마커의 선택적 검출 및 정량화를 통한 진단 플랫폼

지금은 삼성전자에 몸담고 있는 백광민 박사가 우리 연구실에서는 처음으로 2013년 즈음부터 SERS표면증강 라만 분광·기술을 연구하게 되었

는데, 그 과정에는 본인이 (주)삼성코닝에 재직 중이던 2002년부터 인연을 맺어왔으며 현재 KIST 책임연구원으로 재직 중인 이승용 박사의 도움이 매우 컸다. 정재원 박사는 SERS 분야에 본인의 초미세 인쇄 전자 기술을 적용하여 기존 SERS 칩에 비하여 획기적으로 향상된 3D Crosspoint SERS 칩을 최초로 개발하는 데 성공하게 된다. 이때만 해도 사업화에 대한 구체적인 플랜은 준비되지 못하였다.

2017년에 이르러 경종민 단장이 투자설명회에 나가보라고 추천해 주었다. 창업에 대한 준비가 전혀 되어 있지 않은, 상당히 당혹스러운 상태였다. 게다가 본인의 다른 일정과 설명회 일정이 겹쳐 프로젝트 담당자인 조승희 학생이 대신 발표를 하게 되었는데, 오히려 지도교수보다 훨씬 인상적인 발표를 한 덕분에 여러 엑설러레이터 회사들로부터 시드 투자 제안을 받게 되었다. 이것이 창업 활동의 시초라고 할 수 있다. 그 뒤로 현 박형준 대표이사가 법인 등록과 함께 미래과학기술지주사(김판건 대표)의 시드 투자, 그리고 연구개발특구 과제 수주를 비롯하여 팁스 과제 선정, 최근의 기술보증기금 투자유치, 국내외 제품 공급 계약까지 우리 회사의 초석을 닦았는데, 그의 공헌은 누구보다도 크다고 할 수 있다. 박형준 대표는 제일모직과 OCI에서 R&D와 신사업기획 업무 경험이 풍부한 인재로 (주)피코파운드리의 중심을 잘 잡고 현재도 사업진행을 진두지휘하고 있다.

(주)피코파운드리의 피코는 10^{-12}을 뜻하는 pico라는 접두사에서 따온 것이고, 피코몰 수준의 극미량, 극저농도의 분석 타겟을 의미한다. 파운드리는 Foundry라는 주물공장의 의미이고, 우리 회사의 기본 경쟁

력은 제조Fabrication에 있다는 의미를 담았다. 주된 사업분야는 SERS 원리를 이용해 라만 분광신호를 증폭하는 고성능 · 고신뢰성 SERS 칩을 제작하여 판매하는 것이다. 향후 가스센서 소재, 디스플레이 소재로의 사업 영역 다각화를 계획하고 있다. 이는 기존의 무작위적 나노 소재에 비해 당사가 제조하는 규칙적 나노 패턴 기반의 나노 소재 및 부품들이 성능과 재현성 면에서 탁월하게 향상된 제품임을 확인하였기 때문이다.

그림 3b-10 광학센서, 디스플레이, 에너지 등 사업화 포트폴리오

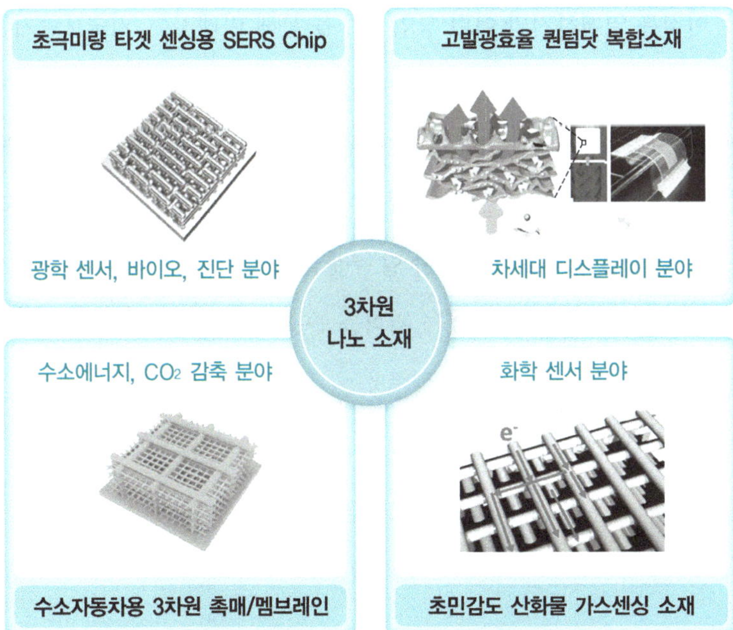

(주)피코파운드리는 특히 극미량 타겟의 신속 검출 능력을 바탕으로 식품, 음용수 내 오염물질인 중금속, 환경호르몬, 미세플라스틱 정량

화가 가능한 SERS 칩의 양산과 출시를 계획하고 있다. 미국 FDA 허용 농도 이하의 중금속 이온 검출 능력을 보인 것과 대표적인 환경호르몬인 비스페놀A를 우리가 흔히 접하는 영수증 감열지에서 측정해 낸 것도 괄목할 만한 성과로 생각된다. 피코파운드리는 의료진단용 바이오 마커 측정 기술도 보유하고 있으며, 특히 박형준 대표는 최근 알츠하이머병의 바이오 마커로 알려진 아밀로이드 베타 및 타우 단백질을 극저농도에서도 측정 가능한 칩을 개발하여 미국 화학회의 우수 저널인 나노레터스Nano Letters에 발표하기도 하였다.

아직은 일천하지만 이런 창업 경험을 통해 미래지주, 기술보증기금 등 여러 주체와 기여자들의 도움이 없이는 현재까지의 진도에 이르지 못했을 것임을 알게 되었다. 이런 아낌없는 도움에 보답하는 최선의 방법은 오직 (주)피코파운드리의 성공이라는 것을 잘 알고 있다. 아울러 아직도 창업 초보자로서 배워야 할 부분들이 많지만 이 글을 통하여 자신과 회사를 되돌아볼 수 있는 기회를 준 스마트IT융합시스템 연구단에 감사한다.

2장

창업으로 여는 미래

거개 모든 식민지의 역사가 그렇듯, 남에 의해 열리는 미래는 불확실하고 결과도 대개 나쁘게 나타난다. 기업주에 운명이 달린 구직자의 미래는 매우 불확실하고, 투자자의 미래는 피투자 사업체를 아는 만큼만 확실하고, 창업자의 미래는 자신에게 달렸으니 오히려 가장 구체적이고 명확하다.

거센 파도를 넘는 도전 없이 단단한 흙만 밟으며 피안의 목적지에 도달할 수는 없다. 인류의 역사는 도전과 응전의 역사다. 도전하지 않으면 도전의 대상이 된다. 살려 하면 죽게 되고, 죽으려 하면 산다.

준비하는 자에게 미래는 현재보다 더 명확crystal-clear하게 다가온다. 현재는 딱 현재만 보여주지만, 미래를 보는 사람은 현재부터 미래까지 긴 시간을 모두 구체적으로 명확하게 본다. 미래는 그것을 향하여 명쾌한 자세를 잡는 사람을 알아차리고 응답한다. 명확하게 보는 사람은 정확하게 만들고 정확하게 찾아갈 수 있다. 미래는 구체적으로 계획하고 진지하게 추구하는 자의 것이다.

04
창업과 인생

4a. 창업, 카이로스의 시간

초등학교 시절에 소풍 가서 만난 아저씨와 게임을 붙은 적이 있다. 아저씨가 자리 위에 엎어놓은 세 개의 컵을 빨리 움직이다 멈추면 나는 그중에 돌이 들어 있는 컵을 맞추는 것인데, 번번히 틀려 비상금을 다 털리고 왔다. 인생살이에서는 두 개 중 하나, 어려워도 세 개 중 하나 고르기 문제가 많이 나온다. 그 게임을 할 거냐, 안 할 거냐는 둘 중의 하나 고르기요, 돌이 든 컵을 잡는 것은 셋 중의 하나였다. 확률로는 내가 2:1로 불리했으나 나는 눈을 뜨고 있었고 그 아저씨는 빠른 손을 가지고 있었다. 마술은 손과 눈의 대결이고, 손이 이기는 상황을 만드는 것이 핵심이다.

돈 버는 세 가지 방법

우리가 살아가면서 돈을 버는 방법은 크게 취업, 투자, 창업, 이렇게 세 가지다. 취업은 스펙을 잘 쌓고 만들어서 기업의 인사권자의 마음에

드는 것이다. 취업자는 자신의 생활비를 벌기 위해 일하는 것이지만, 크게는 주주의 이익을 실현하기 위해 일하는 것이다. 대부분의 취업자는 연봉이 매우 높지 않으면 퇴직 후 연금에 의존해야 한다. 취업은 돈 버는 방법 중에는 가장 안정적으로 보이긴 하나 통상 가장 적게 버는 방법이다. 경험이 없는 사회 초년생은 대개 일단 이 길로 시작한다. 연봉만으로 넉넉해지질 않으니 나이가 좀 들면서 자연스럽게 부동산이나 주식에 투자하게 된다. 투자하는 것은 다른 사람의 노력에 편승하는 것, 즉 베팅하고 기다리는 것이다. 경마에서 좋은 말馬을 고르는 특별한 능력이 필요한 것과 같다. 그러나 노벨상을 받은 경제학자도 주식시장에선 울고 간다고 하니 웬만큼 실력으로는 돈을 벌기가 어려워 보인다. 여기서 실력이란 결국 다른 것이 아니라 '핵심 정보를 얻는 실력'이다. 핵심 정보란 내부인이 아니면 합법적으로는 얻을 수 없는 내부 정보를 말하는 것이니, 합법적으로 투자시장에서 이기는 것을 보장하는 방법은 없다고 보아야 할 것이다. 모든 합법적인 투자는 결국 로또와 비슷하다.

남은 길은 창업이다. 창업은 자신의 것, 즉 자신의 역량, 열정, 노력

표 4a-1 돈을 버는 세 가지 방법—취업, 투자, 창업—의 비교

	취업	투자	창업
핵심 가치	스펙	베팅	노력
핵심 정보 취득 가능성	△	×	○
수익 안정성	○	×	△
수익 기대치	△	△	◎
협력 필요성	△	×	○
성장 잠재력	△	×	○

에 투자하는 것이다. 물론 돈을 벌기 위한 돈은 투자자에게 받아야 하겠지만 적어도 자신의 노력과 시간을 쏟아부어야 한다. 창업의 장점은 내부 정보가 차고 넘친다는 것이다. 내가 만들어 내는 내부 정보는 나만의 독점적 권한이다. 목표를 잘 정하고 나의 노력, 능력, 자세를 잘 가다듬고 기술이든 사람이든 부족한 부분에 대한 보완책까지 포함하여 사업계획서를 만들어서 자금을 마련하고 시장에 나아가야 한다. 일반적으로 창업은 가장 위험한 길이라고 인식된다. 특히 경제적 여유가 많아 특별히 도전해 볼 필요가 없는 기성세대 부모들이 볼 때는 더욱 그렇다. 어떤 부모들은 대학에까지 전화해서 '마음 잘 잡고 취업 준비하는 우리 아이에게 창업 바람 같은 것 불어 넣지 말라'고 한다. 그런데 안타깝게도 이런 부모 전화 받을 정도로 창업을 학생에게 열정적으로 권면하는 대학이 우리나라에선 참 드물다.

과연 창업이 가장 위험한 길인가? 답은 '그럴 수도 있고 그렇지 않을 수도 있다'다. 정말 제대로 준비하지 않고 무모하게 하면 당연히 창업이 가장 위험한 길이다. 세계에서 가장 창업이 활발한 나라는 미국, 이스라엘, 중국이다. 이 나라들에서 창업하는 젊은이들은 좀 유치해 보일 정도로 긍정적이고 활기차며 시샘할 만큼 행복해 보인다. 스탠퍼드 대학의 졸업생들이 선호하는 것은 첫째가 창업이고, 구글이나 애플과 같은 대기업에 가는 것은 그다음이다. 아이러니하게도 대기업에서도 창업의 경험이 있는 사람을 다른 대기업에서 오는 사람보다 더 선호한단다(친구 딸이 애플에 취업하면서 그전 창업 실패 경험이 큰 도움이 되었다고 한다). 구직자들의 창업 경험은 대부분 실패의 경험일 수밖에 없다. 최선을 다한 도전과 성실한 노력 과정의 결과로 경험한 실패만큼 좋은 경험과 교훈을 주는 것은 없다.

미국은 부강한 나라일 뿐 아니라 역동성이 큰 나라다. 지난 반세기 동안 미국이 이루어 온 꾸준한 성장의 주요 동력원은 실리콘밸리다. 실리콘밸리로 대표되는 미국의 창업은 세계 다른 지역의 그것과 비교해 볼 때, 고용효과보다 기술의 생태계 혁신이라는 측면이 더 중요한 의미가 있다. 실리콘밸리에서는 창업을 통한 한 기업의 탄생이 새로운 기술과 제품의 탄생을 의미하며, 이로 인하여 많은 기업이 새로 생겨난다. 즉, 생태계의 일대 쇄신이 일어나면서 산업 전반에 변화와 혁신이 일어나는 것이다. 세계의 두뇌들이 모여들어 어울리며 경쟁하는 창업의 요람인 실리콘밸리를 부모로부터 편법으로 이어받은 대기업이 산업의 주종을 이루는 우리나라의 산업 생태계와 비교해 보자. 이 중 어느 곳이 세계 산업의 중심이 되고 지도자가 될 수 있겠는가? 답은 이미 나와 있다. 역동성과 다양성이 생태계의 가장 큰 동력이라는 것을 잊으면 안 된다.

부모는 자식을 놓아주어야 하고, 자식은 부모에게 판을 더 두툼하게 깔아 달라고 조르지 말고 빨리 배우자 만나서 결혼하고 부모를 떠나야 한다. 새끼 새는 때가 되면 알 속에서 알 밖 세상이 보이지 않아도 알을 쪼아대야 산다. 그래야 어미 새도 듣고 쪼아주어 깨고 나와 살게 된다. 그것은 위험한 길이 아니라 진정 사는 길이다.

창업이 위험하다는 생각은 알 속의 새끼 새가 안에서 껍질을 쪼는 것이 위험하다는 것과 같다. 위험을 얘기하자면 살아 있는 것 자체가 가장 위험한 것이고, 죽어 있는 것이 가장 안전하다고 할 수도 있다. 비행기보다 자동차가 더 위험하고 자동차보다 침대가 더 위험하다(거의 모든 죽음이 침대 위에서 이루어지지 않는가?).

물 들어올 때 배 띄워라

어차피 새로운 기술은 그다음 새로운 기술이 나올 때까지만 최신 기술의 자리를 차지하는 것이며, 그것으로 충분히 제 역할을 한 것이다. 같은 기술인데도 디자인과 홍보만 잘해도 더 잘 팔리는 제품이 얼마든지 나올 수 있으니 경쟁은 계속 치열해지고 한 제품의 수명은 더 짧아질 것이다. 제품을 생산하는 기업도 절대로 영원하지 않다. 새로운 기술과 새품을 끊임없이 시상에 내놓는 능력을 갖춘 기업들이 비교적 롱런long-run하는 것이다. 아무튼 기업은 영원할 수 없으며 살아 있는 동안만 사회에 이바지하는 것이다. 그 이상도 그 이하도 아니다. 사람이나 기업이나 어느 기간 존재하다가 죽고 망한다. 죽고 망하는 것이 문제가 아니다. 죽고 망하기 전까지 한 일이 무엇이냐, 사회에 어떻게 이바지했는가, 그것이 핵심이다. 눈에 보이는 것은 모두 영원하지 않다. 제품도, 기업도, 사람도 살아 있는 동안 빛나면 그 얘기는 아름다운 사실로 영원히 남을 것이다. 물론 나쁜 이야기도 남는다. 아무튼 물체는 무너지고, 사람은 죽고, 이야기는 남는다.

기업이 살아 있는 동안 이루어 낸 가치, 사회에 끼치는 영향력이 중요한 것이고, 이런 것 없이 혹은 나쁜 영향을 끼치면서 좀비처럼 존속하는 것이 오히려 바람직하지 않다(망할 회사, 망할 ×는 욕도 아니다). 어차피 망할 회사(모든 사람은 결국 죽고, 모든 회사는 결국 망하게 되어 있다)를 만드는 창업이 위험한 것이 아니라, 오히려 안전제일주의로 창업을 너무 안 해서 그 사회에 새로운 기운과 정신을 유입하지 못하여 혁신을 이끌어 가지 못하는 것이 그 사회와 구성원들에게 실제로 가장 위험하고 불행한 것이다. '언제 망할지 모르는 불안한 회사는 뭐 하러 만드는가?' 하고 묻는 사람에겐 '망하기 전까지 일하는 것이 회사다', 그리고 '곧 배고파질 텐데 밥은 왜 먹는가?' 하고 말해 주자.

사람도 일단 (생전이 전반이고 사후가 후반이라면) 살아 있는 동안 자신과 사회에 이바지한다. 무엇으로 어떻게 이바지할 것인가 하는 문제를 되도록 너무 늦지 않게 생각하고 인생의 방향을 잡아야 한다. 대부분 사람들은 자기가 잘하는 영역과 성격에 맞는 일을 택하게 된다. 그러는 것이 가장 즐겁고 또 사회에 대한 기여, 사회로부터 받는 인정과 보상이 가장 클 것이다. 자기 적성을 잘 찾아서 그러한 적성이 중요한 역할을 하는 일을 잘하도록 배우고 훈련해 가면 된다. 자기 적성을 찾는 것은 어려운 일이 아니다. 조금만 관심을 두고 연구하면 어렵지 않게 찾을 수 있다. 사람의 능력은 딱 한 가지만 있는 것이 아니어서 개략적인 적성만 파악하고 그것을 중심으로 역량을 키워가다가 적절한 기회가 오면 그것을 잡고 나아가면 된다. 딱 한 가지 길만 있는 것이 아니니, 크게 보고 선택한 방향으로 나아가다가 상황이나 생각의 변화에 따라 조정해 가면 충분하다. 이렇게만 해도 생각 없이 눈 감고 있다가 누가 강요하는 방향으로 끌려가는 것보다 훨씬 낫다. 길이 명확히 안 보인다고 가만히 있지 말고 무언가 조금이라도 움직이고 있어야 실마리가 생긴다. 점쟁이도 아닌데 정답 방향을 미리 알고 갈 수는 없지 않은가.

많은 사람이 안정되게 학교를 졸업하고, 취직을 하고, 직장에서 열심히 일한 후에 은퇴하고 나서는 퇴직금, 적립금 혹은 연금을 갖고 여생을 살다 떠나간다. 대학을 갓 졸업하고 바로 창업을 하는 것은 아무에게나 가능하지는 않다. 실력과 경험, 그리고 안정된 삶을 영위할 수 있는 여건이 생기기 전까지는 함부로 창업에 도전하기가 쉽지 않다. 그렇다고 남이 그려놓은 그림과 틀 안에서만 살다가 은퇴하는 것은 너무 아쉽고 답답하지 않은가? 잘 준비하고 계획하여 우리 인생에서 적어도 한 번은 창업으로 도전해 봐야 할 것 아닌가.

창업, 즉 회사會社, company를 만드는 것은 남과 힘을 합하여 같이 하는 것이지 혼자 하는 것이 아니다. 서로 부족한 부분을 메꾸어 새로운 기술 상품을 만들어 내기 위하여 서로 다른 분야의 사람들이 모여 협력하는 것이 회사 창업의 핵심이다. 나이가 많거나 경제적으로 아주 절박한 상황이 아니라면 처음에 꼭 성공해야 하는 것도 아니다. 순리에 따라 하고, 제대로 하며, 결과의 성공과 실패에 집착하지 말아야 한다. 협력, 기획을 통하여 타인과 같이 일하는 법, 시장과 경쟁사들 사이에서 미래를 기획하는 법을 배우고 익히며 제대로 된 경험을 얻는 데 집중하고 결과는 진인사대천명盡人事待天命, 감사한 성공도, 성실한 실패도 진지하게 받아들여야 한다.

창업하는 데 꼭 자기 돈을 갖고 해야 하는 것도 아니다. 기술창업은 자기 돈이 있어도 투자자를 잘 설득할 수 있을 만큼 좋은 사업계획을 만들어서 투자자를 설득하고 투자자의 돈을 써서 시작하는 것이 옳다. 투자자의 엄정한 잣대를 통과할 수 있어야 정진할 자격과 힘을 얻게 되는 것이고, 그게 정도正道다. 남투자자의 돈을 받아서 쓰는 것에 대하여 무책임하게 생각하고 행동해서도 안 되지만, 성실하게 최선을 다한 후에 겪는 실패의 경우에는 사용된 투자금에 대하여 그 이상의 책임은 없다. 기술창업은 남의 돈으로 남과 함께 하는 것이다.

도전한 만큼 얻고 배운다

우리나라의 조선왕조가 세계적으로 유례없을 정도로 오래 지속한 왕조라고 하는데, 지속기간이 중요한 것이 아니라 그동안 어떤 역할과 기여를 그 사회에 했느냐가 중요하다. 이 관점에서 보면 너무 심하게 병들고 약해진 모습으로 지속한 조선왕조는 우리 민족에게 별로 좋은 것은 아니었다. 임진왜란으로 들통난 총체적 난국을 근본적으로 치유하지 못하고 꺼져가는 등불 같은 명나라에 의지하여 명맥만 유지하다가 후유증으로 떠오르는 세력인 청나라에 두들겨 맞고, 그러고도 정신을 차리지 못하고 당파싸움만 일삼으며 구차한 목숨을 부지해 온 것이니 조선왕조가 길게 이어졌다고 좋은 것은 아니다. 작은 일에 눈이 팔려 나라 밖 정세와 백성들의 마음과 같은 큰 그림을 읽지 못해 아무것도 준비 못 한 상태에서 도전도 해보지 못하고 백성이 도륙되고 나라가 처참하게 무너진 것이다.

이스라엘은 내수시장은 작고 주변도 적대 세력에 꽉 막혀 있는 지정학적 상황으로 인해 처음부터 세계 시장을 보고 국제 경쟁력을 목표로 나아갈 수밖에 없는 나라다. 그런데 유태인 투자 망이 미국에서 자리를 딱 잡고 있으니 글로벌 진출의 불타는 의욕을 가진 젊은이에게 돈 많은 할아버지까지 있는 격이다. 이스라엘의 힘은 돈에서 나오고, 돈은 창업에서 나오며, 창업은 창업 DNA, 창업의 정신에서 나온다. 중국의 창업 열풍과 규모는 선전, 중관촌, 상해, 저장에 가보면 알 수 있는데, 실로 어마어마하다. 중국은 미국과는 달리 정치적으로는 꽉 막힌 상황이지만 수많은 청년의 이공계 연구결과와 에너지가 창업으로 분출되고 있다. 중국과 유태인의 돈 버는 정신력과 기술은 그 역사가 길다. 이제는 그들에게도 창업이 미래를 여는 열쇠가 된 것이다.

일본은 경제 규모에 비하여 창업 활동이 매우 저조한 나라다. 꼼꼼하고 순종적이며 인내심 있는 국민성에 힘입어 대기업과 관료 중심의 산업 경제 체제를 타고 1990년대 G2까지 올랐으나 4차 산업혁명으로 세상이 바뀐 지금은 한풀 꺾인 모습이다. 모든 나라가 서로 소통하고 거래하는 지금의 상황에서는 종전의 대기업 중심의 대량 생산 모델과 국수주의적 발상으로는 더 발전하기 어려울 것이다. 일본 열도에 한국인의 피가 흐르는 손정의 한 사람만 우뚝 서서 분투하는 것이 기이할 정도다.

한국은 국민성이나 사회 체제와 문화가 일본과는 다르지만, 창업 폭발력은 일본보다 조금 나은 정도다. 부의 세습이 세계 최고의 압도적 수준이다. 한국은 외형적인 창업의 숫자보다 창업의 질과 영향력을 높이는 것이 더 중요하다. 특히 기술 전문가들이 창업에 도전을 기피하고 있는 것이 문제이며, 그나마 이루어지는 대부분의 창업이 다른 대책이 없어 할 수 없이 하는 생계형 창업이다. 젊은이들이 도전을 회피하고 대기업, 자격증 취득, 공무원 자리에 줄 서는 것이 상황의 심각성을 말해주고 있다. 옆 나라 일본이 잃어버린 십 년의 반면교사를 보여주었는데 우리도 비슷한 길로 이미 들어서 있는 것 같다. 속히 정신 차리고 늪에서 벗어나 창업의 길로 들어서야 한다. 지금 일본은 창업이 없는 것, 새로운 것을 만들어 내고 새로운 것에 도전하지 않는 것이 문제의 뿌리다. 이것은 사망의 길이다. 우리는 창업 대세론으로 생명의 길로 들어서야 한다.

창업 진흥책은 근원적인 방법일수록 좋다. 청년들에게 돈을 주고 최저임금을 올려 주는 것보다 창업하여 회사를 키워가는 데 필요한 실력을 키워 주고 동기를 유발하도록 기술개발, 마케팅, 홍보, 영업, 투자유치 등의 환경을 잘 만들어 주는 것이 더 바람직할 것이다. 물론 단기 부양책도 상황에 따라 필요할 수는 있겠으나 근본적인 문제와 기반을 고치는 일이 우선 되지 않으면 밑 빠진 독에 물 붓기와 같다. 어쩌면 오히려 내성만 키워 놓아 청년들을 더욱 약하게 만들어 놓을 수도 있다. 공무원 일자리를 늘려 주는 것 역시 근본 대책은 아니다. 20년 전 재정위기 때 많은 직장, 특히 많은 정부출연연구기관에서 이공계 출신을 우선으로 해고했었다. 그 이후 이공계 지원자가 급속히 줄어들었는데, 그 대책으로 나온 것이 이공계 출신에게 고위 공직자로 선발될 기회를 늘려 주는 것이었다. 그렇지만 뚜렷한 성과는 거두지 못하였다.

이공계이건 인문계이건 공무원은 과학기술의 연구개발과 사업화라는 주류를 이끌어 가는 핵심 인력이 아니다. 사기업, 연구소, 대학 등에서 연구개발에 종사하는 사람들이 신나게 일할 수 있는 여건을 만들어 주는 것이 이공계 인력 대책의 중심이 되어야 한다. 공무원 수를 늘리는 것보다 이공계 주류 인력들이 창업에 도전하도록 동기를 유발하고, 도전하는 자에게 격려와 함께 새로운 기회가 계속 열리도록 여건과 제도를 만들어 가는 것이 급선무다.

이공계 인력은 글로벌 전쟁터에서 싸우는 전사戰士지, 온실에서 보호할 대상이 아니다. 잘못된 이공계 부양책의 결과로 청년들이 공무원, 자격증 직업에 줄을 서기 바쁘며, 야성을 잃고 유약해졌다. 인구는 감소 추세로 돌아섰고, 이공계 인력은 줄어들었으며, 대학은 입시 평가, 교육 연구 과정, 졸업 후 방향 설정에서 좋은 스펙을 쌓는 것에만 집착하고 있다. 이것을 물리치지 못하면 상황은 계속 악화될 수밖에 없다. 이대로는 미래가 없다.

한국은 일본이나 중국을 대하는 데 있어서 종전의 단일 트랙에서 경쟁하는 방식으로는 충돌할 수밖에 없으므로 전략을 바꿔야 한다. 먼 듯 가까운 듯 원근 복합정책을 잘 구사해야 한다. 한반도 자체는 너무 작다. 모든 분야에서 더 큰 세계로 적극적으로 진출해야 한다. 선진국뿐 아니라 모든 크고 작은 개도국으로 젊은이들이 앞서서 나아가야 한다. 유연성과 글로벌 마인드를 갖고 청년들에게 가르치고, 외교와 사업을 통해 전 세계적 연결망을 만들어 가야 한다. 누구보다 더 큰 그림을 갖고 전 세계로 나가는 것만이 미래로 가는 길이다. 잃어버린 10년, 20년 트랩에 함몰되지 않으려면 어떻게든 분위기를 반전시켜서 국가 발전 로드맵을 잘 만들어 추진해 가야 한다. 이공계가 나서서 창업의 붐으로 나라의 분위기를 고조시켜야 한다. 지금까지 왔는데 앞으로 더 못 갈 까닭이 없다.

이공계 한 영역의 교수나 연구원이 되어 젊은이를 가르치거나 좋은 연구결과를 내고 좋은 논문을 쓰는 것도 필요하지만, 실제로 사람들이 쓰는 물건에 쓰이는 기술과 제품을 만들어 낸다는 것은 그 의미나 효과가 훨씬 더 큰 것이다. 창업하는 것은 피라미드의 캡스톤을 놓는 것이며, 오래 쌓아 온 역량과 포부를 세상에 내어놓는 것이다. 창업은 농부가 겨울에 준비하고 봄에 씨 뿌리고 여름에 땀 흘린 수확을 가을 시장에 내놓는 것과도 같다. 한 번뿐인 인생에서 창업은 적어도 한 번 꼭 해볼 만한 가치가 있다. 성격과 적성과 분야를 떠나 한 번 도모해야 할 만한 가치가 있다. 스펙이 남에게 잘 보이기 위한 것이라면 창업은 그 자체가 하나의 살아 있는 이야기다. 생을 마치고 돌아가면 창조자가 물을 것이다. '내가 창조한 세상에서 너는 창업 한 번 해보고 왔느냐?"

경제 전문가도 주식 투자에서 성공하기는 쉽지 않다. 주식 이론을 안다고 주식 시세를 잘 알 수는 없기 때문이다. 데이터, 즉 내부 정보가 가장 중요한데 창업자는 합법적으로 자기 회사의 정보를 만들어 가니 가장 잘 알 수밖에 없다. 창업과 기업 경영을 제대로 해서 자신과 동업자들의 주식 가치를 올리는 일에 전념하는 것이 주식시장에서 성공하는 가장 확실한 길이다.

창업에 성공하려면 추구하는 과정에서 세 가지 조건을 만족시켜야 한다. 첫째, 집중해야 한다. 이것저것 중의 하나로 하면 안 된다. 겉모양만 그럴듯하게 만들어 놓고 본질이 엉성하면 안 된다. 둘째, 공동창업자들을 잘 모아야 한다. 혼자 하거나 고집을 피우면 안 된다. 셋째, 충분한 숙성기간을 지나야 한다. 만 시간의 법칙에 의하면 적어도 4～5년은 열심히 해야 한다. 이 세 가지를 잘 지키면 성공할 확률이 매우 커진다. 설령 실패해도 다음의 창업에 도전하면 성공할 확률은 더 커진다. 좋은 질의 실패 경험을 가진 사람에게 좋은 투자자들이 찾아온다.

기업 성장의 3대 요소는 기술과 사람과 돈이다. 좋은 기술이 우선이다. 좋은 기술이란 제품, 수요자, 경쟁사와의 관계 이야기가 명확한 기술이다. 즉, 어떤 시장의 수요에 부응하기 위한 어떤 제품인데, 어떤 경쟁사들과 어떻게 경쟁하여 생존할 수 있는가를 설득력 있게 설명해야 한다. 좋은 기술은 좋은 사람과 좋은 돈을 불러올 수 있다. 좋지 않은 기술은 좋은 사람, 좋은 돈을 불러오기 어렵다. 나쁜 돈을 쓰면 이를 갚기 위해 더 나쁜 돈이 들어오는 악순환이 이어진다. 사람도 마찬가지다. 나쁜 사람은 더 나쁜 사람을 불러온다. 그래서 첫 단추인 좋은 기술이 중요하다. 기술은 과학적 원리가 아니다. 창업에서 기술이 중요한가, 경영이 더 중요한가 묻는 것은 잘못된 것이다. 기술이 탁월하지 않으면 얘기를 꺼낼 필요도 없다. 수요자와 경쟁자와의 관계 속에서 기술이 제품으로서의 성공까지 연결되는 복잡한 과정이 하나의 큰 그림으로 그려져야 한다. 이것이 CTOChief Technology Officer의 일이다.

인생은 피지 못하고 굳어 버린 꽃잎 화석이나 구석에 먼지 속의 빽빽한 서류덩이로 끝나기엔 너무 아쉬운 단 한 번의 기회다. 창업은 한 시대를 살고 가는 한 사람의 통쾌한 하이킥이자, 도전과 실패와 기쁨이 어우러지는 감동과 악센트가 있는 오디세이다. 해볼 수 있는 데까지 하고 실패한 것은 괜찮다. 아니 좋다. 그러나 해볼 수 있었는데 시작도 해보지 않고 해가 저물었다면 가슴을 치며 통탄할 일이다. 떠나 보지도 못한 여행, 질러 보지 못한 소리, 울어 보지 못한 아픔, 쏘아지지 않은 전통 속 화살, 도전 없이 마친 인생, 이런 것은 정말 좋은 것이 아니다.

인생이라는 긴 여정에는 싸움이라는 격한 과정이 들어가게 된다. 위험이 없는 것이 당연하다고 생각하는 것이 오히려 위험하다. 요리조리 피하기만 하려 하면 오히려 더 큰 위험에 마주치게 될 수 있다. 정말 위험한 것이 무엇인지 알고 잘 피하거나 대처해 가는 것이 맞다. 인생은 그저 버티고 참고 기다리는 것이 아니다. 보람과 기쁨을 가져다줄 목표를 세우고 성공의 계획을 세우고 지혜롭게 때를 찾아 도전하는 절명의 기회다.

인생이라는 종합 세트에 고통스러운 부분이 없을 수 없다. 오히려 힘들고 고통스러운 것이 보통이라고 생각하는 편이 낫다. 내 인생에서는, 적어도 내 자식의 인생에서만큼은 어려움과 고통이 없어야 한다고 생각하는 심정은 이해하나, 이는 결국 우매한 희망 정도의 생각이다. 고난과 고통은 도망다니는 자를 더욱 집요하게 추적한다. 인생은 아무렇게나 살면서 아무 곳으로 가도 되는 아무 의미 없는 방랑길이 아니라 실패 속에서도 목표를 세우고 견실하게 나아가는 노정路程이어야 한다. 이 길에서 고난을 만나면 의연하게 마주치고 끝까지 싸우고 견디고 때로는 기다리며 결국 이겨내야 한다. 순풍만 아는 사람은 거센 인생의 바다에서 목표를 향하여 나아갈 수 없다. 역풍과 순풍은 인생이라는 동전의 양면이다. 두 가지 바람을 모두 대할 수 있는 능력과 더 큰 세계를 보고, 더 큰 그림을 그릴 수 있는 열정을 가진 사람이 결국 이긴다. 싸움의 종류와 협력할 사람들과 싸울 일정을 모두 내가 주도적으로 정해 갈 수 있고 얼마든지 수정 · 보완해 갈 수 있다. 이것이 역동하는 세계에서 감동의 삶을 만들어 내는 창업자의 정신이다.

직업을 정하는 지혜로운 방법

창업은 직업을 정하는 방법의 하나다. 그렇지만 마지못해서 하는 창업일수록 전망이 어둡다. 누구나 할 수 있는 것은 대부분 레드오션이다. 앞으로는 단연 기술창업이 우리 청년들에게 가장 유망한 길이다. 기술창업은 열심히 제대로 준비한 사람만이 할 수 있다. 은퇴 후 수명이 더욱 길어질 미래 사회는 개인적인 탁월성과 주도성이 중요한 역할을 하는 소위 4차 산업혁명의 사회다. 기술창업을 잘 준비하면 창업자들은 사회에 시기적절한 기여를 하며 큰 보상을 지속해서 보장받을 수 있다.

'너는 커서 무엇이 될래?' 라고 중고생들에게 물으면 교사, 의사, 공무원, 요리사, 간호사, 경찰, 운동선수, 연예인, 이런 대답이 흔히 나온다. 창업자는 잘 안 나온다. 당시의 사회 상황, 주위의 권유 등이 영향을 주었을 것이다. 사람이 한 가지 직업만 가질 수 있는 것은 아니지만 그래도 그 사람에 어울리는, 즉 수입의 규모, 적성, 능력, 보람의 면에서 만족할 만한 직업을 찾는 것은 행복한 삶을 살아가는 데 꼭 필요한 일이므로 정말 지혜롭고 신중하게 대처할 필요가 있다.

직업을 정하는 데 생각할 것은 무엇인가? 적성, 능력, 전망, 환경 여건 중에 무엇이 가장 중요한가? 가장 먼저 검토할 것이 어떻게 돈을 벌 것인가, 즉 돈 버는 방법, 패턴이다. 돈 버는 방법을 크게 나누어 보면 쉬운 길이 있고 어려운 길이 있다. 대개 쉬운 길은 안정적이지만 보상이 크지 않고 어려운 길은 잘 되면 많이 벌지만 성공할 확률이 낮다. 공무원이 가장 안정적이고 그다음으로는 자격증(교사, 의사, 변호사, 약사, 세무·회계사)이 필요한 직업이 안정적이다. 그다음은 대기업이나 정부 출연기관의 연구원이나 대학교수다. 작가, 영화감독, 화가, 작곡가 같은 프리랜서는 그다음이고, 그다음으로는 투자자, 그리고 마지막으로 창업자라고 할 수 있다. 재정 수입의 안정성이 법과 제도(공무원), 부여된 자격(자격증), 재능(프리랜서), 형세 판단 능력(투자자), 창의성과 도전정신(창업자) 중 어디에서 오는 것인가에 따라 나누어 볼 필요가 있다.

직업이 돈을 벌기 위한 것만은 아니지만 사람에 따라 최소한의 돈이라도 확실히 보장되는 것을 아주 중요하게 생각할 수도 있고, 좀 굶으면서도 대박의 꿈을 갖고 버틸 수 있는 사람도 있다. 물론 그 중간도 있다. 먹고 사는 물리적 욕구에 대한 위협은 모든 인간에게 공통으로 가장 큰 심적 부담이 되지만 이런 위협을 느끼는 수준은 사람마다 다르다. 직장이 아니라 직업을 두어 번 바꿔보는 것은 젊어서는 다양한 경험을 한다는 차원에서 바람직하다. 그렇지만 너무 나이가 들기 전에 마지막 패턴을 찾아야 한다. 가장 즐겁게 할 수 있는 돈 버는 패턴을 찾는 것이 최우선이다. 평생 공무원으로 살다가 은퇴한 사람이 큰 사업을 벌이거나 모험적 투자를 하면 심적 스트레스를 감당하기 어려울 수 있다. 어려서부터 사업가 집안에서 자라면 이런 스트레스에 대한 면역력이 좀 키워져 있을 수 있다. 이런 부분은 어려서부터 혹은 선천적으로 타고날 수 있기 때문에 자신의 성향과 자라온 내력을 미리 잘 검토하고 판단해 둘 필요가 있다. 즉흥적으로 의욕만 가지고 결정하면 안 된다.

다음으로 생각할 것은 성격이다. 혼자서 몰두해서 일하기, 남들과 어울리기, 정의를 구현하기, 가르치기, 남을 돕기, 인기 스타 중 어떤 것에 가장 자연스럽게 이끌리는가를 잘 생각할 필요가 있다. 사람마다 얼굴 모양이 다르듯이 타고나는 마음의 모습도 다르다. 후천적인 노력과 경험으로 변하는 부분도 있지만, 선천적으로 타고나는 부분도 엄연히 있으니 이것을 잘 식별해야 한다. 성급하고 격정적인 성향의 사람은 좀 침착한 사람보다 자신을 잘 성찰하는 것, 남을 잘 이해하고 배려하는 것이 좀 부족할 수 있다. 내성적인 사람은 남들과 경쟁하거나 같이 일을 추진하기가 더 어려울 수 있다. 매사가 항상 깔끔히 되어야 마음이 편한 사람은 다른 사람과의 복잡한 관계를 유지하고 풀어가야 하는 큰 조직의 리더로서 어려움을 겪을 수 있다.

이론연구자, 예술가, 기자, 작가는 혼자 파고들며 일하는 힘과 성향이 필요하고, 판매원, 정치가는 많은 사람과 어울리고 소통하는 능력이 필요하며, 교사는 약한 사람을 잘 돌보고 섬기는 마음이 있어야 한다.

이 단계를 거치면 상당히 구체적인 직업을 고를 수 있을 것이다. 기업의 영업책임자 혹은 CEO, 정치가, 경제 관료, 전자공학 교수, 영화감독, 싱어송작곡가, 소설가, 역사학자 등. 한 가지가 아니라 서너 가지 후보를 고를 수 있으면 더 좋다. 사람이 한 가지 일만 할 수 있는 것이 아니기 때문에 복수의 후보를 갖는 것이 좋겠다.

다음으로 대학에 들어갈 때 분야를 정하는 문제가 있다. 공학, 자연과학, 정보과학, 생명과학, 의학, 경영, 경제, 법, 문학, 역사학, 지리학, 사회학, 심리학 등의 분야 중 상기한 복수 후보의 꿈을 실현하기에 적절한 학과를 찾고, 그런 학과가 있는 대학을 찾아가면 될 것이다. 미래 전망이 어떨지도 보아야 하는데 미래의 흐름에 아주 안 맞는 것만 아니면 괜찮을 것이다. 지금 당장 인기가 좋다고 그것이 계속 이어지는 것도 아니며, 인기가 좋은 분야는 그만큼 몰리는 사람도 많아서 각 개인에게 돌아가는 기회는 인기도와는 별 상관이 없을 수 있다.

적당한 학업을 마치고 적절한 시점에 그런 꿈을 실현하는 데 좋은 가장 좋은 회사를 찾고 들어갈 수 있으면 일단 그 회사에 들어가 보는 것도 좋다. 역량과 능력은 경험을 통해 얻어진다. 때가 무르익으면 자기가 원하는 그림을 직접 그려갈 수 있다. 취업하는 것이 선다형 객관식 문제라면 창업은 주관식 답을 써 내려가는 것이다. 창업은 새로운 세계를 여는 문이다. 남이 만들어 놓은 세계에 들어가 어울리는 것이 아니라 새로운 세계를 만들어 가는 것이다. 창업자가 열어놓은 세상에는 다양한 꿈과 성향을 지닌 사람들이 모여들어 힘차고 행복하게 일하며 살아간다. 그 안에서 또 여러 창업의 꿈이 영글어 간다. 우리와 미래 세대들이 살아가고 만들어갈 세상의 역동적인 모습이다.

기술창업의 세 요소 : 기술, 의지, 소통

기술창업의 요소 및 단계는 기술, 의지, 소통의 세 가지로 정리해 볼 수 있다.

첫째, 기술이다. 크루소는 무인도에서 살아남았다. 크루소는 모든 일을 자기가 직접 다 해야 했다. 많은 사람이 모여 사는 사회에서는 한 사람이 모든 것을 할 필요가 없다. 각자가 한 분야의 전문가 역할만 잘 하면 사회는 돌아가고 개인은 한 가지 일만 잘해도 먹고 살 수 있는 세상이 된 것 같다. 그러나 이것은 각 노동자가 한 가지 일만 하면 되는 잘 안정된 공장 같은 곳에서만 들어맞는 얘기다.

현대인이 크루소처럼 무인도에서 살게 될 가능성은 매우 작지만 창업을 하게 되면 얘기가 좀 달라진다. 창업자는 크루소의 기술, 아이디어뿐 아니라 정신, 의지로부터 배워야 할 것이 많을 것이다. 창업하고 회사를 만들어서 다른 사람에게 일을 시키거나 그들과 협력하다 보면 되도록 많은 부분을 다 직접 해본 것이 크게 도움이 된다는 것을 깨닫게 된다. 체면 덜 차려도 되고 실패도 아름다운 청년의 시절에는 여러 가지 직접 경험을 하는 것이 가장 중요하다. '젊어서 고생은 돈 주고 산다' 는 말도 있다.

더욱이 주어진 한 가지 일만 하다가 은퇴하는 인생은 별로 재미가 없다. 새로운 상황에서는 새로운 일이 요구되며, 새로운 상황은 언제 닥

칠지 모른다. 미리 정해진 일을 잘하는 것과 갑자기 닥치게 된 새로운 일을 잘 해내는 것은 전혀 다르다. 새로운 일을 해내려면 새로운 생각과 일하는 방법이 필요하다.

새로운 일은 신제품을 만드는 것을 말한다. 신제품은 사람들이 지금은 사용하고 있지 않지만 앞으로 많이 쓰게 될 물건을 말한다. 기술창업자는 신제품을 미리 생각하고 남들보다 먼저 만들어서 시장에 내놓는 사람이다. 기술은 개인이 평화 시에 시장에서 돈을 벌게 해주고 전쟁 시에 한 국가가 승리를 취하게 한다. 하나의 시장에 두 개의 기술이 맞붙으면 대개 더 좋은 기술이 덜 좋은 기술을 이기게 된다.

둘째, 의지다. 지금 당장은 수요가 없는 물건을 열심히 만들기 위해 노력하는 것은 쉬운 일이 아니다. 이런 일을 도와주는 사람도 별로 없고 심지어는 주위로부터의 조롱과 냉소를 감수해야 하기 때문이다. 내가 꼭 이런 일을 해야 하나? 하는 회의가 들고 작은 유혹이나 자괴감에 빠져 중단하기 쉽다. 처음에 신중하고 꼼꼼하게 일을 정하고 추진해도 이것을 잘 알아주고 격려해 주고 도와주는 사람을 찾기는 쉽지 않다. 정작 필요할 땐 사람을 구하기 힘들고 필요 없을 때가 되면 사람들이 모여든다는 말도 있다. 기술을 개발해 내는 초기에도 계속 묻고 따지고 굽히지 않고 도전하는 의지가 필요하고, 포기하지 않고 계속 나아가기 위해서도 강한 의지가 필요하다. 기술이 귀한 손님이라면 의지는 이 손님을 안전히 목적지까지 데려가는 자동차라고 할 수 있다.

기술은 하루아침에 만들어지는 것이 아니라 하루하루가 계속 쌓여 만들어지는 것이다. 의지는 기술을 더 발전시키고 기술의 발전은 희망을 주며 의지를 더욱 굳건하게 한다. 이런 선순환을 거치면서 의지도 기술도 더욱더 강하게 된다. 아이러니하게도 의지는 의지로 혹은 억지로 만들어지거나 지탱되지 않는다. 지식이 있어야 한다. 내가 강한 의지를 갖고 열심히 추진하려는 '그것'의 내용과 의미, 나와 사회에 미치는 효과에 대한 단단한 지식이 있어야 웬만한 훼방과 유혹에 흔들리지 않을 수 있다. 이 지식은 책에서 읽거나 지나가면서 들은 지식이 아니다. 흡연이 건강에 미치는 영향에 대하여 아무리 의사의 얘기를 많이 들어도 끊지 못하던 담배를 '끔찍하고 무서운' 체험을 하고 나면 끊게 된다. 치열하게 추구하며 실제로 체험하여 얻은 지식은 강력한 힘을 발휘한다.

우리가 사는 인생의 의미, 살면서 추구할 만한 큰 목표, 살면서 만나게 되는 여러 가지 사건 · 사물에 대한 올바른 인식과 우리가 취할 수 있는 대처 방식에 대한 강력한 최고의 지식을 가짐으로써 창업을 추구하는 우리의 의지를 강하게 견지할 수 있다. 머리 좋고 성실한 사람이라도 이러한 최고의 지식이 없으면 의지가 강한 사람의 수하가 되고 이용당하기 쉽다는 것을 경계할 필요가 있다.

셋째, 소통이다. 기술과 의지가 있으면 웬만한 일은 혼자 해낼 수 있다. 그러나 큰일을 하려면 다른 사람들과 소통하고 협력하여야 한다. 넓고 역동적인 관계망을 갖는 것은 창업하는 데 매우 중요하다. 생명체의 가장 중요한 특성은 소통의 능력이다. 새로운 것을 만나면 인식하고 분별하고 적절한 언어의 채널로 소통하는 능력. 진실한 소통은 상대의 본질과 소통하는 것이다. 자신이 누구인지 알려면 자신의 본질, 참 자기와 소통해야 한다.

최고의 지식은 그저 방대하고 복잡한 지식이 아니다. 현란한 수사나 관습적인 사고에서 벗어나 자유롭고 담대하게 소통하고 행동하며 살아가야 한다. 묻고 도전하고 뉘우치고 경계하고 훈련하며 나아가야 한다. 교만, 편집, 거짓, 나태, 삐침, 질투, 패거리 짓고 따돌리기. 이런 익숙한 것들은 우리 대부분이 갖고 있는 즉각 출동 준비 상태의 반소통反疏通 단골 메뉴다.

소통은 그 목적이나 방법이 매우 실용적이어야 의미가 있다. 서로 입장, 경험, 사고방식, 지식의 영역, 사건 사안에 대한 의견이 다를 때 소통이 필요하므로 겸손, 경청, 관용, 인내, 타협의 자세가 필요하다. 소통의 결과는 어느 한 편이 지배하거나 강요하는 것이 아니어야 한다. 자유민주주의 사회, 법치 국가, 자본주의 시장경제에서는 물질적인 가치의 생성, 교환, 융합을 통해서 정신적인 행복을 추구하며, 이 과정에서 물질과 물질, 물질과 마음, 마음과 마음 사이에 다양한 소통이 일어난다.

창업은 다양한 영역의 많은 사람이 서로 소통하고 협력하며 각자의 꿈을 이루어가는 역동적인 과정, 우리 인생의 한 자락을 드리우기에, 아니 오롯이 담아 나르기에 충분한 큰 그릇, 캔버스이자 마당이다. 인생이 어렵고 복잡해도 매 순간이 다 절대절명의 순간은 아니다. 그러나 중요한 결정을 해야 하는 순간이 온다. 준비하고 맞으면 과정도 결과도 훨씬 좋다. 시계 바늘이 가리키는 것에 맞추어 사람들과 약속은 해야겠지만 삶의 중요한 사건은 시계바늘에 매달려 있는 것이 아니다. 카이로스의 시계는 각자가 따로 갖고 있다. 창업자에게는 카이로스의 시간이 흐른다.

4b. 엠크래프츠 창업 이야기(전정범 대표)

(주)엠크래프츠는 주사전자현미경을 개발, 생산하는 기업으로 2010년에 창립되었다. 주사전자현미경은 집속된 전자빔을 시편에 2차원으로 주사scan, 走射하여 나노 스케일까지 영상으로 관찰할 수 있는 현미경으로 일본, 독일, 미국 등 매우 소수의 선진국에서만 생산하는 제품이다. 2019년 기준으로 24억원 매출을 이루었고 미국, 중국 등 10여 개국에 수출하고 있다. 매출액만 보면 창업 10년차 치고는 큰 성공을 거

그림 4b-1 엠크래프츠 홈페이지 화면

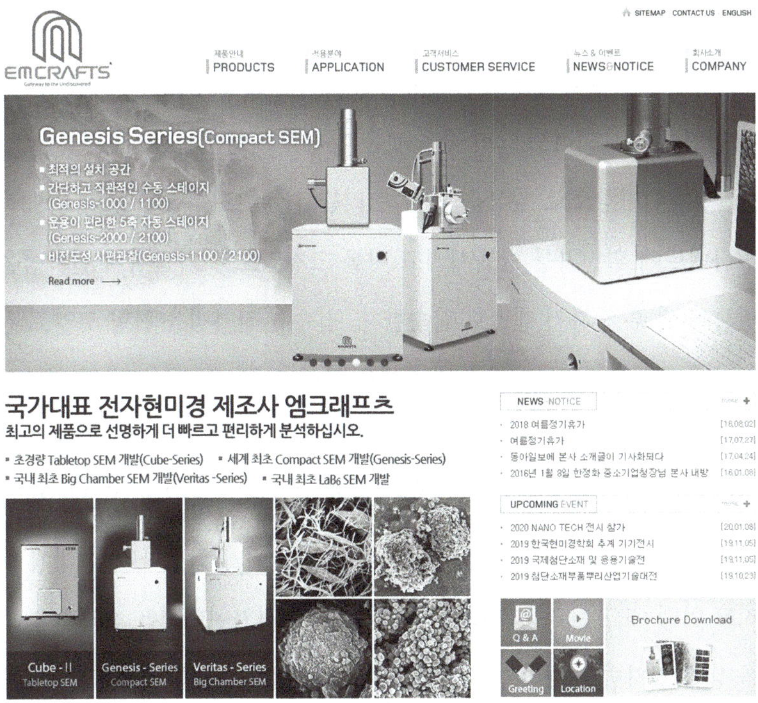

두었다고 할 수는 없을 것이다. 하지만 주사전자현미경이라는 분야 자체가 진입 장벽이 높기 때문에 제품 경쟁력이 없이는 살아남기 힘들고 한 번 진입 장벽을 넘은 다음에는 안정적인 성장을 이룰 수 있는 분야이다. 대기업이 진출할 만한 매력이 있는 분야도 아니어서, 창업 아이템으로 삼는 데 큰 동기가 되었다.

기술 자체도 아날로그 기술을 기반으로 하고 있어서, 내가 주욱 해오던 디지털 분야보다 제품의 라이프 사이클이 길다는 점도 도전하기에 매력이 있었다. 경쟁사인 일본 JEOL은 1949년 창립되었으니 50년도 더 늦게 시작한 셈이다. 그러나 우리는 그들이 전통에 안주하고 있는 동안 혁신이라는 무기로 테이블탑 현미경 등 특정 제품군에서는 경쟁우위를 가지고 있으며 끊임없이 시장에 없는 제품을 만들고자 노력하고 있다. 예정대로 성장하면 약 5년 후에는 IPO를 할 예정인데, 경제적인 성취 관점에서 보더라도 그리 늦은 것은 아니라고 생각한다.

전자현미경으로 영상을 얻는 원리는 간단하다. 진공 챔버 안에서 필라멘트에 열전자를 방출시키고 이를 고전압으로 가속시켜 전자빔을 만들어 낸 후 전자기 렌즈로 집속한다. 집속된 전자빔을 편향 코일로 관찰하려는 시료에 2차원적으로 스캔을 하며 각 스캔 포인트마다 전자빔과 시료의 상호작용에서 발생하는 2차 전자secondary electron ; SE와 후방산란전자backscattered electron ; BSE를 전기 신호로 증폭하여 영상을 만들어 낸다. 전자빔을 만들고 스캔하는 원리는 우리가 집집마다 한 대씩 가지고 있던 CRT 브라운관과 유사하다. 다만, 전자현미경은 전자기 렌즈를 통해 전자빔을 여러 번에 걸쳐 집속하여 전자빔을 더 작게 만드는 반확대demagnification 과정이 필요하다. 전자현미경을 만들기 위해서는 전자광학, 진공기술, 기계설계기술, 가공기술, 고전압기술, 소프트웨어, 영상처리, 전자회로, 제품디자인 등 여러 분야의 지식이 필요하며, 이를 시장에서 경쟁력이 있는 수준으로 조합하는 것이 핵심이다. 특히 전자광학계는 전자기학과 물리학의 기본적인 지식으로 이루어져 있고, 이론적으로 설계하는 것은 어렵지 않으나 실제로 가공을 거쳐 여러 번에 걸친 실험을 해본 후에야 축적되는 노하우가 차별성을 이루는 핵심 기술이다. 이러한 기술은 한 분야에서 오래 일한 기술자를 부르는 말인 '장인'이 가지고 있다는 바로 그런 기술이라고 생각되어 회사 이름도 Electron Microscope의 이니셜과 '장인의 기술'을 의미하는 Crafts를 합쳐 EmCrafts로 지었다. 기존에 있던 국산 전자현미경 회사들은 과거 일본 제품을 하드웨어뿐 아니라 전자회로까지 베끼는 식으로 국산 제품을 만들어 냈었는데 그러한 업체들은 점차 경쟁력을 잃고 도태되어 가고 있는 중이다.

기업을 시작한다는 것은 도전挑戰인 동시에 모험冒險이다. 도전은 '싸움을 건다'는 뜻이고, 모험은 '위험을 무릅쓴다'는 의미이다. 도전은 기업을 시작할 때를 잘 표현할 수 있는 표현이고, 모험은 그 성장 과정을 설명하는 데 적합하다고 할 수 있다. 창업에 도전하려면 그 분야에 새로운 부가가치를 창출할 만한 자신감이 있어야 한다. 실패에 대한 각오도 해야 한다. 본인이 사회생활을 시작할 때를 돌이켜보면 시장 안에는 모든 수요에 대해 필요한 직업이 다 만들어져 있는 것으로 보였다. 소위 자본주의라고 부르는 자유시장경제 체제는 '보이지 않는 손'이 바늘 하나 꽂을 수 없이 촘촘하게 모든 수요와 공급 체계를 짜놓은 듯이 보인 것이다. 산 정상에서 비싼 가격에 음료와 아이스크림을 파는 사람이 있고 그것을 사먹는 소비자가 있는 것을 보라. 날이 쌀쌀해지면 나타나는 붕어빵 장수와 호떡 장수도 누군가 만든 직업이 아닌 스스로 생겨난 직업이다. 생태계를 닮은 시장경제의 완전함에 감탄할 수밖에.

이미 자리를 잡고 있는 크고 작은 경제주체에 도전하여 새로운 가치를 창출하는 기업을 시작한다는 것이 얼마나 무모한 일인지는 그 당시 본인뿐 아니라 아마 대부분의 사회 초년병들이 공감하는 부분일 것이다. 이러한 시기에 기존 기업에서 일하기 위해 취업을 하는 것은 너무도 당연한 선택이다. 더구나 시장경제 체계라는 것이 대부분이 취업을 해야 돌아가는 구조이다. 누구나 우두머리를 할 수는 없는 것이다. 빌게이츠, 스티브잡스 같이 시장의 원리를 잘 이해하고 혁신적인 부가가치를 생산해 낼 수 있는 사람들은 학교도 그만두고 창업에 뛰어들기도 하였다. 현대 자본주의 체제는 체계화된 교육시스템을 통해서 지속적으로 유지되는 것인데 이러한 혁신적인 사업가들은 이렇게 틀에 박힌 교육조차도 필요하지 않았던 모양이다.

비록 현대 시장경제가 대부분의 인구를 '피고용' 상태로 두고 있는 시스템이기는 하지만 산업혁명 이전까지만 해도 인간들은 기본적으로 자기 스스로 독립하여 가정을 먹여 살려야 했다. 근대 이전에는 신분제에서 오는 종속 구조가 있기는 했지만, 의식주를 대부분 가정 내에서 자체적으로 해결해야 하는 자가 고용 형태가 대부분이었다. 이렇듯 창업 DNA를 대부분의 개인이 가지고 태어난다. 마치 생태계 속에서 대부분의 동물이 스스로 집을 짓고 먹이를 찾고 사냥을 하거나 사냥당하지 않기 위해 도망치는 등 조물주로부터 받은 본능적인 능력으로 생존하는 것처럼.

반면, 우리는 교육시스템 안에서 일찍부터 스스로를 '이과', '문과', '예체능' 등으로 나누는 것을 시작으로 자기 전공이 아니면 신경도 쓰려고 하지 않다 보니 좋은 말로 하면 '전문가' 이지만 극도로 사회 의존적인, 혹은 타인 의존적인 존재가 되어 버렸다. 고용되는 형태가 자연스러운 그런 존재 말이다.

어쩌다 보니 사업을 하고는 있지만 학창시절부터 사업한다는 꿈을 꾸었던 것도 아니고 내가 특출한 기질을 가지고 있어 사업을 시작하게 된 것도 아니다. 개인적으로는 무조건적인 순응에는 거부감이 드는 약간의 아웃사이더적인 기질이 있었는데, 아마 그런 것이 남들과 다르게 창업이라는 선택을 하는 데 약간은 도움이 되지 않았는가 싶다.

나에게 있어 창업은 '의사결정의 자유' 를 위해 내린 결정이었다. 큰 돈을 버는 것은 우선순위가 그리 높지 않았다. 창업이라는 결정을 하기까지 KAIST 내 실험실 벤처*의 실패와 한때 성공한 벤처 중 하나였던 엠텍비젼(주)에서의 몇 년간의 직장생활이 창업의 큰 스승 노릇을 하였다. 또한 전자현미경이라는 제품을 처음 알게 된 (주)코셈이라는 곳에서 연구원과 연구소장으로서 일한 경험을 통하여 여러모로 선진국에 가까운 우리나라에 전자현미경이라는 미개척 분야가 있다는 것을 알게 되었다.

* 통신용 프로세서를 만들던 파이온 창업회사를 말함

레스토랑 사업을 하는 방송인 홍석천 씨가 '레스토랑을 하려면 그 업종에서 얼마간 일해 보는 것이 필수' 라고 하는 인터뷰를 본 적이 있었는데 많이 공감되었다. 사업을 시작하려면 어떤 형태로든 유사한 형태의 사업에 피고용인으로 참여해 보는 것이 필수라고 생각한다. 본인 같은 경우는 창업 전에 겪은 이 직장들에서 어떻게 회사의 가치가 창출되는지, 또는 실패하는지를 관찰할 수 있었고, 본질적인 가치와 무관하게 직원 간의 신뢰가 깨지면서 회사가 실패의 과정을 밟는 것도 보았다.

내가 의사결정을 할 수 있는 위치에 있지는 않았으나, 매 순간 내려지는 회사의 의사결정에 대하여 치열하게 의견을 개진하며 설득하려 했으나 관철하지 못했던 본인의 의견과 회사의 의사결정 내용 중 어떤 것이 옳고 그른지를 판단해 보며 나 자신의 판단력이 사업하기에 적절한가를 시험해 보았던 것 같다. 상사의 의사결정에 대해 적극적으로 참여하되 관철되지 않았더라도 스스로 '나라면 이렇게 했을 것' 이라고 의사결정을 내려 보고 그 결과를 살펴보곤 했다. 물론 내 결정이 항상 옳지는 않았지만 옳은 것으로 드러난 적이 많았고 이런 과정을 거치면서 나도 의사결정권을 가지고 회사를 운영해 보고 싶다는 꿈이 생겨났다. 카피 제품이 아닌 전자현미경의 국산화에 기여한 공로를 인정받은 탓인지 (주)코셈을 떠날 때는 회사 대주주로부터 대표이사 자리도 제안받았었지만, 그 역시 여전히 고용된 입장인 만큼 의사결정의 자유를 얻을 수 있는 창업의 길을 택했다.

창업 초기만 해도 지금보다 많이 젊었고 KAIST에서 받은 박사학위도 있었기 때문에 찾아보았다면 여기저기 좋은 직장에 고용될 기회도 많았을 것이다. 창업하는 분야도 본인의 전공분야가 아니어서 그 당시에는 지인들도 '안전한 길을 놔두고 그 위험하다는 사업을 왜 하느냐'며 의아해 하는 사람이 많았다. 10년이 지난 지금, 본인이 그동안 해온 일을 조금이라도 이해하는 사람이라면 '정말 대단하다', '우리나라에 이런 기술이 있는지 몰랐다' 등 칭찬 일색이다. 기업이나 연구소에서 열심히 일하고 인정받는 친구들에게조차도 부러움의 대상이 되었다. 신제품을 가지고 해외 전시회를 나가도 해외 경쟁사 연구원들이 우리 제품을 보고 극찬을 하고 돌아가서 다른 동료들에게 이야기하여 연락과 방문이 꼬리를 문다. 창업이라는 것이 이런 것이구나 하는 생각이 든다. 나의 결정이 옳다고 인정받을 때 가장 큰 희열을 느끼며 사업을 하는 큰 보람을 느끼게 된다.

도전은 시작이고 모험은 과정이다. 위험을 무릅쓴다는 것은 무엇인가? 위험을 무릅쓰지 않는다는 것은 안전을 추구한다는 것이다. 우리 부모 세대들은 원래 별로 가진 것이 없었기 때문에 가난을 물리치기 위해 거의 모든 것에 도전했고 끈기 있게 성취해서 지금의 부를 일구어냈다. 도전과 끈기가 지금 대한민국을 만든 정신이 된 것이다. 다만 부모들이 이러한 성취를 일구어 낸 원동력이 도전과 끈기에 있었음을 충분히 이해하지 못하고 물질적인 풍요 속에서 자녀들을 기르면서 안전한 것만을 추구하도록 가르치다 보니, 일부 젊은 친구들 사이에 '이불 밖은 위험해' 라는 소위 '웃픈' 우스개도 생겨났다.

국민소득 3만 달러짜리 나라에서 신체적으로 큰 문제가 없는 이상 더 이상 먹고 사는 것은 문제가 되지 않는다. 돈이 적으면 적은 대로 세

끼 먹고, 돈이 많으면 많은 대로 세 끼 먹는다. 돈이 아무리 많아도 4끼 5끼 못 먹으며, 오히려 많이 먹으면 당뇨, 고혈압 등의 성인병이 되어 생명을 위협한다. 고시, 공무원 시험, 공기업 시험 등 고용되기 위해서 몇 년씩 준비하는 젊은 친구들을 보면 '나름 그들도 위험을 무릅쓰고 있는 것인가?' 라는 생각이 들기도 한다. 어떤 도전이 더 의미 있는 도전이라고 감히 이야기하기는 어렵다. 하지만 그들의 도전이 궁극적으로 단시간 내에 얻을 수 있는 '평생의 안전' 이라는 것을 추구하기 위한 것이라면 좀 다른 관점에서 볼 필요가 있지 않겠느냐고 이야기하고 싶다.

우리는 과연 무엇이 안전한 인생인지, 안전한 인생이 과연 행복한 인생인지 생각해 보아야 한다. 자신이 추구하는 인생이 자신이 원하는 인생인지 부모가 원하는 인생인지도 생각해 보아야 한다. 직업에 대한 호불호는 시대마다 달라져 왔으며, 지금 좋아 보이는 직업이라고 계속 좋다는 보장도 없다. 꿈을 가져야 한다고 배우고 어려서부터 꿈을 세팅하고 열심히 살아왔지만, 그 꿈이 과연 나의 꿈인지 나의 부모의 꿈인지, 세상에 내가 알지 못하는 직업이 얼마나 많이 존재하는지, 상상은 해보았는지 스스로 질문해 보는 기회를 가져야 한다.

무언가 꿈틀대는 창업 욕구가 나의 내면에 있다면 억누를 것이 아니고 그것이 어떤 것인지 열심히 꺼내 볼 필요가 있다. 창업에 수반되는 위험이라는 것도 예전에 비해 훨씬 작아졌다. 예전에는 '실패 = 신용불량자' 가 거의 공식이었으나 이제는 기술보증기금, 중진공 대출 등에 대표이사 연대보증도 사라져 가는 추세라 창업 환경이 예전과는 정말 많이 달라졌다. 창업 초기 정부 지원책도 많아 큰 금전적 부담이 필요한 것도 아니다. 같은 위험이라도 얼마나 대비할 수 있고 실제 그 위험이 닥쳤을 때 감내할 수 있는지에 대한 전략을 짜는 것이 큰 차이를 만들어 낼 수 있다. 이불 안에 안전이 있을지는 몰라도 우리 인생은 이불 밖에 있다는 것을 명심해야 한다.

우리가 알고 있는 유명한 창업가들이 금전적 대박을 노리고 창업을 한 것이라는 말을 들어본 적이 없다. 물론 일부 그러한 이유도 있었을 것이다. 하지만 큰돈을 번들 우리에게 그 많은 돈을 쓸 시간이 그리 많이 남아 있지 않다는 것을 현명한 사람이라면 쉽게 깨달을 수 있을 것이다. 준비되지 않은 어리석은 사람이 어쩌다가 큰돈을 벌게 되면 로또에 당첨된 후 불행해졌다는 70%의 사람들과 같은 삶을 살게 될 것이다. 우리가 잘 아는 워렌 버핏이라는 부자는 그날의 주식 시세에 따라 주문하는 햄버거의 메뉴가 달라진다고 한다. 이런 큰 부자에게도 햄버거 가격 몇달러가 대수가 될 수가 있다니. 또 삼성그룹 창업자 이병철 회장의 평전을 보았는데 이병철 회장이 가장 좋아하는 음식이 된장찌개라고 한다. 재산이 필요 이상으로 많아도 능력 있는 사람이 될 뿐, 크게 변하는 것은 없을 것이다. 금전적인 성취가 창업의 결실 중 하나이기는 하지만 이를 목적으로 창업을 한다면 기업을 하는 과정에서 느끼는 성취감은 아마 없을 것이다.

세일링 요트 이야기

나는 지금까지도 경영자임과 동시에 개발자로 일하고 있다. 굳이 박사학위 전공을 이야기하자면 디지털 IC 설계, 이미지센서 등이라고 할 수 있지만, 전자현미경을 만들기 위해서 소프트웨어도 짰고, 기계 설계도 하였으며, 제품 디자인도 했다. 기계 설계와 같은 경우는 학교 다닐 때는 해본 적이 없었고 순수히 직장생활과 목공 등 취미생활에서 터득한 기술인데, 평소에 만들기를 좋아하는 본인의 적성이 크게 도움이 되었고 배우는 것이 즐거웠다. 다양한 분야를 한다고 해서 본인이 모든 분야에서 그 분야의 전문가들만큼 하기는 어렵기 때문에 우리 회사 제품에 필요한 수준의 기술 정도만 습득하기 위해 노력해 왔다. 배움에는 끝이 없고 평생 배우고 연구할 거리가 있어 즐겁다.

창업 후 10년간 회사 일만 한 것은 아니다. 어느 정도 자리가 잡혀갈 때 즈음에는 나의 일과 전혀 다른 분야에도 적극적으로 관심을 가지게 되었다. 스스로 여러 분야의 일을 해본 것이 다른 분야로 넘어가는데 큰 도움이 되었지만 결국 다른 분야를 더 알게 될수록 내가 만드는 제품에 도움이 되어 돌아왔다.

몇 년 전부터 세일링 요트를 구입하여 시간이 날 때마다 바다에 나가고 있다. 세일링 요트는 바람을 이용하여 장거리 항해를 하는 배로 '강동석', '윤태근', '김승진' 등 요트 세계일주를 한 세 사람이 이러한 요트를 이용했기 때문에 일반인들에게 그나마 조금 알려진 것 같다(참고로 엔진으로 가는 요트는 기름 소모가 많아 세계일주를 할 수 없다). 우리나라 세일링 요트의 수가 1,000척이 안 되는 것으로 파악되고 있으므로 국민 5만 명 중 한 명이 갖고 있다고 할 수 있다. 옆의 나라 일본에 비하면 1/30도 안 되는 대단히 낮은 보급률이다. 사회적으로 일단 '요트'라고 하면 뭔가 럭셔리한 느낌을 주는 것 같고, 요트라는 말 앞에 '호화'가 붙지 않으면 좀 어색하게 느끼게 된다. 하지만 이는 요트에 대한 몰이해에서 나온 것으로 세일링 요트는 스포츠에 가깝고 호화로운 요트와는 거리가 멀다. 물론 호화스러운 세일링 요트도 있기는 하지만 극히 일부이며, 대부분은 25~40피트 정도 크기의 외국에서 20~30년 사용된 후 수입된 중고 요트들이 대부분이다. 또한 내가 만난 대부분의 세일러세일링 요트를 타는 사람들은 은퇴시기에 가까워졌거나 이미 은퇴한 중산층이다.

나는 서울 태생임에도 꽤 예전부터 막연하게 배를 한 번 만들어 보고 싶다는 생각을 가졌었는데 '일단은 배를 타봐야 배를 만들 수 있지 않겠는가?' 하는 생각에 중고 세일링 요트를 알아보았는데, 상당수가 소형 중고차 가격 정도여서 부담 없이 시작할 수 있었다. 요트를 조금 경험해 본 이후에는 국내 요트 산업도 전자현미경과 마찬가지로 불모지인 점을 알게 되었고, 창업할 때와 동일한 도전의식이 생겨났다. 우리나라는 '삼면이 바다'라고 배우기는 하는데 본인 포함 대부분의 사람들이 바다에 대해 무지하다는 점과 바다를 참으로 두려워한다는 점이 새삼 놀라웠다. '이불 밖이 위험해'는 '물가에 가지 마라'는 말의 시대만 바뀐 표현인지도 모르겠다. 그래서 작년부터 '삼면이 바다' 프로젝트라고 하여 마음 맞는 몇 분과 김포에서 양양에 이르는 우리 바다 일주 항해를 하였다. 세일링 요트의 속력이 시속 8~10km 정도밖에 안 되는지라 생업이 있는 사람들이 연속으로 항해하기는 어려워서 김포 → 오천항, 오천항 → 목포항, 목포항 → 제주도, 제주도 → 통영, 통영 → 포항, 포항 → 양양 이런 구간으로 나누어 항해하였다. 날씨와 시간을 조율하다 보니 약 1년 정도가 걸렸다. 올 초에 3m가 넘는 파도를 뚫고 해가 져서 어둑어둑해질 무렵에 양양에 입성할 때는 감격스러움을 느꼈다. 에베레스트 정상에 올라가면 혹시 이런 느낌 아닐까?

세일링 요트는 범선을 타고 세계를 정복하고 다니던 유럽인들의 문화이다. 실제로 현시점 요트 생산국도 그 시절 정복국이던 나라들이 많다(미국, 프랑스, 네덜란드, 독일, 이탈리아 등). 모험심 강한 그들의 문화를

그림 4b-2 본인의 42피트 세일링 요트를 타고 2박 3일 연속 항해로 양양 수산항에 입항하는 모습

☞ 한국 국적 최초로 요트 세계일주를 한 윤태근 선장에게 매입한 요트로 마침 그 이름이 'Spirit of Korea(한국의 정신)'이다. 개인적으로 한국의 정신은 '도전'과 '끈기'라고 생각한다. 창업을 꿈꾸는 사람들에게는 절대적으로 필요한 정신이다.

배우고 싶은 마음도 강했다. 또한 세일링 요트의 매력적인 부분은 그 자체가 하나의 시스템으로서 순수과학, 기계공학, 전자공학, 디자인 등 종합적인 기술을 필요로 한다는 것이다. 전자현미경과는 완전히 다른 분야인 것 같지만 유사성이 있는 것이다. 요트를 구입할 때도 하자 있는(오래된 요트라면 하자가 생각 이상으로 많기 일쑤다) 요트를 거의 헐hull ; 마스타나 돛을 뺀 대개 물 속에 잠기는 배의 본체 값에 구입하여 수리해서 새로이 진수하였다. 고장나서 못 띄우는 배를 멀쩡히 고쳐 띄워 놓으니 돈을 쓰기는 커녕 번 셈이 되었다('삼면이 바다' 전국일주 항해도 내가 수리한 요트로 수행한 프로젝트이다). 고장난 요트를 사서 고치는 데 재미를 붙이다 보니 이런 요트가 여러 척 되어 버렸고, 우스개지만 본인을 '세일링 요트계의 오나시스(그리스의 선박왕, 재클린 캐네디와의 결혼으로 유명함)'라 부르는 사람도 생겨났다. 이렇게 할 수 있었던 것은 전자현미경을 공부하면서 고장 수리가 거의 평생 해온 직업이 되어 남들보다는 많이 수월했기 때문이다. 본인의 엔지니어로서의 능력은 전자현미경에서 시작하였으나 요트를 공부하면서 만개했다고 생각한다. 요즈음은 오히려 요트에서 배운 기술이 전자현미경 개발에 도움을 주는 느낌이다. 전자현미경도 세일링 요트도 기초과학의 총 집합체이다. 기계, 전자 등 다양한 기술들이 기초과학을 실현하는 데 사용된다. 전자현미경은 직업이고 세일링 요트는 여가라고 할 수는 있으나 본인에게는 양쪽 모두 큰 배움과 연구의 마당이다.

내가 만난 대부분의 요트인들은 국내에서 요트 관련 대규모 산업은 불가능에 가깝다고 판단하고 있다. 10년 전 전자현미경도 비슷했었다.

그 당시 국내 전자현미경 원로라는 분들은 우리가 할 수 있는 영역과 선진국이 할 수 있는 영역을 나누어 놓고 그 선을 넘으려 하면 안 된다고 했다. 국가출연연구소의 높은 직책에 있는 분들이 그런 이야기를 하는 것을 보고 참으로 놀랍기도 하였다. 하지만 그 한마디가 본인의 도전정신을 고취시켜 주었고, (주)엠크래프츠는 넘지 말라던 그 선을 넘었기 때문에 만들어질 수 있었다. 요트 사업도 유사성이 있다. 아직까지 구체화하지는 않았지만 사업 기회도 엿보고 있는 중이다. 다만 현재 하고 있는 사업을 롱런 가능한 수준까지 성공시키는 것이 우선이기에 요트 관련 사업은 그때까지 구상만 하고 그 이후에 펼쳐 보려고 한다.

남다른 인생 살기

나의 창업에 대한 이러한 인식에도 불구하고, 누군가 창업을 하기로 결정했다고 해서 그 자체만으로 찬사를 받을 일은 아니다. 창업 초기 도움을 받았던 정부의 창업 지원 프로그램은 높은 청년실업률을 창업이라는 방법으로 낮추어 보려는 정부의 청년실업정책 중 하나였다. 실업대책이 창업 장려라니, 그 당시 이해가 잘 되지는 않았지만 어떤 이유였건 만들어진 정부 지원 프로그램을 잘 이용했던 것이 창업 초기에 상당한 도움이 되었다. 하지만 취업을 할 수 없어 하는 창업, 등 떠밀려 하는 창업에 관해서는 여전히 좀 회의적이다. 최근에는 동일한 창업 지원 프로그램으로 창업을 했다가 신용불량자가 된 한 기업인이 '중소기업을 지원, 육성해야 할 정부기관이 신용불량자를 양산했다' 면서 부정적인 캠

페인을 하는 것을 보기도 하였다. 기업인은 자유시장체제의 주인이고, 기업을 시작한다는 것은 자유시장체제의 주인으로 살기로 결정하는 것이다. 주인으로 산다는 것은 내가 그린 세상을 실현하면서 살 수 있다는 것을 의미한다. 금전적인 보상을 부수적인 것이 아닌 원초적 목적으로 삼으면 시작한 지 얼마 안 되어 곧 어려운 상황을 맞을 수 있다고 생각한다. 인간의 욕심은 끝이 없다고 하기는 하지만, 성공한 기업인들을 돈을 더 벌고 싶어 끊임없이 확장을 하는 나쁜 존재로만 인식해서는 안 될 것이다. 사업을 하는 것이 그들의 직업일 뿐이고, 그들이 벌어들인 재화는 어떤 형태로든 사회에 다시 재투자되어 다시 자본주의 사회를 지속적으로 굴러가게 만든다.

나는 가난한 집안에서 태어났고 학창시절에는 지극히 평범하였다. 무학에 가까운 부모님은 항상 사회적 약자였고, 짧은 인생 경험으로 이해하기 어려웠던 세상은 늘 내게 두려운 존재였다. 세상이 어떻게 돌아가는지는 학교를 나오면서 비로소 배우기 시작했던 것 같다. 우연한 기회였는지 필연적이었는지는 모르나 평범한 사람들과 비교하면 매우 독창적인 인생을 살게 되었음을 어느 순간부터 느낀다. 전자현미경이라는 쉽게 도전하기 어려운 제품을 만들 수 있는 기술을 가지고 있고, 출장으로 20개도 넘는 나라를 여행해 보았으며, 여가 시간에는 요트를 타고 바다에서 보내는, 학교를 떠난 이후에 새로운 것을 배우고 익히는 것이 얼마나 재미있는지를 깨달은, 어느덧 중년이 된 스스로를 바라보면서 보람 있는 인생이었다는 생각이 든다. 학창시절 좋은 학교 가서 좋은 직장에 취직하는 것이 목표였던 사람치고는 꽤나 근사한 인생을 살고 있는 것 아닌가? 창업을 하기로 결정했던 순간이 인생의 궤도를 완전히 바꾸어 놓았고 이 모든 것을 가능하게 한 것임을 믿어 의심치 않는다. 내 인생은 내가 디자인하는 것이며 다른 누군가가 디자인한 인생을 살지 않는다는 것, 이 부분이 제대로 세팅이 된다면 이미 성공한 것이고 어떤 일을 하건 좀처럼 실패하지 않을 것이라 믿는다. 이처럼 창업은 돈을 얼마 벌고 무엇이 되고자 하는 것보다는 어떻게 사느냐의 문제인 것이다.

05
사업계획서 쓰기

얼굴 인식을 할 때, 얼굴 전체를 보지 않고 눈, 코, 입과 같은 특이점을 보듯이 사람이 일생을 살면서 중요한 순간, 즉 특별히 중요한 일을 하게 될 때가 있다. 창업을 준비할 때가 그런 때다. 창업을 하는 것은 매일 출근하는 회사를 가는 것과는 다르다. 잘 준비하지 않으면 해보나 마나다. 제대로 준비되지 않은 창업이 성공할 확률과 제대로 준비한 창업의 성공확률은 아마 10배 이상 차이가 날 것이다. 창업을 성공적으로 이끌려면 투자를 받아야 하고 그러려면 좋은 사업계획서Business Plan ; BP를 만들어야 한다.

좋은 BP를 갖고 그대로 했다고 꼭 성공하는 것은 아니다. 그러나 엉터리 BP에 대하여는 확실히 말할 수 있는 것이 두 가지다. 제대로 된 BP보다 성공 확률이 훨씬 더 떨어진다는 것(10분의 1 이하). 그리고 어느 정도 실력 있는 투자자가 보면 엉터리 여부를 어렵지 않게 알 수 있다는 것. 좋은 지도를 가졌다고 꼭 보물을 찾는 것은 아니지만, 엉터리 지도라면 어떻게 모험을 떠날 수 있겠는가? 비법이 적혀 있는 책을 비급秘笈이라고 한다. 비급을 찾은 자는 천하의 고수가 될 수 있다. 가슴에 품고 다니며 투자자, 주요 고객을 만날 때마다 펴보고 길을 찾을 수 있는 비급과 같은 사업계획서. 어떻게 하면 성공으로 안내하는 비법이 정리된 비급과 같은 좋은 사업계획서를 쓸 수 있는가?

사업계획서는 스스로 만들고 외워야

사업계획서BP는 누구를 설득하기 위한 것인가? BP를 쓰는 것은 창업자가 사업을 시작하기 전에 자기 생각을 검증하기 위하여 창업의 시작부터 약 3년 정도 진행할 사업의 중요한 계획을 정리하는 과정이다. 남을 설득하기 전에 철저한 자가 검증 과정이 필요하다. 자기 성찰과 비슷한 과정이다. BP에 들어갈 핵심 내용은 혼자, 혹은 공동창업자들과 심층 토론을 거쳐서 만들어지고 이를 기반으로 작성된 BP는 초기 단계에서 누군가로부터 진솔하고 신랄한 비판을 받을 필요가 있다. 그런데 정작 이 일을 가장 잘할 수 있는 사람은 바로 창업자 자신, 혹은 공동창업자 그룹이다. 그러나 이 경우 자신이 비판하는 역할과 발표하고 평가받는 역할을 모두 해야 하는데, 비판하는 입장에서는 객관적인 자세로 비판하고, 발표하는 입장에서는 BP에 대한 지식과 창업의 열정을 갖고 발표해야 한다.

옛날 조교수 시절에 하도 바빠서 꾀를 부리느라 시험 문제에 내가 답을 잘 모르는 문제를 낸 적이 있었다. 옛날 유럽에서 도제徒弟식, 혹은 엘리트 교육을 할 때 쓰는 방식, 혹은 구루나 선사들이 때가 찬 제자들과 주고받던 선문선답식 교육으로서 도를 통한 수준의 사람들 간에 통하는 방식을 써보려 했던 것이다. 그런데 김충기 교수님한테 들켜서 혼이 났다. 자기도 모르는 것을 왜 학생들에게 묻느냐고. 폼을 좀 잡으며 쉽게 넘어가려 했다가 당연한 지적을 받고 식은땀이 흘렀다. 이런 창피한 짓을 다시는 하지 말아야겠다는 생각을 했다.

내가 읽고 감동받지 못하는 연구계획서, 사업계획서를 어떻게 남에게 읽고 감동을 받고 돈까지 내라고 요청할 수 있는가? 잼 바른 빵이 카펫에 떨어질 때 잼 바른 쪽이 바닥과 만날 확률은 카펫의 가격에 비례한다. 심술쟁이 머피의 법칙은 '혹시는 없고 역시만 있다'는 얘기다. 대충 엉터리로 쓰고 발표했는데 덜컹 투자가 결정되었고 연구계획서가 당선이 되었다면 가능성은 두 가지다. 평가자가 자기 돈을 투자하지 않았거나, 그날은 억세게 재수 좋은 날이다. 그런 일은 재현 불가능하다. 앞으로 절대 다시 일어나지 않는다. 아니, 실은 너무 나쁜 일이 생긴 것이다. 현진건의 '운수 좋은 날'은 블랙 가면을 쓰고 찾아온 날이었다.

1920년대의 서울. 어느 비오는 날, 인력거꾼 김첨지는 병든 아내를 두고 돈을 벌러 나온다. 그날 따라 손님이 많아서 돈을 꽤 벌었다. 집에 가까이 갈수록 어떤 알 수 없는 불안감이 느껴져 불길해 하던 중, 마침 친한 친구 치삼이를 만나 그와 술을 마시며 시간을 보낸다. 아내가 그리도 먹고 싶다던 설렁탕을 사서 집에 돌아갔는데 싸늘하게 죽어 있는 아내가 보였다. 아내의 시신을 붙들고 "왜 설렁탕을 사왔는데 먹지를 못하냐"고 울부짖는다.

리허설은 자신이 자신(의 작품)을 평가하는 과정인 만큼 평가하는 주체와 평가받는 주체 간에 소통의 자세와 프로토콜을 엄정하게 유지하지 않으면 의미가 없다. 리허설은 누구나 싫어하는 것이지만 그만한 가치가 있기 때문에 해야 하는 것이다. 리허설을 하지 않을 경우 지불해야 할 대가를 실감나게 그려볼 수 있다면 도움이 될 것이다. 자가 시뮬레이션이나 리허설은 글을 쓰는 것과도 같아서 정말 공들여서 하고 쓰지 않으면 다른 사람이 아무리 고쳐주고 지적해줘도 좋은 발표나 글로 다듬어지기 힘들다. 리허설의 효과를 극대화하기 위한 준비와 기술이 필요하다. 투자유치를 위한 발표 자료는 1분, 3분, 10분짜리로 몇 가지 기본 템플릿을 준비해 둘 필요가 있다. 1분짜리는 운 좋게 만난 결정권자가 '요즘 잘 지내?' 인삿말을 받으며 '아, 요새 이런 것 재미있게 하고 있습니다' 할 때, '그게 뭐지?' 하고 나올 때 치고 나와야 할 내용일 것이다. 3분은 상당히 긴 시간이다. 아아, 어어 하면서 보내는 시간, 한 말 또 하고 뿌옇게 말해서 되물어 온 것에 답하느라 보내는 멍청한 시간을 허용하지 않고 엑기스만으로 정갈하게 짜여진 3분은 어떤 내용도 충분히 정확하게 전달할 수 있는 충분히 긴 시간이다. 3분 연설의 내용은 성공으로 이끄는 명대사이어야 한다. 거의 다 외워서 실전에서는 상대와 나의 표정과 제스처에 신경을 쓸 수 있을 만큼 대사 내용은 완전히 외우고 있어야 한다. 10분짜리는 훨씬 더 쉽다. 3분짜리의 뼈에 중요한 부분을 추가하고, 여유 있게 살을 붙인 것이다.

거짓 자아의 껍질을 깨고 들어가야 참 자기를 만난다

사람은 두 가지 자아ego를 갖고 있다. 여기서 자아는 스스로 의식할 수 있는 자신의 존재 영역이며, 자기self는 의식하는 부분은 물론 의식할 수 없는 자신의 존재 영역까지 포함하는 전 인격체를 말한다. 두 자아는 각각 어린아이와 어른일 수도 있고, 양(도덕)과 늑대(욕망)일 수도 있다. 추진하려는 긍정적인 자아와 절제하라는 비판적인 자아일 수도 있고, 보수적인 자아와 진보적인 자아일 수도 있으며, 참 자아true ego와 거짓 자아false ego일 수도 있다. 각 자아가 분열되고 독립적인 상태에서 다른 자아의 제재 없이 발현되는 것은 이중인격이나 정신분열증 같은 망가진 상태지만, 상보적인 두 자아가 서로 연결된 상태를 유지하면서 상호 간에 적절한 견제와 균형을 유지하는 것은 건강하고 바람직하다. 한쪽 자아가 다른 쪽 자아의 적절한 동의를 구하며 각 자아의 특성을 적절히 표출하는 것이다. 두 자아 간의 건강한 도전과 비평, 그리고 적절한 화합과 상호 배려를 거쳐 가며 사람은 안정적이면서도 발전적인 삶을 살아갈 수 있다.

이 과정을 처음에 제대로 거치지 못하면 나중에 문제가 더 크게 불거질 수 있다. 후일에 가래로 막을 일을 초기 자가 진단을 통하여 호미로 막음으로써 노력과 시간의 큰 손실을 막을 수 있다. 승승장구하던 사업이 망가지고 나서 잿더미에 앉아 곰곰 생각해 보면서 패망의 불씨가 처음부터 숨겨져 있었음을 발견하게 되는 경우가 있다. 그나마 정직하고 용감하며 깊은 생각을 할 줄 아는 사람은 나중에라도 이러한 잘못을 깨닫게 된다. 내 잘못은 전혀 없고 환경이나 상대가 100% 잘못이라고 생각하고 주장하는 경우는 많이 있지만 실제로 그런 경우는 거의 없다.

잘 헤아려 보고 깨달은 내 귀책 부분에 대한 반성은 후일을 기약하는 데 귀한 디딤돌이 된다. 어떤 상습적이고 상당히 심각한 잘못—예를 들어 화를 잘 내거나, 남의 핑계를 자꾸 대거나, 즉흥적으로 거짓말을 지어 내는—을 범하는 사람의 경우, 아마 이러한 잘못을 심각하게 인정하고 부끄러움을 자신에게 고백하며 다시는 그러지 않겠다고 결심하는 일을 백 번 정도 해야 간신히 그 잘못을 고칠 수 있을지 모른다. 자신을 두 자아로 분리해 놓고 선의의 매를 들지 않으면 이런 종류의 잘못을 한 번 인정하고 자기 고백을 하는 것도 어렵다. 고치기는 당연히 더 어렵다. 각 자아는 거짓 자아일 수도 있고 참 자기true self를 인식하는 참 자아일 수도 있다. 거짓 자아는 깨져야 한다. 거짓 자아의 껍질을 층층이 모두 깨고 들어가야 참 자기를 만난다. 참 자기만이 타인과 의미 있는 대화를 할 수 있고, 오래 지속되면서 행복하고 의미 있는 삶의 열매를 만들어 낼 수 있다.

자가 검증을 거친 다음 단계는 BP를 공동창업자들과 공유하면서 적절하게 보완하는 과정이다. 창업하는 회사의 경쟁력을 강화하기 위해서는 다양한 능력을 갖춘 여러 사람과 협력해야 하며, 협력하기 위해서는 각자 모난 부분을 적절하게 깎아내야 한다. 진정한 협력을 통해서 각자의 힘을 합치는 것뿐 아니라 각자의 자세를 가다듬을 기회도 얻게 된다. 쓰고 발표한 내용에 대하여 가감 없이 명확하게 비판해 줄 수 있는 사람들이 주위에 있다면 큰 복이다. 그러나 이것을 잘 경청하고 받아들일 수 없다면 그 복을 차버리게 된다. 이런 복스러운 문화와 분위기를 만들어 가는 꾸준한 노력이 필요하다.

마지막 단계는 투자유치를 위하여 투자자들에게 발표하는 것인데, 이것을 IR Investor Relation 이라 하며, 이 과정에서 투자자가 요구하는 조건을 반영하기 위하여 내용이 많이 바뀌고 보완될 수 있다.

투자자는 창업자 그룹과는 두 가지 면에서 매우 다르다는 것을 알아야 한다. 첫째, 그들은 돈을 투자하기 때문에 매우 심각하다. 투자한다는 것은 투자의 단계(엔젤, 액셀러레이터, VC Venture Capitalist, 자산운용, 은행 순으로 투자 규모가 커짐)에 따라 다르지만, VC의 경우 투자의 목표는 대개 최대 3~4년 이내에 최소 10배 정도의 현금을 회수하는 것이다. 일반적으로 투자가 실패할 확률(80% 이상)이 성공할 확률(20% 이하)보다 훨씬 더 높기 때문에 투자 조건을 매우 까다롭게 요구하게 된다. 투자자들은 딱 한 가지 관점에서 투자를 결정한다고 보면 된다. 그것은 결국 원하는 시점에 투자한 돈을 충분한 배수로 돌려받을 확률이다. 아마 성공 확률이 30% 이상은 될 것으로 판단되어야 투자할 것이다.

둘째, 투자자들은 창업의 진행 과정에 대한 지식과 평가 기술의 면에서 창업자들보다 보통 더 우위에 있다. 창업자는 핵심 기술에 대한 지식 외의 경험과 지식은 모두 투자자들보다 부족한 것이 보통이다. 투자자들은 경험과 자원이 많고 연결망도 넓다. 돈만 투자하는 재무적 투자자보다 사업의 코치나 프로모터(중재, 소개, 조언 등) 역할도 해줄 수 있는 전략적 투자자로부터 투자를 받는 것이 더 바람직하다. 특히 전략적 투자자는 창업자에게 고객을 소개해 주고 사업 방향에 대해 조언을 해주기도 하며 좋은 경영자를 소개하기도 한다. 그러나 진짜 결정권이 있는 투자자를 만나기는 쉽지 않다. 긴 예선을 거치고 본선 게임에 들어가야 진짜 결정권자의 책상에 BP가 올라간다. BP의 첫 페이지에 1분 speech에 들어갈 내용(성장하는 큰 시장에서 시장 리더가 될 수 있다)을 담고, 그다음 3~4 페이지에 3분 speech의 내용(기술, 팀의 탁월성의 근거)을 담은 후에, 그것의 상세한 버전이나 실제 실행 전략과 구체적인 일정을 10~15페이지 정도에 담으면 무난할 것이다(모두 ppt 자료로 한다. 발표 심사와 서류 심사 겸용으로 하려면 ppt 형식이 편리하여 대개 이렇게 한다. Word나 아래한글 형식은 내부 자료용으로 만들어 두면 될 것이다).

BP의 백미白眉는 투자자에게 제시하고 발표하기 위한 최종 BP다. 최종 BP에는 어떤 내용이 들어가야 하는가? ① 확실한 시장 전망, ② 제품의 탁월성(핵심 가치), ③ 팀의 능력과 열정, ④ 구체적인 사업 전략과 운영 방안(자금의 집행 일정 포함)이 구체적이면서도 군더더기 없이 표현되어야 한다. 총 페이지 수는 20면, 많아도 25면을 넘지 않는 것이 좋다. 작은 폰트, 복잡하고 뿌연 그림은 금물이다. 컨설팅사에서 쓰거나 인터넷에 돌아다니는 포맷을 쓰면 안 된다. 꼭 넣어야 할 그림이 아니면 넣으면 안 된다. 칼라는 꼭 쓸 이유가 있을 때만 써야 한다. 쉽게 말해서 진짜배기를 담는 것이 우선 중요하지만 싸구려로 보이지 않는 것도 중요하다. 투자자들은 돈보다 시간이 비싼 사람들이다. 투자자들은 작은 책상과 그 옆에 큰 쓰레기통을 두고 있다(실리콘밸리의 VC는 연 평균 1,000개의 BP를 심사하여 그중 6개만 투자한다).

사업계획서BP에는 형식이 없다

BP는 관공서 공문서가 아니다. 공문서에서는 격식이나 내용이 사실과 다르지 않을 것, 논리적으로 하자가 없을 것, 그 내용으로 인하여 책임을 지게 되지 않도록 할 것 등이 중요할 수 있다. BP에서는 이런 것들이 별로 중요하지 않다. 가장 중요한 것은 투자자가 읽어보고 투자를 결심하게 해야 한다는 것이다. 파워포인트로 20장을 만들든, word나 한글 파일로 5장을 만들든 괜찮다. 그러나 발표용은 발표 시간에 맞게, 제출용은 상대가 쓸 수 있을 시간 범위 내에 읽을 수 있게 간결·명확해야 한다.

사업계획서는 어떤 영역의 우위성을 선포하는 선언서나 기존 주주들에게 보고하는 사업실적보고서가 아니다. 사업계획서는 돈을 더 크게 증식시키고 싶어 하는 투자자들에게 그럴 수 있는 기회를 간략하고 설득력 있게 보여주는 계면界面의 기술記述이다. 돈의 영역에 대해서는 투자자들이 전문가다. 기술이 연구개발되고 제품과 기업의 형태로 다듬어져 드디어 돈과 만나는 계면에서 투자자들을 만난다. 그들이 알아듣는 방식과 언어와 스타일로 간결·명확하고 자신감 있게 표현해야 한다. 사업계획서는 돈이 되는 기술, 돈을 끌어올 수 있는 기술, 제품, 기업임을 보여주어야 한다. 계면 저편의 사람들에게 설득력이 있는 사업계획서는 이편의 얘기를 저편의 언어로 쉽고 편안하게 전달해 주는 것이다.

어떻게 해야 내가 아니라 저편 사람들이 쉽고 편안하게 받아들일 수 있는가? 내가 편하면 상대는 불편하고, 내가 애쓰느라 불편해야 상대가 편할 수 있다. 남북전쟁 당시 링컨은 한 장군에게 편지를 쓰면서 너무 바빠서(간결하게 줄일 시간이 없어) 긴 편지를 보내게 된 것을 양해해 달라고 했다. 간결 명확하게 쓰고 말하는 것은 배우기 어려운 기술이지만 열심히 노력하여 얻을 만한 가치가 있다.

어렵게 쓰고 길게 발표하면 불편하게 느껴진다. 내용이 복잡하고 난해하여 핵심을 알아내기 힘들면 불편해지고, 투자자가 불편해지면 절대로 투자하지 않는다. 너무 거창하거나 낙관적으로 주장하면 좀 실제적이지 않다는 느낌, 미덥지 않은 느낌, 불안한 느낌이 들 수 있다. 상대는 명확한 사실이 아니면 모두 안 믿을 것으로 생각하면서 BP를 만들어야 한다. 세계 시장 얘기보다 당장 국내에서 어떻게 매출을 올릴 수 있는지부터 구체적이고 확실한 근거자료를 보이면서 말해 주어야 한다.

기술창업자는 또한 BP사업계획서가 논문이나 연구계획서와는 다른 것임을 알아야 한다(이것은 논문이나 연구계획서 작성에 친숙한 기술창업자가 사업계획서를 만들 때 흔히 겪는 어려움의 요인이다). 논문은 한 가지 면에서 특별히 이바지할 수 있는 내용을 과학기술자 모임에 보고함으로써 기여하고 인정받으려고 쓰는 것이다. 어떤 새로운 기술이 종전 기술과 비교해 상당히 더 좋고, 다른 점이 크게 나빠지지 않았다면 좋은 논문을 쓰는 데 문제가 없다. 논문은 동류의 과학기술자들에 의해 평가되고 읽힌다. 논문에서는 한 가지 면에서라도 명확한 혁신성을 보여주는 것이 중요하다. 이러한 혁신이 모이고 쌓여 결국 누군가에 의해 언젠가 제품을 만드는 데도 사용될 수 있을 것이다. BP는 이것으로 충분하지 않다

는 데 문제가 있다

창업 판짜기

그러면 실제 BP 작성 시 어떤 내용을 어떻게 쓸 것인지 살펴보기로 하자.

일단 BP는 크게 세 가지 요소를 갖고 있어야 한다. 정체성, 사람, 성장 계획.

정체성 = {핵심 기술, 목표 시장, 사업 모델},

사람 = {창업자, 핵심 인력, 초기 지분 구조},

성장 계획 = {마일스톤, 자금 유치, 직원 유치}

이 세 가지 각각에 대하여 더 깊이 살펴보기로 하자.

정체성

창업의 첫 단계는 회사의 판을 짜는 것이다. 이는 크게 회사의 정체성, 핵심 인력, 성장 계획을 명확히 하는 일로 나뉜다. 정체성 부분은 어떤 기술을 회사의 차별적 경쟁력의 기반으로 삼을 것인가로 시작한다. 그러려면 어떤 제품으로 어떤 시장에 어떤 사업 방식으로 진출할 것인가를 정해야 한다. 예를 들어 대기오염 측정 기술의 경우 일반 가옥, 아파트, 차량, 공장, 실외 등 어느 곳에 설치할 것인가, 어떤 가스 성분을 측정하는가에 따라 측정의 정확도나 비용에 대한 요구사항이 달라지고, 경쟁사들도 달라진다. 측정한 정보를 고객에게 제공할 수도 있고, 청정기를 켜고 끄는 기준으로 사용할 수도 있다. 고객이 기업이냐, 공공기관이냐, 일반 개인이냐에 따라 사업의 방식도 달라진다. 핵심 기술의 차별적 경쟁력 확보, 기술인력 확보, 핵심 기술의 특허 확보는 씨앗과 같은 가장 기본적인 필수조건이다. 씨앗이 없이, 혹은 부실한 씨앗에 아무리 물을 주고 기다려 봐야 쓸모없다. 창업자는 이 부분이 흔들리지 않도록 초지일관 신경을 써야 한다.

사람

처음에 좋은 사람들이 모여 깃발을 들어야 계속 좋은 사람들이 모여들고 돈도 들어오고 기술이 잘 자라 회사가 성장할 수 있게 된다. 누가 깃발을 들어야 하는가? 회사의 정체성을 제시하고 제시한 가치와 비전을 앞서서 책임지고 이루어갈 사람들이 깃발을 들어야 한다. 그렇지 않은 사람들이 창업자로 나서면 회사가 건강하게 발전해 갈 수 없기 때문에 투자자가 외면하게 된다. 혹시 투자자가 기술과 제품이 마음에 들어 투자하고 싶은데 공동창업자 중에 회사의 발전에 도움이 안 되거나 걸림돌이 될 것 같은 사람이 들어 있으면 분명히 해당되는 공동창업자의 지분 정리를 요청할 것이다. 주식회사의 창립 초기에 주식 지분을 짜는 것은 회사의 향후 발전에 가장 큰 영향을 미친다. 주식 지분, 혹은 주식의 가치는 공동창업자의 기여에 대한 보상이자, 앞으로 공동창업자가 회사를 위하여 열심히 일하게 하는 인센티브이기도 하다.

개국공신에 대한 보상, 즉 포상과 직책 부여를 어떻게 하여야 하는가? 첫째, 기여에 대한 보상의 관점이다. 둘째, 미래의 잠재적 기여자에게 주는 동기부여의 관점이다. 보상의 관점은 과거에 이미 한 기여에 대한 보상과 앞으로 기여할 가능성에 대한 사전 보상, 즉 인센티브의 두 가지가 있다. 개국공신도, 앞으로도 기여할 사람과 앞으로는 딱히 기여할 가능성이 없는 사람의 두 부류가 있을 것이다. 원칙적으로 과거의 기여에 대하여는 현찰 성격의 보상을 해주고, 앞으로 예상되거나 요구되는 기여에 대하여는 직책 부여로 보상하면(직책 부여는 받는 사람에 따라 부담으로 느낄 수도 있어서 이를 보상이라 보는 것에는 얼마든지 이견이 있을 수 있지만) 될 것이다. 그런데 후자에게 직책 부여는 고사하고 현금성의 보상도 해주지 않는다면 이는 사람들에게 토사구팽이라는 메시지를 던져줄 가능성이 크다. 미래의 잠재적 기여자들이 나타나지 않을 것이므로 상기한 두 가지 관점을 모두 고려하여 보상하는 것이 합당하다.

공신의 경우에는 현금성 보상과 직책 부여의 두 가지로 분리하여 보상할 수 있지만, 주식 지분은 포상과 직책 부여(지분을 꽤 가진 사람은 조직 내 혹은 조직 외에서 그만한 역할을 하도록 해야 한다)의 두 가지 성격을 모두 갖기 때문에 분리해서 생각할 수가 없다. 지금까지의 기여와 향후 예상되는 기여를 적당히 고려하여 지분의 크기에 반영하는 수밖에 없다. 단지 향후 기대되는 기여도에 대해서는 주식매수선택권스탁옵션이라는 제도를 활용할 수도 있다. 우리나라의 경우 벤처기업으로 등록되면 전체 주식 수의 50%까지 스탁옵션을 부여할 수 있기는 하나, 대부분 투자자들이 자신들의 지분이 너무 희석되는 것을 꺼리기 때문에 스탁옵션은 보통 15% 정도 이내에서 발행하게 된다.

주식 지분이나 스탁옵션 발행 시 주식 수량을 어느 정도로 하는가 하는 문제가 중요하다. 회사에 대한 기여의 형태는 공동창업자 간에도 서로 다르기 때문에 지분 배정의 일률적인 기준은 없다. 기여의 분야도 기술, 경영, 자본, 영업 등으로 다양하고 근무 및 기여 방식도 전임직, 고문, 파트타임 등으로 다양하기 때문이다. 공동창업자 간에 초기 참여자 각자의 회사에 대한 기여도와 향후 기대되는 역할을 고려하여 적절하다고 생각되는 지분에 대하여 각 참여자 간에 적절한 협의 과정을 거쳐 동의하면 된다. 통상 CEO대표이사나 최대주주가 될 사람이 지분 결정 과정을 주도하게 된다.

성장 계획

성장 계획은 마일스톤 사건milestone event ; ME의 설계라고 해도 과언이 아니다. ME는 사건의 내용, 사건 발생 시점, 기업가치 상승의 세 가지 특성으로 규정된다. 여기서 사건의 내용이란 획기적인 기술의 개발 성공, 제품 양산비용의 획기적인 절감 방법의 발견, 핵심 고객사의 대규모 구매 결정, 임상실험 통과, 대규모 투자유치 성공, 핵심 특허 등록, 특허분쟁에서 승소 등 그동안 얽혔던 문제가 해결되거나 새로운 기회가 생김으로써 회사의 경쟁력이 현격하게 올라가게 되는 일을 말한다. 언제 이런 사건들이 발생할 것인가를 미리 계획하고 예측함으로써 회사의 가치를 계단 모양으로 올려가게 된다. 이로 인하여 기업의 가치가 상승하는 시점 근처에 새로이 인정되는 기업의 가치를 기준으로 하여 투자를 유치할 수 있다. 보통 1년에 적어도 한두 개의 ME가 생기게 하고 상승된 기업가치를 인정받아 기존의 주식에 비해 수 배 혹은 수십 배로 오른 가격으로 새로운 주식(신주)을 발행하며 투자를 유치하게 된다. 다음 투자유치 시점까지 쓸 돈을 지금 투자유치를 통해 마련하는 것이며, 지금 유치한 돈을 써서 다음 투자유치 시점까지 회사의 가치를 얼마로 올려놓겠다 하는 것을 명확히 해야 한다. 기업가치의 상승분을 그 가치 상승이 이루어진 기간 동안 사용한 금액으로 나눈 값이 기업의 효율이며, 기간으로 나눈 값이 기업의 성장속도다.

보통 액셀러레이터의 seed 투자로부터 시작하여 A, B, C 시리즈 투자유치를 거치면서 코스닥 시장에 기업 상장Initial Public Offering ; IPO을 하게 된다. 기업 상장까지 걸리는 시간은 업종에 따라 다르지만 창업 이후 보통 5～6년 정도다. 제품의 성격에 따라 (예를 들어 독자적으로 B2C 시장에 팔 수 있는 제품이 아니라 다른 회사에 납품하는 부품일 경우에는) 기업의 성장 목표를 IPO까지 가는 것으로 잡지 않고 중간에 기업인수합병Merger and Acquisition ; M&A을 하는 것으로 할 수도 있다. 사실 창업한 기업이 IPO까지 가지 않고 창업 2～3년 안에 더 큰 기업에 인수되면 기술 발전의 싸이클이 빨라지기 때문에 큰 기업으로서는 직접 모든 기술과 부품을 개발하는 위험과 부담 없이 새로운 역량을 확보하게 되므로 누이 좋고 매부 좋은 방법이라고 볼 수도 있다. 우리나라는 미국에 비하여 시장이 작아서 기업 다자간의 경쟁구도가 별로 없어서 그런지 M&A가 그다지 활발하지도 않고 기업가치 산정도 더 박하게 하는 편이다.

BP의 꽃은 KPI key-performance index 표

BP는 제품과 창업회사의 경쟁력을 잘 보여주는 것으로, 제품과 기업의 경쟁력을 보여주기 위하여 간결하게라도 제품의 생산, 영업, 마케팅, 투자유치 계획 등 기업의 경영 이슈를 포함해야 한다. 기술은 한 가지 면만 중요한 것이 아니고 종합점수도 중요하다. 컴퓨터 칩으로 치자면 응용분야에 따라 차이는 있지만, 종합점수로 표현되는 제품의 경쟁력, 즉 빠르고 작고 값싸고 전력 소모량도 적은 것이 모두 중요하다. BP에서도 가장 중요한 부분은 핵심 기술 및 제품의 탁월성 혹은 시장 경쟁력을 표현하는 부분이다.

표 5-1 주요 경쟁사 간 핵심 성능지표(key-performance index ; KPI) **비교 표**

	A사	B사	C사	본 기업
영상의 질				
거리 정확도				
거리 계산 속도				
종합점수				

이 부분을 핵심 성능지표 비교 표key-performance index table, KPI 표라고 부른다. KPI 표에는 목표시장에서의 경쟁사들과 핵심 지표 면에서

자사 제품이 어떻게 비교가 되는지 구체적으로(될 수 있으면, 숫자로) 나타나 있어야 한다. 핵심 지표에는 소비자가 그 종류의 물건을 구매할 때 고려하는 가장 중요한 지표index가 반드시 포함되어야 한다. 결국, 이 하나의 표를 만들기 위하여 연구개발 인력의 큰 노력, 시간과 돈이 들어가는 것이다. 경영 진단 보고서에 많이 쓰이는 SWOT 분석은 보통 기업, 기관의 장단점과 기회 및 위협 요인을 정성적으로 표현하는데, 이는 회사의 발전을 위한 경영 진단에는 적합하지만 창업 기업의 시장 경쟁력 확보 방안을 보여주기엔 별로 충분하지 않다.

창업하려는 분야의 세계 시장이 매우 큰 것은 물론 좋은 소식이지만 갓 창업하는 기업엔 머나먼 시장일 수 있으므로 실제로 접근 가능한 시장의 크기에 대하여 언급하는 것이 훨씬 더 설득력이 있다. 더구나 '세계 시장이 10조 원인데 그중의 1%만 가져오더라도 충분하니 사업 전망이 밝다' 라고 주장하는 것은 설득력이 없다. 세계 시장처럼 막연하게 큰 것보다는 작아도 어느 정도 이상 되는 확실한 접근 가능한 시장에서 지배적이거나 최소한 2등은 되는 것을 말하는 것이 더 진지하고 설득력이 있다.

모든 것을 되도록 구체적으로 자세하게 숫자로 써야 설득력이 생긴다. 틀릴 가능성이 좀 있더라도 시장을 보는 분석 결과와 향후 사업을 진행할 방향과 방법에 대하여 결론을 명쾌하고 단호하게 숫자를 제시하는 것이 일반적으로 더 좋다. 내용에 대한 비판의 소지를 없애는 것이 중요한 것이 아니고 사업을 성공시키기 위해서 어떤 전략이 가장 성공할 확률이 높은 것인가를 보여주는 것이 BP를 쓰는 기준이 되어야 한다. 왜냐하면, 이것이 BP를 들여다보는 투자자의 유일한 관점이기 때문이다. '정확하다, 전력이 적게 든다, 빠르다' 라는 식으로 쓰지 말고 '오차가 1%로서 다른 제품의 5%에 비해 낮고, 전력 소모량이 타 제품의 20%이며, 동작 속도가 같은 하드웨어 상에서 10배 빠르다' 라는 식으로 쓰는 것이 더 좋다. 국외 시장을 영업 대상에 포함할 것인지 일단 국내 시장만 대상으로 영업을 시작하고 몇 년 후에 세계 시장으로 갈 것인지도 명확하게 해야 한다.

BP는 기술개발, 제품 생산, 영업의 3단계 포함해야

제안하는 사업계획이 성공할 가능성이 매우 크다는 점을 잘 전달하는 것이 투자유치를 위한 발표Investor Relations ; IR의 가장 어려운 부분이다. 이 부분은 크게 기술과 제품 개발, 제품 생산, 그리고 영업의 세 단계로 나누어진다. 기술개발은 논문 제출과 특허 등록을 같이 염두에 두고 진행해야 한다. 특허로 낼 것인가, 특허는 내지 않고 사내 비밀, 즉 비법, 혹은 노하우know-how로 가져갈 것인가를 우선 결정해야 한다.

특허를 내는 목적은 크게 두 가지다. 첫째는 타인이 많이 쓰게 하고 기술료를 받으려 하는 공격적인 경우다. 정식 협약을 하려면 잠재적인 고객사에 특허를 홍보해야 하며, 특허로 등록된 것을 모르거나 혹은 알면서도 일부러 몰래 사용하는 경우에는 특허를 침범한 사실을 찾아내고 위반하였음을 (법원에서) 증명해야 하는 일을 모두 특허 보유자가 해야 하는 번거로움이 있다. 소프트웨어 알고리즘 특허는 상대 회사의 비밀

코드를 들여다보지 않는 한 위반 사실 증거를 대기 어렵다는 현실적인 이유로 아예 특허를 내지 않고 비법으로 보안을 유지하는 쪽으로 가는 경우가 많다. 둘째는 자신이 만들어 팔 물건을 보호하기 위한 방어의 목적으로 특허를 내는 경우다. 이 경우에는 다른 경쟁사가 이 특허를 쓰지 못하게 하는 것이 특허 출원의 목적이다. 특허는 출원은 물론 유지에도 비용이 많이 들기 때문에 핵심 기술의 내용과 청구항을 잘 써서 경쟁력 있는 특허 위주로 내야 할 것이다. 특허를 낸다면 어느 나라에 낼 것인가를 결정해야 한다. 그 제품을 만들거나 팔릴 가능성이 있는 나라에 특허를 내야 한다.

기술의 경쟁력과 특허 등 보호 대책이 확실하면 그 후에는 제품으로 양산하는 실제적인 계획을 제시해야 한다. 제품을 만들기 위한 기술은 대학에서 논문을 한 번 쓰기 위해 개발한 기술과는 차원이 다르다. 얼마나 다르길래 차원이 다르다고 하는가? 도대체 무슨 차원이 다른가? 첫째, 재현再現성이다. 여러 번 만들고 오늘 내일뿐 아니라 몇 년을 두고 계속 만들어도 보장된 범위의 생산 수율yield과 성능이 나와야 한다. 둘째, 강인성이다. 여러 환경요인이 바뀌어도 보장된 동작을 해야 한다. 온도, 습도, 충격에 대한 강인성에 대한 요구사항은 민수용에서도 중요하다. 군사용이나 우주용에서는 같은 기능의 제품 가격이 수십, 수백 배 이상 올라가는 대신 강인성에 대한 요구는 더욱 혹독하다. 대량으로 생산하는 기술과 장비는 실험실에서 샘플 몇 개 만드는 것과는 다르다. 사업 모델은 크게 최종 소비자에게 직접 파는 B2CBusiness to Customer와 기업 고객에게 파는 B2BBusiness to Business가 있는데, B2B의 경우 기업 고객은 여러 다양한 요구를 하게 되어 첫 매출이 일어나기까지 상당한 시간과 노력이 소요된다. 셋째, 가격 경쟁력을 생각해야 한다. 제품에 들어가는 부품, 제조 공정 하나하나를 생산 원가에 미치는 관점에서 잘 조정해 가야 할 필요가 있다.

BP는 투자자가 평가하는데 기술과 제품은 소비자의 관점에서, 영업과 재정은 경영자의 관점에서 보게 된다. 사업계획서는 연구계획서와는 전혀 다르다. 연구계획서는 연구하기 위한 돈을 신청하는 것이고, 사업계획서는 이미 연구되고 개발된 기술을 제품으로 생산하여 판매함으로써 돈을 벌 계획을 보여주면서 생산, 영업의 과정에 들 돈을 투자해 달라고 요청하는 것이다.

기술을 개발하는 것이 연구계획서Research Proposal ; RP라면, 제품을 개발하여 사업을 성공시킬 계획을 피력하는 것이 사업계획서RP다. BP는 RP의 내용을 포함하지만 기술개발의 세세한 부분을 포함할 필요는 없으며, 오히려 개발된 기술에 관한 KPI 표 정도만 보여주는 것이 좋다. 제품에 대한 KPI 표가 가장 중요하지만, 왜 그 제품이 그렇게 좋은 가격 성능비Price-Performance Ratio를 보이는가에 대한 설득력 있는 전달을 위해 기술에 관한 KPI 표를 간략하게 보여주는 것은 바람직하다.

BP = '이대로 하면 꼭 돈을 법니다'라는 메시지

BP는 기술 논문이나 연구계획서와는 목적도 다르고 읽고 평가하는 사람도 다르기 때문에 서로 전혀 다른 것이다. 논문에서는 기술의 원천인 발명자가 권한을 가지며, 특허나 사업계획서에서는 기술의 발명자는 보통 실제 권한이 없으며, 기술의 권리를 누가 갖고 있느냐가 중요하다. 사업을 하려면 논문도 전략적으로 써야 한다. 창업하는 데 필요한 핵심 기술은 특허를 내는 데 지장이 없게 되도록 논문 제출 이전에 특허로 확보해 두는 것이 필수이며, 직무 발명상 권한이 소속 기관이나 대학에 있는 경우에는 소유권이나 실시권이 원활하게 양도될 수 있도록 미리 협의해 두어야 한다. 이런 점이 확실하게 되어 있지 않으면 투자 받기가 어려워질 수 있다.

제품의 경쟁력, 사업 모델과 창업 인력 구성에 대한 부분이 잘 정리되고 효과적으로 전달되면 투자자는 대개 투자를 결심하게 될 것이다. 이때 창업자는 투자유치 규모와 적절한 회사 가치를 제시하고 투자자와 상호 간에 동의해야 한다. 투자 전 회사 가치 40억 원을 인정받으면서 10억 원의 투자금을 받으면 투자유치 후 창업자의 지분은 80%로 희석되고 투자자가 20%의 회사 지분을 갖게 된다. 이러한 동의가 이루어지려면 주장하는 가치의 근거를 제시하는 것과 투자 받은 돈을 어떠한 일정과 계획으로 사용하여 회사의 가치를 어떻게 올릴 것인지를 구체적으로 제시하는 것이 필요하다. 이것을 회사의 성장 로드맵이라고 하며, 이것을 보고 투자자는 몇 년 후에 어느 정도의 돈을 회수해 갈 수 있을지 추산해 볼 수 있게 된다. 그 추산의 결과가 긍정적이면 투자가 이루어진다.

BP를 잘 만들어 사업을 하는 데 필요한 돈을 투자 받고 투자자와 좋은 관계를 맺어 사업을 키워나가고 이익을 공유하는 경험은 멋진 경험이 될 것이다. 그 과정에서 하나의 기업이 성장하여 직원들과 그 가족의 생활을 지원하게 된다는 것은 크나큰 보람이고 기쁨이 아닐 수 없다.

BP를 만들어 보는 것은 비단 창업뿐 아니라 우리가 인생을 사는 데도 필요하다. 삶에서 과연 무엇이 중요하고 무엇이 덜 중요한지, 무엇이 삶의 핵심 가치이며 어떤 목표를 갖고 살아갈 것인지, 사람들과 어떤 관계를 만들고 유지하며 어떻게 서로 돕고 살아가야 하는지 실전으로 잘 배우고 값진 결과를 내기 위해서도 사업계획서를 능가하는—사업계획서보다 훨씬 더 큰 영역을 다루게 될—인생 계획서가 필요하다.

사업계획서 자체도 창작품이다

창업회사의 첫 제품만 창작품이 아니라, 창업자가 손에 든, 가슴에 품은 사업계획서도 또 하나의 창작물이다. 즉, BP는 새로운 이야기이지 사실의 보고나 설명이 아니란 얘기다. 어떤 얘기를 할 때 그것이 사실인가 아닌가만 중요한 것이 아니다. 어디에서 읽었거나 남에게 들은 얘기를 그냥 인용하고 전하는 것도 법적인 책임은 아닐지라도 그것을 인용한 의도와 목적은 자신의 것이므로 도의적 책임은 따른다. 사실은 얘기되는 순간 변형되기 때문이다. 모든 관찰의 결과는 관찰이란 행위로 인하여 이미 왜곡된 것이라는 양자역학의 불확정성의 원리는 미세세계에서만 두드러지는 것이 아니다. 진실과 사실은 오차 범위 안에서만 논박이 가능하다. Kant가 말한 사물의 본질, 물 자체Ding an sich, thing itself는 바라보는 순간 다른 모습이 되는, 몰래 마음으로만 개념으로 설정되는 것이다. 논지는, BP는 기사가 아니라 창작품, 그것도 예술품, 적어도 문학작품과 같아서 창의성과 예술성으로 평가받아야 한다는 것이다. 여러 가지 사실, 말하고 싶은 여러 자랑거리, 실험 결과를 다 늘어놓는 것이 아니라 그중 어떤 것을 어떤 방식으로 표현하고 전달할 것인가를 놓고 고심해야 한다. 대도무문大道無門, 자잘한 형식은 따로 없다.

BP는 깊은 생각의 산물이어야 한다. 생각이 깊지 않으면 거짓말, 폼 잡기, 고집, 사칭 절도, 협박, 비굴함, 우유부단함이 따라 나온다. 기초가 튼튼하지 않으면, 작은 일시의 부끄러움을 감당할 정직함과 담대함이 없으면, 외로움을 견디면서도 남에게 도움을 과감히 청할 수 없으면 좋은 BP를 만들기 어렵다. 깊은 생각, 정직과 열정이 느껴지는 예술품 수준의 사업계획서를 목표로 도전해 보자. 어떤 좋은 투자자가 반드시 알아볼 것이다.

06
창업이 살아야 나라가 산다

가장 큰 위기는 청년의 위기다

지난 30여 년간 우리 사회 곳곳에 정치, 기업, 대학, 관공서 할 것 없이 꽤 오랫동안 '혁신'이 중심 화두였다. 20년 전 국가 재정위기 이후에는 거의 모든 분야에서 유행어가 되다시피 '디지털 컨버전스, 글로벌화, IT 플랫폼'을 외치며 혁신의 새로운 활력소를 찾아내려고 노력해 왔다. 그러나 정작 소득 3만 달러를 달성한 후 사회의 동력은 오히려 둔화하였고, 사람들은 사소한 이슈를 놓고 벌인 극한적 대립과 반목에 발목 잡혀 분열되고 힘이 빠졌다. 반도체 강국이라지만 소위 시스템 반도체 설계 기업의 창업은 경쟁국인 대만, 중국, 미국, 유럽에 비해 너무나 초라하다. 환경 오염, 전염병 창궐 등 큰 사건이 터질 때마다 현장 전선으로 달려가 애쓰고 힘을 모아 주는 국민들은 아무리 봐도 참 대단하다. 그러나 그런 국민을 둘로 갈라놓고 한쪽 편을 들며 얼마 못 갈 편리를 취하는 사람들도 있다.

4G 후에 5G 하듯이 3만 달러 이후 4만 달러 하는 것이 희망의 메시지가 될 수 없고, 상대를 비판하는 것, 그것도 자신도 감당할 수 없는

심한 말로 귀를 더럽히는 행동은 결코 희망의 길을 열 수 없다. 쓸데없이 허공에서 부딪치고 추락하는 말들만 무성하고 들어 담을 만한 행동이 없다. 그래서 전 국민이 너도나도 트롯트 열풍에 빠질 수밖에 없는지 모른다. 뼈아픈 외세 침탈의 수난과 전쟁의 역사를 넘어오고서도, 아슬아슬한 곡예 정국을 지나면서도 따라야 할 지도자를 애타게 기다리며 찾고 있다. 앞으로 우리나라의 성장 동력을 어디서 어떻게 찾아야 할지 아직 불투명하고 불안하다. 이런 문제에 대하여 국가 차원의 대합의를 만들어 가기 위한 노력이 절실하게 필요하다.

이런 총체적인 난맥상의 근본 이유는 무엇인가? 좁고 급한 마음에 자신의 지금 입지만 보고 서로 싸웠지만 고집과 파행이 도가 너무 지나쳤고, 전체와 미래를 보며 공동의 큰일을 찾는 노력은 턱없이 부족했던 것 같다. 국회, 정부, 사법부, 언론, 기업 할 것 없이 뻔뻔스러울 정도로 자기 집단의 이익, 진영 논리와 문화만 알고 있어 보이고, 나라 전체와 긴 미래를 보는 겸손하고 온화한 생각의 자세와 안목을 갖고 있지 않은 것 같아 참 아쉽다. 정치는 다른 입장과 의견을 가진 사람들이 모여 멀리 크게 보고 대화하고 타협하며 같이 일할 것을 찾아 추진해 가는 것일진대, 어찌 이러는지 알 수가 없다. 낭떠러지로 치달을 수밖에 없지 않은가. 치킨 게임을 하는 것 같아 불안하다. 옛날 어린 시절, 동네에서 애들 싸움이 붙으면 곧장 어른 싸움으로 번지기 일쑤였던 것이 기억난다. 자기 아이 얘기만 듣고 무조건 편을 드니까 싸움은 추악하게 달아올랐다가 양쪽 모두 창피하게 끝나고 한두 달간 말도 안 하는 원수로 지낸다(그래도 이따금 '우리 아이가 잘못한 것 같습니다' 하며 사과하고 마무리 짓고 돌아서는 어른들이 계시기는 했다). 지금도 별반 다르지 않다. 그저 '저 높은 곳으로 그 못난 불이 옮겨 붙었나 보다' 한다. 보수와 진보는 상호 보완적인 요소로 둘 다 필요한 것이지, 서로 밥그릇 챙기려고 싸워 다른 쪽을 격멸하라는 뜻이 아니다. 국민은 어느 정도 상대의 입장을 인정하면서 자기 생각을 펼쳐가는 기술, 인격, 언사, 경륜을 갖춘 지도자에 목마르다.

IMF 외환위기 때 많은 기관에서 내놓은 처방은 내보내도 당장은 큰 문제가 안 되는 이공계 연구인력을 자름으로써 비용을 절감하는 졸속 미봉책이었다. 고난을 맞아 함께 허리띠를 졸라매고 앞날의 희망을 보며 같이 나아가자는 비전은 세우지 못하고 이러한 미봉책을 쓴 결과, 이공계 기피가 심화하고 이어서 결혼 기피, 출산 기피로 이어져 사회가 동력을 잃게 되었다. 아이를 낳지 않는 것은 미래를 포기하는 것인데, 긴 시간 청년 세대뿐 아니라 모든 세대가 묵시적으로 동의하거나 담합한 결과, 모두가 생산 인구와 미래 희망이 급감하는 오늘의 상황에 망연히 서게 된 것이다. 이제는 성추행 폭행 문제로 남녀 간 갈등도 심해졌고, 빈부 격차 심화로 청년들이 3포, N포 하며 고개를 숙이고 있다. 안목이 짧은 나라는 더 짧은 시간에 함몰한다. 청년들에게 미래에 대한 희망을 우선 갖게 하고, 그 위에 필요하면 긴급 자금을 수혈하는 것이 정답이다. 정치는 미래를 보고 큰 그림을 보며 환경을 개선하고 인프라를 구축하는 정책 개발에 힘써야 하는데 세금 걷어서 당장 호주머니에 돈 넣어주는 선심 정책만 남발한다면 이는 참으로 안타까운 일이다.

영화 '터미널'의 주인공처럼 여행 중에 돌아갈 나라가 사라졌다면? 호머는 서사시 '오딧세이'에서 전쟁으로 망한 조국 트로이로 돌아가는 오딧세우스의 천신만고 우여곡절의 10년 여행을 그렸다. 길고 힘든 역사를 이어 온 우리나라, 지금은 평화의 시대라지만 불안함에 적응하고 임시로 안정된 것이라, 누구도 지금 우리나라의 상황을 완전한 평화라 보지 않는다. 굴기와 일로일대만 외치는 큰 대륙의 중국과 반한 감정으로 폭주하는 섬나라 일본 사이, 그리고 멀지만 큰 영향을 미치는 미국과 러시아 사이라는 지정학적 상황은 절대로 변치 않음을 잘 아는 작은 반도의 나라 대한민국이 걸어가야 할 길은 무엇인가? 나이 들고 부족하지만, 한 공학도로서 저자가 온몸으로 외치며 제시하는 결론은 딱 하나, 창업創業이다.

지금 우리 청년들은 대개 성실하고 열심히 노력하고 있으면서도 전체적인 분위기로는 기죽어 있고 우울해 보인다. 그런데 집 사는 것은 포기해도 차는 때깔 나는 걸로 탄다. 국민들은 세대 및 성별로, 지역으로, 심지어는 어떤 한 사람을 놓고도 광화문과 서초동으로 분열되어 있다. 누가 약간의 평형감을 갖고 분열병을 내놓고 치유하려 하면 그것도 나무라는 극심한 형편이다. 한쪽 진영을 바라보며 마치 '나 잘했지?' 하며 더 극심한 상황으로 몰고 간다.

청년들은 나름 열심히 살지만 추구하는 것들이 너무 힘이 없고 단조로워 보인다. 모두 한 줄로 서서 대기업에만 가려 하거나, 시험을 쳐서 무슨 자격증을 따든가 공무원이 되려고만 한다. 도전은 '더 이상 도전할 필요가 없는 보장된' 길에 들어서기 위하여 딱 한 번 하는 것이라고 생각하는 것 같다. 청년들의 꿈이 너무 작고 도전하려는 투지나 패기는 너무 약해 보인다. 좀 덤비다가 깨져도 젊음으로 다시 일어나 덤빌 수 있는 것 아닌가.

이미 결혼 기피, 출산 기피까지 현실이 되었고, 학교들은 인구 감소로 인해 초중고부터 대학까지 폐교 수순으로 들어갈 판이다. 도미노의 파도는 이미 지방을 떠났고, 머지않아 수도권과 전국을 덮을 것이다. 과거 빛나고 붐비던 지방의 명문 대학들은 을씨년스러울 정도로 가라앉아 있다. 서울 지역의 괜찮은 대학들은 셔터가 내려올 때까지만이라도 파티를 한다는 이상의 대책은 없는 것 같다. 이젠 아무도 인구 감소와 나라의 노쇠화를 정식 공론화하지도 않는다. 세상에 이미 있는 사람들끼리만 여랑 야랑 나눠먹는 방안에 대하여 제안하고 타협하고 동의하고 진행하는 것 같다. 이건 상황이 매우 심각 단계를 넘었다는 얘기다. 특별한 조치가 필요하다.

자격시험 말고는 마음 굳게 먹고 도전할 목표를 정해 놓고 달리는 사람이 별로 없어 보인다. 사회의 온갖 스펙 요구와 잡음에 지친 사람들이 도전하기엔 벽이 너무 높고 갈 길은 끝없이 멀다. 집값이나 승진 길은 아득하고 위압적이다. 사회와 세계가 얼마나 서로 복잡하게 얽혀 있고 빨리 돌아가는지 정신을 잃을 지경이다. 쏟아져 나오는 뉴스의 양은 고사하고 댓글 조작, 가짜 뉴스가 극성이니 무엇이 사실이고 누구를 믿을 수 있는지 분간하기도 쉽지 않다. 나라 안으로는 정부와 은행이 해킹당하고, 청와대와 검찰이 맞서 싸우고 사법기관끼리도 싸우며, 밖에서는 인종, 자원, 종교, 정치 문제로 인해 인접한 나라들끼리 충돌하고 있다. 어느 편에 서야 할지 어느 길로 가야할지 분간하기가 쉽지 않다. 난민 문제, 코로나 19 바이러스를 포함하여 한두 해 간격으로 터지는 각종 전염

병의 판데믹 창궐을 막을 길이 뚜렷이 보이지 않는다.

각국의 리더십이 자국의 문제에 함몰되고 극도의 이기적이고 대중영합주의적인 모습으로 일관하는 동안 세계의 문제는 점점 더 악화될 뿐이다. IT와 교통 기술의 발달로 사람들의 행동반경이 자꾸 넓어지고 에너지와 자원의 사용량이 폭증하다 보니 이제는 제어 불가능한 상태까지 온 것인가? 대부분 사람이 착하고 합리적인 생각과 언행을 하며 살아도 소수의 막무가내 행동이 전체를 공황으로 몰고 가는 것을 막기 힘들어 보인다. 우리나라와 같은 규모의 국가가 세계적으로 어떤 주도적인 역할을 한다는 것이 말처럼 쉽지는 않다. 나라 안으로도 부익부 빈익빈이 심화하는데, 그 와중에 자기 앞가림하기에도 바쁜 젊은 청년들에게 미래를 이끌어 가라고 요구하는 것도 쉽지 않은 일이다. 국제적인 정치 상황도 각 나라에 다양한 포퓰리스트들의 등장으로 예측하기 더 어렵게 되었다. 우리가 지금 마주하고 있는 현실은 대략 이런 암담한 회색빛이다.

있는 상황이 아니라 보는 안경이 문제다

이렇게 건잡을 수 없는 답답한 상황에 직면하게 된 이유와 해결책에 대한 큰 그림을 찾아내야 한다. 문제가 있는 것이 문제가 아니라 해답을 못 찾는 것이 문제다. 완전한 답을 찾는다고 너무 시간을 끌고, '내 생각은 옳고 네 생각은 틀렸다' 고 계속 싸우다가 시간을 놓치는 것이 문제다. 세상에 문제가 없고 악인이 없을 수는 없다. 한 사회의 존속은 이런 문제와 악에 대항하는 힘이 얼마나 강한가에 달려 있다. 우리는 조금만 방만해지면 남을 비판하고 사소한 일로 시비하는 데 많은 시간을 쓴다. 지도자들은 조금만 권력을 잡으면 자연스레 다른 사람들을 지배하고 억압하려 한다. 배가 설령 산으로 가더라도 서로 동의하고 같이 힘을 합해 움직여야 한다. 틀리는 것이 문제가 아니라, 틀리지 않으려고 전혀 움직이지 않는 것이 문제고, 한 번 틀리고 실패했다고 아예 매장해 버리려는 것이 문제다. 누가 옳고 그르냐가 문제가 아니라 무조건 상대의 사소한 오류를 잡고 시비를 걸고 있는 것이 문제다. 큰 그림이 없으면 자연히 이런 함정에 빠지게 된다.

사실, 문제를 너무 잘 풀려고 할 필요가 없는 경우가 대부분이다. 100점이 아니라 80점으로 충분할 수도 있다. 여유와 큰 그림이 필요하다. 우리의 능력도 돌아보고 여건도 고려하고 느려도 확실하다고 판단한 방향으로 움직이는 것이다. 틀리면 다시 길을 찾아가면 되는 것이다. 작은 길의 오류는 어차피 큰 길 안에 있으므로 작은 길 찾는 시행착오를 두려워할 필요가 없다. 큰 길을 찾는 것은 훨씬 더 중요하고 치명적이다. 큰 길을 잘 찾으려면 큰 그림을 읽어 내고 알아보는 능력이 필요하다. 이 능력은 스스로 얻어내 갖춰야 한다. 이 능력은 간절히 원하고 진지하게 도전하면 얻게 되는 것이다.

사실 우리는 세상에 가지고 온 것이 하나도 없다. 다 공짜로 받고 거저 누리는 것이다. 그러다가 때가 되면 빈손으로 가는 것이다. 이것이 우리 삶의 경계조건에 대한 가장 정확한 표현이다. 운이 좋아 머리 쓸만하고 돈이든 힘이든 재능이든 어떤 능력을 갖고 태어났다면, 올 때의 빈손과 갈 때의 빈손을 잘 기억하고 감사할 일이며, 그 사이에 놓인 인생을 어떻게 채우며 살아갈 것인가 잘 궁리하는 것이 첫 단추를 끼우는 올바른 모습일 것이다. 작은 일로 사람들과 시시비비하며 시간을 낭비하는 습관을 끊고 큰일을 계획하고 준비해서 그것에 필요한 행동과 습관을 하나씩 해나간다면 이것이 바로 악의 고리를 내 주위부터 끊어 내는 동시에 새로운 좋은 시작을 만들어 내는 일이다. 잘 계획하고 준비하여 성실하게 실행해 가면 결국 좋은 결과가 온다는 것을 굳건히 믿어야 한다.

이런 변화는 주위의 젊은이들에게 희망을 주고 그들의 자세를 올바르게 잡아주며 우리 사회의 장래를 밝게 해주고 우리의 삶을 보람으로 채워줄 것이다. 청년이 큰 그림을 보며 꿈꾸게 하지 않으면 희망은 없다. 망가지는 것들을 바라보고 한숨 짓는 대신 새로운 좋은 것을 만들어 내는 일에 집중하는 것이 창업자의 정신이다. 세계와 우리를 만든 창조자의 생각과 정신이 바로 이와 같을 것이다. 세상에서 무슨 일을 하든 주도적이고 도전적이고 창조적인 생각과 행동을 하며 진정한 창업자로 살아가는 것이 진짜 행복한 삶을 사는 길이다. 걸작 인생은 감사와 도전에서 나오는 것이다. 주도적인 자만이 감사할 수 있고 핑계 대는 사람은 아무것도 주도하지 않는다. 감사하는 자만이 도전할 수 있다. 그것이 걸작 인생이다.

세계는 창조에 의한 창조를 위한 공간

세계는 창조자의 창조에 의한 창조를 위한 공간이며, 그 안에서 살고 가는 인생도 창업을 위한 시간이다. 회사를 만들고 CEO를 맡아야 창업을 한 것이 아니다. 창조자의 정신을 잘 알고 사는 것이 좋은 인생이라면, 창업자의 정신을 갖고 창업을 잘 이루어가는 것이 창업자의 자세다. 자신이 행복하고 사회에 유익을 끼치는 삶을 살려면 전체에 대한 올바른 생각과 자세를 갖추어야 한다. 우리가 살고 가는 이 세계와 '나'라는 존재의 의미, 삶의 목적과 궁극적인 기쁨에 대한 통찰이 있어야 한다. 그러나 처음부터 너무 잘하려고, 혹은 너무 잘 보여주려고 하다가 낙심하여 주저앉을 필요가 없다. 자기가 하는 일의 의미와 가치에 대하여 자신을 설득하고 이웃과 공유하는 과정을 거치며 서로 더 이해하고 친해지는 것이 중요하다. 그러면 그다음에 생각지 못했던 더 큰 기회가 나타날 수 있다. 철학자의 고담준론이 아니라 투박해도 자신감 있고 개성 넘치는 자기만의 인생관, 세계관, 인간관, 사업관을 갖는 것이 중요하다. 소크라테스의 '너 자신을 알라' 라는 한 마디는 플라톤과 아리스토텔레스의 모든 철학을 감싸안을 수 있다. 그는 자신이 전체가 아니고 부분임을 알고 악법도 법이라며 사약을 받았다. 부분은 전체를 알 수 없다. 그러나 전체를 이루는 당당한 조각이다.

우리가 인생을 마무리하는 시간에는 아직 닫히지 않은 관뚜껑 자리로 열린 네모난 하늘을 가리며 하나 둘 들어오는 친밀한 얼굴들이 있을 것이다. 그 얼굴들이 나의 인생이 무엇이었는지 말해 줄 것이다. 같이 거친 땅을 달군 가족, 동료, 후배, 제자들과 그 자녀들의 감사해 하는 행복한 얼굴들로 가득 차게 된다면 그보다 더 행복한 죽음은 없을 것이다.

기술창업으로 우리 사회와 각자의 삶에 도전하는 성실한 이공계 인재들이 쓰게 될 한국인의 새로운 역사를 바라본다. 창업創業은 업業을 새로 만드는 것이다. 업業은 우리 삶의 근원이고 모이는 장터고 기대는 삶의 터전이다.

만들어 낸 것 없이는 이 세계에 아무것도 존재할 수 없었다. 성경의 첫 책인 창세기 제1장 1절에 의하면 태초에 하나님이 천지를 창조하셨다. 창조는 옛날의 얘기, 과거의 사건이 아니다. 시간도 창조의 산물이기 때문이다. 차라리 지금도 창조의 시간이 흐른다고 할 수 있다. 창조자에게도 무언가 새로운 것을 만들어 내는 것은 쉽고 편하고 지루한 일이 아니었을 것이다. 우리가 알듯 인간의 나약함과 미덥지 못함, 나아가 악함을 보면 인간이 세계를 지배하게 한 그 창조의 결정이 얼마나 무모하고 위태로운 것이었을까? 하는 생각이 든다.

우리 인생이 태어나는 것, 다시 돌아가는 것, 그 사이 시간의 한 구간을 살아가는 것, 이 모두가 우리의 업業인 동시에 창조자의 업業이기도 하다. 창업은 창조자의 업의 산물인 우리 인생을 가장 아름답게 꽃피우는 몸짓이 아닐까?

저자가 얻은 결론으로는 창업은 한국인의 향후 유일한 활로다. 한국인이 이 세계와 역사에 살아남아 한국인의 역사를 계속 써 내려가려면 절대로 피할 수 없는 길이 바로 창조자의 정신에 가장 가까운 창업의 길을 청년들이 힘차게 걷는 것이다. 더 좋은 다른 길은 없다. 한국의 청년들이 창업에서 자신의 활로를 찾으면 그것이 동시에 우리나라와 민족의 활로가 될 것이다.

큰 그림과 올바른 지식이 있어야 산다

KAIST뿐 아니라 요사이 국내 대학에 부임하는 신임 교수들의 연구 실적을 보면 정말 대단하다. 인용도가 10을 넘는 저널에 논문을 여러 편 내고, 표지논문까지 내고서도 승진과 영년직 심사로 인한 스트레스로 기죽어 지내는 모습을 보면 좀 안타깝다. 젊은이들을 좀 더 믿어 주고 좀 더 여유 있게 일하도록 하면 기성세대들의 걱정대로 과연 성과가 나빠질까? 하는 의문이 든다. 결국 각자도생이고 복불복이니, 기성세대는 환경 개선과 인프라 구축에 힘써주고, 기다려주는 덕을 더 베풀어야 하지 않을까 한다.

요즘은 교수 생활에도 생존 패턴이 만들어진 것 같다. 좋은 환경 만들어서 똑똑한 학생을 많이 끌어오는 것. 프로젝트를 많이 따서 공사公私 재정을 확보하는 것. 기술이전을 할 만한 특허를 내는 것. 경쟁력 있는 학회에 네트워크를 잘 만드는 것. 영향력 있는 교수가 되려면 해야 할 일들이 대략 이렇다고 한다. 그런데 여기에 창업은 들어가지 않는 것 같다. 열심히 일은 하는데 스스로 비전을 달성하기 위한 것보다는 영년직(테뉴어) 심사를 통과하기 위한 것이어서, 정작 영년직 교수가 되면 퇴임 때까지 어떤 동기와 목표와 열정으로 달릴 수 있는지는 나중 문제다. 미국의 스탠퍼드대학 졸업생은 창업이 항상 제일 순위다. 우리나라는 졸업하는 학생들이 대기업에 줄을 서는데 미국 상위권 대학 졸업생들은 창업이 무조건 제일 순위다. 교수도 마찬가지다. 창업을 안 한 교수는 재정적으로뿐만 아니라 사기 면에서도 동료 교수들 앞에서 기가 죽는다는 애기를 들은 적이 있다. 무엇이 이렇게 우리와 다른 모습을 만들어 내는 것일까?

학생들은 물론 우리나라 교수들이 가진 그림과 인생의 포부가 너무 작다는 것을 알게 되었다. 이공계가 다 그렇지 않은가?라고 반문할 수 있겠다. 사회가 청년에게 작은 그림만 보여주며 교육을 한다면 그들의 인생 포부가 클 수는 없다. 경쟁력 강화라는 명목으로 외형적인 지표상의 스펙을 맞추기 위한 소모적인 경쟁을 부추기며 대학을 너무 쪼아대면, 대학과 그 대학의 사람들은 주어진 일만 하지 새로운 일을 찾아서 도전하지 않게 된다. 큰 사람이 키워지지 않고 잔챙이만 양산하는 교육은 속히 정리되어야 한다. 믿음은 믿음을, 의심은 의심을 낳는다. 비전은 능력을 키워주고 능력은 비전을 이루게 돕는다.

우리나라 교수들과 학생들은 그러면 어떻게 큰 그림을 보고 그릴 수 있을까? 나는 정말로 그것이 궁금했다. 철학과 인문학을 공부해야 하나? 산속에 가서 도를 닦아야 하나? 종교를 통해 절대자를 만나야 하나? 전문 학회 콘퍼런스에 다니면서 대가들을 많이 만나야 하나? 정작 나는 어떻게 해야 하나? 그러다가 나이가 들어 은퇴하게 되었다. 결국, 내가 가진 것을 가지고 작게라도 일단 시작해야 함을 알게 되었다. 내가 가진 것으로 이룰 수 있는 만큼만 확실하게 하면 된다는 것을 깊이 깨달았다.

청년들이 인생을 걸고 창업을 도모해야 한다면 국가는 실리콘밸리와 같은 건강한 산업 생태계의 성공 모델을 만드는 일을 시작해야 한다. 이공계 대학의 교수들과 청년들이 여기에 적극적으로 참여하게 해야 한다. 그래서 청년들이 꿈을 갖고 스스로 창업하여 글로벌 무대로 도전하

그림 6-1 청년 → 대학 → 창업 → 산업 생태계로 연결되는 국가 산업 파이프라인

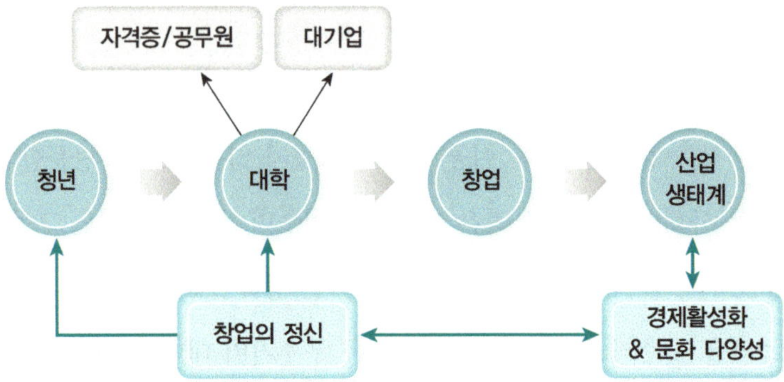

☞ 이 파이프라인이 활성화되면 경제와 문화가 활성화되고 창업의 정신이 사회의 주류 분위기가 되어 청년들은 대학에서 창업의 꿈을 키울 수 있다. 청년들은 일자리 창출, 결혼과 출산 장려의 긍정적 분위기를 스스로 만들 수 있다.

며 나아가도록 하자. 한 기술 영역의 논문을 쓰고 학위를 받는 것을 넘어서서 경영, 재정, 생산, 마케팅, 홍보, 투자유치, 특허 관리 등 기업의 전 영역에 대한 경험과 지식을 가진 유능한 젊은 인재들을 키워내야 한다. 그러려면 대학에서 사업계획서를 잘 쓰고 발표하는 능력부터 배울 필요가 있다.

돈을 관리하고 법의 정신을 알아야 기업을 잘 이끌어 나갈 수 있으므로 창업자로서 이런 부분에 대한 깊은 지식과 경험을 갖추도록 해야 한다. 아무리 급해도 좁은 식견과 옹졸하고 급한 마음으로 좋은 회사를 만들 수는 없다. 사업은 좁은 연구실이나 실험실이 아니라 넓은 시장에서 다양한 사람들과 어울리며 만들어 가는 것이므로 기업인은 사람의 마음을 알고 세계의 본질과 시장의 원리를 알아야 한다. 기술 영역의 전문가라 해서 기술만 알아서는 안 된다. 기술을 알고 사람을 알아야 진정

한 기술창업자가 될 수 있다.

우리 사회는 그동안 사람을 평가하고 활용하는 데 내면의 실력보다 겉으로 드러나는 스펙을 더 중시해 온 경향이 있다. 시간이 걸린다고 성급히 보여줄 성과를 내라고 재촉하는 경우가 많다. 여러 분야의 전문가들이 서로 의논하고 협력하여 큰일에 도전하는 것보다 혼자 대충 해서 빨리 보여주는 일을 하는 프로젝트를 선호하기 쉽다. 우리 사회가 전체주의는 아닐지라도 개인의 특성을 무시하고 전체로서의 통일을 요구할 때가 많다. 사람들이 아파트 경비원과 택배기사를, 기업의 회장이 직원들을 폭행하는 보스의 갑질 행동은 개인의 인격과 입장, 개인의 인생을 존중하지 못하는 무지함에서 나온다. 당장 코앞의 이익과 형편만 생각하고, 세계와 미래와 자기 자신에 대한 깊은 이해와 큰 그림이 없으면 거의 다 이런 유혹에 빠지고 만다. 큰 그림이 확실히 보이면 좁고 험해 보이는 길로도 당당히 들어설 수 있다. 더 이상 우리 청년들이 스펙 맞추기, 따라 하기, 보여주기 식의 열등한 샛길로 빠져 인생의 기회와 젊음의 시간과 기회를 망쳐 버리게 해서는 안 된다.

건강한 산업 생태계와 공과대학은 불가분의 관계에 있다. 터먼이 50년 전에 당시 KAIST 설립 보고서에서 산업체를 지원할 과학기술 고급인력의 양성을 KAIST의 주요 사명으로 통찰력 있게 못 박아 놓았듯이 4차 산업혁명이 무르익어가는 이 시점에 우리나라 대학에서 이공계 고급인력의 역할이 재조명되어야 한다.

세계적인 대학의 학생, 교수들이 무엇을 하고 있는지 살펴보면 금방 답이 보인다. 대학의 연구실에서 학위과정을 통해서 논문만 쓰고 있는 것은 명백히 시대적으로 낙후된 교육 연구 방식이다. 우리나라 산업 생태계가 몇 개의 대기업과 부실한 중소기업들로만 구성되어 있고 튼튼한 중견기업조차 거의 없는 황량한 광야라면, 선진국의 산업 생태계는 다양한 기술과 산업이 서로 북돋우며 성장하는 생동하는 밀림과도 같다. 선진국에서는 산업과 기술의 분야도 다양하고 기업의 크기, 사업 방식이 훨씬 더 다양하여 외부의 충격에 덜 민감하고 모든 것이 자급자족된다. 소수의 대기업 중심으로 반도체 등 몇몇 전략분야에만 의존하는 것도 불안한 것이니, 이를 보강하기 위하여 대학과 산업체의 다양한 기능과 기업 간, 대학과 기업 간에 활발한 교육, 연구, 사업화, IP 활용 등에 대하여 구체적인 협력을 위한 상호 관계가 만들어지는 것이 필요하다. 구체적인 협력 내용도, 의지도 없는 MOU 체결로는 안 된다. 이러한 기능을 하는 산학 생태계는 사회의 매우 중요한 무형 플랫폼 자산이며, 이러한 플랫폼을 구축하는 것에는 정부와 지자체가 적극 지원에 나서야 한다.

대학이 단순히 현자들의 빛나는 상아탑, 고급 전문인력 양성소, 대기업이나 관공서의 인재 등용문, 비판적 지성의 요람에 그쳐서는 안 될 것이다. 대학의 가장 중요한 시대적 사명인 창업의 산실 역할이 대학에서 온전히 이루어지지 않는다면 우리 사회의 장래는 어두울 수밖에 없다. 대학이 논문과 학위를 아무리 많이 만들어 내도 결국 창업이 이루어지지 않아서 높은 가치의 제품과 서비스가 창출되지 않는다면 사회의 심박은 결국 정지할 수밖에 없다. 청년들의 활발한 기술창업만이 우리나라가 산업의 활성화와 경제의 번영을 거쳐 빛나는 미래로 갈 수 있는 유일한 길이다.

3장

창업의 힘점 : 나라, 대학, 사람

좋은 사람이 되는 방법을 한 마디로 말하기는 어렵다. 아마 한 마디로 쉽게 말할 수 있는 방법은 없기 때문일 것이다. 무엇이 좋은 것인지도 알기가 쉽지 않은데 그렇게 (좋은 무엇이) 되는 방법을 말하기가 어려운 것은 당연하다.

그러나 나쁜 사람, 쓸모없는 사람이 되는 방법은 쉽고 간략히 말할 수 있으며, 웬걸, 다양하기까지 하다. 조금만 더 교만하고, 고집 피우고, 게으르면 된다. 사람은 누구나 가만히 놔두면 그런 방향으로 가게 되어 있다.

그러니까 좋은 사람이 되는 가장 좋은(실용적인) 방법은 가만히 두었다가 나쁜 길로 가는 증상이 나타나고 심해지면 '스스로 깨우치는' 것밖에 없다. 그런데 깨우쳐도 크게 기뻐할 것은 없다. 곧 재발할 것이기 때문이다. 그러나 재발해도 실망하지 않고 계속 깨우치며 기다리는 것이다. 이것이 우리가 할 수 있는 최선이다. 알아차리고, 뉘우치고, 그르치면 다시 하고, 기다리고.

즉, 통찰, 자기부정(회개), 성실, 인내가 좋은 사람으로 가는 길에 필요한 덕목이다.

07
창업하기 좋은 나라

정부와 기업의 역할에 대한 큰 그림

어떤 나라가 가장 바람직한 나라인가 하는 물음에는 여러 가지 의견이 있겠으나 '기업하기 좋은 나라가 가장 좋은 나라'라고 말하는 것은 상당한 근거가 있다고 생각한다. 기업은 민생이고, 민생은 국가의 근본이기 때문이다. 기업가가 직원과 국가에 대한 올바른 생각을 갖는 것은 돈을 버는 기술을 갖는 것보다 우선이고 더 중요하다. 직원은 회사를 통해서 먹고 살 돈을 얻고, 더 나은 삶을 위한 새로운 기술을 배우며, 자신의 노력과 재능이 사회에 쓰이는 보람을 느낀다. 기업가는 직원에게 이러한 기회를 제공하고 기업의 성장을 통해 더 큰 세계를 배우며 나라와 세계에 기여하는 큰 보람을 갖게 된다. 기업가는 직원에게는 월급을 주고 국가에는 세금을 냄으로써 국가에서 받은 혜택과 지원, 직원들의 노력과 기여를 보상하게 된다.

가장 중요하면서도 종종 간과되거나 왜곡될 수 있는 부분이 정부와 기업과의 관계다. 기업은 말할 것도 없고 정부도 실용정신, 나아가서는 창업정신까지 충만해야 한다. 특히 지금 떠오르는 4차 산업혁명의 시대에는 더욱 그렇다. 나아가지 않으면 뒤처지게 된다. 가만히 머무르는 것은 없다. 진취적인 사고, 창업적인 사고, 실용적인 사고를 하지 않으면 후퇴하는 결과, 관료적인 발상, 공론탁설의 정치를 하게 되어 있다. 실용적인, 아주 실용적인 정부와 정직하고 진취적인 기업가가 필요하다. 법을 만들고 운용하는 국가와 정부, 그리고 돈의 흐름을 주도하는 기업의 역할이 국가의 근간을 이룬다. 이것이 민생이 아름다운 꽃을 피우고 풍성한 열매를 거두는 플랫폼이다.

작은 일이나 개인적인 일은 혼자 하면 되겠지만 크고 복잡한 일을 하려면 많은 사람이 효과적으로 협력해야 하므로 이를 위한 조직이 필요하게 된다. 어떤 일이 결과도 좋고 그 일을 진행하는 과정도 원활하려면 그 일을 하는 전체 조직의 구성, 세부 조직 간 역할 조정, 소통과 협력 시스템, 각 참여자의 역할 할당, 평가 및 동기부여 시스템을 잘 만들어야 한다. 그러나 항상 가장 좋은 조직이란 없다. 가용可用한 사람들의 능력, 프로젝트의 성격, 가용한 자원과 예산 등 여러 제한조건을 고려하여 형식에 얽매이지 말고 융통성 있게 조직을 구성하고 운영해야 한다.

공적인 조직과 사적인 조직은 무엇이 다른가? 조직의 목적과 처한 여건에 따라 적절한 구조와 운영 방법이 달라진다. 조직에는 공적 조직과 사적 조직이 있는데, 대표적인 공적 조직으로는 국가의 행정부나 군대가 있고, 대표적인 사적 조직으로는 주식회사가 있다. 정부 조직은 법과 규정에 따라 이미 정해진 급여를 받는 공무원들이 배정된 예산에 의하여 정해진 당해년도 사업을 하향식으로 집행한다. 공무원들의 경우에는 할 일의 포괄적인 범주가 미리 정해져 있고 재량권도 제한되어 있으며 예산도 거의 보장되기 때문에 일을 추진하는 과정에서 불안감, 부담감, 절박감은 별로 크지 않을 것이다. 또한 일의 성과와 무관하게 정년과 연금도 보장되기 때문에 승진이 거의 유일한 동기부여 기제인데, 승진도 거의 연공서열에 의해 이루어진다.

기업의 의무와 역할

한편 주식회사는 임직원의 경우 성과 및 기여도에 따라 차이가 크게 나는 승진과 금전적 보상이 강력한 동기를 유발한다. 회사에 자본금을 투자한 주주는 주식 가치의 상승을 기대하며 투자를 하지만 회사의 운영에 직접 참여하지는 않는다. 회사는 주주의 자본 투자와 직원의 노력을 격려하고 보상하기 위하여 경쟁력 있는 제품을 만들어 팔아 이윤을 창출하며 이로써 고객과 사회에 이바지한다. 회사는 목적과 수단이 실용적이고 구체적이며, 명확하고 단순하며, 이익 창출을 위해 주주나 종업원 등 참여자들에게 강한 재정적 동기를 부여하고 있다. 회사는 적법한 범위 내에서 이윤을 극대화하기 위한 모든 노력을 활발히 추구한다.

회사의 효과적인 경영을 위한 조직과 각 기구의 역할은 무엇인가? 회사의 경영은 일상 업무를 하는 경영진, 회사의 자산 처분이나 임원 인사 관련 결정을 하는 이사회, 그리고 가장 높은 결정을 하는 주주총회의 세 단계로 이루어진다고 볼 수 있다. 경영진은 매일 출근하는 전일직이지만 보통 주주총회는 1년에 한두 번, 이사회는 두어 달에 한 번 모인다. 회사 중에서 가장 일반적인 형태가 주식회사다. 주식회사는 주식을 많이 가진 사람이 회사의 이익에 대한 권리도 크고 회사의 경영에 대한 결정 권한도 크다. 창업을 할 때 지분 구조를 잘 정하는 것이 매우 중요하다.

회사의 지분은 그 지분에 걸맞는 역할과 기여를 할 수 있는 사람이 갖도록 설계되어야 한다. 회사가 성장하기 위해서는 처음에는 기술을 가진 사람, 그리고 경영과 마케팅을 할 사람이 필요하고, 그 후에 투자자가 들어오게 된다. 회사의 새로운 기여자를 위한 지분은 구주舊主는 물론, 신주新主 발행의 경우도 결국 기존 주주의 퍼센티지가 희석되면서 이루어질 수밖에 없다.

회사가 상장될 때 창업자는 회사의 가치를 어느 정도까지 높일 것이고, 그때 자신의 지분은 몇 퍼센트 정도 될 것인지 어느 정도 생각해 둘 필요가 있다. 물론 창업 초기에는 잘 알 수 없지만 시간이 지나면서 점점 윤곽이 잡힐 것이다. 이런 그림이 없으면 기업의 성장 과정에서 언제 무엇을 위해 지분 희석을 하게 될지 알 수가 없다. 그럴 경우 지나치게 지분 희석을 우려해 지분을 지키느라 새로운 기여자의 영입이나 회사의 성장을 저해할 수도 있고, 혹은 그 반대로 너무 빠르게 지분이 희석되어 회사의 경영권을 빼앗기게 될 수도 있다. 언제, 어떤 능력을 가진 사람을 얼마의 가치로 영입할 것인가에 대한 개략적인 그림을 갖는 것이 중요하다.

정부와 기업은 상보상생의 관계

정부와 기업의 역할은 서로 어떻게 다르고, 서로 어떻게 협력해야 하는가? 각 기업이 자신의 이익을 극대화하기 위하여 열심히 뛰다 보면 기업 간, 기업과 국민 간 충돌이 생기고, 국제적 분쟁도 생길 소지가 있어 공공적인 심판자, 혹은 관리자 역할을 하는 정부가 필요하게 된다. 자본주의 사회에서는 회사들이 번창하여 나라와 국민을 부유하고 행복하게 해주는 것을 사회 동력의 중심으로 본다. 따라서 국민이 회사를 만들어 수입을 올릴 수 있도록 정부는 좋은 환경을 만들어 주기 위해 노력해야 한다. 정부의 공공 조직은 치안, 사법, 입법, 기본 교육, 환경, 국방, 외교, 복지, 사회 인프라 등 공공의 수요를 만족시키는 목적을 위하여 국민으로부터 징수한 세금을 사용한다. 금융, 에너지, 교육, 교통, 의료, 통신, 건설, 사회 인프라 영역은 정부가 맡을 수도, 민간기업이 맡을 수도 있기 때문에 이런 영역을 누가 맡는가에 따라 정부의 규모, 즉, 작은 정부 혹은 큰 정부 중 어떤 쪽으로 갈 것인가가 정해진다.

기업을 하는 사람은 직접 정치에 관여하지는 않지만 정치에 대한 명확한 이해와 식견을 갖고 있어야 한다. 정치는 이상이 아니고 현실이기 때문에 정치에 대한 올바른 식견과 태도를 갖고 있는 것은 기업가로서 매우 중요하다. 여기서 '현실' 이라는 표현은 정치가 정책과 법을 통하여 기업과 만날 수밖에 없다는 점과 관료들은 차치하고라도 정치인과 정당들도 특정한 성향을 가진 '사람' 일 수밖에 없다는 점을 강조하기 위한 것이다. 적법한 범위 내에서 기업가로서 개인으로서 자신의 의견을 가다듬어 가며 적절하게 개진하여 적법하게 반영해 가는 온유하면서도 적극적인 당당한 자세가 필요하다. 그렇지 않으면 지나치거나 불필요한 언행으로 회사에 해를 끼치게 될 수 있다. 기업가는 기업의 기술로 승부하고 사회에 기여하는 것이지, 정치에 편승하는 요행수에 의지해서는 안 된다. 그러기 위해서라도 기업가는 정치의 본질과 원칙에 더욱 정통하고 충실해질 필요가 있다.

큰 정부가 좋은가, 작은 정부가 좋은가? 일반적으로 큰 정부가 되면 사회주의 성향이 커지며 부富의 배분 과정에서 정부의 통제가 커지게 된다. 반대로 자유주의 성향이 커져 개인과 사기업의 활동을 통해 부의 분배가 이루어지게 되면 정부는 작아진다(작은 정부가 약하고 큰 정부가 강한 것은 아니다. 작은 정부가 빠르고 돈이 덜 들며, 큰 정부가 느리고 돈이 더 든다는 것은 확실하다). 기업의 활동이 활발해지면 정부와 노조의 활동은 위축되며, 반대로 노조의 활동과 정부의 통제가 커지면 사기업의 활동은 위축되고 국가는 공기업이나 공사기업을 만들어 산업을 영위해 가게 된다. 정부 기관은 징수되는 세금에 의하여 구동되는 top-down 경제권이고 사기업은 창출되는 이익에 의하여 구동되는 bottom-up 경제권이다. 이 두 경제권의 상대적인 비중이 어느 정도 적절한 균형을 이루어야 한다. 사기업은 매출 총이익 중 일정 부분을 세금으로 납부하여 국가 재정과 사회 경쟁력 제고에 기여하고, 국가는 거두어들인 세금을 국책사업인 사회 인프라에 투입하여 국민 복지는 물론 기업 활동의 효율성을 높이는 데 기여함으로써 기업과 국가는 시너지 관계를 이루게 된다.

한편, 정부 기관은 공정성이 우선이고 그다음이 효율성인 데 반해, 사기업은 효율성이 우선이고 합법성은 지켜야 할 조건이다. 공사公社 기관은 그 중간쯤 된다고 보면 된다. 정부 기관, 공사와 사기업은 당연히 기관을 운영하는 조직 구성과 운영 방식이 다를 수밖에 없다. 작은 정부와 큰 정부 중 어떤 정부가 좋은가, 정부 조직에 들어가야 할 부처 기능은 무엇인가 하는 문제는 '원칙과 상황'을 같이 보면서 결정할 문제다. '원칙'이란 국가 본연의 기능을 수행하기 위한 구조와 방법은 무엇인가 하는 관점이고, '상황'이란 당시 상황에 따른 정부 기능에 대한 수요를 잘 고려해야 한다는 것을 의미한다. 원칙과 전문성을 고려함으로써 지나치게 자주 큰 폭으로 부처 조직이 바뀌는 것을 막을 수 있고, 상황을 잘 고려함으로써 시대와 지정학적 상황에 따라 신속하고 효과적인 정부 차원의 대응을 해나갈 수 있다. 모든 분야를 큰 정부 스타일로 만들거나 모든 분야를 작은 정부 스타일로 하지 말고 분야의 특성과 상황에 따라 융통성 있게 하는 것이 좋다.

절제하는 힘이 있는 정부가 좋은 정부다

우리나라는 대통령과 정권이 바뀔 때마다 소위 인수위원회를 통해서 짧은 시간에 정부의 조직과 각 부처의 수장과 역할은 물론 명칭까지 바뀌다 보니 정부의 역할, 정체성과 연속성이 떨어지고 전문성도 떨어지게 되었다. 특히 장관은 일의 전문성과 지도력이 뛰어난 인물을 선임해야 하는데 장관 선임이 마치 개인사에 별문제 없는 사람을 찾는 문제로 전락한 것 같아 온 국민이 안타깝다. 5년마다 정부 조직과 명칭까지 바꾸는 것은 명분도 실리도 없어 보인다. 조직은 일하기 위한 도구인데 겉으로 드러나는 조직과 이름에만 신경을 쓰면 안 될 것이다.

여기에 국회까지 성과도 없고 명분도 없는 싸움만 하니 이러려면 차라리 여야가 대략 나누어 각각 소신껏 경영하고 책임지는 내각제가 낫지 않겠나 하는 생각이 들 정도다. 간헐적으로 나오는 개헌 논의의 한 내용처럼 대통령은 미국처럼 4년제로 하고 한 번의 연임만 가능한 체제로 바꾸면 무난할 것이란 생각도 든다. 첫 4년을 잘해야 다음 4년도 연임할 수 있으므로 첫 4년을 잘할 동기부여가 되는 셈이니 국민도 좋고 본인도 겸손히 열심히 하게 될 것이다. 좋은 지도자는 국민으로부터 한 번 더 신임을 받고 8년을 하게 될 수 있으니 이것 역시 국민에게 좋다(현행 5년 단임제는 어차피 5년만 하고 물러나야 하니 여권에서는 후계자가 될 제이 인자 자리를 놓고 임기 초부터 '국민이 아닌' 대통령에게 잘 보이려고 암투를 벌이게 되고 대통령은 국민을 잘 섬길 사람이 아니라 자신의 퇴임 후를 보장해 줄 사람을 밀어 주게 될 수가 있어서 권력 투쟁이 집단 간은 물론 집단 내에서도 계속되어 피로 현상이 나타날 수 있다).

현 5년 단임제는 우리나라의 민주화 과정에서 궁여지책으로 나온 어정쩡한 제도로, 속히 4년 중임제로 개헌해야 할 필요가 있어 보인다. 이런 면에서 단연 모범은 국민의 절대적 지지에도 불구하고 딱 8년만 하고 단호히 물러나 민주주의 확립에 크게 이바지한 조지 워싱턴 미국 대통령이다. 그를 초대 대통령으로 가진 미국을 부러워하지 않을 수 없다. 그러나 결국 우리 현실에 맞는 매우 실용적이며 큰 무리가 없는 제도에 안착해야 하는 것이 가장 중대한 당면 과제다.

정치는 큰 배와 같아서 크게 흔들리지 않는 것이 가장 중요하다. 작은 이륜차 운전하듯이 묘수, 꼼수와 같은 재주로 사람들을 현혹하는 것은 절대 금물이다. 지금 정당들이 비례정당을 위성정당으로 만들어 국회의원 수를 확보하려고 하는 것은 국민들을 크게 우롱하는 처사가 아닐 수 없다.

전체적인 정부 역할과 이를 이루기 위한 각 부처 기구의 역할 정의, 부처 간의 협력 기제와 방식, 각 부처 조직의 구성, 적임자 선임과 운영 방식과 같은 일을 명확히 결정해야 하는데 이런 일의 전문성, 자세와 신뢰와 평판을 가진 그룹이 없고 키우지도 못하고 있고 키워내는 당당한 시스템 하나 없는 것이 큰 문제다. 이런 식으론 아무리 정권이 바뀌어도 상황이 나아지기를 기대하긴 어렵다. 갑자기 구성되는 인수위원회가 이런 일을 하긴 어렵다. 조금씩 검증하면서 바꾸어가야 신뢰도 생기고 정부 시스템이 안정되는데 어차피 또 5년 후면 누가 와서 다 뒤집을 수 있다는 불안감에 대못을 박아 버린다는 과격한 생각으로 더 공격적인 개혁 혹은 청산을 하게 되면 눌린 상대의 마음속에는 적대감이 증폭된다. 최악의 상황은 이러한 악순환 속에 사람들은 지쳐가고 청년들은 길을 잃고 나라는 동력을 잃게 될 수 있다는 것이다.

지도자는 주제 설정을 잘하는 것이 제일의 책무다. 중요한 이슈가 주제로 설정되고 민주적이고 체계적인 의사결정이 이루어지도록 과정만 잘 관리해도 된다(2019년 하반기부터 최근까지 진영 논리와 당파 이익에서 비롯된 작은 이슈가 사람들의 이기적이고 근시안적인 생각과 맞물려 전국을 뒤덮어 버리고 국민을 분열시킨 것에 대하여 실로 개탄을 금할 수 없고 여야를 막론하고 제 역할을 하지 못한 관련된 모든 사람들의 책임이 크다).

정부가 정부다워지려면 정부가 잘할 수 있는 부분의 일에서 확실하게 성과를 내면 된다. 그러면 신뢰가 생기고 사람들이 자라고 모여들어 더 잘하게 될 수 있다. 이런 선순환positive cycle을 타야 한다. 너무 넓은 영역에서 욕심을 부려도 너무 급하게 성과를 보여주려 해도 실패한다. 한때 대중적 평판이나 인기가 있다고 지도력도 부족하고 해당 분야에서 자세와 능력이 검증되지 않은 사람을 불러 쓰는 불필요한 모험이 되기 쉽다. 새 정부가 처음부터 A+학점을 노릴 필요는 없다. 우선 B학점 정도 받고 탄력을 받아 그 후에 점점 개선해 간다는 우공이산愚公移山의 생각으로 접근하면 성공의 길로 들어설 수 있다. 다른 말로 하자면 정부는 정부답고 민간은 민간다워야 나라가 꾸준히 힘차고, 안정되게 발전한다. 정부가 잘할 수 있는 영역은 정부 부처에서 하고, 민간기업이 잘할 영역은 정부가 하지 말아야 한다. 민간이 잘할 영역에서는 반드시 정부는 직접 하고 싶어도 참고, 민간이 잘하게끔 자리를 깔아 주어야 한다.

정부의 덩치가 크고 작은 것이 중요한 것이 아니다. 정부가 직접 맡아서 할 영역은 확실하게 하고, 빠질 부분은 확실하게 빠지는 명쾌한 정부가 좋은 정부다. 판만 깔아 줄 영역은 민간과 협조하여 판을 잘 만들고 민간기업들이 들어와서 일 잘해서 이익 내고 세금 잘 내게 하면 된다.

사람이 건강을 잘 지키려면 몸에 좋은 운동과 균형 잡힌 섭식 등 적극적인 일도 해야 하지만, 몸에 나쁜 일을 '하지 않는' 소극적인 일도 중요하다. 건강을 위해서 담배를 끊는 것은 무엇을 하는 것이 아니라 그것을 '하지 않는' 것이다. 보통 그게 더 힘들다. 해야 할 일을 잘 못해서 망하는 것이 아니라 하지 않아야 할 일을 해서 망하는 경우가 더 많다. 힘도 있고 기회도 왔으니 하기만 하면 금방 잘될 것 같기도 하고 감히 말릴 사람도 없는데 이걸 안 할 수가 있을까? 어렵다. 그러나 복수하기에 완벽한 기회를 받고서도 복수를 '하지 않은' 넬슨 만델라, 압도적인

지지 가운데서도 3연임을 '하지 않은' 조지 워싱턴, 극소수의 사람들이지만 그들은 그런 일을 해냈고 빛나는 사표가 되어 지금도 많은 사람을 그릇된 탐욕의 길에서 돌아서서 바른길로 가도록 인도하는 별과 같은 존재가 되었다. 할 수 있는데 한 것은 한 번의 결정이지만 할 수 있었던 것을 하지 않은 것은 지속적인 유혹으로부터 자기를 지켜내는 수많은 결정을 '계속 지켜낸' 빛나는 결과다.

사기업은 명시적으로 영리를 추구한다. 정부는 사기업과 국민이 영리를 포함한 행복을 추구하는 것을 보호하고 장려하기 위하여 그들로부터 징수한 세금을 사용한다. 일하는 데는 사람이 필요하다. 특히 지도자는 정말 중요하다. 지도자는 그냥 자라나지 않는다. 하나의 훌륭한 지도자가 만들어지는 데 엄청난 시간과 사회의 투자와 인내와 희생이 필요하다. 기업인이 정치를 직접 하지 않는다고 해서 정치에 무심해서는 안 된다. 일을 하는 것 못지않게 어떤 일을 '하지 않는' 것도 중요하다. 그러려면 '어떤 일을 하지 않아야 하는지' 알아야 한다. 하지 않아도 되는 일과 하지 않아야 하는 일은 다르다. 전자는 시간과 노력의 자원을 낭비하는 것에서 그치지만 후자는 그 외에 진짜로 해야 할 일의 큰 장애물이 된다. 기업인이 정치인과 잘못된 관계에 빠지는 것은 해야 할 일뿐 아니라 하지 않아야 할 일의 목록을 잘못 갖고 있었기 때문이다. 과유불급. 교만과 욕심은 모든 패망의 숨은 선봉이다. 기업, 개인, 정부, 국가 모두에 적용되는 얘기다.

08
창업하는 대학이 미래를 연다

개인에게 국가는 무엇인가

개인에게 국가는 무엇인가. 그리고 국가에서 대학은 무엇인가. 국가의 기능 중에 가장 급하고 중요한 일이 국방 안전과 경제라면, 급하진 않아도 그에 못지않게 중요한 기능이 교육이다. 국방 안전은 과학기술에 의존하고, 경제는 산업의 활성화에 의존한다. 대학은 교육의 최고 영역으로서 과학기술 연구를 통해 국방 안전과 산업 발전에 종사할 인재를 양성함으로써 국가에 이바지한다. 대부분 국가에서 국립대학은 이런 영역의 중추적인 부분을 담당하며 이를 위하여 많은 예산을 사용한다. 나라에는 여러 기관이 있지만, 대학은 가장 개방되고 진취적이고 가장 고귀한 가치를 추구하며 국가의 지성으로서, 국가 간의 순수하고 근본적인 가치의 공유와 교류가 이루어지는 기관으로서 중요한 역할을 한다. 국가 간의 어려운 문제도 대학의 지성 간의 순수한 인적 관계와 교류를 통해서 해결의 실마리를 찾을 수도 있다. 이렇듯 국가에서 대학의 역할은 매우 중요하다.

개인에게 국가는 무엇인가. 국민을 존중하고 잘 섬기는 국가에서는 국민이 행복한 삶을 추구할 수 있다. 나쁜 국가에서 국민은 섬김이 아닌 착취의 대상이기 때문에 불행할 수밖에 없다. 국가는 개인인 국민의 기여로 존속하고 번영한다. 국가는 물질과 정신의 두 영역에서 국민의 삶이 잘 영위되도록 보호와 섬김을 위한 기본 틀을 갖추고 실제적 · 실용적 기능을 구체적으로 제공해야 한다. 주로 물질계를 담당하는 이공계의 과학기술은 산업과 경제, 안전과 국방 기술을 통해서 국가에 이바지한다. 인간의 정신계를 다루는 인문사회계는 내치內治, 문화 진작과 외교로 국가에 이바지한다.

산업, 경제와 정치, 문화, 외교, 국방에도 기본적인 것과 부차적인 것이 있다. 정부는 공공, 환경, 국방, 우주 기술, 산업 기반 구축과 같은 기본적인 기능이 잘 이루어지도록 세금을 징수하여 수행하며, 기본 틀 위에서 이루어지는 부차적인 일에 대하여는 세금이나 정책으로 강제하지 말고 되도록 민간의 자율에 맡겨야 한다. 정부가 할 일을 제대로 하지 못하면 민간기업의 효율과 경쟁력이 떨어지게 되고 이를 급히 해결하기 위하여 정부가 개입하면 상황은 더 악화한다. 정부는 해야 할 일을 잘하는 것 못지않게 하지 않아야 할 일을 하지 않는 것이 중요하다. 정부는 정부가 해야 할 일을 잘하기 위해서, 하지 말아야 할 일과 하지 않아도 될 일을 절제해야 한다. 절제란 매사에 수순과 한계가 있음을 아는 것에서 비롯된다.

권력을 위임받은 정치인이나 공무원이 이러한 유혹에 빠지기 쉬운데, 그 이유는 첫째, 정부가 하지 말아야 할 일이 있다면 그것은 민간기업이 더 잘하는 영역이므로 민간에 맡기는 편이 효율이 높고, 둘째, 모든 일에 정부가 직접 나서게 되면 정부가 정작 해야 할 일, 즉 관리와 조정이라는 일을 제대로 하지 못하게 되기 때문이다. 할 일이 무엇인지도 잘 알고 하지 말아야 할 일이 무엇인지도 잘 알고 있는 것이 중요하다. 그래야 유혹에 빠지지 않으며 해야 할 일에 집중할 수 있다. 밑그림이 잘 그려지면 국민은 자기가 일할 분야와 직업을 정하고 직장을 찾아 사회에 신나게 이바지하게 된다. 국민이 자유롭게 창의와 도전정신을 발휘하도록 정부가 판을 깔아 주고 잘 유지해 주는 것, 이것이 자유민주주의 사회에서 정부의 역할이다.

국제 경쟁력이 중요해진 지금, 자연과학과 공학은 그라운드 제로에서 시작할 수 없고, 혼자 하기도 힘들다. 과학기술에서는 이어달리기, 같이 달리기가 모두 중요하다. 그러므로 연결과 소통의 기술은 좋은 과학기술자의 필수적인 요건이다. 큰 그림을 보고 갖고 있어야 그 안에서 자신의 역할을 잘 해낼 수 있다, 사회의 지도자뿐 아니라 과학기술자에게도 큰 그림을 보고 그리는 자세와 능력이 중요하다. 과학기술계의 지도자나 창업자는 특히 그렇다.

나라를 잃으면 그 비참함은 실로 형언할 수 없다. 우리는 불과 75년 전에 생각만 해도 끔찍한 일본의 식민지 신세를 면했다. 모든 식민 지배가 수탈과 착취를 일삼았지만 우리나라가 겪은 식민지 신세도 보통 비참한 것이 아니었다. 물질을 넘어 정신과 이름까지 빼앗겨 회복의 희망도 완전히 사라지기 일보 직전에 독립하게 되었으니. 아찔한 것은 이것만이 아니다. 조금만 더 거슬러 올라가면 고려시대에는 몽골의 간섭과 지배를 97년간 받았고 왕의 이름엔 원나라에 충성한다는 충忠 자를 돌림자로 달고 있었다. 임진왜란 시는 왕(선조)이 백성과 수도를 버리고 명나라와의 변경까지 피난을 갔고, 병자호란 후에는 청국의 영향권 하에 들어갔다. 17세기 초입에 나라가 일본과 중국 사이에서 당한 비참한 역사는 절대로 잊지 말아야 한다. 실제로 복수를 하자는 것이 아니라 마음의 경각심을 이어가야 한다는 것이다. 옛 유태인들은 몸에 표식 기호를 그려서 이집트에서 겪은 400년 노예시대의 고난의 시간을 잊지 않도록 했다고 한다.

제대로 된 국가는 절대로 저절로 만들어지지 않는다. 국가는 자연自然도 아니고 자연스러운 것도 아니다. 자연스럽게 쇠퇴하고 망할 수는 있겠지만 저절로 자연스럽게 만들어지거나 유지되는 것은 아니다. 국민에게 국가는 인위적으로 만들고 지키고 힘과 생각을 들여서 계속 발전시켜 가야 하는 큰 부담이다. 국가란 계속 지켜내지 않으면 망가지고 부단히 발전시켜 가지 않으면 쇠퇴하고 무너지는 것이다. 국가에게 국민은 지키고 보호해야 할 부담이다. 국가와 국민은 쌍무 부담적 관계다. 망가진 국가는 국민에게 세금 징수도 하지 않지만 아무것도 해줄 수 없다.

대학은 미래의 국가를 보여준다

정상正常 상태의 국가에서는 국가의 번영이 국민의 행복한 삶과 동전의 양면을 이룬다. 한 개인이 행복한 삶을 살려면 국가의 기본적 틀 안에서 일을 잘하여 행복할 수 있는 여건을 스스로 만들어 가야 한다. 어느 누구도 저절로 그냥 일을 잘하게 될 수는 없다. 일을 잘하기 위해서는 반드시 잘 배우고 익혀야(훈련받아야) 한다. 국가는 배우고 가르치는 시스템을 제공해 주어야 한다. 이를 위한 최고이자 최종적 시스템이 바로 대학이다. 대학을 보면 나라의 미래가 보인다. 그 나라의 대표적인 대학의 사람들과 얘기해 보고, 졸업생들이 나아가는 진로를 보면 그 나라의 미래를 알 수 있다.

대학의 모습이나 역할을 흔히 상아탑, 인재의 등용문, 지도자와 전문가의 육성이라고 한다. 상아탑은 학문에 매진하기 위하여 사회로부터 격리되는 면을 강조하고 있다. 등용문은 좋은 직장에 취업하는 데 필요한 스펙을 열심히 만드는 곳이란 뜻이다. 대학은 중고교와는 달리 한 분야의 전문가를 육성해 내는 최종·최고 교육 과정이기도 하다. 그런데 이 시대 우리 대학의 역할이 이것으로 충분한가? 지금 우리 대학이 감당할 역할을 잘 알려면 이 시대 우리나라와 사회를 둘러싼 글로벌 상황, 지정학적 변화의 핵심 동인動因 혹은 주요 변수를 읽어 내야 한다.

세계화 키워드 1 = 개방

열린 나라가 살아남는다. 대학은 나라를 세계와 미래를 향하여 여는 문이다. 4차 산업혁명으로 대변되는 세계화의 핵심 키워드는 국가, 기업, 대학을 막론하고 첫째가 개방성이다. 나라건 개인이건 어떤 이유로든 고립되면 망한다는 것이 이 시대의 가장 큰 특징이다. 1차 산업혁명 때 영국에서는 탄광 근처에 공장이 지어지고 철광에서 생산된 철은 기차를 통해 탄광으로 이동되었다. 철이 석탄이 있는 곳으로 기차의 속도로 이동했다. 4차 산업혁명 시대에는 모든 자원이 '정보'의 흐름에 따라 시장으로 집결한다(이제 '자원'은 철, 석탄이 아니라 사람, 돈, 기술이다). 정보는 빛의 속도로 엄청난 대역폭을 갖고 움직인다. 그러나 정보는 길이 닫혀 있는 곳으로는 갈 수 없고, 열려 있는 채널을 통해서만 흐를 수 있고, 열려 있는 곳으로만 갈 수 있다. 연다는 것, 열려 있다는 것이 무엇인가? 그것을 알려면 그 반대인 '닫혀 있는 것'이 무엇인지 생각해 보면 된다.

우리는 쉬거나 어떤 것에 집중할 때 문을 닫고 스스로 고립된다. 그리고 다른 사람들과 무엇을 주고받을 때 문을 연다. 보통 항상 문을 닫고만 있는 사람도 없고 문을 맨날 열어두고 있는 사람도 없다. 열린 자세란 기본 상태가 당당하고 자신 있게 열려 있고 필요한 경우에 딱 필요한 만큼만 닫는 것을 말한다. 반면, 항상 닫혀 있다가 급히 무언가 주고받을 일이 있을 때만 잠깐 여는 것은 닫힌 자세다. 개국開國을 요구하는 서구 열강의 요구에 닫아버린 조선의 문은 불과 20년도 안 지나서 훨씬 더 나쁜 모습으로 이웃 일본에 의해서 강제적으로 열리고 뚫리고 털렸다. 서쪽의 이웃인 청나라의 서태후는 사욕을 위해 열강의 요구를 일축하며 쇄국을 고집했고 결국 아편전쟁을 거치며 무자비하고 비참하게 나라와 백성이 열강에 난도질을 당했다. 중동에서 인도를 거쳐 동남아까지 동진東進하던 서구발 식민화의 흐름이 극동 일본에 다다라 기운이 약해지며, 이제는 일본을 기점으로 일본의 소위 '대동아 공영권'이라는 새로운 캐치프레이즈의 식민화 물결이 아시아 전체에 길고 깊은 고통의 그늘을 드리웠다. 이것이 불과 한 세기도 안 된 이야기다. 중국, 일본을 포함하여 아시아 나라들과의 관계도, 그리고 북한과의 통일 문제도 우리의 생각과 희망대로 되질 않는다. 큰 그림을 보며 꾸준히 역량을 쌓아가며 하늘의 기회가 올 때까지 끈질기게 기다려야 할 것이라 생각한다. 역량을 쌓으며 때를 기다린다. 이것이 지금 우리에게 필요한 열린 자세라 하겠다.

무엇을 열어야 하나? 인터넷을 예로 들자. 이 시대에는 인터넷을 막지 않는 한 정보 차원의 쇄국은 불가능하다. 인터넷은 모든 정보를 실어 나른다. 인터넷은 위험하지만, 채널은 열어 둘 수밖에 없으니 보안책을 가동하여 정보를 최대한 보호하는 길밖에 없다. 100% 안전한 방법은 100% 차단하는 것밖에 없지만 그것은 가장 위험한 길이다. 빗장을 걸어 닫고 뒤로 숨어 버리는 것은 결국 스스로 고립되어 망하는 길이다. 개방은 국가뿐 아니라 이 시대 개인의 모든 삶의 영역에서도 필수다. 개방하고 보안책을 잘 운용해야 한다. 한국이 COVID-19 사태에 국경을 봉쇄하지도, 개인의 행동이나 도시를 봉쇄하지도 않고, 세계와 전 국민과 정보를 공유하고, 추적하고 검사하기를 반복하면서 힘겨운 싸움을 이어가고 있는데, 이 과정을 통하여 사람들의 자발적인 협력과 의식 개혁, 성취감과 같은 매우 소중한 것을 얻고 있다.

세계화 키워드 2 = 통찰

세계화 시대의 둘째 핵심 키워드는 통찰通察이다. 서 말의 구슬도 꿰어야 보배다. 통찰의 지혜로 꿰어지지 않은 빅데이터는 쓰레기에 가깝다. 통찰 없는 정보는 무용지물이다. 사회에는 엄청난 양의 정보가 범람하고 있다. 가짜 뉴스나 가치 없는 자료와 유익하고 정확한 정보를 분별하는 능력이 필요하다. 단편적인 정보만 보고 맞는 것인지, 맞는다면 얼마나 가치가 있는 것인지 알기가 힘들다. 부분만 보아선 전체를 알 수 없고, 전체를 알지 않고서는 부분의 의미를 알기 어렵다. 분별력, 통찰력이 필요한데 이런 것은 책이나 강의를 통해서 얻을 수 있는 것이 아니고, 성실한 시도와 실패의 경험, 어려움을 헤쳐나가기 위한 깊은 사고와 치열한 토론, 소통하고 협력하는 성실하고 겸손한 자세를 통해 조금씩 얻게 되는 것이다. 분별과 통찰이 없으면 많은 정보도 도움이 되지 못한다.

인공지능AI이 사실眞僞 여부와 유익성이 불분명한 숱한 자료에 의한 무작위적인 학습을 통해서 점점 더 정확한 판단을 할 수 있게, 즉 더 똑똑하게 되는 것은 스스로 통찰력을 키워가는 방식을 알고 있기 때문이다. 즉, 성공과 실패의 결과로부터 당시 자료들을 분석하여 통찰력을 키워감으로써 다음 정보를 판별하고 결정을 내리는 데 좀 더 잘하게 될 수 있는 능력, 즉 자율적 학습self learning 능력이 있기 때문이다. 만약 능력이 발전하지 않고 퇴보하고 있는 것이라 판단되면 AI는 이전 일정 기간의 판단을 뒤집어 놓아 보면서 다양한 시도를 하면서 더 현명해지는 길을 다시 찾아간다. 결론적으로 많은 복잡한 자료를 인식하고 그것으로부터 어떤 결정을 내리는 종류의 일은 앞으로 AI의 영역이 되어 갈 것이 확실하다. 많은 자료화된 경험으로부터 가장 정확한 판단을 내리는 일—시각자료, 음성자료, 금융자료 등 어떤 자료이건 간에—은 인간이

기계, 즉 AI를 당할 수 없을 것이 확실시된다.

10~20년 후에는 의사의 진단, 세무사, 회계사의 조언, 판사의 판결이 AI에 의해 부분적으로 대체되거나, 적어도 AI의 의견을 참고는 해야 할 것으로 보인다. AI가 인간 생활의 많은 분야에서 강력한 대안으로 부상하게 된 것은 숱한 정보로부터 정확한 결론을 도출해 내는 능력도 있지만 정보 처리 과정을 통하여 자신의 판단력, 즉 통찰력이 점점 더 강화된다는 점 때문이다. 물론 엄청난 양의 자료를 빨리 처리할 수 있는 반도체 기술의 발전이 이런 AI, 특히 딥러닝deep learning을 실용적으로 구현할 수 있게 만들어 주었다. 어쨌든 사람은 AI와 정면으로 싸울 수 없다. AI를 하나의 중요한 수단으로 활용하는 방식으로 AI와 공존해 가는 것이 적절한 자세다. 핵심은 'AI는 인간의 주인이 아니라 인간의 도구'라는 점이다.

세계화 키워드 3 = 도전

세계화 시대의 셋째 핵심 키워드는 '도전'이다. 열린 자세와 통찰의 능력을 갖추고 나서 중요한 일에 도전하지 않는다면 무슨 의미가 있는가. 도전하지 않으면 아무것도 성취할 수 없다. 슛을 해야 골이 나온다. 도전은 성취를 이루고, 성취는 성장을 이룬다. 성장의 결과물을 배분하는 과정이 중요한 갈림길이 될 수 있다. 이 갈림길에서 개인이나 사회가 잘못된 길로 갈 수 있다. 성장의 결과로 확보하게 된 돈, 사람, 기술, 사회 인프라 등의 자원을 잘 사용하는 것은 그 사회의 발전과 구성원의 행복에 결정적으로 중요하다.

바로 이 지점, 많은 자원을 확보하게 된 시점에서 대학이 어떤 생각을 하고 어떤 역할을 해내는가가 그 사회의 미래 운명을 결정하게 된다. 로또에 당첨된 많은 사람은 갑자기 갈림길에 서게 된다. 이런 갈림길은 미리 잘 준비하지 않으면 망하기 쉬운 치명적인 장소이다. 대학은 이 시점에서 미리 준비하고 기다리고 있다가 달려 들어오는 '사회' 라는 기차가 올바른 레일로 잘 진입할 수 있도록 해주어야 한다.

이 시점에서, 즉 세계화 시대에 사회가 성장의 결과물인 사람, 돈, 기술을 어느 정도 확보한 시점에서 대학의 가장 바람직한 역할은 '창업의 도전' 이다. 이 시대 우리 대학의 제일 사명은 상아탑, 등용문, 전문가 양성소가 아니라 '창업자, 즉 창업정신을 가진 사람을 키워내는 것' 이어야 한다. 4차 산업혁명의 시대에 개인 GNP 3만 달러를 달성한 우리나라에게는 딱 지금이 대학이 창업으로 격렬하게 도전해 주어야 하는 바로 그 시점이다.

어느 정도 성취를 이룬 사람에게 무조건 더 일하고 무조건 앞으로 더 뛰어가라고 하면 잘 안 될 것이다. 비전이 있어야 하고, 더 뛰어나갈 수 있게 하는 동기가 생겨야 한다. 이미 어느 정도 넉넉해진 사회와 젊은이들에게 이러한 비전과 동기를 부여해 주는 것이 대학의 책무다. 이 생각은 노블레스 오블리주 —가난하고 약한 자를 돌보는 고귀한 자의 책무— 의 자세다. 대학이 사회의 미래를 만드는 곳이라면 대학의 제일 책무는 노블레스 오블리주의 정신에서 나와야 한다.

노블레스 오블리주는 단순히 물질적인 부富의 배분이 아니다. 가난하고 약한 자를 돌보아야 한다는 책무를 잘 감당하기 위하여 자신의 능력을 키우고 자세를 연마해 가는 것은 대학의 제일 기능이다. 이것은 수정자본주의나 사회주의가 말하는 단순한 물질의 배분이 아니라 궁극적이고 숭고한 인간 정신에서 나오는 것이어야 한다.

부의 배분 문제는 의회와 정부의 정책으로 다루어지면 좌·우파 간 끊임없는 싸움이 되지만, 대학에서 청년들에게 노블레스 오블리주의 개념으로 제시하면 모든 학생에게—빈부를 불문하고—스폰지처럼 잘 받아들여질 수 있다. 왜냐하면, 청년에게는 모두에게 공유된 더 큰 미래가 있기 때문이다. 이것이 기성세대와 다른 점이다. 이것이 청년과 대학의 힘의 근원이다. 대학이 창업 도전의 본대本隊 역할을 감당해 주면 동기부여, 도전, 성취, 성장, 공유와 배분, 그리고 다시 동기부여에 의한 도전, 이렇게 '아름다운 선순환'이 이루어진다. 이 아름다운 선순환 루프에서 중요한 연결 고리인 대학의 노블레스 오블리주 역할은 '진정한 창업자의 정신'에서 나온다.

우리 대학의 현실에 대한 성찰, 통찰

잠깐 여기서 우리 현실을 돌아보자. 안타깝게도 우리나라 대학의 상황을 살펴보면 우선 지방은 명문대학마저도 서울 지역의 대학에 학생을 빼앗기고 더는 학생을 확보하기가 어려운 상황이다. 전국의 거의 모든 대학에서 상위권 학생은 대기업에 취업하는 것이 목표이고 많은 연구실이 학생 확보가 어려워 폐쇄 일보 직전이다. 연구를 활발히 한다는 상위 20개 대학도 대부분 학생이 졸업 후 대기업에 취업하는 것을 목표로 하기는 마찬가지다.

창업하려고 제대로 준비하는 학생들이나 교수들은 별로 없다. 창업을 통해서 대박을 낸 교수들이 주위에 별로 없기도 하거니와 창업을 해봤자 학생들과 기술을 개발하기도 어렵고 투자 받기도 어렵고 귀찮은 일은 많아지기 때문이다. 젊은 교수들은 영년직 심사를 통과하기 위해 논문 요건을 만족시키느라 창업에 신경 쓸 겨를이 없다. 연구를 좀 할 수 있는 대학원생들도 졸업 요건을 만족시키기 위하여 논문을 우선 써야 하고, 대기업에 취직하고 나면 어차피 논문 내용과는 무관하게 회사에서 주는 일을 해야 하니, 창업에 엄두를 못 내는 동기부여가 안 되는 상태다.

대학에서 하던 논문의 연구 내용을 계속 이어가며 회사에서 연결선상에서 계속 해나가는 경우는 별로 없다. 학교의 연구 내용으로 이어달리기를 하지 못하다 보니 회사에 들어가서 하는 연구가 상당한 수준에 오르려면 시간이 오래 걸려야 한다. 더구나 회사는 상황에 따라서 연구 주제가 갑자기 바뀌기도 하고 당장의 제품 경쟁력 확보에 도움이 되지 않는 한 깊이 있는 연구를 허락해 주지도 않는다. 결과적으로 창업의 정신, 열정과 의욕, 동기부여의 면에서 우리 대학은 중국, 미국, 이스라엘과 비교하지 않아도 될 정도로 총체적 난국 상황이다. 언론이나 정부는 너무 오랫동안 노벨상, SCI저널, 네이처 저널 마케팅만 해왔고 진정한 기업-대학 협력의 실체를 키우는 것은 상당히 등한시했다. 작년 일본의 소재, 부품, 장비 수출 금지 사태가 터지면서 잠깐이나마 산학 협력이 대학의 역할 중 중요한 하나로 부각된 정도다. 대학 본부는 전 세계 대학 순위에 관심이 크고, 교수들은 영년직 심사와 승진 심사를 위한 논문 실적에 관심이 많고, 대학원생들은 졸업 요건으로 논문 쓰고 졸업, 취업하기를 기다린다.

많은 교수들은 창업이 부담스러워 특허나 기술이전移轉을 통해 기술료 받는 것을 선호한다. 그러나 실제로는 이전된 기술도 그 기술을 개발한 사람들과 함께 이전되지 않으면 제대로 활용되기가 쉽지 않다. 사실 대학이나 국공립 연구소에서 개발한 기술을 구태여 창업을 하지 않고 기업에 이전하거나 핵심 특허를 양도함으로써 기업이 경쟁력을 키워가는 것도 매우 중요한 산학협력의 길이긴 하지만, 아직 우리나라에서는 기술개발의 중간 단계에서 기술이전이나 특허이전은 활발하지 않은 편이다. 그 대신 기업체들이 대학에 연구 용역 프로젝트를 주고 기술의 결과물인 특허에 대한 소유권을 갖는데, 상대적으로 적은 돈으로 기술의 권리를 확보하는 좋은 방법인 듯하지만 이는 긴 안목으로 보면 산학 양자에게 좋은 방법은 아니다. 대학이 기업에서 프로젝트 연구비를 받아서 연구를 하게 되면 결과로 나오는 특허는 대부분 회사의 소유가 되는데 정작 제품 생산에 도움이 될 특허의 발명이나 제품 생산에 필요한 핵심 기술의 개발을 할 인센티브는 거의 없는 편이어서 실용적인 기술 개발이나 영향력이 큰 핵심 특허는 잘 나오질 않고 대개 논문만 쓰다가 끝나게 된다.

반면, 대학의 지적재산권 라이센싱 부서가 활성화된 미국이나 이스라엘에서는 특허 라이센싱이나 매각을 통한 기술이전이 활발한 편이다. 기술이전은 대학과 기업 사이뿐 아니라 기업과 기업, 특히 대기업과 벤처기업 간에도 활발하며, 대부분 핵심 인력을 포함하는 인수 · 합병과 함께 일어난다. 그들은 특허나 노하우가 제대로 이전되려면 사람이 따라가야 한다고 생각한다. 남의 것이 좋으면 제값을 주고 사다 쓰는 것이 결국 시간을 절약하고 경쟁력을 속히 올리는 지름길이라는 첨단 기업적인 사고가 상식으로 자리 잡은 것이다. 산업의 발 빠른 발전을 위해서는 기술과 지재권 시장이 활성화되는 것이 중요한데 그러려면 남이 공들여 만든 기술을 잘 검증하고 제값을 쳐주고 사다 쓰는 소위 '기술의 양자養子 문화'가 자리를 잡아야 한다. 바닥부터 전부 우리가 다 개발해서 써야 한다는 폐쇄적인 사고만으로는 안 된다.

한편, 우리나라의 대학에서는 특허도 연구실적 건수를 올리기 위해 써내는 경우가 많다 보니 계속되는 특허 유지비를 감당하지 못해 결국 변리사와 특허청 수입만 올려 주다가 연구계약이 끝나는 몇 년 후에는 유지비가 부담이 되어 포기하는 경우가 대부분이다. 이렇듯 대학에서는 영향력 있는 특허나 기술이 안 나오니 기업은 모든 것을 다 스스로 개발해야 하게 되었는지, 아니면 인과관계가 거꾸로인지는 모르겠다. 아무튼 불신이라는 악순환에 한 번 빠져들면 헤어 나오기는 쉽지 않다.

산학협동처럼 많이 들어온 말도 없다. '그럴 듯하게 하는' 것은 '제대로 하는' 것의 정반대다. 형식과 허울만 맞추고 내용은 빈약하게 처리해 버리면 누가 그 일을 다시 할 수도 없으니 아예 그 일을 안 하느니만 못한 것이다. 글로벌 경쟁 시대에 대충 그럴듯하게 하는 것은 정말 안 된다. 특허를 위한 특허, 기술이전을 위한 기술이전은 속히 없어져야 할 폐단이다.

이렇게 우리 대학은 힘을 잃어가고 있다. 대학이 세상을 향해 자신의 소리를 내고 사회를 이끌어 가는 힘을 잃어버렸다. 대학이 정부에 너무 끌려 다닌다. 대학뿐 아니라 온갖 기관장 선임하는 것부터 정부의 간섭이 너무 심하다. 실력과 신뢰성을 갖춘 전문가들이 결정을 하도록 위임해 주어야 하는데 어느 정권이 들어와도 고질적인 문제로 남을까 우려된다. 툭하면 감사監査하고 예산을 놓고 이런저런 프로그램 만들라고 경쟁시키고 등록금은 내리라고 하며 정부는 대학을 늘 압박한다(국공립 연구소들도 마찬가지다). 정치인이나 공무원들은 교육이나 연구개발, 기술이전, 창업의 전문가도 아닌데, 왜 이렇게 되었는가. 신뢰와 불신은 각자 자신의 자식을 낳아간다. 신뢰는 신뢰를 낳고 불신은 불신을 낳는다.

비전과 사람이 희망이고 미래다

이미 40년 전 미국 벨연구소의 경영 원칙은 ① 비전을 세우고, ② 좋은 사람을 뽑고, ③ '빠져준다step out'는 것이다. 가장 어려운 부분이 세 번째인 것 같다. 빠져준다는 것은 '믿어준다'는 것인데 이는 회색 지구, 즉 믿을 만한지 그렇지 않은지 불분명한 상황에서의 과감하게 믿어 주는 선택을 취한다는 뜻이다. 사실 사람을 쓰려면 좋은 사람은 안 보이고 '믿을 만한' 사람을 구하기는 더 어렵다. 그래도 '믿어줄 만한' 사람은 뽑을 수 있을지 모른다. 정치는 차악次惡을 택하는 것이란 자조적(?)인 얘기가 나오게까지 되었지만, 사업事業은 가용可用한 것 중에서 가장 좋은 것을 선택하는 것이라고 본다. 충분히 좋은 사람을 뽑기는 항상 힘들다. 정말 그 시점에 가장 필요한 사람이 어떤 사람인지 알기도 쉽지 않다. 무조건 프로필이 좋은 사람을 뽑으려 하면 안 된다. 뽑을 수 있는 사람(너무 훌륭해서 도저히 모셔올 수 없는 사람 말고) 중에 가장 좋은 사람을 뽑고 그 사람을 믿어 줄 만하게 자랄 수 있도록 도와주고 적절한 시점에 그 사람에게 큰 권한을 위임하는 것이 핵심이다.

비전을 잘 만들어야 좋은 사람들이 모여든다. 비전은 ① 충분히 도전적이어야 하고, ② 달성 여부를 판단할 수 있도록 명확해야 하며, ③ 비전이 달성되는 과정을 통해서 많은 중요한 가치와 기반이 만들어지는 것이어야 한다. 미국이 스푸트니크 쇼크 후에 내세운 '달 착륙'은 위의 세 가지 조건을 만족시키는 훌륭한 비전의 사례다. '소득 4만 달러 달성'이나 '노벨 과학상 수상'은 도전적이긴 하나 그것을 달성하기 위하여 구체적으로 무엇을 해야 하고 그 과정에서 무엇이 얻어지는지가 불분명하므로 좋은 비전이 아닌 것 같다.

우리 대학의 바람직한 역할

외형만 보면 우리나라는 창업의 천국이다. 대학마다 산학협력단이나 기술지주회사가 있고, 곳곳에 창업경진대회가 자주 열리고, 각종 벤처 지원 정부자금과 시설 지원, 민간투자자도 많은 편이다. 이러한 열기가 좋은 결실로 이어지려면 모든 대학이 창업정신을 제일 가치로 가르쳐야 한다. 인생도, 회사도, 국가도 창업정신으로 무장해야 부흥할 수 있기 때문이다. 대학은 청년들이 사회에 나오기 전에 거치는 교육의 마지막 단계다. 여기서 모든 청년이 진짜 창업자로 거듭나게 해야 한다. 그런데 지금 우리 대학의 문제는 정작 창업의 주력이 되어야 할 대학원생과 연구 역량이 정점에 와 있는 젊은 교수들이 창업에는 무관심하다는 것이다. 학부생들이나 캠퍼스 밖에서는 정부 지원금이나 VC 자금을 받으려고 많은 사람이 뛰어다니지만, 대학의 연구실은 조용하다. 이것은 창업으로 대학과 나라를 이끌어 가는 미국, 이스라엘, 중국의 대학과는 너무나도 다른 섬뜩한 모습이다.

지금 우리나라의 대학원생은 학위를 받으려면 모두 반드시 논문을 써야 한다. 그러나 이제는 대학에서 획일적으로 논문만 쓰게 하지 말고 사업계획서 쓰는 법을 꼭 배워야 한다. 논문은 꼭 모든 학생이 쓸 필요가 없고 창업의 과정에서 기술적으로 깊이 들어가게 될 경우, 필요에 따라 서로 힘을 합하여 논문을 쓰는 정도로 하는 것도 좋다고 생각한다. 모든 학생이 교수나 연구자가 될 것도 아니고 특히 연구자의 경우에는 꼭 논문, 특허를 써내야만 연구를 할 수 있는 것도 아니지 않은가? 오히려 사업계획서는 모든 학생이 꼭 써보아야만 할 필요가 있다. 인생 자체가 중요한 사업이며, 중요한 사업은 잘 계획할 가치가 있기 때문이다.

대학은 가장 근본적인 문제에 대하여 다양한 관점에서 자유롭게 사고하고 소통하는 가운데 인재가 만들어지는 곳이어야 한다. 과연 이 시대에 우리 대학의 역할은 무엇이어야 할지 고정관념에서 벗어나 진지하고 자유롭게 생각해 볼 필요가 있다. 미국의 힘은 창업에서 나온다. 미국 대기업들은 수백 년 된 것들도 있지만 부모에게 상속받은 것은 별로 없고 대부분 이사회를 통하여 선임된 대표에 의해 지배권이 계승된다. 제너럴일렉트릭의 소유주나 CEO는 창업자인 에디슨의 자손이 아니다. 현존하는 구글, 애플, 페이스북, 아마존 같은 대표적인 대기업들은 모두 최근 당대에 창업된 것이다. 왕성한 창업과 시대의 필요에 따른 과감한 경영자 및 주주의 변화는 미국의 솟아오르는 힘의 원천이기도 하다.

실리콘밸리 하면 프레데릭 터먼 박사를 생각하지 않을 수 없다. 터먼 박사는 스탠퍼드 공대 학장으로서 대학 캠퍼스에서 휴렛팩커드 등 1세대 벤처기업들이 성공적으로 나올 수 있도록 적극적인 지원을 해주고 창업의 모태로서 대학의 역할을 보여주고 오늘의 실리콘밸리 창업 생태계를 만들고 미국의 미래를 닦았다. 터먼이 지금 한국의 대학을 보면, 50주년 개교를 맞는 KAIST를 보면 어떤 조언을 해줄 것인가?

이 시대의 대학의 역할과 소명은 20~30년 이상 지난 시대의 대학의 그것과는 다르다. 대학은 학자와 연구자만 키워내는 곳이 아니다. 대학은, 특히 이공대학은 시장분석가, 기업 경영인, 투자가, 지재권 거래사 등 새로운 산업 생태계의 다양한 전문가들을 사회로 키워 보내야 하고, 이들이 되돌아와 캠퍼스에서 학생들과 만나며 사업계획을 만들고 창업에 같이 도전할 수 있게 해주어야 한다. 미래의 세계를 준비하는 예비 창업자들을 키워내는 것이 4차 산업혁명 시대의 우리나라에 적절한 대학의 역할이다. 청년들이 사회로 나아가는 마지막 도약대인 대학에 이런 큰 그림이 그려지게 되면 청년들이 꿈을 갖고 활력을 갖게 될 것이다.

09
일 잘하는 사람

사람은 살아 있는 동안은 무엇이든 일을 하게 되어 있다. 물리학적 정의에 의하면 일은 사물의 모양, 위치, 속도 등 물리적인 상태를 바꿔 놓는 행위를 말한다. 그러나 생각을 좀 넓게 실효적으로 해보면 굳이 몸을 움직이지 않더라도 말하고 생각하는 것만으로도 일을 할 수 있다. 말로 다른 사람의 마음을 바꿔놓고 생각으로 자기가 할 일을 미리 정리해 두는 것도 언젠가는 어떤 일로 나타날 것이므로, 결국 일을 한 것과 같은 효과를 낸다. 손발이 직접 하건 머리나 입으로 하건 우리가 살아 있는 한 우리를 통해서 부단히 어떤 일이 이루어진다. 아무 일도 하지 않고 있기가 오히려 쉽지 않다. 좋은 일이건 나쁜 일이건 간에 무언가 일을 하는 나를 통해 나의 주변이 무언가 계속 바뀐다. 아무 생각도 하지 않고 있으면 주위에서 내가 모르는 일이 벌어질 것이요, 내가 무언가를 기획하거나 열심히 바라며 움직이면 그 일과 관련된 일이 주변에서 이루어질 확률이 높다. 내가 관심을 가진 일이 잘 이루어지게 하고 싶다면 직접 그 일을 하든지 그 일이 이루어지도록 영향력을 적시에 행사해야 한다.

중요한 일에 집중하라

스티븐 코비는 『성공하는 사람들의 일곱 가지 습관』이라는 책에서 일을 중요성과 시급성에 따라 4가지로 나누었다. 급하고 중요한 일은 누구나 하게 되고, 급하지도 않고 중요하지도 않은 일은 누구도 하지 않는다. 문제가 되는 일은 두 가지인데, 하나는 중요하지만 급하지 않은 일로, 예를 들어 건강을 위해 꾸준히 운동을 하는 것이다. 급하지 않기 때문에 중요하지 않은 것으로 착각하기 쉬운 일이다. 지도자가 되려면 이 영역의 일을 놓치지 말아야 한다. 다른 하나는 중요하지 않은데 급하게 몰려오는 일로서 잘못된 인간관계나 중독적인 습관으로 인해 생기는 소위 '속임수의 일' 이다. 이런 일은 하지 않을 수 있도록 별도의 노력을 기울여야 하며, 꼭 해야 하는 일의 경우에는 큰일을 할 때 분업도 하고 위임도 하듯이 가급적 다른 사람에게 위임하는 것이 바람직하다. 이런 종류의 일은 생각할 겨를 없이 급하게 들이닥치기 때문에 습관적으로 빠져들어 결국 시간을 다 잃기 쉽다. 급하지 않지만 중요한 일을 하는 것은 근육을 키우는 것과 같다. 이런 훈련의 과정을 통해 근육을 강화한 사람은 지도자가 되어 크고 복잡하고 중요하고 급한 일이 들이닥칠 때 그 일을 맡아 해낼 수 있게 된다. 급히 닥쳐드는 사소한 일에서 벗어나 급하지 않지만 중요한 일을 하면서 역량과 자세를 키우는 것이 핵심이다. 급하지 않지만 가장 중요한 일은 무엇일까? 그것은 미래를 위해 계획하고 준비하는 일이다.

사람들은 대부분 자신의 관점과 판단 기준에서 좋거나 옳다고 생각하는 일을 찾아서 그 일을 잘하고자 노력한다. 그러나 그 일을 하는 것이 궁극적으로 자신이나 사회에 어떤 영향을 미치게 될지 잘 모르는 경우도 많다. 어린아이뿐 아니라 어른들도 열심히 하고 나서 시간이 지나 후회하는 일들이 얼마나 많은가? 그러니 어떤 일을 할 것인가 잘 정하는 것이 그 일을 어떻게 잘 해낼 수 있을까 생각하는 것보다 우선이다. 누구나 일을 시작하는 것은 가능하지만 그 일이 일단 시작되면 일에 관성이 붙기 때문에 시작한 사람도 쉽게 그만두는 것은 물론 방향을 바꾸는 것조차 힘들 수 있다. 산에서 큰 돌을 밀어버리는 일은 쉽게 할 수 있어도 일단 구르기 시작한 돌을 멈추는 것은 어렵다. 대개 크고 중요한 일의 결과는 그 일을 시작하기 전에 기획하고 준비하는 과정에서 이미 판가름이 나 있기 쉽다.

어떤 프로젝트를 수행하거나 주어진 시점, 예를 들어 학생이 졸업 시점까지 해야 할 일이 여러 가지가 있을 경우, 각 일의 추진 여부나 진행 방향은 각 일의 중요도와 난이도의 두 가지 관점에서 순위를 정해 놓고 그 순서에 따라서 결정하는 것이 좋다(앞서 스티븐 코비의 얘기는 닥친 일의 수행 여부를 중요도와 시급성을 기준으로 판단한다는 것이다. 여기서는 미래의 할 일을 계획하는 경우이므로 시급성보다는 난이도를 고려해야 한다). 중요도는 그 일을 하지 않았거나 잘 못했을 때 입게 되는 피해의 정도를 생각하면 된다. 난이도는 그 일의 내용과 성격, 일할 사람(들)의 자질을 잘 알면 구체적으로 계산해 낼 수 있다. 실제로 하려는 일의 내용을 잘 모르거나 중간에 새로운 변수가 생기면 난이도는 처음에 산정했던 것과 달라 차질을 빚을 수 있다. 중요도와 난이도에 의한 일의 우선순위에 대한 구체적인 생각이나 계획이 없으면 대부분 급한 일부터 하게 되어 있다. 그 사람이 받는 물리적 · 심리적 · 사회적 압박이 심한 순서로 일을 하게 된다. 미리 준비하고 계획하지 않은 일은 급한 대로 대충 처리된다. 그래서 미리 시간을 따로 내어 '급하지는 않지만 중요한 일' 에 대한 계획을 만들어 놓아야 한다.

그림 9-1 사람이 하는 일의 중요성과 난이도에 따른 분류

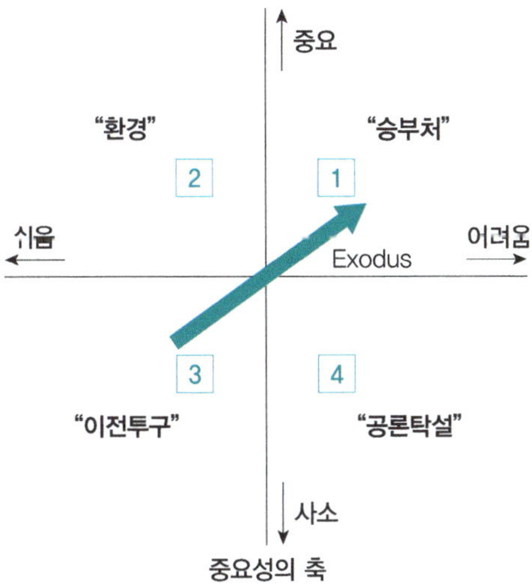

〈그림 9-1〉에 보인 것과 같이 사람이 하는 일은 중요성과 난이도에 따라 크게 네 가지로 나뉜다. 쉽지만 중요한 일을 나타내는 2상한은 우리가 특별히 노력할 필요가 없는 영역으로 모든 사람에게 주어지는 환경과 같이 필요한 약간의 일을 해주고 관리하면서(건강 관리, 관계 관리 등) 그냥 감사하며 누리면 된다. 대개 우리가 시간을 보내고 에너지를 쏟는 많은 일이 쉽고 덜 중요한(사소한) 3상한의 일로서 이전투구泥田鬪狗

혹은 red ocean의 성격을 지닌다. 정작 중요한 일은 1상한의 어렵고도 중요한 일들이다. 대개 이 부분에서 승부가 난다. 노력과 시간과 자원을 되도록 이 영역으로 집중시켜야 한다. 마지막으로 4상한은 객기나 오판으로 목숨을 걸기 쉬운 사소한 일들이다. 소위 한 번 빠지면 헤어 나오기 힘든 늪과 같은 영역이다. 조선왕조가 빠지고 헤어 나오지 못한 공론탁설, 사색당쟁이 여기에 해당한다.

복잡하고 어려운 일이라는 이유만으로 우선순위가 뒤처져서는 안 된다. 어려운 일이건 급하지 않은 일이건 관계없이 결국 중요한 일을 대하는 것이 운명을 가른다. 그 일을 하고 안 하고는 그 일의 중요성 한 가지 관점에서 단호하게 결정되어야 한다. 다만 그 일의 시급성이나 복잡성에 따라 일의 추진 방식과 준비 기간이 달라질 뿐이다. 급하지 않은 일은 여유롭게, 그러나 늦지는 않게, 복잡한 일은 미리 필요한 사람의 도움을 받으며 체계적으로 처리해야 한다는 점이 다를 뿐이다. 결국 '중요하지만 어려운' 일을 대하는 자세가 큰 차이를 가져오고 승부를 가른다. 중요하지 않은 일은 어차피 하거나 안 하거나 대세에 영향을 주지 않는다. 중요하고 쉬운 일은 어차피 누구나 다 하게 되므로 그것으로 인하여 차별적인 경쟁력이 생기지는 않는다. 중요한 일인데도 불구하고 복잡하고 어려워 보여서 지레 포기하거나 급하지 않아서 미루다가 때를 놓쳐버리는 경우가 많은데, 결국 이런 것들이 성패를 가른다. 남들은 놓치기 쉬운 그런 일들을 놓치지 않고 제대로 붙잡고 끝까지 해내는 것이 성공의 핵심이다.

회사에서 신제품을 기획할 때, 갓 창업한 회사에서 투자를 받고자 할 때 어떻게 제품의 경쟁력과 회사의 가치를 높일 것인가를 얼마나 구체적으로 생각하고 어떤 방식으로 표현하고 설득할 것인가를 정하는 것에서 일찌감치 승부가 난다. 시장의 수요자들이 원하는 것이 어떤 것인지, 경쟁사에서는 어떻게 대응하고 있는지, 그리고 우리가 가진 강점은 무엇인지 잘 들여다보고, 제품을 어떤 사양으로 만들까, 우리의 역량을 어떤 방향으로 강화해 갈 것인가를 설계해야 한다. 이것이 가장 중요한 부분이므로 대충 하면 절대로 안 된다. 경험 없는 사람들은 이 중요한 부분이 막연하게 보여서 대충 하기 쉬운데 그러면 회사는 더 이상 성장할 수 없을 것이다.

중요한데 쉬운 것은 별로 없다. 그 문제는 아마도 쉬워 보이지만 실제는 어려운 것이거나, 중요한 것처럼 보이지만 실제로는 중요하지 않

그림 9-2 일 잘하는 사람의 시간에 따른 진도

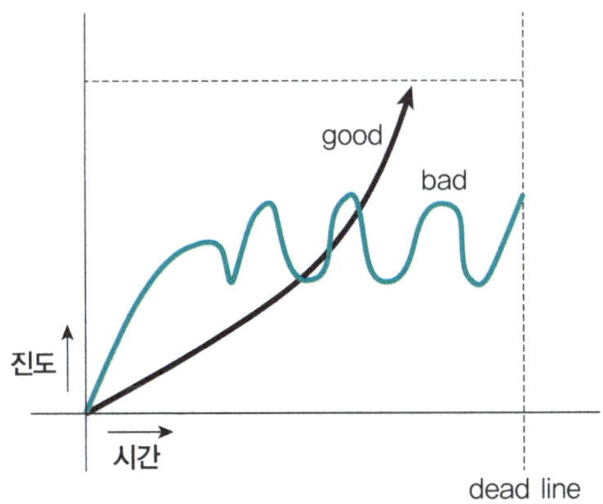

☞ 일을 잘하는 사람은 일을 잘 선정하고 잘 계획하고 준비한 후에 일에 착수하여 예정된 시간 내에 마친다. 일을 잘 못하는 사람은 일단 시작은 빨라도 시행착오를 반복하기 때문에 제대로 된 결과를 제때 내지 못하는 경우가 많다.

은 문제일 것이다. 정말 중요한 일인지 아닌지를 판별하는 것은 일차적으로 개인의 분별과 판단력에 달려 있지만, 사안에 따라 주변의 관련된 사람들과 협의하면서 시간을 두고 점진적인 자세로 대처해 가는 것이 필요하다. 중요한 것은 대부분 문제나 해결책을 생각해 내거나 만들어 내기가 어려운 경우다. 결국, 중요하면서 어려운 문제들에서 성패가 갈린다. 이 문제들이 회사의 연구 역량을 키우고 회사의 지원을 집중할 대상이며 전략적으로 접근할 대상이다. 바로 이곳이 투자할 영역인데, 항상 급한 일로 바쁘다는 이유로 이런 문제에 대비하지 못하고 있는 회사는 발전할 가능성이 적다. 상품기획부는 시장의 요구와 연구개발팀의 능력을 모두 잘 알아야 하는 회사의 전략 요충지다. CEO 역할을 잘하려면 이 부서를 거치는 것이 중요하다.

성공하는 사람들과 성공하지 못한 사람들의 차이는 얼마나 오래 일하는가는 물론이고 얼마나 열심히 일하는가에 있는 것이 아니다. 성공하는 사람들은 중요한 일, 잘할 만한 가치가 있는 일을 찾아다닌다. 잘할 가치가 큰 일일수록 일반적으로 기획하기는 더 어렵지만, 더 잘 기획할 가치가 있다. 복잡하고 어려운 일일수록 노력의 결과가 나오는 데 시간이 오래 걸리므로 본질에 충실하고 신념과 인내를 갖고 추진하는 것이 필요하다. 라면집 창업은 개업 이튿날부터 수익을 올릴 수 있겠지만 대기업이나 정부에 납품할 복잡한 소프트웨어는 들인 노력이 빛을 보는 데 긴 시간이 필요하다. 얼마나 기다려야 할지 지식이 없으면 기다리기 힘들다.

청년이 향후 진로를 설계하는 것 역시 가장 중요한 일이므로 미래

사회의 상황과 수요, 자신의 적성과 역량이 어디에 있는지를 잘 살펴보고 앞으로 어떻게 도전하고 역량을 키워갈 것인지 계획을 만들고 추진하면서 끈질기게 계속 수정·보완해 가야 한다. 기다리고 인내할 만한 가치가 있는 일은 씨를 잘 뿌려두고 느긋하게 기다리는 작물 농사와 같다. 기다리고 인내하지 않으면 농사를 망친다.

사람이 일을 잘하려면 사람을 잘 만나야 한다. 우선 보스를 잘 만나는 게 중요한데 보스도 크게 두 종류다. 시시콜콜 잔소리만 해대는 사람도 있지만 필요할 때에 최소한의 언질만 해주는 사람도 있다. 보스가 볼 때 팀원도 역시 두 종류다. 잔소리를 계속 해주어야 일을 잘하는 사람이 있고, 큰 그림만 보여주고 내버려 두어야 더 잘하는 사람이 있다. 누구든지 후자와 같은 사람을 만나고 싶을 것이다.

물고기를 갈망하라

일의 성패는 어떻게 결정되는가? 아주 쉬운 일이나 몹시 어려운 일에서 승부가 나는 것이 아니다. 어떻게 접근하는가에 따라 쉬울 수도 있고 어려울 수도 있는 중간 난이도 영역, 즉 회색지대에서 성패가 갈린다. 회색지대에서는 동기부여가 결정적인 역할을 한다. 일이 대충 되게 하려면 급하고 강하게 명령하는 것이 좋다. 그러나 일이 제대로 되게 하려면 억지로 시키지 말고 그 일을 하고 싶게 만들어 주는 것이 좋다. 동기부여가 핵심이다. 물고기를 주는 것보다는 물고기 잡는 법을 가르쳐 주는 것이 더 좋은 교육법이다. 그러나 최고의 교육법은 물고기를 잡고 싶게 만드는 것, 즉 물고기를 갈망하게 하는 것이다. 그는 물고기를 잡는 법을 스스로 찾아 배울뿐더러 아마 그 이상을 배울 것이다.

동기부여가 된 사람은 같은 말과 행동을 해도 호소력, 전달력이 남다르다. 진실성이 있기 때문이다. 정말로 알고 느끼고 믿는 사람의 표현력과 전달력은 모르면서 아는 척, 믿는 척하는 사람이 절대로 따라갈 수 없다. 전문가는 그 차이를 알기 때문에 ~척하는 사람에게 속아 넘어가지 않는다. 일을 잘하는 것의 반대는 '잘하는 척하는 것'이다. 중요한 것은 확실히 알아야 하고, 모르는 것은 알 때까지 배우든지 아니면 남에게 맡기든지 해야지 아는 척해서는 안 된다. 자기가 할 수 없는 것, 모르는 것은 남에게 당당하고 명료하게 맡겨야 한다. 모르면 손들고 물어야 하고 아프면 도와 달라고 소리쳐야 한다. 아는 척, 안 아픈 척하면 상황은 악화된다.

일 잘하는 것은 잘 배우는 것

어떤 일을 함으로써 금전적인 보상을 잘 받는다면 그 일은 아마 할 만한 일일 것이다. 그러나 그 일을 함으로써 일을 더 잘할 수 있는 능력을 만들 수 있다면 그 일은 돈을 내면서라도 할 만한 일이다. 배우며 돈을 내는 사람이 일해 주면서 돈을 받는 사람보다 미래에 더 큰 희망이 있다. 돈을 벌면서 배우는 것은 금상첨화다. 학생이 학교를 졸업한다는 것은 배움을 끝내고 돈을 벌기 시작한다는 것이 아니다. 졸업한다는 것은 돈을 내면서 배우다가 '돈을 벌면서 배우는' 것으로 바뀌는 것이다.

그림 9-3 **일 잘하는 사람은 잘 배우므로 나이가 들면서도 성취도가 상승한다**

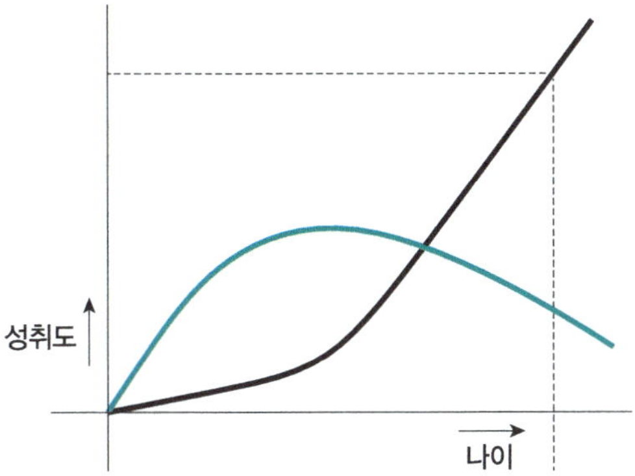

☞ 일을 잘하는 사람은 일을 시작하기 전에 계획하고 준비하는 과정을 반드시 거치기 때문에 그 일이 성공하건 실패하건 일하면서 배우고 성장한다. 조준하고 쏘는 사람은 처음엔 못 맞춰도 이내 오조준을 통해 맞추게 되지만 조준 없이 쏘는 사람은 배우지 못하므로 상황이 나아지지 않는다. 일을 잘하는 사람은 나이가 들면서 더 잘하게 되고 못 배우는 사람은 체력의 정점을 지나면 점점 더 못하게 된다.

배움은 평생 같이 가는 것이라는 생각은 사람의 수명이 길어지고 사회가 더 개방되면서 더욱 중요해졌다. 형편과 상황에 따라 돈을 낼 수도 있고 돈을 받을 수도 있다.

중요한 것은 돈의 흐름과 무관하게 항상 배우고 있어야 한다는 것이다. 돈을 벌면서 배워라, 그게 어려우면 내면서 배워라. 일 잘하는 사람은 항상 잘 배우는 사람이다.

잘 배우지 못하는 사람은 더 이상 일을 잘하기가 힘들어질 것이다. 아니, 일하는 능력이 퇴화할 수밖에 없다. 개방된 사회에서는 다양한 일들이 복잡한 관계 속에서 역동적으로 바뀌고 서로 얽히게 된다. 잘 배우려면 스스로 생각하고 질문하고 답하려 애써야 한다. 스스로 생각하지 않으면 질문도 안 생기고 질문이 없으면 답을 찾아 고심할 필요도 없으니 더 깨닫는 것도 없게 된다. 깨달을 줄 모르는 사람은 가르쳐 봐야 효과가 나질 않으므로 가르칠 필요도 없다. 아는 만큼 일할 수 있고 배우는 만큼 더 알게 되므로 배울 수 있는 한 삶은 신나는 것이다. 지금 일을 잘 못하는 것이 배울 줄 몰라서라면 정작 지금보다 미래가 더 걱정이다. 부익부富益富 빈익빈貧益貧이라지만, 배우는 자는 부유해지고 배우지 않는 사람은 가난해진다고 보아야 할 것이다. 어떻게든 잘 배우고 일 잘하며 잘 누리는 부익부의 길로 들어서라.

일 잘하는 사람은 자기가 할 일을 잘 고를 줄 아는 사람이다. 잘못 고른 일을 잘 해내기는 어렵다. 어떤 일을 할 것인가 선택할 때 당장의 보수報酬뿐 아니라 역량의 향상, 즉 미래의 보상까지 고려해야 한다. 직업, 직장을 선택하는 것과 같은 중요한 선택 문제에서는 더욱 그렇다. 일을 잘하는 사람은 일을 잘 고르는 사람이며 그는 계속 더 잘하게 된다. 역경에서 일궈낸 이순신 장군의 24전 24승 기록은 싸워 이길 만한 싸움을 잘 골라서 싸운 결과라고 보아야 한다. 장군에게는 싸울 싸움을 고르는 일에서 이미 싸움이 끝났고, 매번 싸울 때마다 배움을 통하여 더 강해졌던 것은 아닐까? 조선이 배출한 희대의 명장 이순신, 절명의 순간마다 그의 머릿속을 지나갔던 복잡한 생각과 계산의 과정을 훔쳐보듯 상상해 본다. 보통 사람들은 일할 때는 일만 하고 앞에 닥친 일만 신경 쓰지만, 일 잘하는 고수高手는 일을 추진하는 과정에서도 그 일의 수행은 물론 앞으로 할 일에 대한 계획을 꾸준히 세우며 나아간다.

일 잘하는 것은 일을 잘 나누는 것

일을 잘한다는 것은 대개 일을 잘 나누는 것을 포함한다. 큰일일수록 더 그렇다. 대개 잘할 필요가 있는 중요한 일들은 여러 사람이 협력해야 할 필요성이 큰 일들이다. 협력이 꼭 필요한 일은 대개 크고 중요한 일이다. 협력이 꼭 필요한 일은 잘 나누어져서 적절한 사람에게 적절한 일정으로 할당되고 적절한 자원이 지원되어야 한다. CEO 혹은 창업팀의 머리에는 이러한 구상이 계속 돌아가고 있을 것이다. 단지 임무 할당, 자원 할당, 협력 방식을 결정함에 있어서 얼마나 많은 선택지를 보면서 얼마나 적절한 결정을 내리는가가 일의 성과에 큰 영향을 준다. 구성원들의 다양한 경험, 서로 소통하고 협력하는 자세, 실용적인 생각이 중요한 역할을 한다.

CISS에서 창업을 같이 준비해 온 두 사람이 있었는데 CEO를 누가 맡는가 하는 문제로 의논을 하다가, 논문 실적도 좋고 박사학위도 있고 창업을 활발히 주도해 온 사람이 CEO를 맡고 창업 준비 과정에서 나중에 합류한 사람이 CTO를 맡는 것으로 정하고 진행하고 있었는데, CEO를 맡을 사람이 갑자기 대학에 교수 자리가 생겨 전직하는 바람에 전혀 CEO 경험도 없고 할 생각도 하지 않던 CTO를 맡을 예정이던 다른 사람이 CEO로 총대를 메고 창업하게 되었다. 우연히 그렇게 되었지만 지금 그는 실제로 기술적인 일은 물론 경영, 마케팅, 투자유치 등 다양한 일을 총괄하며 탁월한 CEO로서의 역량을 발휘하며 회사를 잘 성장시키고 있다. 위기가 사람에게 감당할 힘을 키워주는 것 같다. 지도자의 능력은 본인도 주변 사람도 평상시에는 잘 알기 어렵다.

회사의 직임을 맡길 때는 창업을 준비해 온 사람의 지금까지의 기여도뿐 아니라 앞으로 할 역할도 반영해야 한다. 실제로 회사의 제품을 개발하고 생산하여 판매하는 일에는 관련 논문을 얼마나 많이 썼는가가 별로 중요한 일이 아니다. 회사에 필요한 역량이 실질적으로 무엇이고 그 역량을 누가 잘 갖추고 있는가 하는 관점에서 보직 선임을 해야 한다. 그렇지만 대부분의 경우 그 당시에는 누구도 감히 그런 생각을 못한다. 본질을 꿰뚫어 보고 철저하게 원칙과 근본에 따라 생각하고 행동하는 것이 참 쉬운 일 같지만, 실전에선 그렇지 않은 경우가 많다. 대충하면 대충 망하고 철저하게 하면 결국 성공한다.

좋은 실패, 나쁜 성공

성공하려는 사람들의 집단에서 가장 중요한 것 중 하나는 실패의 경험이다. '실패는 성공의 어머니' 라는 말도 있지만, 성공하고자 하는 팀은 적어도 '과거의 성공을 각자 뽐내기' 위해서가 아니라, '앞으로 같이 성공하고 싶어서' 모인 사람들이란 점을 명백히 밝혀야 한다. 과거의 성공과 실패는 그 자체의 의미가 아니라 그것들이 이제 앞으로 할 일에서 어떤 밑거름으로 쓰일 것인가가 중요하다. 어느 다국적 기업의 채용 일 순위는 양질의 실패 경험을 가진 사람이라고 한다. 실패를 통하여 배운 것은 그냥 책을 읽거나 남의 얘기를 들어 알게 된 내용보다 더 확실하고 강력하게 기억된다. '좋은 실패' 란 정직과 최선을 다하여 성실하게 노력했는데도 불구하고 성공하지 못한 것을 말한다. 오직 좋은 실패를 통해서만 좋은 것을 배우고 성공에 더 가까이 다가간다. 나쁜 실패에서는 별로 배울 것이 없다. 나쁜 총으로라도 일단 최선을 다하여 조준하고 쏘면 빗나갔더라도 그다음에는 명중을 기대할 수 있다. 조준 없이 나간 총탄은 (설령 운이 좋아 명중을 했더라도) 그 후의 명중 확률을 올리는 데 아무런 도움도 주지 못한다.

성공이라고 다 좋은 것도 아니다. '조심해야 할 성공'은 왜 성공하였는지 모르고 성공한 것이다. 조준 없이 명중된 총알과도 같다. 왜 성공했는지 모르기 때문에 두 번째 시도가 성공하는 것은 완전히 별개의 문제다. 그래서 성공은 복사하기가 쉽지 않다. 성공담에서 직접 성공의 열쇠를 찾기보다는 실패의 원인을 발견하는 것이 더 효과적이다. 성공이 감사할 일이고 도약의 발판과 섬김의 수단이 될 수 있는 것은 좋지만, 만약 성공으로 인하여 통찰과 겸손 대신 방만과 교만이 들어서면 패망이 문 앞에 도사린 것이다.

결국, 우리가 할 수 있는 것은 '좋은' 시도다. 그 결과는 실패일 수도 성공일 수도 있다. 누구나 성공하기를 원하고 노력하겠지만 결과는 결국 알 수도 없고 보장할 수도 없다. 중요한 것은 좋은 시도, 즉 정직과 성실의 도전을 하는 것이다. 좋은 시도는 그 외형적 결과와 무관하게 내면적 열매가 항상 좋다. 좋은 도전을 하면 그 자체로 이미 '성공' 한 것이다. 적어도 성공에 한 발 더 다가간 것이다. 실패한 사람이 교만해질 리는 없을 테니 낙심하지만 않는다면 성공은 이미 더 가까워진 것이다. 이것이 도전하는 사람, 좋은 도전을 하는 사람에게 주어지는 복이다. 진인사 대천명盡人事 待天命.

내면의 가치를 평가하라

'성실한 시도'의 '성실성'에 대하여 좀 더 생각해 보자. 우선 사람의 성실성은 무엇에 대한 성실함인가? '성실한 재판관'이 있다면 '성실한 조폭'도 있지 않겠는가? 하고 물을 수 있다. 사람은 자기가 가장 높은 가치를 부여하는 것에 성실하게 된다. 무엇에 가치를 부여할 것인가 하는 문제를 일단 떠나서 가치를 어떻게 평가할 것인가 하는 문제를 생각해 보자. 가치 평가의 방법은 일단 외형을 보느냐 내면을 보느냐 하는 두 가지, 즉, 스펙을 보느냐, 내면의 실력을 보느냐로 갈린다. 또 단편적인 실적을 보느냐, 사회에 끼친 효과나 영향력을 보느냐로 갈리기도 한다. 내면의 실력을 보는 것은 스펙을 보는 것보다 어렵고, 보는 사람마다 다른 결과가 나올 소지가 크다. 마찬가지로 끼친 영향력과 효과를 평가하는 것은 단편적인 실적을 평가하는 것보다 더 어렵고 사람마다 다르게 마련이다. 그래서 대부분 단편적인 실적물 중심으로 쓰여 있는 이력서상의 스펙을 보고 그 사람을 평가하게 된다.

그러나 평가하기 쉬운 방법이나, 평가 결과에 대하여 유사시 면책받기 쉬운 방법(예를 들어 심층 면접 대신 내신 성적 점수)으로 평가하는 것은 좋은 방법이 아니다. 이런 방법은 단순한 작업의 수행이나 원시적인 사회의 운영에나 적합한 것이다. 어떤 일을 잘하게 하는 것이 정말 중요하다면 그 일을 제대로 해낸 사람에게 합당한 평가를 해주어야 한다. 평가 방법이 어렵고 복잡해도 말이다. 예를 들어 기술이나 사고의 정교함이 필요한 일을 할 사람을 뽑는 경우 외모, 학력, 언변 중심으로 사람을 뽑아선 안 된다. '일을 잘하는 것이 중요하다' 라는 일관된 메시지가 나와야 한다.

그러나 매우 선진화된 국가를 제외하고는 아직도 사회에 어떤 영향을 끼쳤고 어떤 기여를 했느냐보다는 논문 편수, 수상 실적, 학력 및 직장 경력과 같은 단편적인 스펙을 보고 사람을 평가하려는 성향이 크다. 즉, '성실' 이라고 쓰고 '성실하게 스펙을 쌓아가는 것' 이라고 읽는 것이다. 논문 수, 특허 수, 학력 등 스펙 외관만 중시하고 사회와의 연결성, 관계성, 스토리를 무시한다면 그 사회에서는 실용적으로 사회에 이바지할 사람이 키워져 나오기 힘들 것이다. 그 대신 외형이 그럴듯한 사람, 일은 안 하고 군림하고 책임은 지지 않는 사람이 쏟아져 나올 것이다.

많은 사람이 올바른 길보다는 편한 길로 가기를 좋아하고, 공동의 큰 기쁨보다는 개인의 이익과 편법을 추구하며, 나중의 큰 성과보다는 지금의 작은 즐거움을 선택한다. 주위로부터 현재의 즐거움과 갈채를 먼저 탐하다 보면 대중영합주의포퓰리즘의 덫에 걸린다. 성실은 최고의 가치를 찾고 지켜가기 위하여 그것을 가로막는 유혹과 장애물을 '알아보고 극복하는' 것이다. 성실이 훌륭한 덕목인 것은 확실하나 선과 악이 혼재하는 실제 상황에서 성실의 덕목을 견지하기는 쉽지 않다.

무엇에 대하여 성실할 것인가를 정하는 것이 성실의 제일 단계 작업이라면, 그것을 어려움 가운데에서도 어떻게 추구해 갈 것인가는 제이 단계 작업이다. 제이 단계 작업이 절대 쉽지 않은 것은 성실을 가로막는 대부분 장애물이 내 안으로부터 오는 것이기 때문이다. 예를 들어 건강이라는 가치를 지키려면 술, 담배, 탐식, 과로, 태만의 유혹을 뿌리쳐야 한다. 사람은 더 좋은 것을 발견하면 그동안 즐겨오던 작은 것들을 버릴 수 있게 된다. 더 중요한 큰 것에 성실하기 위하여 그동안 중독되어 탐닉해 왔던 '알고 보니 무가치한' 것들을 내버린다. '무엇'을 위하여 버리는 것이 없이 '그것'에 대하여 성실할 수 없다. 우리가 성실해야 할 본질을 분별해 내면 그동안 우리 몸에 기생하며 본질을 갉아먹던 사소하거나 해로운 것들을 버릴 수 있게 된다. 만약 삶이 투쟁이거나 그 안에 투쟁적인 요소가 있다면, 가장 치열한 투쟁은 자기 자신 안에서 일어나는 것이다. 자기 안의 거대한 적과 마주치는 것은 큰 용기와 도전이며, 그 투쟁을 이어가는 것은 큰 외로움이고, 그것을 운명으로 받아들이는 성숙에 이른다는 것은 삶의 큰 기쁨이다.

10
창업가는 지도자다

지도자는 묻고 부딪치며 큰 그림을 찾아가는 도정道程에서 만들어진다

수업 첫 시간에 학생들에게 물었다. 공부는 왜 하고 인생 계획은 무엇이냐? 거의 모든 학생이 '실력 있는 전문가가 되어 돈을 많이 벌어서 가족들과 행복하게 사는 것'이라고 답해 왔다. 그보다 더 나쁜 답도 거의 없었고 더 좋은 답도 별로 없었다. 답이 맞고 틀리고를 떠나 내놓는 생각과 인생에 대한 그림이 너무 작고 다 비슷비슷했던 것이 나를 더 우울하게 했다. 당연하고 모범적인 답변이긴 하지만 이공계, 인문사회계를 떠나서 이런 소시민적인 생각만으로는 좋은 사회가 만들어지기 어렵다. 청년들은 좀 더 열정적이고 도전적이어야 하는 것 아닌가? 틀리면 틀린 대로 저질러야 서로 부딪치고 느끼고 깨우치고 고쳐가면서 각자 성숙한 사람이 되어가고 전체로 큰 그림도 만들어지는 것 아닌가? 같은 크기와 모양의 모래들만으로 만들 수 있는 것은 사막밖에 없다. 돌과 진흙, 잡풀과 바위도 있어야 다양한 기능의 도시를 만들 수 있다.

모두 올바르고 착해서 각자 작은 행복만 추구하면 전체 사회가 잘 굴러갈 것 같지만 이것은 이론적으로만 가능한 이야기다. 사회의 규모가 조금만 커져도 그렇게 되기 힘들다. 아이러니하지만 완벽한 무균 상태는 오히려 불안정하다. 외부의 침입이나 돌연변이 사건 같은 작은 동요에 대한 대처 능력이 없어 금방 불안정해진다. 약간의 공격적인 '메기들' 이 있고 그것에 대응하는 적절한 긴장 상태가 유지되는 '동적動的인 평형 상태' 가 오히려 더 건강하고 안정된 것이다. 우리 몸은 사는 데 필요한 기능을 하는 여러 기관, 조직들과 이를 이루는 수많은(약 70조 개) 세포로 구성되지만, 우리의 평균 수명은 몸 안의 어떤 세포의 수명보다 훨씬 길다. 제일 긴 편인 뼈나 지방세포의 수명도 10년 정도이고 피부세포는 고작 2~3주, 백혈구는 일주일 정도다. 자라나는 청소년의 몸에서도 많은 세포가 매일 매 시간 죽어 나가지만 더 많은 젊은 세포가 새로 생겨나기 때문에 몸은 성장하는 것이다.

늙고 약해진 것이 죽어 나가고 건강한 새로운 것이 더 많이 만들어져야 몸이 유지되고 성장한다. 인체건, 사회건 새로운 것이 만들어지지 않으면 오래된 것이 아무리 최선을 다해도 오래 갈 수 없다. 좋은 사회는 반드시 좋은 구성원 이상이 필요하다. 좋은 지도자가 필요하다. 좋은 지도자는 흠결이 없거나 잘못을 범하지 않는 사람이 아니라 누구에게나 있는 흠결과 발생할 수 있는 잘못에 대하여 적극적으로 대승적으로 대응하는 사람이다. 지도자가 이단교주처럼 특별한 능력이나 출생 배경을 가질 필요가 없는 것은 물론이다. 좋은 지도자는 수동적passive이거나 대응적reactive인 수준에 머무르지 않는 선제적으로 능동적인pro-active 사람이다. 좋은 지도자를 키워내지 못하는 사회는 결국 망한다.

망해 가는 사회에서 개인이 살아남을 길은 없다. 어떤 사회에서 톱 수준의 인재라고 인정받고 그만한 자원과 대접을 받는 사람이 자기 혼자만 행복하게 살겠다고 하면 '꿈 깨라' 고 해야 한다. 그런 꿈은 이루어질 수 없다. 미래에 지도자가 될 위치의 사람들이 모두 그런 꿈만 가진 사회는 지속될 수 없다. 그 사회는 그대로는 희망이 없다. 지도자 후보 집단을 다시 선정하든지 교육과 훈련의 방향과 방법을 뜯어고쳐야 할 것이다.

인식, 사고, 표현의 기술로 세계에 접속하라

왜 사회는 돈과 시간과 에너지를 들여가며 젊은이들을 교육하고, 왜 많은 젊은이들은 눈을 비벼가며 공부하고 있는가? 공부하는 일은 힘든 일이지만 그 과정을 잘 마치면 개인은 물론 그 사회가 더 발전하고 풍성해진다는 희망과 믿음이 있기 때문이다. 선진사회일수록 더 많은 사람이 이 희망과 믿음이 잘 지켜지리라 믿으며 그렇게 되도록 노력한다. 좋은 사회일수록 개인의 목전 이익보다 많은 사람과 사회의 미래를 위해 더 노력해야 한다고 가르친다. 좋은 사회는 저절로 만들어지는 것이 아니라 구성원들 간에 이 메시지가 잘 전달 · 공유 · 계승되도록 구성원들이 노력을 통해 만드는 것이다.

젊은이들은 급히 여러 가지 지식을 얻으려 하거나 그럴싸한 스펙을 쌓으려 하지 말고 중요한 것을 분별하는 힘을 키우며, 당장의 실리보다 세계의 근본 원리에 대하여 숙고하고, 세상과 인생을 멀리 넓게 보고 교훈을 찾아 경청하며, 오래 참고 기다리는 힘을 키워가야 한다. 보람 있는 인생을 살며 행복한 사회를 만들어 가려면 세계와 인생에 대한 큰 그림이 있어야 한다. 그것은 우리가 사는 세계와 자기 삶의 의미에 대한 통찰과 비전이다. 그러려면 이 세계의 중요한 존재들, 즉 물질, 생명, 타인, 세계, 자신, 신神에 대한 올바른 생각과 지식이 필요하다. 그리고 이들에게 올바로 다가가고 접속하는 수단으로서 인식과 사고, 언어에 대한 이해와 이들 수단의 올바른 사용법에 대한 지식이 필요하다.

대부분의 청년들은 이런 얘기를 건성으로 듣고 지나간다. 대부분 이런 얘기는 당장 도움이 안 되고 자기에겐 더 급한 일이 있다고 생각한다. 시간이 가고 청년이 노인이 되면 생각이 어떻게 바뀌게 될까? 만약 그들이 젊은 시절에 세계, 신, 자기에 대한 철학적인 성찰을 좀 더 열심히 했다면 그것이 그들의 삶에 어떤 변화를 가져다주었을까? 대부분의 사람들은 평범하게 산다. 평범하게 사는 것은 매우 좋은 일이다. 그런데 좋은 것은 안쪽에 숨겨져 있어야 하고, 다른 사람들에게 드러나는 부분은 평범한 것이 좋다. 청년 시절 삶의 근본을 탐구하는 과정에서 얻은 지식은 큰 나무를 받쳐주고 있는 뿌리처럼 삶을 건강하고 풍성하게 지탱해 줄 것이다.

많은 사람이 심각하게 고민하고도 명쾌한 답을 제시하지 못하는 질문들, 그 질문들은 클래식 음악처럼 좋은 것이다. 답은 잘 몰라도 그냥 붙들고 뒹굴기만 해도 좋은 질문이 정말 좋은 질문이다. 답은 나오질 않아도 묻고 고민하는 동안 질문하는 사람이 바뀌어 간다. 답은 질문을 던지는 사이 그 사람의 내면에 쓰이고 있다. 중요한 것은 교과서만 읽어서는 깨달을 수 없다. 정보는 책에서 배우고 공책노트북에 쓴다. 인생의 교훈은 종이책이 아니라 사람, 세계, 살아 있는 타인에게서 읽는 것이고, '무엇'을 깨달으면 '그것'은 깨달은 사람의 마음에 쓰이는 것이며, 이 과정을 통해서 타인은 물론 자신과 소통하는 건강하고 성숙한 인간이 만들어지는 것이다. 이런 사람에게서 세계와 접속된 인생의 깊은 아름다움의 이야기가 흘러나오게 된다.

사소한 문제는 버리고 핵심 문제를 찾아가라

인생은 '무언가'를 향하여 '언제까지인지 모르는' 시점까지 '무언가'를 하면서 살아가는 것이다. 정해진 점수를 먼저 따면 이기는 배구나, 정해진 시간 동안 얻은 점수가 크면 이기는 축구와는 다르다. 어쩌면 일정과 목적지가 따로 정해지지 않은 단독 요트 여행이나 트레킹과 좀 더 비슷할지 모른다. 상황에 따라 숙영지나 목적지가 변할 수는 있지만, 무엇이 중요한 것인가에 대한 감각은 유지해야 한다. 언제 끝날지는 모르지만 언젠가 끝날 것이라는 긴장은 유지해야 한다.

중요한 시험을 치렀는데 복잡하고 어려운 문제를 못 맞힌 것은 괜찮지만, 쉬운 문제를 못 맞히고 나면 참 안타깝다. 당연히 시험 문제를 받으면 쉽고 배점이 높은 문제부터 찾아 풀어야 한다. 소위 가격 성능비가 높은 문제들이 최우선 타깃이다. 인생살이도 비슷하다. 삶의 질, 노력의 효율을 높이려면 선택과 집중의 전략이 필요하다. 아무거나 닥치는 대로 해서는 좋은 결과를 기대하기 어렵다. 쉽고 중요한 문제를 다 풀고 나면 그다음에는 어려워도 중요한 문제를 풀 것인가, 덜 중요하지만 쉬운 문제를 풀 것인가를 정해야 한다. 되도록 어려워도 중요한 문제를 푸는 것이 좋다. 삶도 그렇게 살수록 질이 좋아지고 끝이 좋다. 유종의 미, 잘 끝내는 것이 좋은 것이다. 쉬운 문제만 풀고 있으면 몸은 편해도 마음이 불편하며 발전이 없고 결국 불행해진다. 중요하다면 어려운 문제에도 대들어야 한다. 그러나 실력으로 준비되어 있지 않으면 어려운 문제에는 도전할 수 없다. 오늘은 오늘 주어진 문제를 풀기 위한 시간이며, 동시에 내일 풀게 될 문제에 대비하기 위한 시간이기도 하다. 몸은 오늘을 살지만 눈 하나는 오늘에, 다른 하나는 내일에 맞춰져 있어야 한다.

'중요해 보이는' 문제가 다 중요한 것은 아니고, '어려워 보이는' 문제가 다 어려운 문제는 아니다. 상황이 아무리 급해도 정신을 잃지 말고(정신을 잃지 않는 것은 외부의 타인이 도와주거나 해줄 수 없고 정신 스스로 해야 할 일이며, 이는 어려운 일이지만 실전 경험과 연습을 통해 조금씩 더 잘할 수 있게 된다. '메타 정신'이라 부를 수 있는 하나의 고급 정신이 일하느라 '정신없이' 바쁜 정신을 잡아주게 된다) 그 상황을 잘 들여다보고 궁리하고 주위의 사람들과 의논해 보면 그 상황에서 무엇이 핵심인지 알아차릴 수 있다. 중요한 문제가 나타나면 물러서지 말고 그것이 얼마나 어려운 문제인지 파악하고, 어떻게 푸는 것이 가장 좋은 방법일지 숙고한 후 결정해야 한다. 정말 중요한 문제는 그것을 풀 방법과 여건도 주어진다는 믿음 혹은 '긍정적 기대감'을 가져야 한다. 고기를 먹어야 살 수 있는 사자는 자신이 사냥할 능력이 있다는 것을 믿어야 한다. 믿음은 강하고 힘든 훈련과 실전에 과감히 도전할 수 있게 하며, 결국 능력의 향상을 가져온다.

군자대로행, 큰 그림을 보며 큰 길로 걸어가자

가장 좋은 지도자는 사람들을 올바르고 행복한 길로 이끌기 위한 실용적인 생각과 행동을 하는 사람이다. 극단적이거나 대중영합주의적인 생각과 언행을 하는 사람은 대부분 자기 자신 안의 공허한 꿈과 치우친 생각을 따라가며, 잠깐 그럴듯하게 보이도록 할 수는 있어도 결국 사회에 유익한 영향을 주지 못하거나 해악을 끼치게 된다. 지도자의 가장 중요한 역할은 사람들을 올바른 길로 인도하며 섬기는 것이다. 그러려면 과격하거나 극단적이어서는 절대로 안 된다. 온유하고 성실하고 큰 비전을 갖고 있으며 크게 포용할 줄 알아야 한다.

진리는 그 내용이 옳아야 하지만, 그 영향이 선하고 전달되는 과정이 아름다움을 보임으로써 진리임을 스스로 증명하게 된다. 진리임을 증명하는 실제 가장 유용한 방법은 그 영향이 선하고 과정이 아름다운지 확인하는 것이다(진, 선, 미는 상호 확인하고 서로 세워주는 관계에 있다).

어떤 것에 대하여 '아름답다' 라고 말하는 것은 '옳다, 선하다' 라는 표현 못지않게 판단하기 어려운 주관적인 판단의 영역에 속한다. 사람들은 옳고 그름의 문제로는 '내가 옳고 너는 그르다' 하며 치열하게 싸우지만 아름다움의 문제에 대하여는 그러진 않는다. 일찌감치 주관적으로 판단할 문제로 보고 각자 아름답다고 느끼는 것을 찾아간다.

그러나 큰 아름다움을 보면 얘기가 달라진다. 정말 아름다운 것에 대하여는 경탄하고 모두 동의한다. 완벽하게 아름다운 작품이라면 그 안의 구성 요소들이 어떤 높은 생각이나 가치를 드러내기 위하여 서로 잘 '어울리는' 것이리라. 바위 하나하나의 위치와 모양이 제각각이어도 자연은 그것들로 울컥할 정도로 아름다운 석산石山을 연출한다. 전체를 아우르는 어울림을 통하여 진실인지 아닌지 정체가 드러난다. 어울림이나 아름다움 자체는 애매한 것이 아니다. 그 어울리는 마당의 크기에 따라서 아름다움 역시 그 힘의 크기와 완벽성이 드러날 것이다. 스키 챔피언을 결정하려면 스키장의 경사도를 계속 더 올리면 된다. 경사도가 조금만 더 급해져도 실력 차이가 확 드러난다.

많은 사람이 주목하는 크고 중요한 문제에서 완벽한 아름다움을 확보하기란 쉽지 않다. 마당과 집이 커지면 이름 높은 적잖은 지도자들이

그림 10-1 좋은 지도자가 되는 길

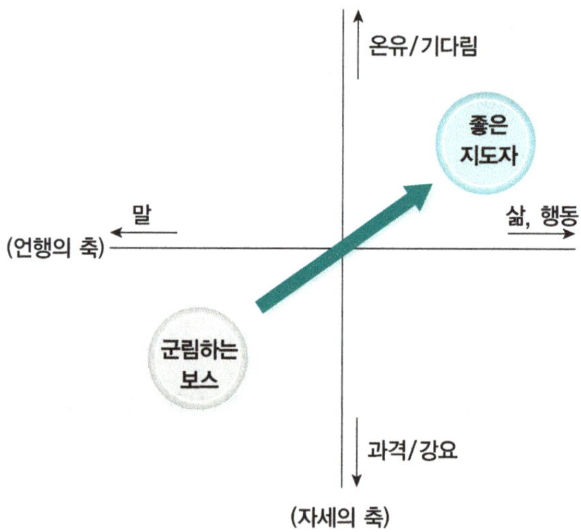

☞ 사람은 '말을 내뱉는 입'이 아니고 '행동을 남기고 간 뒷모습'에서 배운다고 한다. 과격하고 강요하는 군림하는 보스의 말이 아니라 실제 행동과 온유함과 기다림으로부터 배운다. 지도자는 겸손한 자세와 행동의 섬김으로써 영향을 주는 사람이다.

부족한 모습을 드러내는데, 이것은 작은 영역에서 확보된 아름다움이 조금 더 커진 영역에서는 잘 통하지 않기 때문이다. 희미한 불빛 아래 가려지던 부족한 모습이 밝은 빛 아래서는 그대로 드러나기 때문이다. 작은 화폭에 그림을 그리는 것보다 큰 화폭에 그림을 그리는 것이 훨씬 힘들다. 글씨도 마찬가지다. 화폭이 두 배로 커지면 그 안에 그려 넣어야 할 점이나 물체의 수는 4배 정도가 되고 각 점이나 물체 간 관계의 수도 4×4=16배로 기하급수적으로 늘어난다. 16배로 늘어난 어울림을 모두 유지하는 것은 훨씬 더 어렵다. 큰 그림은 작은 그림과는 다른 그림이며, 큰 현판에 쓰는 큰 글씨는 노트에 쓰는 작은 글씨와는 전혀 다른 원리와 기술과 힘이 필요하다.

큰 그림이 있으면 기다리고 절제할 수 있다

불필요하게 극단적으로 튀려는 것들이 죽고, 모든 물체가 절제하면서 큰 주제를 띄워 살리기 위하여 각자의 자리를 잡으면 어울림의 효과가 살아난다. 나를 살리려고 남을 죽이려 하면 남도 같은 방식으로 일어서니 싸움이 되돌아오고 결국 모두 망하게 된다. 나중을 위하여, 전체를 위하여, 큰 아름다움을 위하여, 지금 떠오르는 생각을 죽이고, 나 중심으로 그리려던 부분을 절제해야 한다.

구약 성경의 바벨탑 붕괴의 문제는 사람들이 한 가지 언어를 써서 소통을 원활하게 했다는 것이 아니고, 서로 협력했다는 것도 아니며, 모여 살려고 성읍과 탑을 만들려 했다는 것도 아니다. 건축자재로 벽돌이나 역청과 같이 돌이나 진흙보다 더 인위적인 재료를 썼다는 것도 문제의 핵심이 아니다. 문제의 핵심은 자기를 높이 드러내기 위한 목적으로 더 큰 힘을 조직하려 했고, 큰 힘을 보여주고 타 종족들에게 우위를 과시하기 위한 수단으로 높은 탑을 쌓으려 했다는 것이다. 바벨탑 사건은 '큰 그림' 이 아름답지 않은 것으로 드러나면서 프로젝트는 무너졌고 사람들은 더 이상 같이 추구할 목적을 잃어버려 모두 흩어지고 언어까지 달라져 버렸다는 실패한 건축물에 관한 이야기이다.

사람들을 모으고 힘을 키워 큰 나라를 만드는 것에는 통일된 목적과 가치관과 문화의 공유가 필요하고, 이를 뒷받침하기 위한 좋은 지도자, 조직과 제도, 경제의 규모와 소통의 시스템이 필요하다. 한 사람이나 집단의 독단적이고 과격한 생각이나 욕심은 절대 금물이다. 법, 제도와 문화는 물처럼 쉬지 않고 원활하게 더 낮은 곳으로 흐르며 전체를 돌보고 아울러야 한다. 어떤 주의主義, -ism, 무슨 당파, 어떤 종교가 톱다운top-down으로 압박하고 주도하면 한시적으로나 지역적으로 세력 집단을 만들 수는 있으나, 넓게 퍼지고 오래가기는 힘들다. 극단적인 것이 여과없이 확산되면 전체를 불안정하게 만든다. 메시지의 표현과 전달 방식이 과격하면 그 내용이 설령 일리가 있더라도 곧 힘을 잃는다. 극단적인 모습은 스스로 불완전하고 불안정한 것임을 드러내는 것이다.

주장할 내용이 중요한 것일수록 절제하여 주장하는 것이 좋다. 목소리가 크다고 되는 것이 아니라 주장의 흐름에 무리가 없고 자세가 진솔하면서도 유연하고 겸손해야 한다. 자신이 주장하는 것에 초점을 맞추되 특별한 경우(수학 공식의 증명, 범죄 사실 소명 등)를 제외하고는 너무 인위적으로 완벽하게 증명하려고 하지 않는 것이 낫다. 남의 논리나 생각이 틀렸다는 것을 명시적으로 주장하는 것은 대개 불필요하고 효과도 적다. 더욱이 이해관계의 대척점에 선 사람이 나서서 반박하면 더 큰 오해를 받고 불필요한 큰 싸움으로 번지기 쉽다. 일리 있는 좋은 내용도 부풀려서 세게 주장하면 상대를 자극하여 결국 일이 꼬일 수 있다. 플랜 B 없이 외곬으로 가는 것은 일시적으론 잘나가는 것 같아 보여도 결국 길을 잃거나 잘못된 길로 빠지기 쉽다.

극단적인 논리는 반대되는 다른 진영의 논리와 극명하게 대비시킴으로써 보고 듣는 사람들이 스스로 사리 판단을 할 수 있게 도와주는 역할을 하는 것에서 멈추어야 한다. 만약 불가피하게 극단적인 주장을 하여야 하는 역할을 맡게 되면 선線을 넘지 않도록 조심하여야 한다. 명확한 한쪽의 논리는 이러한 절제 메커니즘과 함께 가동될 때에 더 큰 효과를 낸다. 아니면 다른 편의 극단적인 논리와 이즘-ism들의 패거리 싸움에 함몰될 수 있다. 다다른 위험 수위로 보면 히틀러가 꿈꾸던 제삼 제국 건설의 야망과 제2차 세계대전이 가장 오래 가장 심각하게 인류를 위협하고 가해한 사건일 것이다. 극단적인 것은 그 자체로서 악이 될 수 있다. 단, 일을 해가는 데 있어서 책임 소재를 분명히 하고 법규와 시간을 잘 지키고 결단력을 갖고 업무를 명확하게 하는 것은 좋은 것으로서, 이러한 자세의 단호함은 극단적인 내용을 과격한 태도로 주장하는 것과는 엄연히 다른 것이라는 점을 유의해야 한다. 마찬가지로 온유하고 성실한 것은 애매하게 말하고 행동하며 시간과 규칙을 제대로 지키지 않는 것과는 전혀 다른 것이다. 지도자는 온유하고 성실하며 동시에 단호하되 과격하지 않아야 한다.

극단성과 과격성은 정신세계를 다루는 종교와 현실 세계를 다루는 정치라는 (겉으로 보기에는 상반된 성격의) 두 영역에서 가장 잘 나타난다. 두 가지가 잘못 섞이면 최악이 된다. 정치가 특정 지도자를 우상처럼 숭배하며 종교 성향을 띠거나, 종교가 지도집단의 욕심을 채우기 위해 정치적인 수단을 쓰게 되면 과격성이 증폭되고 폭력과 위선까지 나타난다. 죽음 이후와 영혼의 세계에서의 삶, 그리고 이를 위한 세상에서의 삶을 주제로 하는 종교단체, 정치이념, 정책을 갖고 나라를 이끄는 비전을 주제로 하는 정치단체들이 겉으로는 전체를 위한 공의와 번영, 이를 위한 개혁을 표방하지만 실제로는 지도집단의 권력욕을 충족시키기 위하여 반쪽짜리 정의를 과격하게 외치는 경우가 있으니 경계해야 한다.

평화롭게 살려는 다수를 극단적인 성향의 소수가 양분하여 서로 적절한 주기週期로 권력을 장악해 가며 국민 위에 군림하는 형국이 벌어질 수 있다. 이런 것들이 창궐하려면 여러 가지 양분들이 공급되어야 한다. 쏟아져 나오는 가짜 뉴스, 지도층의 탐욕과 이권 챙기기, 집단이기주의와 대중영합주의 등. 이런 해악에 대한 방역 및 면역 체계는 자동으로 만들어지지 않는다. 정치나 종교가 극단적인 사상이나 행동주의에 빠지지 않으려면 깊은 통찰과 참된 지식에 기반을 둔 분별과 절제의 힘을 갖추는 것이 필수 요건이다. 종교에서도 정치에서도 이런 극단주의로부터 스스로를 지키고 돕지 못하면 아무도 도와줄 수가 없다. 이러한 해악을 걸러 내고 스스로를 지키는 것은 오롯이 백성들의 몫이다. 지도자를 잘못 만난 백성들이 가장 박복한 사람들이다. 좋은 지도자를 세우는 것이 국민들의 마지막 보루이자 가장 중요한 책임이다.

창업자는 모두 꿈을 가진 비저너리visionary인 동시에 또한 지도자다. 어떻게 좋은 지도자를 만들고 좋은 지도자가 될 수 있을까?

좋은 지도자 만들기

세 가지 중요한 질문에 관해서 같이 생각해 보기로 하자.

① 좋은 지도자란 어떤 사람을 말하는가?

② 어떤 사람이 좋은 지도자 감인가?

③ 좋은 지도자를 만들어 내는 가장 좋은 방법은 무엇인가?

첫 번째 질문에 대한 답은 이렇다. 로봇 군단의 최고 지도자는 어떠해야 하는지 명확하게 정의할 수 있다. 그러나 사람 집단의 지도자는 어떠해야 한다고 쉽게 정의하기 어렵다. 물론 교만하고 독단적이고 고집불통이고 비굴하면 안 된다고 말할 수는 있지만, 이것은 부정적인 정의로서, 길을 가리키는 대신 길이 아닌 몇 가지 방향에 대하여 경고를 하

그림 10-2 좋은 지도자를 키워내는 사회의 4단계

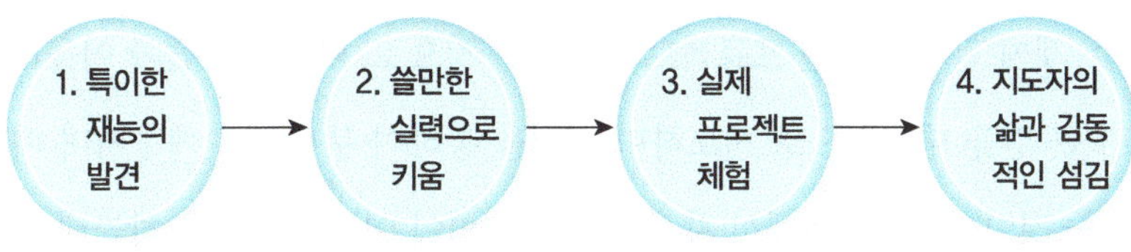

는 것이다. 즉, 나쁜 지도자의 예를 여러 개 들어 주는 식의 이런 경고는 자신이나 타인을 좋은 지도자로 키워 가는데 직접적으로 큰 도움이 되지는 않는다. 지도자의 내면 요소뿐 아니라 지도력을 발휘하는 방법도 무한할 정도로 다양하기 때문이다. 기독교의 변증론적 전도자인 C.S. Lewis는 이렇게 말했다. '악인의 모습은 몇 가지 형태로 정의되지만 성인의 모습은 셀 수 없이 다양하다.'

두 번째 질문도 역시 답하기가 어렵지만 이렇게 답해 볼 수 있을 것 같다. '훌륭한 지도자가 될 싹이 보이는 사람은 모두 좋은 지도자 감이다.' 세상에 처음 나온 싹을 훌륭한 큰 나무로 키우는 것은 쉬운 일이 아니다. 지도자 탄생의 과정을 네 단계로 나누어 본다면 첫 단계는 사람의 근본에 관한 것으로서 사람의 근본은 육체적인 건강, 풍부한 감성, 선하고 겸손한 성격, 지성과 지능으로 구성되고 많은 부분이 태어날 때 정해진다. 좋은 싹을 갖고 태어난 사람이 좋은 지도자가 될 확률이 높은 것은 사실이지만, 지도자가 되는 긴 여정과 많은 변수를 생각하면 재능이 있다고 교만하거나, 재능이 없다고 주눅들 필요는 없다.

좋은 재능을 잘 발견하여 발전시켜 주는 둘째 단계가 더 중요하다. 첫 단계의 재능이 '특이한 재능'을 발견한 것이라면, 둘째 단계는 훈련에 의해서 이것을 '쓸만한 실력'으로 키워주는 것이다. 음악적 재능을 일찍 알아보고 좋은 선생님을 만나게 해주는 것이 필요하다.

셋째 단계는 어떤 프로젝트를 해보는 것으로, 다른 사람들과 어울리며 큰 일을 주도적으로 시도하며 실전을 통하여 부딪치고 깨우치며 배우는 것이다. 이 단계에서 자신이 가진 실력이 어떻게 큰일을 하는데 쓰이는지 깨달으며 자신의 부족한 점과 가능성을 스스로 파악하게 된다. 다른 사람들과 어떻게 어울리며 어떤 일에 도전해 갈 수 있는지 감을 잡으며 지도자로서의 확신을 가질 수 있게 된다.

마지막 넷째 단계에서는 지도자로서 실제로 사람들과 사회에 봉사하면서 사람들과 함께 기쁨을 누린다.

이런 일련의 네 단계 과정이 돌아가게 되면 그 사회에서는 좋은 지도자가 계속 키워져 나올 것이다. 이것이 세 번째 질문에 대한 답이 되지 않을까 한다.

그림 10-3 지도자가 만들어지는 과정

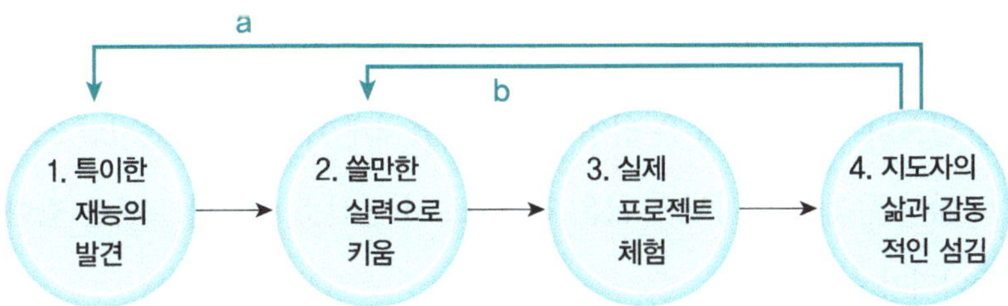

☞ 지도자의 양육 과정에서 4단계의 경험을 1단계와 2단계 과정에 피드백 해주는 것이 필요하다. 가르치는 사람에게만이 아니라 피교육자에게도 어떤 것이 키워갈 만한 재능이고, 어떻게 키워갈 것인가에 대한 통찰이 필요하다.

그런데 4단계까지 가서 실제로 지도자로서 사회에서 사람들과 만나고 부딪치고 섬기면서 다양한 체험을 하게 된 지도자는 자기가 어려서 받았던 1단계와 2단계 과정에 대하여 새로운 견해를 갖게 될 수 있다. 〈그림 10-3〉에서 a와 b는 과연 어떤 재능이 좋은 지도자가 되는데 필요한 싹이며, 어떤 교육이 좋은 방법일까 하는 데 대한 의견의 피드백이다.

당나라의 인재 등용 원칙은 소위 신언서판身言書判이었다고 한다. 신체와 이목구비가 당당하고, 말을 조리있게 하며, 글씨를 잘 쓰고, 판단력이 좋은 사람을 뽑았다는 것이다. 그러나 외모와 말과 글씨의 수려함만으로 지도자의 덕목을 판단하기는 무리일 것이다. 현대판 신언서판은 얼굴과 몸의 자세에 비친 내면의 성숙함, 말의 따스함과 품격, 글의 경지와 품격, 복잡한 상황에서의 판단력이 되지 않을까 한다.

프로 바둑기사들은 바둑을 두고 나면 복기를 하며 그때 이렇게 혹은 저렇게 두었어야 했는데 하는 의견들을 나누며 실력을 키워간다고 한다. 정성을 들여 열심히 생각하며 두었기에 복기를 할 수 있고 또 할 만한 가치가 있는 것일 게다. 인생도 살고 나면 젊어서 살아온 길에 대해 여러 회오悔悟가 몰려올 것이다. 자신의 삶과 과거의 결정을 다시 할 수는 없으니 이러한 교훈은 당연히 젊은이들에게 가르쳐져야겠지만 스스로 삶의 끝까지 살아보지 않은 청년으로서는 선뜻 이러한 교훈을 받아들이기가 쉽지 않다.

저자는 젊은 시절 암벽 등반 중 추락한 적이 있다. 그때 바위 끝에 매달려 떨어지지 않으려고 필사적인 힘을 다해 버티다가 결국 힘이 다 빠져 '곧 떨어지고 말겠구나' 하는 극도의 불안과 공포를 느끼며 연이어 온 마음의 포기와 몸의 추락의 과정을 경험한 적이 있다. 약 40m 정도를 추락하여 자일로프에 걸려 공중에 매달리며 정신을 차릴 때까지 약 5초 정도 지나간 삶이 영상으로 파노라마처럼 플레이백되는 것을 경험했다. 아마 죽음이 이런 것이리라 하는 생각이 들었던 것 같다. 다행스럽게 살아남았기에 귀중한 경험으로 남았다. 청년이 죽음의 순간을 경험하는 것은 어렵겠으나, 여러 사람이 들려주고 전해 주는 간접 체험과 상상력을 동원하여 자신의 죽음의 순간을 현실감 있게 생각하고 상상하면서 자신의 현재 삶을 되돌아볼 필요가 있을 것이다. 이것은 자기가 자기를 불러 일으켜 세우는 셀프 교육 방식이어서 쉽게 할 수는 없겠지만 진지하게 도전해 볼만 한 방법이라고 생각한다. 도전이 없이는 성취도 배움도 없기 때문이다. 가르치는 사람에게만이 아니라 피교육자에게도 자신의 어떤 것이 키워갈 만한 재능이며 어떻게 키워갈 것인가에 대한 통찰이 필요하다.

참 지도력의 효과 : 깨닫고 깨우치고 스스로 더불어 나아가는 것

'아는' 것과 '깨닫는 것'

사람이 어떤 사건, 사물이나 사람을 '아는' 것은 감각, 지각, 추론과 이해, 그리고 기억을 통해서 이루어진다. 어떤 지식은 감각의 결과인 것도 있고, 어떤 지식은 감각의 결과가 지각을 거쳐 가공된 것일 수도 있다. 또 어떤 지식은 추가적으로 추론을 거쳐 이해함으로써 얻게 되는 것일 수 있다. 이렇게 얻어진 지식은 기억 저장소에 남아 있는 한 지식으로 활용된다.

우선 감각을 통한 지식에 관해 살펴보자. 감각 중에 으뜸은 시각이다. '걸어서 세계로' 라는 TV 프로그램이 있는데, 정말 좋고 편리한 프로그램이다. 가만히 안방에 앉아서 세계 만방의 풍경과 얘기를 보고 들을 수 있기 때문이다. 그래도 사람들은 돈과 시간을 들여서, 게다가 위험을 감수하면서라도 그곳까지 가보려 한다. 왜 그럴까? 실제로 가서 보면 화면 영상만 보는 것보다 현장감도 있고 무엇보다 실제로 다녀왔다는 것이 왠지 마음에 뿌듯하고 남들에게 자랑스레 얘기할 수도 있기 때문일까? 혹 소유하고 싶기 때문에, 남들보다 우위에 서서 잘난 체하고 싶기에 그러는 것인가? 그렇다고 실제로 세계의 명승지 현장에 가서 두 팔로 만져 보고 소리쳐 본다고 해서 무엇이 달라지는 것인가?

현실과의 접촉은 그야말로 현실적인 것이기에 현실과 만나고 부닥치는 기술을 말로 가르치기는 어렵다. 현실과 만나고 부닥치는 기술이 없는 사람은 그냥 TV 프로그램을 보는 것이 나을지도 모른다. 과학시간에 이론을 배운 후에 실험시간을 갖는데, 실험에 대하여 말로 강의만 듣는 대신 돈과 시간을 들이고 귀찮음을 감수하며 실제로 실험을 하는 이유가 무엇인가? TV 프로 중에 음식을 만들고 맛보는(다른 사람들이 맛보고 표정 짓고 말하는 것을 보고 듣는) 프로그램도 있는데, 맛보는 것은 보는 것으로는 도저히 해결이 안 되니 무조건 먹어보고 맛을 누려야 한다. 그러면 누구나 모두 평등하게(?) 다 알게 된다. 필요한 것은 먹어보는 것 그 이하도 그 이상도 아니다. 냄새나 촉각도 매우 원초적인 감각기능이라서 미각과 비슷하다.

그러나 시각은 좀 달라서 현장에 가서 보더라도 눈뿐 아니라 마음과 생각을 열고 현장의 모든 현장성reality에 숨죽여 귀 기울이고 숨죽이고 느껴야 진짜로 보는 효과가 나타난다. 음악이나 노래를 듣는 청각도 시각과 같은 고도의 감각기능이어서 귀와 마음과 생각을 열고 집중해야 제대로 들을 수 있다. 실제로 미각, 후각, 촉각은 물질의 화학적・기계적 운동을 감지하는 수많은 단순한 감각세포의 배열인 데 비하여 시각과 청각 기관은 빛과 소리, 즉 정보를 감지하는 고도로 발전된 하나의 큰 기관으로 만들어져 있는 것도 이들의 기능과 성격에 시사하는 바가 있다. 미각, 후각, 촉각은 느낌을 통하여 알게 하는 것이라면 청각, 시각은 느낌을 넘어 깨달음까지 얻게 해주는 기능이라고 볼 수 있다. 깨달음을 통해 얻은 지식은 우리의 생각과 행동에 영향을 준다.

아는 것의 유사품이 있다. 실제로는 잘 알지 못하면서 잘 알고 있다고 착각하는 것, 또 하나는 아는 체하는 것이다. 어떤 작은 사건에 대해서도 완벽히 알기는 어려우며, 복잡한 사건이나 사람의 깊은 마음에 대해서는 어느 누구도 함부로 잘 안다고 말하기 어렵다. 그러므로 더 잘 알기 위해 노력하든가 자신의 지식이 부족함을 받아들이는가 해야 할 것이지, 잘 아는 체한다든가 스스로 착각하여 잘 안다고 믿고 있는 것은 바람직하지 않다. 아는 체하는 사람은 남에게 드러내어 자신을 높이기 위해서 남을 가르치려 하지만 잘 알지 못하는 내용을 제대로 가르칠 수는 없다. 안다고 착각하는 사람 역시 잘 가르칠 수 없기는 매일반이다. '아는 것과 가르치는 것은 서로 전혀 다른 것이다To know is one thing, to teach is another' 라는 말은 '(잘) 안다고 해서 (잘) 가르칠 수 있다는 것은 아니라' 는 말이다. 이 말에는 '잘 알고 있다 해도 잘 가르치려면 추가적인 노력이 필요하다' 는 뜻이 내포되어 있다.

'가르치는' 것과 '스스로 깨우치게 하는' 것

개인이나 집단이 어떤 목표를 향하여 발전해 가기 위해서는 작업의 결과뿐 아니라 사람의 내적인 변화와 발전이 동시에 이루어져야 한다. 사람의 생각과 행동을 변화시키는 것의 첫 단계는 스스로 혹은 가르침에 의해서 깨닫는 것이다. 깨닫지 못한 사람은 이래라 저래라 하며 명령을 하고 일일이 간섭해야 하지만, 깨달은 사람은 스스로 생각하고 행동한다. 본받을 만한 행동의 모범을 보이거나 말로 가르쳐서 깨닫게 하는 것이 교육의 본질이다. 말로 가르치는 것은 행동의 모범이 동행할 때 큰 효과를 발휘한다. 가르치는 것은 전달하는 것이므로 전달 작업이 잘 이루어지려면 전달할 물건의 내용과 주는 사람의 능력과 자세뿐 아니라 받는 사람의 능력과 자세에 대한 이해가 필요하다. 그렇게 해야 사람의 생각과 행동의 변화를 이끌어 내는 '효과' 적인 교육이 이루어질 수 있다. 대형 강의나 인터넷 강의는 패스트푸드처럼 많은 정보와 자료가 표준화된 방식에 따라 고속으로 전달되는 '효율' 을 중시한 방식이다.

갓 창업한 회사이건 대기업이건 여러 사람이 어떤 목표를 향해 협력해 가는 집단에서는 법적 · 행정적인 대표는 소수일지라도 실제 기능의 수행에서는 더 많은 사람들이 각자의 영역에서 지도자 역할을 할 수 있다. 지도자는 말이건 행동이건 타인에게 영향을 끼치는 사람이므로 좋은 조직에서는 대부분의 사람이 지도자가 되어 서로 좋은 방향, 바람직하게는 전체가 나아갈 방향으로 스스로 나아가고 함께 나아가도록 서로 격려하거나 이끌어 주게 된다.

'이끄는' 것과 '스스로 움직이고 더불어 나아가게' 하는 것

사람은 욕구에 따라 움직인다. Maslow에 의한 인간의 5단계 욕구는 아래서부터 ① 생존생리적 욕구, ② 안전 욕구, ③ 사회적 욕구(소속, 사랑), ④ 존경받고 싶은 욕구, ⑤ 자아실현 욕구로 이루어진다. 기술창업을 추구하는 과정에서는 이 과정에 참여하는 사람에 따라 다르겠지만 ③, ④, ⑤단계 중 어느 한 단계의 욕구의 지배를 받아 움직이고 있을 것이다. 회사 차원의 비전, 이를 추구하는 각 창업자들의 기여도와 그에 상응하는 자존감, 같은 목표를 추구하는 동료 간의 연대감과 같은 것들이 창업자들을 이끌어 가는 구동력이 될 수 있다. 일하고 기여하는 영역과 재능과 방법은 서로 달라도 가급적 같은 구동력에 의해 움직여갈 수 있도록 추구하는 핵심 가치, 핵심 역량, 추진 전략과 방법에 대하여 서로 공유하고 역할을 잘 분담하는 것이 매우 중요하다. 상호 배려와 조화에 기반한 팀웍을 잘 유지하는 것에 지속적으로 투자해야 한다. 조금 느려도 같이 가고, 좀 시간이 더 걸려도 스스로 움직일 때까지 기다려주는 여유가 필요하다. 참된 지도력이란 앞에서 북치고 뒤에서 밀치면서 억지로 나아가게 하는 것이 아니다. 그것은 비전을 보여주고, 행동의 모범을 보이고, 팀원들 각자가 스스로 움직이되 같이 나아가도록 하는 것이 모름지기 최상품일 것이다.

참된 지도자는 창업정신이 있어야 한다

지도자는 똑같은 생각을 하는 사람들이 모인 집단의 대표가 아니다. 그런 사람은 '지도자' 라기 보다 '대표자' 라고 해야 한다. 아무튼 이런 지도자는 생각이 다른 집단의 대표를 만나면 자기네 집단의 눈치를 보면서 싸울 수밖에 없다. 이런 지도자와 참 지도자는 동네 축구와 월드컵 축구가 다른 것보다 더 다르다. 이러한 지도자는 그 집단이 아무리 크고 강해도 결국 계속 골목대장 역할밖에 할 수 없다. 언젠가는 더 강한 집단과 맞붙어 싸우게 될 것인데, 그때는 시한폭탄처럼 터져 결국 자신과 모두를 파멸로 이끌게 된다.

현재 상황만 보면 입장이 조금만 달라도 서로 싸우게 되어 있다. 현재의 어둠의 차이보다 더 큰 밝은 미래를 같이 보면 입장이 꽤 달라도 화합하고 협력할 수 있다. 미래는 현재를 시발점으로, 근간으로 하여 함께 만들어 가는 것, 즉 협력하여 창출해 내는 것이라는 것을 알고 같이 추구해 가는 것, 이것이 바로 지도자의 정신이자 창업의 정신이다. 지금 COVID-19 상황에서 우리나라가 보여준 개방, 소통, 신뢰와 상호 존중과 도전의 정신을 보라. 미국과 중국의 덩치값도 못 하는 분쟁을 보라. 그 안에서 우리나라가 미국과 중국 사이에서 어떻게 줄을 서야 하는가로 갈라서고, 반일이냐 친일이냐로 싸운다면 이는 다시 스스로 토한 자리로 돌아가 눕는 짓이 된다. 세대 간, 진영 간, 노사 간 모든 분쟁은 똑같은 속성에서 나온다. 개방, 소통, 신뢰, 협력하지 않고 도전, 창출하지 않는 악惡의 속성이다.

사람은 모두 다르다. 생김도, 재능도, 적성도, 희망도 다 다르지만, 이 차이 때문에 서로 협력해야 하고, 서로 다르기에 협력의 시너지가 더 클 수 있다고 말하고 설득하는 사람이 참 지도자다. 그는 미래의 희망과 비전을 보여주고 이를 위해 왜, 어떻게 서로 협력해야 하는지 행동으로 말로 명시적으로 표현한다. 거짓 지도자는 '적진을 향해 모략 중상하고 돌격하여 궤멸시키라' 고 부추긴다. 우리나라가 강대국에 크게 휘둘리지 않으려면 ① 경쟁력 있는 ② 작은 ③ 새로운 기업이 ④ 계속해서 ⑤ 많이 나와야 한다. 이것이 우리나라에 참된 지도자, 진정한 창업가의 정신을 가진 사람들이 많이 나타나야 하는 또 하나의 이유다. 몇 개의 대기업에만 의존하면 안 된다. 쉽게 타깃이 되고, 나라의 운신의 폭이 좁게 된다. 이스라엘처럼 창업 국가가 되어야 산다. 국제 정치나 경제 공격으로부터 상대적으로 자유로운 작은 벤처기업들이 계속 쏟아져 나와야 한다.

4장

창업가의 기본 기술과 자세

창업자에게 필요한 가장 중요한 소양이면서 가장 갖추기 힘든 것이 무엇일까? 그것은 소통의 기술, 분별의 기술이다. 이들은 모두 능력보다 자세가 갖춰져야 습득할 수 있는 기술이다. 열리고 겸손하고 침착한 자세가 필요하다.

소통은 사람들과 그냥 악수하고 명함 나누는 것이 아니라 본질의 대화를 나누는 것을 말한다. 사람들과 소통하려면 세계와 소통하는 것이 필요하다. 사람과 소통함으로써 더 큰 세계와 만나게 된다.

분별은 여러 소리 가운데 하나의 소리를 구분하여 듣는 것과 같다. 분별의 기술이 없으면 많은 지식과 정보는 쓰레기 더미에 지나지 않는다. 분별없는 사람은 일을 복잡하게 만들고 먼지를 피우고 혼란과 분열을 가중시킨다. 분별의 기술은 아주 어려서부터 길러진다. 경영자가 되려면 어떻게든 스스로 갖춰야 할 능력이다.

그다음에 실전에 들어가려면 돈, 그리고 법에 대한 처신의 기술을 익혀두어야 한다. 준비 안 된 상태에서 이들을 만나면 상당히 늦은 것이다. 산에서 곰을 만나지 않으려면 라디오나 종소리를 내고 다니라고 한다. 그러나 이미 만났으면 기도 말고는 할 수 있는 일이 없다. 돈의 숨은 얼굴, 법의 정신과 본질을 알도록 하자.

11
소통의 기술

그림 11-1 세계와 타인과 나

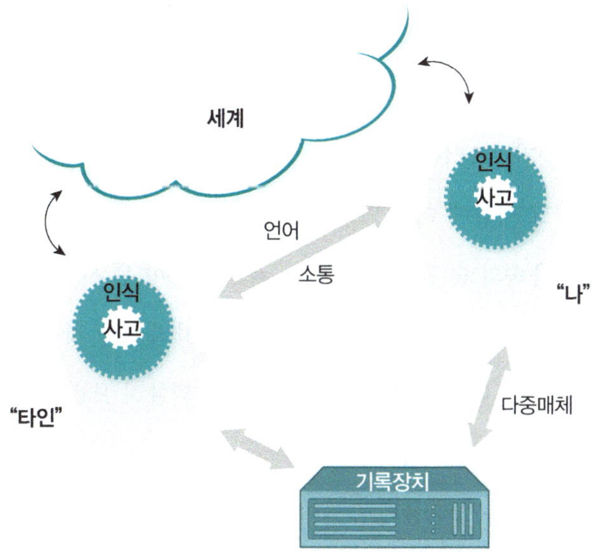

☞ 소통은 인식, 사고, 언어에 의한 표현을 통해 이루어진다. '나'는 세계 속의 중요한 존재자들을 인식하고 인식된 것에 대한 사고, 그리고 나와 동등한 세계 속의 존재인 '타인'과 언어로 소통한다. 사람의 생각은 언어, 행동, 표정 등 여러 매체를 통해 책, 전자기록 장치, 심지어는 구전(口傳)을 통해 다른 속, 먼 후세대에까지 전달될 수 있다.

지각과 인식의 원초적 상태로 돌아가 깨끗한 주춧돌을 놓으라

아기로 태어나 처음 세상을 만났을 때를 기억할 수 있을까? 그때 나는 무엇을 보고 듣고 어떻게 느끼고 받아들였을까? 기억은 나지 않지만 상상해 보자. 보고 듣고 맛보고 만져보고 냄새 맡는 초등 감각을 거쳐서 처음 접하는 모든 사물—담요, 마루, 숟가락, 카펫, 꽃, 책, 공, 곰인형—에 대한 느낌이 상쾌하고 신기한 놀라운 새로움이었을 것이다. 맨 처음 채널이 개통되고 싱싱한 정보가 엄청난 속도로, 광대역폭으로 밀려 들어왔을 것이다. 마주치는 신선한 사물들 하나마다 얼마나 순수한 열정으로 반응했던가? 그러나 지금 아기 때의 순수하고 생생한 최초 경험에 대한 기억은 그 시절에 대한 막연한 생각으로 대체되었다. 새로운 사물의 경험은 마음속의 순수를 일깨운다. 늙어 어른이 된 사람들은 어떻게 하면 옛날의 순수함으로 돌아갈 수 있을까 하여 새로운 것을 보고자 먼 곳으로 훽 여행을 떠나고 가물거리는 기억을 되살려 보려고 오래된 친구나 이야기의 발원지를 찾아간다.

그러나 실제 아기의 상태로 돌아갈 수 있다 해도 별로 얻을 것은 없을 가능성이 크다. 처음에 못 알아들은 외국 영화의 대사는 아무리 되돌아가서 들어도 결국 잘 안 들린다. 첫 대사를 들은 후의 우리 귀는 그 전과 이미 달라져 버린 것이다. 경계는 더 할 테니 부주의로 그 순간을 놓치지는 않겠지만 귀는 모르는 새 이미 '그 소리'를 잘 못 듣는 방향으로 이미 살짝 적응하였으니 처음에 놓친 소리는 또 들어도 잘 들리지 않기 쉽다. 재수생의 합격 확률이나 재수강 결과도 비슷하여 애쓴 것만큼 좋은 결과가 나오기 힘들다.

지나온 과거의 모든 상황과 경험 중에서 우리에게 유리한 부분만 선택적으로 받아들이는 것은 옳지도 않고 가능하지도 않다. 설령 가능하다 해도 우리에게 좋지도 않을 것이다. 로망은 로망일 뿐, 우리는 온전히 다듬어지지 않은 모습으로 이미 어른이 되었다. 우리가 아기일 때는 사실 무능력하였다. 모든 것이 새로운 아기에게는 안타깝게도 새로운 것을 주도적으로 느끼고 생각하고 받아들여 자기 생각 체계로 들여오는 힘이 없다. 아기만이 느낄 수 있는 신선한 데이터가 막강한 처리능력을 갖춘 어른에게로 유입된다면 그것은 대박이겠지만, 번데기 고치 속의 아늑함과 나비의 화려한 날개짓을 같이 가질 수 없듯이 일어나기 힘든 일이다.

어른은 아기가 될 수 없으나 그래도 아기는 좋은 어른으로 자랄 수 있을 것이다. 희망이 있는 아기에게 '잘하라' 라는 메시지가 전달되어야 한다. 아기에게는 새롭게 만나는 모든 것이 배우는 콘텐츠이면서, 동시에 가르치고 변화시켜 주는 선생이기도 하다. 새로운 경험은 느끼고 지각知覺하는 신경망을 새로 만들고 변형시키기 때문에 새로운 경험은 DNA를 날라다 주는 부모나 생각의 방법을 가르치는 선생님의 역할까지 한다. 아기가 너무 어려 이 메시지를 받을 수 없다면 결국 다음 순번인 청년들에게 가야 한다. 실제로는 청년의 시기가 인생의 sweet spot—맞힐 확률과 맞히면 나타날 임팩트가 모두 적절하게 큰 테니스 라켓이나 골프채의 헤드, 야구 방망이의 타점 영역—이다. 꽤 순수하고 꽤 힘도 있는 청년의 때가 골든 타임이다.

생각과 언어의 상호작용

우리에겐 감각, 감성, 이성과 같이 정보를 받아들이는 채널, 수단 혹은 능력이 있다. 이것들은 사람마다 조금씩 다르게 갖고 태어나며, 이성과 감성의 능력은 후천적인 경험과 노력으로 계속 변화된다. 입력되는 정보는 감성과 이성의 인식, 판단 과정을 거쳐 행동을 유발할 뿐 아니라 그 과정의 결과로 생겨난 '지식'은 그 사람의 향후 생각과 행동, 나아가 삶의 방향을 바꾸기도 한다. 한 사람의 생각은 더 나아가 주변과 사회에 전파되며 타인의 삶과 사회에 영향을 준다. 새로운 생각과 지식은 우리의 삶과 사회의 판단 기준이 되며, 개인과 사회의 나아갈 방향을 바꾸어 새로운 사조와 문화의 시대를 열기도 한다.

어떤 사물, 사건을 인식認識한다는 것은 그에 해당하는 이미지를 뇌에 만들거나 이미 뇌에 저장된 이미지와 연결하는 것이다. 어떤 사과를 보고 '빨갛고 둥글다'라는 점이 인상 깊게 남으면 사과에 대한 이미지가 일단 그렇게 만들어진 것이다. 같은 사과를 보고도 사람마다 뇌 속에 만들어지는 이미지는 다를 수 있다. 같은 사물, 사건을 만나도 사람마다 경우마다 다른 면을 보기 때문이다. 두 사람이 같은 빨간 색깔을 보며 '이것은 빨간색'이라고 서로 동의하면서도 뇌 속에 만들어지는 이미지는 서로 다를 수 있다. 색맹의 경우 어떤 색들은 서로 구분이 안 되는데, 이는 그 사람의 경우 서로 다른 특정한 두 색이 체내의 시각 정보 전달 · 처리 과정에서 같은 이미지로 해석되기 때문이다. 내가 (내가 보기에) 빨간색을 보며 뇌 속에 얻는 이미지를 다른 사람은 (내가 보기에)

분홍색인 색을 보면서 얻을 수 있다.

이렇게 명백한 사물에 대한 이미지도 사람마다 다르게 형성되니, 더 복잡한 사물, 사건에 대한 이미지가 사람마다 다를 것은 당연하다. 극단적인 예로 '하느님'과 같이 명확히 정의되지 않는 대상에 대한 이미지는 사람마다 다를 수밖에 없다. 같은 단어를 쓴다고 해서 같은 것을 연상하고 생각하거나 의미한다고 볼 수 없다. 명확히 정의되기 힘든 대상일수록 언어로는 표현하거나 이해하기 힘들다. 이것이 언어의 한계다. 뭉툭한 언어로는 표현하기 힘든 대상이라면 정교한 이미지와 좀 더 복잡한 개념으로 기억할 수밖에 없다. 우리 주위에 있는 물질로부터 시작하여 생명, 타인, 세계, 나, 그리고 신을 표현하고 이해하는 데 언어와 단어의 역할은 제한적일 수밖에 없다. 그런데도 우리는 언어를 사용할 수밖에 없다. 언어를 써서 표현하고 이해할 뿐 아니라 언어로 생각하기도 해야 하는 것이 우리의 핍절한 형편이다.

그러나 필요한 경우, 즉 매우 복잡하고 고차원적인 대상에 대하여 사고하고 표현하여야 하는 특별한 경우에는 언제든지 언어가 아닌 이미지의 영역, 혹은 자기만 쓰는 특수한 단어를 통해 기억하고 사고하고 인식할 수 있다면 훨씬 좋다. 남들과 대화하는 것이 아니라 자신 안에서 생각하고 상상하는 과정에는 이것이 매우 유효한 방법이 될 수 있다. 높은 산을 오르려면 언젠가 말에서 내려야 한다. 더 이상 말을 타고 갈 수 없는 지점에 다다르면 말에서 내려 좁고 울퉁불퉁한 길을 걸어가야 한다. 산꼭대기는 힘들고 느려도 땅이 보내주는 느낌을 오롯이 발바닥으로 받으면서 걸어서 한 걸음씩 오를 수밖에 없다. 언어의 도움 없이 사물, 사건이나 상대를 인식하고 이해할 수 있는 사람은 언어의 도움을 받게 되면 더 큰 날개를 펴고 더 깊이 인식하고 더 넓게 소통할 수 있게 된다. 반대로 사물, 사람에 대한 직관적인 인식과 통찰 없이 언어의 사전적 의미에만 지나치게 의존하는 사람은 깊은 울림이 있는 소통을 하기가 힘들다.

아무튼 우리는 언어를 통하여, 이미지를 통하여, 직관을 통하여, 다양한 경험을 통하여 우리는 지식을 쌓아간다. 무엇을 잘 알고 있다는 것은 그것을 모르는 것보다 일단 우월한 것이다('아는 게 병이고 모르는 게 약'이란 말은 어정쩡한 앎과 '안다'는 생각에서 비롯된 미숙한 태도와 행동에 대한 경종일 뿐이다). 또한 무엇이 필요한 것인지 잘 알아야 그 필요를 잘 충족시킬 수 있다. '잘 아는' 것과 '잘 알고 있다고 생각하는' 것은 전혀 다른 것이다. 실제로는 모르거나 잘못 알고 있으면서 잘 알고 있다고 생각하는 것이 실제로는 가장 답답하고 위험한 것이다. 아픈데도 병원에 가지 않으려 하고 필요한데도 구하려 하지 않을 수 있기 때문이다. 특히 '중요한 것에 대하여 올바로 아는' 것은 매우 중요하다.

여명의 시간을 경계하라

우리 사회의 많은 사회적 문제의 근본 원인은 사람들이 중요한 문제에 대해 깊이 생각하지 않고, 실제로는 잘 모르는 것을 잘 안다고 생각하며, 필요 이상으로 과격하게 반응하는 것에 있어 보인다.

어떤 일을 하기 전에 그 일에 대하여 깊이 생각하는 것은 매우 중요하다. 충분히 깊이 생각하고 일을 시작한다면 비로소 '시작이 반'이라고 할 수 있다. 그것이 사회에서의 처신에 대한 것이든, 과학 연구의 과정이든, 싸움의 전략이든 간에 잘 생각하고 시작할 필요가 있다. 어떤 일이든 그 일을 하려면 제대로 해야 하고 그러려면 그 일에 관하여 '잘 생각해야' 한다. '잘 생각한다'는 것은 그 일을 어떤 방법으로 추진할까를 생각하기 전에 그 일을 내가 왜 하려고 하는지, 그 일이 얼마나 중요하며, 성공할 가능성은 어느 정도인지를 미리 생각하는 것이다.

깊은 생각을 한다는 것은 깊은 곳의 물을 길어 올리는 것과 같아서 시간이 걸리고 힘도 들고 고통스럽다. 그 과정의 어려움, 포기하라는 유혹과 맞서 싸워야 한다. 깊은 물을 올리려는 사람이 무작정 호미 한 자루 들고 덤빌 수는 없듯이 깊은 생각이 필요한 상황에서는 시간이 걸려도 마음의 자세와 준비를 단단히 해야 한다. 반대로 얕은 생각만 하는 사람은 누구나 쉽게 알 수 있는 정도까지만 생각하고 결정하거나 남의 말을 그냥 따라가기 때문에 그 일의 실패에 따른 책임도 지려 하지 않고 당연히 성공에 따른 보상도 적다. 무지의 상태에서 '밝히 아는' 앎의 상태로 옮겨가는 과정에는 불확실성이 있기 마련이다. 이 불확실성을 잘 견뎌야 건너편 밝은 지식의 언덕에 다다를 수 있다. 정체를 모르는 여러 변수가 혼재하고 충돌하는 복잡한 상황일수록 큰 그림을 파악하고 인내하며 무지와 혼돈의 안개가 걷힐 때까지 기다리는 능력이 필요하다.

밝은 아침이 오기 전에 거쳐야 하는 새벽은 누구나 견디기 힘든 시간이다. 조급한 마음이나 당장의 이익, 아집과 허영심에 휘둘리기 십상이다. 훈련받은 사람만이 혼돈의 강을 무사히 건너 참된 지식을 획득하며 더 강하고 성숙한 자리에 선다. 참된 지식은 삶의 열매를 더 풍성히 맺게 해주고, 그릇된 지식은 자신과 주위에 독 바이러스를 퍼뜨려 많은 사람들의 삶을 망가뜨린다. 지혜의 세계는 부익부 빈익빈의 세계다. 지혜의 계단을 오를 때마다 새로운 지경이 들어오며, 더 높은 곳으로 오르는 계단이 나타난다.

12
분별의 기술

확실하지 않으면 낙관하지 말라

인생은 아무것도 모르는 아이로 세상에 나와 온갖 우여곡절의 삶을 살아가며 조금씩 알아가는 것이다. 사람의 수만큼 다양한 삶이 있을 것이므로 어느 누구도 인생이 이런 것이라고 단정적으로 말할 수는 없겠지만 굳이 한두 마디로 말해 보라면 '인생은 힘들고 고통스러운 것'이라고 생각하는 것이 그나마 지혜롭다(스캇 펙, 『아직도 가야 할 길』). 물론 그 반대로 세상은 희망으로 차 있는 곳이고 인생은 즐거운 것이라고 생각할 수도 있겠지만 기대치를 낮춰 잡고 겸손하고 쿨하게 살면 가끔 좋은 일이라도 생길 때 더 감사하고 기뻐하게 되므로 그 편이 낫지 않을까 한다. 깊은 생각에서 나오는 성숙한 자세는 우리가 살아가는 인생을 점점 더 긍정적으로 보게 해줄 것이다. 이 세계를 바라보는 시각도 마찬가지다. 세상에 기대하고 바라는 것이 너무 많으면 세상과 이웃을 나의 필요와 즐거움을 채우기 위해 착취할 대상이나 수단으로 보게 될 수 있어서 결국 서로 불평하며 모두 불행해진다.

능력보다 자세

인생을 잘 살려면 교육이 필요하다. 어차피 사람은 살아가는 동안 계속 배우게 되어 있다. 잘 배운 사람이 일도 잘할 것이라고 믿기 때문에 사회가 교육에 투자하는 것이다. 교육의 목적은 능력과 자세를 키워 주는 것이다. 사람은 교육을 통하여 자세를 배우고 익히며 또 능력도 키워 간다. 사람이 무슨 일을 하려면 능력과 자세 두 가지가 모두 필요한데 그중 자세가 더 중요하다. 자세가 좋으면 자신의 의지로 시간과 노력을 들여 능력을 키워 갈 수 있지만, 자세가 나쁘면 좋은 능력을 갖추게 되는 것 자체가 힘들기도 하고, 설령 능력이 갖춰진다 해도 (자신이 교만해지거나 주위에서 잘 도와주질 않아서) 기회가 잘 오질 않아 결국 안타깝고 아쉬운 모습으로 시들어 버리기 쉽다.

분별력은 타고나거나 아주 어릴 때 배우는 것

『내가 정말 알아야 할 모든 것은 유치원에서 배웠다』라는 책(로버트 풀검)의 제목이 말하는 것도 결국 자세의 중요성이다. 이 책의 요지는 남에게 폐가 되는 일을 하지 말고 정직하고 단단하게 살라는 것이다. 오래전에 밀리언셀러가 된 책이지만 지금 똑같은 내용을 조금만 더 재미없게 얘기하면 바로 '꼰대 소리'라고 핀잔받을 만한 책이다. 풀검이 꼰대가 안 되고 유명한 작가가 된 것은 그가 말한 내용 못지않게 그의 삶 곳곳에 숨어 있는 언행과 보여준 자세 때문이 아닐까 한다. 아마 풀검이 다닌

유치원은 중요한 자세를 잘 가르치고 익히게 한 모양이다. 그것도 애들에게 꽤 재미있게 해주면서 가르쳤기에 그런 제목이 달렸겠지 싶다.

그림 12-1 각 성장 과정에서 이루어져야 할 교육의 내용

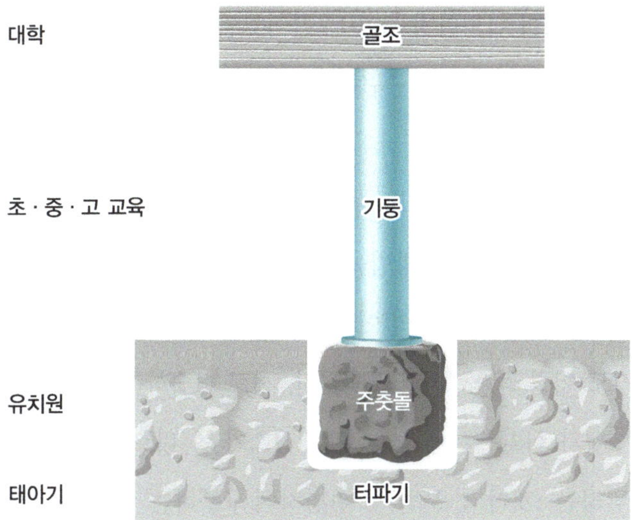

☞ 교육의 가장 중요한 역할이 인격과 자세를 만들어 주는 것이라면 가장 중요한 것은 학교에 입학하기 전에 이루어진다. 결국 가장 중요한 것은 터파기와 주춧돌 놓기다. 그 위에 삶의 목표와 이를 추진할 의지, 능력에 해당하는 기둥이 세워지고, 다시 그 위에 지식과 인적망에 해당되는 건물의 골조가 놓이기 때문이다.

유치원 교육의 메시지는 단순하고 방법은 반복적이다. 악인과 선인이 명확하게 드러나는 상황을 통하여 '정직하고 남을 도우며 게으르지 말고 열심히 노력하며 참고 기다리라'는 단순한 교훈을 다양한 에피소드를 통하여 '재미있게' 반복하며 주입하는 것이다. 인생의 초반에 백지에 그림을 그리는 것과 같은 유치원 교육의 핵심은 많은 지식이나 복잡한 능력을 키워 주는 데 있지 않다. 유치원 교육은 훌륭한 삶의 기본 자세를 어렸을 때 일찍 익히게 함으로써 앞으로 그 아이가 다양한 알 수 없는 사건들을 겪으면서 실족하지 않고 올바른 방향으로 나아가도록 돕는 길라잡이가 된다. 인생은 피아彼我를 식별하는 기술을 배우는 것에서 시작한다. 무엇이 위험한지 누가 내 편이고 무엇이 내게 유익한 것인지 파악하는 분별력을 조금씩 꾸준히 키워 가는 것이 유아 교육의 시작이고 본질이다.

낯선 곳으로 여행을 가거나 첩자가 적국에서 작전을 벌일 때 사전에 피아彼我를 구분하는 식별 방법을 교육받게 된다. 식별 능력이 생존의 필요조건이기 때문이다. 분별이 없는 사람은 어떻게 해볼 수가 없다. 상대하기도 어렵고 가르치기도 힘들다. 서로 비슷하게 쓰이지만 분별分別한다는 것과 식별識別한다는 것은 뉘앙스가 좀 다르다. 식별은 '인식하여 판별하는' 것이고, 분별은 '판별하여 구분하는' 것이다. '인식'은 무엇인지 아는 것인데 '구분'은 이쪽저쪽 둘 중의 어떤 쪽이냐를 결정하는 것이다. 인식과 식별이 지식에 머무르는 것이라면 구분과 분별은 양단 간에 결정하는 것이므로 외형적인 행동으로 나타나고 되돌릴 수 없는 결과로 이어지기 쉽다.

이렇게 중요한 분별력은 가르치기가 쉽지 않다. 분별력은 어쩌면 대부분 타고나거나 아주 어릴 때 형성된다(부단히 비상하게 노력하는 어른은 예외다). 가르치려 한다면 되도록 어릴 때일수록 그 효과가 크다. 아무튼 분별력을 가르치는 방법은 지식, 기능을 함양하는 교육과는 판연히 다르다. 분별력을 갖추는 일은 집 짓는 작업으로 치자면 주춧돌을 놓는 것과 같다. (전문가가 공을 잔뜩 들여서) 주춧돌을 잘 놓으면 (덜 숙련된 일꾼이라도) 그 위에 기둥을 세우거나 돌 놓는 작업을 수월하게 할 수 있다. 그러나 정작 주춧돌을 놓는 작업은 맨땅을 파고 판 곳의 바닥에 무엇이 있는지 주변 물길이 어떨지 잘 파악한 후에 해야 하므로 가장 어려운 일이다. 간단한 공식이나 이론만으로 되지 않고 많은 경험과 통찰이 필요하다. 유치원 교육이 가장 중요하고 가장 어려운 것이라고 할 수 있는 것은 그 시기에 분별력이 형성되기 때문이다. 유아기 다음으로 분별력 형성이 이루어지는 시기는 어른의 세계와 충돌하면서 가치관의 재정립이 이루어지는 사춘기다. 사춘기라는 골든 타임도 그냥 지나 보내면 그다음에는 다른 사람이 영향을 줄 기회는 거의 없다고 보아야 한다. 그 후엔 외로운 각자도생各自圖生. 자기를 도와 삶을 도모할 수 있는 사람은 오직 자기 자신이다.

인생은 각자도생

인생은 고통스럽고 세계는 위험한 곳이라고 기대치를 낮게 잡고 생각하며 살아가면 그래도 살 만하다고 느낄 것이다. 정지하고 있는 것은 아무것도 없다. 세상의 모든 것은 역동한다. 풀을 뜯는 사파리의 가젤 영양은 항상 불안하여 두려움에 차 옆으로 튀어나온 눈으로 쉴 새 없이 맹수의 움직임을 파악하고 있으며, 가만히 서 있는 듯한 거목의 뿌리는 그 덩치의 삶을 감당하기 위하여 물을 찾아 쉼 없이 척박한 땅속을 뻗어 내려간다. 인간의 역사는 전쟁의 역사이고, 차라리 평화주의보(이 평화는 오래 안 갑니다!)라고 하는 것이 맞을 휴전 선포는 전쟁의 휴지기에 임시 발령된 것이라고 보아야 한다.

먹이사슬은 참 잔인할 뿐 아니라 비효율적이다. 작은 것이 큰 것을 잡아먹으면 한 생명의 희생으로 여럿이 살아가는데 현실은 거꾸로다. 하나의 포만감을 위하여 수많은 생명이 소모되고 있는 이 현실은 반려동물을 아끼고 멸종 위기의 동식물을 지키려는 사람들, 생명을 귀하게 여기라는 교육을 받은 사람들이 이해하고 받아들이기에는 쉽지 않다.

고통받는 사람들과 정의를 위해 노력하라고 배운 대로 모두 행할 수도 없고, 그렇게 할 능력이 있다 해도 과연 내가 그렇게 하고 남에게 그렇게 하라고 요구하는 것이 정답일까 하는 의심도 생긴다. 원수를 갚는 일도 물리적으로 행하기 어렵고 원수를 사랑하라는 계명도 마음으로 행하기 어렵다. 옳은 말이고 수긍이 가고 정말 그렇게 해야겠다고 생각하지만 실행하기는 거의 불가능하다. 모든 이들이 원수를 갚으면 어찌 되고 어떻게 모든 것을 사랑할 수 있나? 내가 살기 위해서 생선, 닭 등 온갖 동물들을 먹어야 하는데 말이다. 집에서 키우던 닭을 잡아먹게 된 어린 시절 미안함을 느낀 것도 처음 잠깐의 순간뿐, 그리고 그 후엔 모든 치킨을 덤덤하게 먹을 뿐이다. 불편했던 것이 별 이유도 없이 그냥 별로 불편하지 않게 된 것, 그것이 사실 좀 불편하다. 나의 분별력, 분별의 기준이라고 생각했던 순수함이라는 것이 참 보잘것없다. 나의 분별력과 분별은 무엇에 기반과 기준을 두고 있는 것인가?

우리는 대학을 졸업하면 마치 '인생을 살기 위해 배울 것은 다 배웠고 이제 세상에 나아가 돈을 벌어서 먹고 살면 된다'라고 생각하는 것 같이 행동한다. 매우 위험한 모습이다. 어쩌면 우리는 제대로 된 분별력을 갖추지 못한 채 유아기와 사춘기를 지내 왔고 겉으로는 그럴듯해 보여도 실제는 준비가 안 된 채 무거운 짐을 지고 각자도생이라는 위험한 인생 후반전에 이미 들어와 있는 것인지 모른다.

우리는 실제로 우리가 확실히 알고 있는 것보다 더 많은 것을 알고 있는 것처럼 행동할 것을 요구받고 있는지도 모른다. 그렇다면 그 요구를 사양하든지, 더 깊이 공부한 후에 결정하겠노라 하며 연기해야 할 것이다. 잘 아는 것처럼 당당하게 남에게 주장하기 이전에, 무식해서 용감하게 된 것인지, 용감하게 살다 보니 계속 무식을 면치 못하는 것인지 분별해야 한다. 전자면 차라리 경증輕症이니 다행이라 여기고 고쳐보겠지만, 후자면 중증重症이다. 틀린 말을 그것도 저열한 말로 해대도 팔로워 수만 많고 클릭 수만 올라가면 인정받는다고 좋아하는 것은 심각한 병증이다. 이런 현상이 사회적인 대립과 단절, 분열로 번지면 공멸의 길로 가게 된다. 각자가 돌아서서 자기를 분별하는 것이 유일한 근본적 해결책이다.

넉넉한 승산勝算 없으면 싸우지 말라

AI의 시대, 빅데이터의 시대라고 한다. AI가 인간의 직업을 빼앗을 것이고 결국 인간을 노예로 만들 것이라고 많이들 걱정한다. 이 걱정은 일리가 있다. AI는 인간으로부터 통찰과 사색을 빼앗고 달콤하고 신속한 결과를 가져다준다. 내비게이션으로 길을 찾고 금융 사고나 자연재

해를 막는 데 AI를 쓰는 것은 좋으나 마약 거래나 폭력, 절도의 목적으로 AI를 쓰는 것은 아찔하게 나쁜 일이다. 그런데 기술은 좋은 사람만 쓰고 좋은 목적으로만 쓰이는 것이 아니다. 정교한 과학기술이 얼마든지 나쁜 목적으로 쓰일 수 있다. 과학기술은 눈이 안 달린 강대한 근육이다.

그림 12-2 AI와 사람의 역할의 시간에 따른 변화

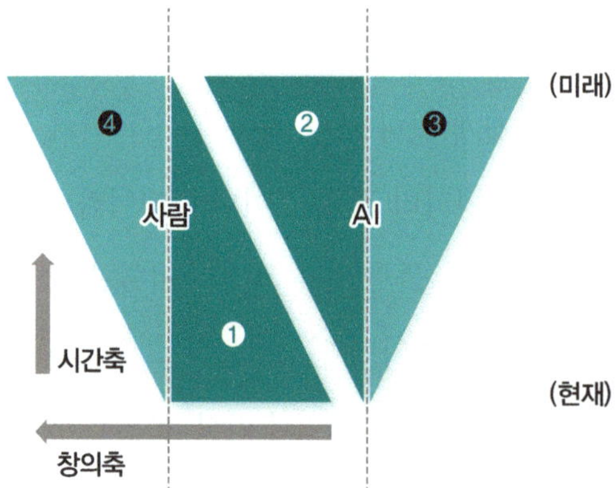

☞ 시간이 지남에 따라 창의력이 없는 일, 고도의 정확도가 필요한 일은 인공지능(AI)으로 넘어갈 것이다. ❶영역은 창의성이 별로 필요 없는 일의 영역으로 사람의 비중이 시간에 따라 줄고 그 줄어드는 부분을 ❷영역처럼 AI가 차지할 것이다. AI는 전에는 사람이 할 수 없었던 척박한 영역의 일도 하게 되어 인간의 삶을 도울 것이다(❸영역). 그리고 인간은 새로운 창의성이 필요한 영역에 도전해 갈 것이다(❹영역).

사람의 분별력만이 사람의 무분별로부터 우리와 세계를 지킬 수 있다. 숙고하고 분별하고 통찰을 얻는 과정이 모든 중요한 행동에 선행되어야 한다. 우리가 AI와 빅데이터를 유용한 목적으로 사용하는 일은 계속되고 확장될 것이다. 많은 직업이 AI에 의해 대체되리라는 것을 받아들이고 그에 대한 대책을 만들어 가는 것이 맞다. 나쁜 목적으로 AI가 쓰이는 것을 억제하는 노력은 계속되어야 한다. AI에 의해 결국 바뀔 수밖에 없는 것을 마치 끝까지 막을 수 있는 것처럼 무조건 대항하고 막아보려고 하는 것은 부질없다. 내줄 것을 내주어야 지킬 것을 지킬 수 있다.

AI나 빅데이터의 정보 처리 방식은 답은 가르쳐 주지만 왜 그런지 설명은 없는 경우가 대부분이다. 이유와 근거를 모르고 무작정 따라 하는 것은 좀 위험해 보인다. 사람은 기계나 AI보다 더 느리고 덜 정확해도 왜 그런 얘기를 하는지 묻고 같이 논쟁을 할 수 있는 존재다. 사람이 잘할 일은 사람의 방식대로 하고, AI가 잘할 일은 AI의 방식으로 하는 것이 적절하다. AI가 아무리 영역을 넓혀도 그것은 절대로 나쁘기만 한 소식은 아니다. 인류의 직업은 계속 변해 왔고 인류는 이런 변화에 잘 적응해 왔다. 우리가 스스로 놀라 과잉반응만 하지 않는다면 AI는 큰 문제가 아니다. AI가 좋은 것인지 나쁜 것인지는 사람의 대응하는 방식과 태도에 달려 있을 것이다.

분별력은 스스로 갖추는 것

분별의 능력은 교과서를 통해서는 배우기 어렵다. 악마는 항상 뿔을 달고 다니고 천사는 항상 하얀 옷만 입고 다닌다면 얼마나 편할까? 악마도 얼마든지 흰 옷 사서 입고 다닐 수 있다. 세상을 사는 인생은 위험하다고 말하는 것이 맞다. 그렇다고 주눅 들어서 살아야 한다는 게 아니다. 그럼 어떻게 하라는 건가? 이 질문에 대한 답은 다른 사람이 줄 수 없다. 그러나 이 질문이 바로 분별력이 자라기 시작하는 착상着床점이 될 것이다. 이것은 계속 물으며 살아갈 만한 좋은 질문이다.

분별은 우리에게 무엇이 중요한지 먼저 판단하라고 말한다. 분별의 기본은 무엇이 쉬운 길인지 무엇이 당장 빛나는 결과를 가져올지 어떻게 해야 당장 내가 큰돈을 벌 수 있는지 생각하기 전에 좀 더 크게 좀 더 멀리 좀 더 깊이 통찰하라고 한다. 지금 그 답을 잘 알 수 있는지 없는지도 생각해야 한다. 잘 알 수 없는 어려운 문제라면 성급하게 대들지 말라고 할 것이며 당장 답을 구하기 어려워도 만약 그것이 매우 중요한 문제라면 포기하지 말아야 할 것이다. 분별은 우리에게 시간을 두고 더 깊이 생각하고 도와줄 수 있는 사람들을 찾아 합력하여 대처하라고 말한다.

분별력은 실전에서 얻는 것

중요한 사건은 전방前方 혹은 전선前線, frontier에서 이루어진다. 후방에서는 대부분이 정상이고 사건이 하나씩 천천히 일어난다. 전방에서는 후방과는 전혀 다른 교과서가 통용된다. 전방에서의 생존은 후방 교과서의 원리만으론 안 되고 임기응변과 복합적인 사고 판단을 요구한다.

서로 다른 두 물질이 만나는 계면界面에서는 각 물질의 내면보다 훨씬 복잡하고 역동적인 반응이 일어난다. 계면은 결국 각 물질의 내부까지 번져 나갈 엄청난 싸움이 벌어지는 현장이고 시발점이다. 동류同類

간에 주고받고 일하는 방식은 악인들의 집단 내부나 선한 사람들의 집단 내부나 놀랍도록 비슷하다. 같은 종류 사람들끼리의 거래는 대부분 일상적인 프로토콜에 따라 일어난다. 사회의 큰 변화를 만들어 내는 사건은 동류들의 만남에서 일어나는 것이 아니다. 사회 변화의 향방, 즉 발전이냐 퇴보냐 하는 것은 이질적인 것들이 만났을 때, 즉 악인과 선인이 만났을 때 벌어지는 일들, 누가 누구에게 영향을 주는가, 악인이 선인을 타락시키는가, 아니면 그 반대로 선인이 악인을 순화시키는가에 의해 정해진다. 역사는 이질적인 것들이 만나는 장소인 계면에서 이루어진다. 계면은 악인들을 검거하기 위한 경찰들의 위험한 싸움, 생명을 구하기 위해 화마火魔와 싸우는 소방관들의 싸움이 벌어지는 곳이므로 전선前線, frontier이기도 하고 전선戰線, battle line이기도 하다.

실전實戰은 후천적으로 분별력을 얻고 강화할 수 있는 유일한 기회다

분별은 모든 일의 시작부터 끝까지 부단히 유지되어야 하는 덕목이자 자세다. 그러나 실제 상황에서 어떻게 분별해야 하는가 하는 실용적인 문제는 절대로 쉽지 않다. 곤경에 처한 사람을 도우라, 멀리 보고 꾸준히 노력하라, 서로 믿고 협력하라는 얘기를 윤리학 교실에서는 당연히 받아들이지만, 실전에서 제대로 적용하기는 쉽지 않다. 실전 상황은 매우 복잡하고 급변하기 때문에 제대로 판단하지 못할 수 있다. 실전에서는 다양한 가치 기준과 이해관계를 가진 사람들이 만나며, 사건 자체도 다양한 면과 가치를 갖는 여러 요소가 섞여 있다.

이러한 상황에서 올바른 분별을 하기 위하여 견지해야 할 좋은 모습은 ① 자신의 무지와 무능을 수긍함, ② 참고 기다림, ③ 통찰을 얻으려 노력함, ④ 타인에게 도움을 구함, ⑤ 내려놓음이다. 그 반대로 마치 ① 모든 것을 ② 지금 당장 ③ 내가 혼자 ④ 명쾌하게 해결할 수 있다고 생각하고, ⑤ 그렇게 큰 소리로 주장하는 것은 나쁜 모습이다. 겸손의 학교처럼 분별의 학교는 결코 졸업할 수 없다. 분별력이 충분히 생겼다고 생각하는 순간 바로 그것(분별력)을 잃는다. 졸업했다고 생각하는 바로 그 순간 재입학해야 한다.

이렇게 보면 우리나라의 많은 교육기관에서 제공하는 프로그램들이 상기한 다섯 개의 좋은 모습을 키우는 교육의 역할을 과연 얼마나 수행하고 있는지 의문이 든다. 이런 교육은 어떻게 받을 수 있을까? 아마 좋은 선생님, 교과서, 성공담, 스펙 점수, 학력과 경력만으로는 안 될 것이다. 우리를 성숙케 하는 교육 프로그램에는 깊은 친구 관계, 폭넓은 독서, 깊은 사고의 훈련, 이야기가 있는 인생뿐 아니라 실패한 도전, 정직하고 성실하게 대해 주고 얻어맞은 배신과 같은 것들도 들어가야 할 것이다. 이런 것들은 억지로 찾아 만들기는 어렵겠지만 너무 얄밉게 피하지 않으면서 참고 기다리면 결국 찾아올 손님들이다. 우리 인생이 아무리 바쁘고 척박해도 이런 좋은 손님들을 받을 수 있는 정도의 복과 여유는 아마 있을 것이다.

옥에도 티가 있고 어린 아이에게도 배울 것이 있다. 세상에 완전한 것, 완전한 사람은 없다. 완전한 선인도 완전한 악인도 없다. 만나는 사람들은 모두 장단점을 갖고 있다. 기회는 위기를 동반한다. 초콜릿을 먹을 것인가, 몇 개를 먹을 것인가? 한 잔의 술은? 두 갈래 길에서 선택하기가 어려운 것은 하나의 길이 다른 길보다 모든 면에서 더 좋을 수는 없기 때문이다. 우리가 실제 접하는 현실은 대개 이런 것이다. 이런 상황에서 어떻게 행동하는가를 아는 것은 매우 실용적인 문제다. 내향적인 사람도 항상 그런 것은 아니고, 외향적인 사람도 항상 들떠 있진 않다. 100% 내향적이면 소통을 못 하니 살기 힘들고, 100% 외향적이면 맨날 부딪치기 쉬우니 상처투성이일 것이다. 나설 때가 있고 숙고할 때가 있을 것이니 이를 분별하는 것이 우리가 할 일의 본질이다.

참된 분별은 쉽게 판단하지 않으며 극단적인 언행을 극도로 경계한다

극단적인 것은 대개 위험하다. 극단적인 것을 불문곡직 추구해야 할 상황은 실제로는 자주 생기지 않는다. 과유불급過猶不及이라고 했듯이 모자라서가 아니라 지나쳐서 문제가 되는 경우가 많다. 그렇다고 매사에 회색灰色분자가 되라는 것이 아니다. 애매한 상황을 함부로 뿌리치지 않고 결단의 시점까지 관리하는 기술이 지도자의 가장 중요한 덕목이다. 상황이 불확실할 때일수록 서두르지 말고 안개가 걷힐 때까지 기다리든가 전체에 영향을 덜 미치는 변수부터 하나씩 줄임으로써 상황이 확실해지도록 서서히 이끌어야 한다. 그렇게 되는 데까지 시간이 필요하면 기다리고 고통이 따르면 견뎌야 한다.

불확실한 상황에서 인내하는 것은 우유부단한 것과 겉모습은 비슷해 보여도 실제는 전혀 다른 것이다. 매사 무조건 성급하게 결정하는 것이나 우유부단하여 실기失機하는 것이나 일을 그르치기는 매한가지다. 상황의 불확실성은 불편해도 그대로 받아들이되, 이를 대하는 자신의 모습과 대처 과정은 명료하게 드러내야 한다. 참을 때와 덤빌 때를 분별하지 못하면 무조건 참거나 무조건 덤벼들게 된다. 참을 때는 확실하게 참고, 기다려야 한다고 판단되면 당당하고 끈질기게 기다리면 된다. 아무 때나 짖어대는 개는 무섭지 않다. 전혀 짖을 줄 모르는 개도 무섭지 않다. 살피면서 공격의 기회를 노리는 동물이 무서운 것이다. 성급하거나 우유부단하게 행동하는 것이나 모두 불확실성을 가중시키고 결국 패닉 속에서 정신없이 결정하게 되어 일을 그르칠 뿐이다. 바람이 이리저리 부는 바다에서 항상 돛을 펴고 있으면 결코 목적지로 가지 못한다. 원하는 방향의 바람이 불 때만 돛을 펴고 그렇지 않을 때는 돛을 내려야 일정 시간이 지나면 원하는 곳에 다다를 수 있다. 분별하지 않고 들인 수고는 모두 낭비된다.

보수와 진보의 두 날개를 다 가져야 날 수 있다

수성守城하며 내치에 집중할 때인가 진격하여 영토를 넓힐 때인가를 분별해야 나라를 잘 이끌 수 있다. 보수와 진보는 양 날개이며 어느 한 날개만으로는 날 수 없다. 왼 날개와 오른 날개가 서로 균형을 이루어야 추락하지 않는다. 온고지신溫故知新은 옛것에 대한 존중과 통찰을 통해 새로 나아갈 방향과 아이디어를 얻으며, 옛것의 장단점을 잘 알아야 어떤 부분을 고치고 어떤 부분을 견지할 것인지 알 수 있기에 비로소 올바른 개혁을 추진할 수 있다는 뜻이다. 공학과 자연과학의 정신은 앞 세대의 사람들이 이루어놓은 곳에 자신의 노력을 공헌하는 것이다. 거침없이 거인의 어깨 위에 올라서야 더 많이 더 멀리 본다. 온고지신이란 단단한 보수 위에 진보가 제대로 자세를 잡는 것이니, 이것이 자연과학과 공학의 발전이 거침없고 눈부신 까닭이다.

자신의 현재 가진 것을 지키기 위한 수단으로 보수保守를 주장하거나 남이 지금 가진 것을 빼앗기 위해 개혁을 주장하면 안 된다. 지금 가진 재산만 들여다보면 서로 더 가지려 싸울 수밖에 없고, 현재 재산의 재분배만 놓고 싸운다면, 서로 계속 엎치락뒤치락하다가 사회는 결국 망할 수밖에 없다.

미래를 같이 만들어 가자는 큰 그림을 그리고 공존할 접점을 찾아야 한다. 100% 승리는 없다. 사회가 나아갈 미래의 방향을 논하고 나라 전체의 경쟁력을 이루어가는 관점에서 큰 방향과 방법에 관한 생각이 달라 이편저편 갈라 논쟁하며 타협도 하고 대치도 하는 것이 건강한 정치의 모습이다. 망국적 패거리 싸움에 근시안적 이기심으로 어느 한 편에 뛰어들어 과격한 언행을 하는 것은 참으로 무분별한 꼴이다. 불가불 어느 한 편에 합류한다고 해도 좌익左翼, 혹은 우익右翼의 역할을 나누어 담당함으로써 본체가 평형을 잘 유지하여 전체를 보전할 수 있게 한다는 큰 그림을 잊지 않아야 한다. 날개는 본체를 위한 수단이다. 좌우 날개가 모두 중요하니 서로 보며 균형을 맞추어야 전체가 산다.

그림 12-3 과거와 미래에 대한 자세에 따른 세 종류의 나비 형태

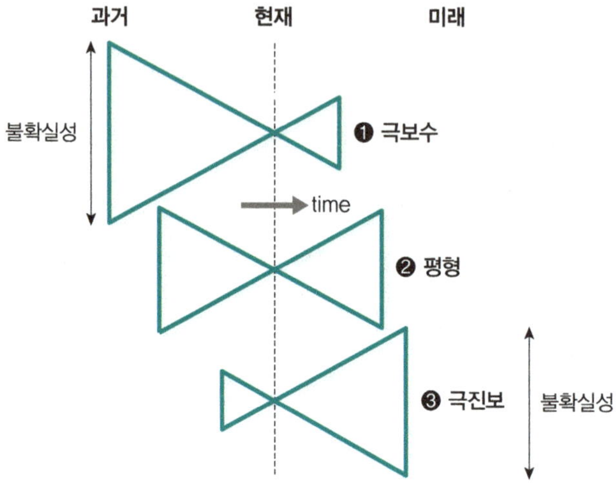

☞ 현재에서 이어지는 두 개의 불확실성 삼각형이 나비를 만든다. 현재만이 확실하고 과거의 역사는 기억이나 해석이 달라 불확실성이 커지고 미래의 일도 현재에서 멀수록 불확실성이 크다. 이 중에서 양 날개가 평형을 이룬 ❷만 날 수 있는 나비다.

확실한 것은 현재밖에 없다. 현재에서 이어지는 두 개의 불확실성 삼각형이 나비를 만든다. 현재만이 확실하고 과거의 역사는 기억이나 해석이 달라 현재에서 멀어질수록 불확실성이 커지고, 미래의 일도 현재에서 멀수록 불확실성이 크다. 역사의 교훈과 미래의 비전이 평형을 잘 이루어야 안정되게 비행할 수 있다. 〈그림 12-3〉의 ❶과 ❸형은 날 수 없는 나비다. 양 날개가 평형을 이룬 ❷만 날 수 있는 나비다. 과거의 역사에 대한 다양한 인식과 미래의 전망과 계획에 대한 다양한 생각을 모두 포용하는 평형 나비만이 건강하고 안정적인 '현재'의 하늘을 비행할 수 있다. 극좌와 극우는 모두 건강하지 않은 편집증상이다. 중요한 사건마다 극좌와 극우의 환자들이 지극히 정상적인 평형을 이룬 사

람들을 소위 '중도'라 하며 각자 자기들 진영으로 끌어들이려 하는 것은 속히 탈피해야 할 유치하고 창피한 모습이다. 소위 '중도 성향'의 사람들은 평형감각과 지성을 갖고 세상과 사람의 여러 면을 종합적으로 보며, 평형 날개를 갖춘 지도자가 나타나기를 끈질기게 바라고 기다리는 사람들이다. 과거와 미래, 자유와 정의, 개혁과 보수 사이에서 평형을 이루어야 미래를 향하여 건강한 비상을 할 수 있다. 평형감각과 평형지수가 가장 높은 사람이 지도자가 되어야 험난한 파고를 뚫고 우리 사회를 좋은 미래로 이끌어 갈 수 있다.

역동力動과 역동逆動이 아름다운 순응順應

인생이 운이 좋으면 소년, 청장년을 거쳐 노년기까지 맛보게 된다. 인생의 어느 기간 동안 한 가지 일관된 목표를 위해서 달리고, 어느 정도 특이한 성향을 갖고 살 수는 있으나 평생 똑같은 모습으로 한 가지 일만 하며 사는 것은 쉽지도 않거니와 바람직하지도 않다는 생각이 든다. 춘하추동의 계절이 제각기 다른 멋을 뿜어내듯이 유치함과 순수함, 열정과 도전, 분별과 지혜, 평화와 기쁨이 모두 어우러져야 비로소 한편의 인생을 이루었다고 할 수 있겠다. 청년의 패기 없음이나 노인의 조급함과 경망함은 적절치 못하다. 나이에 맞게 변화해 가는 것이 적절하다. 그래야 사회가 다양성과 역동성力動性을 갖게 된다. 역동성은 가만히 정지해 있지 않고 힘차고 활발하게 움직이는 것이다. 각자가 시간을 따라 역동적으로 그 모습과 역할을 바꾸어 갈 때 사회는 오히려 안정되고 건강한 모습을 유지한다.

나이에 따라서만 그 역할과 모습이 달라질 것이 아니라, 사회에서의 지위나 능력에 따라서도 그 맡은 역할이 달라져야 한다. 노블리스 오블리주, 고귀한 자는 낮은 자를 위하여 희생할 의무를 갖는다. 사실 높은 위치에 있는 사람으로서는 참 부담스러운 얘기다. 물은 높은 곳에서 낮은 곳으로 흐르고 전자회로의 전류도 전위가 높은 곳에서 낮은 곳으로 흐른다. 그러나 물 밖의 얼음이 있다면 물 속의 얼음도 반드시 있다. 배터리 안에서 전류는 거꾸로 흐른다. 마치 물이 낮은 곳으로 떨어지기 위해 누군가가 억지로 (중력을 거스르며) 높은 곳으로 퍼올려 주어야 하는 것처럼 전류도 보통 영역과는 반대로 흐르는 영역이 있어야 하는데 그것이 바로 배터리 내부다. 우리 사회도 배터리처럼 역동逆動적 역할을 해주는 사람이 있어야 유지되고 발전할 수 있다. 가진 자가 베풀고 높은 자가 낮은 곳으로 내려와야 한다. 그렇게 하지 않으면 어떻게 작은 사회라도 유지될 수 있겠는가? 백성이 없이 어떻게 지도자가 있으며 지도자가 없이 어떻게 사회가 존속할 수 있나? 내려오고 베푸는 것이 지도자의 분별 있는 역할, 아니 본분本分이다. 아랫사람을 밟고 계속 끝없이 더 높은 곳을 향하여 오르기만 하고 내려올 생각이 전혀 없는 것은 지도자가 아니고 억압자요, 수탈자다. 그런 사회는 동력을 얻을 곳이 없으므로 결국 망한다.

분별의 귀는 경고음을 듣는다

조선왕조는 근 오백 년 지속하였으나 긴 왕조의 역사를 자랑하기엔 끝물을 더럽힌 일제 강점의 역사가 뼈아프다. 정묘, 병자, 임진년의 굴욕적인 망국의 역사에서도 경고도 교훈도 받지 못하고 왕족과 벼슬아치, 유학자들이 이권과 편집으로 혹독한 당파싸움을 벌인 결과, 결국 나라가 망해 버린 것이다. 기회는 여러 번 있었다. 병자호란 이후 청에 볼모로 잡혀간 소현세자가 접한 신문물과 개혁의 불씨도 인조의 질투와 탐욕으로 허망하게 사라지고 정조 때에 지펴진 실학의 실용정신과 정약용과 같은 젊은 개혁가들의 꿈과 땀이 결실을 맺지 못하고 시들어 떨어져간 것은 너무나 안타깝다. 우리 민족의 큰 불행이 아닐 수 없다.

규범과 예절도 중요하겠지만 민생과 국방과 같은 실용적이고 근본적인 문제는 제쳐두고 '임금과 왕비의 상喪에 대비가 상복을 몇 년 입어야 하느냐' 하는 주자학의 예절에 관한 소위 예송논쟁으로 사대부와 신하들이 서인과 남인 두 당파로 갈라져 목숨을 걸고 싸워댄 것은 결코 정당화될 수 없는 우매하고 사악한 패륜의 역사다. 나라는 위태하고 백성은 가난하고 일할 날은 유한한데 주자학(혹은 성리학)과 양명학에만 매달려 국방과 민생을 소홀히 하다가 나라를 망하게 하고 백성을 참상에 빠뜨린 것은 앞으로는 절대 반복해서는 안 될 치욕의 역사다. 이론과 논리는 결국 사람과 사회를 위한 것인데 큰 그림을 잃고 작은 명분과 사익에 매달리니 나라의 본말本末과 주객主客이 전도顚倒된 것이다. 이집트에서 노예로 살았던 아픈 역사를 기억하기 위하여 양 미간과 손목에 기호를 써서 항상 들여다보게 했던 유대인들처럼 우리도 이러한 치욕의 역사가 재발하지 않게 마음 어디에 뚜렷하게 각인해 두어야 하지 않을까?

우리가 살아가는 이 세계와 우리 인생들에 대한 균형 잡힌 인식과 행동의 분별이 참으로 중요하다. 파국破局 전에는 반드시 한두 차례 경고가 울린다. 기억력이 나빠져서, 면역이 생겨서, 혹은 교만 방자해져서 계속되는 경고를 무시하면 갑자기 막이 내리고 역사는 끝날 수 있다. 구약 성경에 나타난 이스라엘 민족의 역사, 조선시대 500년의 역사는 몇 가지 공통점이 있다. 둘 다 세계적으로도 드물게 자세히 기록된 역사다. 숱한 경고에도 불구하고 지도층의 탐욕과 고집으로 나라가 여러 번 망했다. 그리고 외세의 도움에 힘입어 나라가 다시 주권을 찾았다. 이러한 공통점들이 결코 평범한 것들이 아니다. 세계사를 뒤져 보면 자취가 없어진 민족과 국가들, 근근이 소수로 이어가는 유리流離하는 민족들이 훨씬 더 많다. 막대한 희생을 치른 명확한 역사를 갖고 있으며, 천우신조로 살아남아 역사를 이어가고 있는 우리에겐 지금 어떤 경고음이 들리는가?

13
돈과 법을 대하는 자세

돈, 법, 나라에 대한 큰 그림

세상에서 가장 무섭고 냉혹한 것을 두 가지 들라면 많은 사람들에게 얼른 생각나는 것이 아마 법과 돈이리라. 감옥을 가면서도 돈은 지키려는 것을 보면 돈이 더 무서운 것 같고, 막대한 보석금을 쓰고 거액의 변호사 군단을 차리는 것을 보면 법이 더 무서운 것 같기도 하다. 아무튼 법과 돈은 모두 사람의 필요에 의하여 만들어지고 운용되어야 하는 것이다. 여기서 사람이란 '인간의 정신'을 가진 사람을 말한다. 그러므로 법에는 정의라는 법의 기본 정신이 있다.

돈은 인간의 물질적 편리를 위하여 만들어진 것이지만 돈은 편지와도 같다. 돈이라는 종이의 메시지는 주고받는 사람들 간에 오가는 것이다. 음험한 거래에서 오가는 돈의 메시지는 구차하고 비겁하고 어둡게 구속하며 협박하는 것이다. 사랑의 마음으로 오가는 돈은 돈의 액면 그 이상의 메시지를 전달한다. 돈은 손과 손을 거쳐 사회를 이리저리 돌면서 그때마다 다른 메시지와 마음을 전하며 일을 한다.

의사의 정신을 말할 때 슈바이처와 장기려 박사가 생각나고, 법의 마음에 대해서는 배가 고파 빵을 훔친 노인에게 벌금 10달러를 부과하고 이웃의 가난을 방치했다는 죄목으로 자신과 방청객에게 부과한 돈을 노인에게 주어 벌금을 내게 하고 나머지를 주었다는 라과디아 판사의 얘기가 회자된다. 이것이 법의 정신을 드러내는 좋은 예가 아닐까 한다. 법을 만들거나 운용(기소, 판결)하면서 자신을 포함한 특정인의 이해관계나 관례, 선례나 문구에 얽매이는 입법, 판결을 한다면 과연 이를 법의 정신에 비추어서 올바른 행동이라 할 수 있을까?

아무튼 우리가 이 세상을 살아가는 동안 우리 마음에는 항상 피할 수 없는 두 개의 큰 힘이 작용한다. 하나는 돈의 유혹이고 다른 하나는 지켜야 할 법의 굴레다. 유혹은 그쪽으로 끌어당기는 힘이고 굴레는 어떤 쪽으로 가더라도 넘지 않아야 할 한계선이다. 돈의 유혹을 따라가다가 경제 및 회계 관련 법을 위반하여 곤욕을 치르는 경우가 허다하다. 어느 세계에도 지켜야 할 법이 있고 사람들이 지향하며 추구해 가는 것이 있다. 사람이 제정신을 갖고 능동적으로 추구하는 것과 스스로 이성을 볼모 잡힌 채로 유혹에 끌려가는 것은 무엇이 다른가? 술을 적절히 마시며 즐기는 것과 술에 취하여 몸을 가누지 못하는 것의 차이가 비슷한 것이겠다.

국가의 두 가지 중요한 기능은 ① 해야 할 일을 잘 정하는 기능과 ② 그 일을 하기 위하여 필요한 돈을 거두어들이고 쓰는 기능이며, 이 두 가지 기능을 잘 수행하기 위하여 법을 운용하게 된다. 기업인은 물론 모든 국민에게 법으로는 세법이, 관청으로는 국세청이 막강한 영향력을 미친다. 절대 권력은 반드시 부패하고 멸망한다는 애기는 권력은 견제

되지 않으면 자신과 타인을 모두 죽인다는 얘기다. 몽테스큐의 『법의 정신』은 인간의 욕심, 특히 권력욕의 속성을 파악하고 권력의 견제를 위하여 민주주의 정치의 근간이 된 삼권분립의 필요성을 설파한 명저다. 입법부, 특히 사법부의 독립성은 민주주의의 핵심이다. 인간이 만든 사회의 법은 자연의 법과는 달리 운용하는 자가 겸허한 마음으로 하지 않으면 큰 역작용을 불러일으키기 쉽다. 사회와 시장의 수요를 알고 자연의 원리를 이용하여 기술을 개발하고 사회의 법과 시장의 흐름에 따라 회사를 경영해야 하는 창업자는 가끔 이 세 가지 법의 근본적인 차이를 잘 몰라 거대한 착시 현상을 경험하기도 한다. 사람의 마음, 사회의 법, 자연의 법칙, 이 세 가지 법에 대하여는 이 절의 후반부에 더 세밀하게 다루기로 한다.

거두절미하고, 창업을 하는 것은 하나의 세계를 만들어 내는 것과 같다. 창업자도 돈과 법의 지대한 영향권 안에서 경륜을 펼치는 것이므로 돈과 법의 기본 정신과 이들을 대하면서 마음에 무엇을 담아야 할 것인지 잘 준비하지 않으면 무면허운전처럼 위험하게 된다. 연구책임자가 연구비를 횡령하거나, 창업자가 거짓 자료로 투자금을 유치하여 횡령하는 것은 실정법을 어긴 경우다. 그러나 사업상 거래에서 구두로 한 약속을 어기거나 공동창업자 간에 상호 신의와 기대를 저버리는 것은 실정법의 저촉을 받지는 않지만 이로 인하여 신뢰가 무너지면 상호 협력이 어려워지게 된다. 이러한 명문 혹은 불문의 법들의 내용과 그것을 지켜야 하는 강한 이유와 위반 시 받게 되는 벌에 대하여 명확하게 알고 있지 않은 사람은 기업을 성공적으로 이끌 수 없을 것이다. 돈을 버는 방법에만 집착하여 실정법은 물론 마음의 법에 등한하여 함부로 행동하게 되면 기업의 성공은커녕 한 개인으로서의 삶마저 위기에 봉착하게 될 것이다.

우리가 사는 세계도 함부로 된 것이 아니다. 아무리 생각해 보고 연구해 봐도 도저히 이해할 수도 상상하기도 힘든 깊은 원리와 높은 생각이 깃들어 있는 것이 우리가 사는 세계다. 바득바득 법망을 피하고 어겨가면서 돈을 버는 인생, 최소한의 실정법만 지키며 최대한 자신의 이익을 위해서 갈취하며 사는 갈퀴와 그물손 같은 인생에 머물러서야 되겠는가.

감사하고 엄숙하고 기쁜 마음으로 보람 가득한 인생을 펼쳐 가는 것이 이 벅찬 세계를 살게 해준 알 수 없는 존재인 창조자에 대한 최소한의 도리일 것이다. 돈을 둘러싼 수많은 애환과 감동의 이야기들도 있고 법을 간신히 지키는 정도를 넘어 법의 정신을 품고 그 이상으로 베푸는 뛰어난 삶을 살아가는 사람들도 많이 있다. 우리들과 우리나라의 청년들이 창업으로 만든 세계를 통하여 아름다운 돈의 이야기가 흘러나오고, 탁월한 삶의 정신을 보여준 시대의 지도자로서 창업자들의 아름다운 전설이 우리 사회에 만들어지고 계속 들려지게 되면 좋을 것이다.

돈과 법은 인간 사회에서 동전의 양면

현대의 자본주의 체제에서 원하는 것을 얻으려면 돈이 필요하다. 돈의 힘은 언제 어디서든지 돈은 자기가 원하는 가치와 교환될 수 있다는 믿음에서 나온다. 알코올 중독자에게 술이 긴장 완화의 수단을 넘어 탐닉과 중독의 대상이 되듯이 많은 사람에게 돈은 필요한 것을 얻는 수단을 넘어 추구하는 목표 자체, 혹은 '일단 벌고 보자는' 삶의 중간 목표나 그 이상이 되어 버렸다. 돈은 많은 사람의 삶을 좌지우지하는 주인 자리를 차지하고, 누구나 두려워하는 강력한 힘의 발원지가 되기도 한다. 인생의 전반전에는 돈을 벌고 후반전에는 그 돈을 쓰며 여유 있게 살 것을 생각하지만, 전반전이 너무 치열하다 보니 중간 점검을 위한 하프타임이나 그리운 후반전은 영원히 오지 않을지도 모른다.

만약 돈을 버는 것이 리프트로 산에 오르는 것이고 번 돈을 쓰는 것이 스키를 타고 즐겁게 내려오는 것이라고 보면 정점에 있는 것은 돈이다. 돈을 마음의 중심에 두고 돈에만 집중하여 살다 보면 금융 경제에 관한 사회의 법은 차치하고 돈에 관한 사람들 간의 기본적인 약속을 어김으로써 타인의 마음에 상처를 줄 수 있다. 사람의 마음에는 '마음의 법칙'이 있는데, 마음의 법칙은 물리의 법칙처럼 엄정하게 숫자와 식으로 표현할 수는 없지만 모든 사람에게 비슷하게 적용되므로 엄연히 '일반성'이 있는 법칙이라 할 수 있다.

특별한 에너지를 공급받지 않으면 한 번 우울해진 마음을 회복하기도 쉽지 않고, 나쁜 일도 자꾸 하다 보면 둔감해져서 괴롭지 않게 되니 마음에도 '관성'이 있는 셈이다. 또한 상대에 대한 마음이 살짝만 변해도 상대는 귀신같이 알아채며 미움에는 미움으로 사랑에는 사랑으로 대응하게 되는 법이니 반작용도 있는 셈이다. 가속도나 힘과 같은 것도 있어 보인다. 화를 내다 보면 점점 더 포악해지고 엄청난 힘이 생겨 자체적으로 하나의 힘이 되어, 더 큰 힘으로 제지하기까지는 계속 힘을 행사한다. 똑같지는 않지만, 물리의 법칙에 버금가는 법칙이 마음의 세계에도 있다고 할 수 있다.

돈이 지배하는 사회에는 엄정하고 복잡한 규칙들이 있고, 규칙들을 둘러싸고 사람들 간에 많은 위반, 충돌과 분쟁이 일어난다. 마음의 법은 각자 개인의 영역이지만 다른 사람과 얽히게 되면 결국 사회의 법과 충돌하게 된다. 돈이 관련되는 모든 과정은 '법' 에 따라야 하며, 돈을 적법하지 않은 방식으로 다루면 '법' 에 따라 처벌을 받을 수 있다. 돈을 세상과 인생의 중심에 두는 사람들에게 경제 관련 법과 규정들은 물론 마음의 법마저도 귀찮은 장애물이다. 그렇지만 게임이 있으면 규칙이 있고 길이 있으려면 차선과 도로 마크가 있다. 돈과 관련된 법칙, 혹은 규칙도 엄정하고 복잡하며, 그 규칙을 잘 알아야 게임을 잘할 수 있다.

돈과 법은 우리의 실생활에서 각각 물질의 세계와 정신의 세계를 대표하기에 동전의 양면과 같다. 소유 자체로 힘을 얻는 돈의 흐름을 제어하고 돈의 힘을 견제하고 조정하려면 법이 필요하다. 법은 힘이 있어야 그 역할을 감당할 수 있다. 법의 힘마저 돈에서 나온다면 돈이 무소불위의 힘을 갖게 되니, 법의 힘은 마음의 법은 물론 금융실정법도 그 힘의 근원은 돈이 대변하는 물질의 세계가 아닌 '정신의 세계' 에 있도록 해야 한다. 사람들의 사회는 물질과 정신으로 이루어져 있으므로 마음의 법과 사회의 실정법을 통하여 이 두 세계가 적절한 균형을 이루며 병존竝存해 가야 한다. 그래야 돈이 이 두 세계의 구석구석을 잘 흘러 다니며 인간들의 삶과 사회에 활기를 불어 넣게 될 것이다.

법칙의 진화

물질의 세계를 탐구해 가는 자연과학은 이 세계의 구성, 운동, 그리고 근원과 근본에 대하여 끊임없이 새로운 사실을 밝혀내고 있다. 인간과 같은 고등동물은 더 말할 것도 없이 단세포 생물의 구성과 생명의 원리만 보더라도 그 신묘神妙함에 놀라지 않을 수 없다. 최신의 과학기술로 만들 수 있는 로봇도 원시동물의 기능과 성능의 효율성을 도저히 따라갈 수 없다. 가장 작은 수소 원자핵을 구성하는 소립자마저도 최종의 입자라고 할 확증은 없다. 아무리 작은 소립자를 발견해도 그 소립자는 무엇으로 어떻게 구성되어 있는가 하는 질문은 계속 이어질 것이다. 우주는 무한하다면서도 계속 팽창한다고 하는데 우주의 물리적 한계점이 계속 이동한다면 그 한계점 밖에는 무엇이 있는 것인가? 하는 근본적인 질문이 다시 나오지 않을 수 없다.

우리는 시간과 공간의 가운데 한 토막을 놓고 우리가 정한 기계와 단위를 써서 그 길이를 측정할 수는 있지만, 시작과 끝이라는 한계점에 대하여 관찰은커녕 개념도 정의할 수 없으므로 결국 이렇게 결론 내려야 할 것이다. "시간과 공간의 본질은 알 수가 없고 우리가 한 구석 자리 잡고 살아가는 이 세계는 물리적으로 완전히 알아낼 수 없다." 이전보다 더 많이 알고 더 잘 알고 앞으로도 더 잘 알아갈 것이지만, 그래도 이 세계를 완전히 알 수는 없다. 세계의 가장 구체적이고 낮은 면을 들여다보는 물리학의 차원에서도 말이다.

뇌는 정말 단순한 두부 덩어리와 같아 보이고 수많은 신경세포와 이를 연결하는 시냅스로 구성된 반복적인 단순 구조지만 그 안에서 일어나는 일, 즉 정보의 전달 · 저장 · 처리 과정과 그 결과의 복잡성은 상상을 초월한다. 뇌는 합리적인 사고 과정은 물론 감각과 감정의 결과물과 과정에서 나오는 모든 정보를 그 복잡한 구조, 방식과 과정을 거쳐 처리한다. 사람이 만든 기계들은 일하는 속도는 빠르지만 일의 내용이 매우 단순하며 엄청나게 많은 에너지를 쓰고 덩치도 크다. 인간의 뇌와 비교하면 인간이 만든 기계가 내구성耐久性과 단순계산 속도의 면에서는 더 우수하다고 할 수도 있지만, 효율성 면에서 기계는 인간의 뇌에 상대가 되지 않는다. 인공지능 기계인 알파고를 보면 당장 알 수 있다. 1MW를 쓰는 알파고는 20W를 쓰는 인간의 뇌보다 전력 효율이 오만 배 나쁘고 덩치는 수백 배 크다. 가장 중요한 차이는 알파고는 바둑만 두는 기계지만 인간의 뇌는 그 외에도 다양한 많은 일을 할 수 있고 동시에 해낼 수도 있다.

물질 세계와 정신 세계의 비밀 통로

뇌는 천억 개 정도의 뉴런신경세포과 이들을 연결하는 시냅스 사이를 이동하는 신경전달물질neurotransmitter에 의하여 정보를 이동하고 저장한다. 뇌의 각 부분에서 어떤 신경전달물질이 뇌의 어떤 영역으로 이동하는가에 따라 감정 상태, 논리적인 판단 결과가 정해진다. 감정 상태나 사고의 내용에 따라 이런 신경전달물질의 이동이 달라지며, 역으로 신경안정제와 같은 약 물질로 사람의 대략적인 감정 상태 혹은 기분을 조절할 수 있다(생각의 내용을 조종할 수 있는 정교한 약이나 물질은 아직은 없다). 무생물과 생물체에서 일어나는 화학적 혹은 생물학적 현상을 포함하는 물질계, 그리고 감정, 이성, 창의, 상상력을 포함하는 정신계, 각각 독립된 발전 과정을 거쳐 온 이 두 법칙 사이를 연결하는 크고 작은 여러 종류의 비밀 통로가 있을지도 모른다.

그림 13-1 자연과 마음의 두 법칙과 연결통로

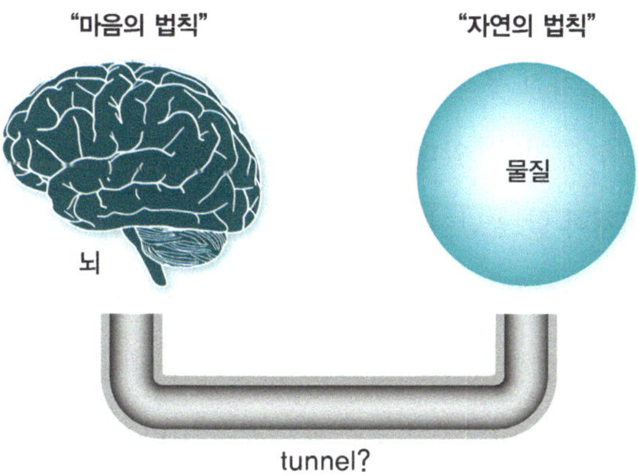

☞ 자연의 법칙을 따르는 물질의 세계와 마음의 법칙을 따르는 정신의 세계를 잇는 비밀의 연결통로가 있을 것이라 믿으며 오늘도 많은 연구자가 노력하고 있다.

물질의 세계와 정신의 세계, 이 둘은 각각 엄청나게 복잡하여 각 영역을 대표하는 물리학과 심리학의 영역을 인간이 오랫동안 연구해 왔고 많은 발전을 이루어 왔으나 두 학문 사이를 연결하는 것은 아직도 요원하다. 물질의 세계에도 물질의 운동을 설명하는 법칙이 있듯이 마음의 세계에도 마음의 행로를 인도하는 마음의 법칙이 있다. (마음의 법칙은 물리의 법칙에 비해 정확도와 구체적인 증거를 찾기가 훨씬 더 어렵기는 하지만) 적어도 물질의 세계에서만큼은 지금까지 발견된 이론이 완전하지 못함에도 불구하고 '법칙이 없다' 라고 말하는 것은 '법칙이 있다' 라고 말하는 것에 이미 졌다고 보아야 한다. 법칙은 있고 우리가 발견한 법칙이 아직 완벽하지는 못하지만, 점점 더 진실에 근접하고 있다.

무엇이 '없다' 라는 것을 증명하려면 방 안을 샅샅이 뒤져야 하지만 '있다' 라는 것을 증명하려면 어떻게든 찾아내면 되는 것이다. 그리고 찾고는 있지만, 아직 못 찾아낸 상태에서 '없다' 라고 주장하는 사람은 언제든지 질 수 있지만 '있다' 라고 주장하는 사람은 희망이 있다. 그런데 우리가 뒤져야 할 공간이 무한하다고 생각해 보라. 어떤 주장, 생각, 믿음을 가지고 살아갈 것인가? 리처드 도킨스의 『이기적 유전자』는 재미있는 발상을 주장하고 있긴 하지만 '유전자가 영원하고 모든 현상의 동기이자 주체' 라고 주장하고 있는데 이것을 따라가면 잘못된 큰 그림이 나올 수 있다. 부분적으로 서로 들어맞는 고리를 연결하여 하나의 이야기를 만들어 보이긴 했으나 그 얘기의 끝에서 만나는 전체적인 그림은 아름답거나 완벽해 보이지 않는다. 이기적 유전자의 큰 그림은 무책임하고, 부정확하고(정확성을 담보할 근거가 없고), 사람을 불필요하게 비속卑俗하게 느끼게 한다. 웅장하고 정교하면서도 아름답게 조화를 이루어야 할 우주와 세계의 법칙이 이렇게 환원적이고 이기적인 모습과 양립할 수 있다고 받아들이기는 힘들다.

세 가지 법칙 : 사회의 법, 자연의 법칙, 마음의 법칙

마음의 법칙도 확실히 있다. 법칙이 없다고 생각하면서 잠깐이라도 무법자같이 살아볼라치면 마음의 법칙이 존재함을 금방 알게 될 것이다. 나쁜 일을 하면 양심의 가책을 느끼게 되고 자백하거나 용서를 받으면 마음이 편해지는 것은 왜 그럴까 설명해 보라. 물론 뻔뻔스럽고 감수성이 낮은 사람, 나쁜 일을 오래 일삼아 온 사람의 경우에는 일반적인 사람들보다 양심의 가책이 잘 가동되지 않는다. 가동될지라도 잘 표현하지 않고 오히려 행동은 거꾸로 나타날 수도 있다. 그렇다고 해도 양심이 전혀 없다고 할 수는 없다. 약한 사람을 도와주는 것은 어느 문화 어느 시대를 불문하고 칭찬받는 미덕으로 받아들여진다. 곤경에 빠진 사람을 돕기 위해서 희생한 얘기는 누구에게나 감동을 준다. 설령 자신이 그렇게 못할지라도 그런 행동을 칭찬하는 것에는 모든 사람이 하나가 된다. 어쩌면 그렇지 않게 생각하는 종족이 있었을지 모르나 아마 그 종

표 13-1 세 가지 법칙—사회의 법, 자연의 법칙, 마음의 법칙—의 비교

	사회법	자연의 법칙	마음의 법칙
적용대상	사람	사람, 동물, 물체	사람
만드는 주체	사람	창조자	창조자
변경 가능성	Yes	No	Yes
변경 주체	국회	not applicable	본인
위반 가능성	Yes	No	Yes
위반 시 징계	Yes	not applicable	maybe
징계자	사법기관	not applicable	본인

족은 약한 사람을 서로 잡아먹고 하나 남은 최후의 승자는 늙어 죽어서 종족이 멸망하지 않았을까? 건강한 사회에서 '선한 사마리아인'의 행동은 모두에게 선한 것으로 받아들여진다.

자연의 법칙, 마음의 법칙 외에 사람이 만든 법도 있다. 사람이 만드는 법에는 헌법과 법률이 있는데, 법률은 형법, 민법, 상법, 노동법, 경제법 등 종류도 많고 나라마다 다루는 범위와 방식이 다르고 같은 법 규정을 놓고도 판사마다 해석이 다르다. 3심 제도를 해도 판결의 무오성은 보장되지 않는다. 어길 시에 처벌이 집행되지만, 내용이 불완전하여 계속 개정 보완하게 되어 있다(국회가 하는 일이다). 실정법인 법률의 내용과 다른 생각을 갖고 있으면 살아가기는 불편하지만(양심범, 사상범, 확신범, 정치범 등이 이에 해당함) 이 법을 위반한다고 해도 마음의 법을 어기는 것은 아니고 양심의 가책도 안 생길 수 있으며, 잡히지만 않으면 처벌도 받지 않는다. 이에 비하면 자연의 법칙은 이미 있는 것(법칙)을 인간이 열심히 발견해 가는 것이며 잘 알지도 못하지만, 도저히 지키지 않을 수 없는 그런 법칙이다. 자연의 법칙은 모르면서도 꼭 지키게 되는 법칙, 나뿐 아니라 만물이 알지도 못하면서 꼼짝없이 지키는 법칙이라고 할 수 있다.

마음의 법은 큰 그림에서는 모든 인간에게 공통적인 부분이 많으나 세밀하게 내려가면 각자가 살면서 만들어 가는 부분도 많아진다. 성인聖人은 속인俗人보다 감수성이 많아서 마음의 상처를 더 잘 받지만, 마음을 다스리고 치유하는 능력도 더 뛰어나서 내면세계의 갈등은 있을지라도 외면적으로는 평화를 더 잘 유지할 수 있다. 마음의 법을 어기면 이를 알아채는 사람은 자기 자신밖에 없다. 마음의 법을 만들어 가는 사람도 자기 자신이고 위반할 때 상처받고 고통받는 사람도 자기 자신이다.

사람은 사람이 만든 법을 통해서 사람의 사회에서 안정된 삶을 보장받고자 하나, 이 법에만 의존하는 삶은 계속 피곤할 수밖에 없다. 법 자체가 불완전할 뿐 아니라 불안정해서 결국 사람끼리 법을 사이에 두고 서로 싸우게 되기 때문이다. 개인과 개인, 국가와 개인, 단체와 개인 간에 서로 다투게 되니 지면 말할 것도 없고 이겨도 이긴 것보다 잃는 것이 더 많기 십상이다.

물의 길, 인생의 길, 사회의 길

사람이 만든 모든 법이 불완전하나 그래도 그나마 그 법이 그 사회에서 만들어 운영하며 계속 개선해 가는 최선의 법이라고 할 수 있다(물론 이 논리는 진정한 민주주의 사회나 '선의의 독재자' 가 이끄는 사회에만 해당할 것이다). 그런 경우에는 그 사회나 국가가 더 좋은 법을 향하여 꾸준히 나아가고 있는 것이다. 좋은 법에는 존중할 만한 '법의 정신' 이 들어 있다. 우리가 어떤 시스템이나 사회의 모습을 보고 '여기에는 법이 있구나!' 라고 느낄 수도 있고 '아, 여기는 무법천지로구나' 라고 느낄 수도 있다. 물리학자들이 열심히 법칙을 찾기 위해 노력하는 배경에는 '물질의 세계를 지배하는 법칙이 있다' 는 믿음이 깔려 있다. 기도하고 고행을 하며 마음의 수련을 계속해 가는 수도사나 고행자에게는 인간의 마음이 찾아가야 할 길이 있다는 믿음이 있다. 인간의 사회를 가장 아름답고 올바르게 이끌어 가기 위한 법이 있다는 믿음이 있어야 불만의 현실 속에서도 꾸준히 법을 만들고, 집행하고, 판단하는 일을 해나갈 수 있다. 진실한 국회의원, 성실한 행정가, 선한 판사들이 있어 많은 이들의 표상이 되는 그런 아름다운 사회, 튼튼한 나라를 꿈꿀 수 있다는 것은 최소한 그런 법, 입법, 행정, 사법의 기준이 되는 법이 있다는 것을 믿는 것이며, 우리가 그것을 향해 나아갈 수 있고 또 그래야 한다는 것을 받아들이는 것이다. 이것이 '법의 정신'이다. 물이 흐르는 길이 법이듯이 (한자로 법法 자는 물이 가는 길이란 뜻) 인생에도 사회에도 소명이 있고 갈 길이 있다.

그냥 세상을 보면 번잡하고 혼란스러운 세상만 보인다. 더 들여다보면 가늘지만 길게 이어진 법의 흔적이 보인다. 그 법의 끈에 줌인zoom in하여 더 들여다보면 법의 정신이 보인다. 우리에게 보이는 지금의 법은 모두 불완전하다. 사람이 발견한 자연의 법칙, 사회가 계속 보완해 가는 사회의 법률, 미성숙한 우리 안의 마음의 법칙, 이 모든 법의 불완전함은 (산의 오름세가 더 높은 곳, 산의 정상이 있음을 말해 주듯이) 더 나은 법이 있음을 말하고 있다. 그리고 그것을 향해서 조금씩이라도 꾸준히 더 나아가라고 말하고 있다. 아마 이것이 우리의 인생에 주어진 작은 소명召命일 것이다. 현재 우리가 처한 상황과 입장이 어떤 것이든 간에 말이다. 소명의 존재는 우리의 삶이 의미가 있다는 것, 그리고 우리와 함께 서로 연관된 문제를 붙들고 씨름하며 동시대를 살아가는 사람들의 삶도 의미심장하다는 것, 그리고 사람들의 인생이 이루어지는 이 사회의 모습과 역할을 아름답고 보람 있게 영위하고 후대의 사람들에게 이어 주는 것이 우리들의 의무라는 것, 이런 점들을 명확히 말해 주고 있는 것이 아닐까 한다.

세금의 역할

다양한 사람들이 모여 사는 사회, 특히 자본주의 사회에서는 돈의 역할이 매우 중요하다. 세금은 경제활동의 결과이자 촉진제가 된다. 기업 활동의 결과물인 이익도 기업 자신의 성장 밑거름이 되는 동시에 사회 전반의 안전과 성장을 지원하는 세금의 원천이 된다. 사람을 키워내는 데도 돈이 필요하고 사람이 일하는 데도 돈이 필요하다. 돈은 사회의 여러 영역을 돌고 다니면서 만나는 사람들을 통하여 '일을 이루어' 놓는다. 우선 돈을 버는 사람이 하는 일을 통하여 사회가 변한다. 사회에 좋은 일을 하는 대가로 번 돈은 사회의 발전에 이바지한 것이고, 나쁜 일을 한 대가로 지급된 돈은 사회를 손상하는 데 앞장선 것이다.

돈이 조폐창에서 만들어져 유통되다가 한국은행에서 폐기될 때까지 거치는 여행경로는 그 나라와 그 나라 사람들의 삶의 족적足跡, footprint이다. 누군가의 돈이 들지 않거나 누군가가 돈을 벌지 않으면서 이루어지는 일은 거의 없다. 수력발전을 하는 데 쓰이는 물은 자연이 그냥 주는 빗물이지만 그 물이 '자연스럽게' 떨어지면서 전기를 만드는 일을 한다. 돈을 사회에 인위적으로 순환시키는 과정에도 돈이 든다. 돈을 만드는 데에도, 돈을 폐기하는 데에도 돈이 든다. 세금을 걷는 데에도 돈이 들고 걷은 돈을 나누고 쓰는 데에도 돈이 든다.

돈의 순환 경로에는 세금이 걷히고 쓰이는 정부가 주도하는 경로와 민간이 주도하는 경로가 있다. 전자가 주류를 이루고 후자가 보조하면 사회주의 성격이, 후자가 주류를 이루고 전자가 보조하면 자본주의 성향이 강해지는 것이다. 정부가 공공성이 있는 일에 돈을 쓰는 데에도 방식에 따라 그 돈의 역할과 효과가 다르게 나타난다. 예를 들어 부모가 어린 자녀에게 돈을 주는 경우, 집안 정리 일을 시키며 돈을 주면 아이가 일하는 능력이 향상되고 집안일도 이루어지지만, 그냥 주면 돈은 '한 일 없이 그냥' 이동한 것이다. 로또, 도박으로 번 돈은 '한 일 없이 그냥' 이동한 것이다. 선심성 사업 예산도 마찬가지다. 마약거래나 사람을 해치는 데 쓰인 돈은 사회를 망가뜨리는 데 쓰이며 이동한 것이다.

세금으로 걷힌 돈은 같은 액면의 돈보다 비싼 돈이다. 즉, 정부 예산 1억 원은 개인 돈 1억 원보다 비싼 돈이다. 민간의 돈이 세금으로 모이는 과정에는 세무 공무원 인건비 등 징세비용, 세금을 사용하는 지출부처 인건비, 소송 등 납부자의 회피 노력 비용이 모두 발생하므로 세금으로 걷힌 돈은 이미 적어도 그 비용만큼 가치가 상승한 것이니 더 가치 있게 사용되어야 한다. 돈에는 눈이 달려 있다고 보면 좋겠다. 특히 세금으로 걷히고 쓰이는 돈에는 커다란 '왕눈'이 켜져 있다고 보아야 할 것이다(국책사업비를 '눈먼 돈'이라 부르는 것은 큰 폐단이다). 사람들은 세금을 덜 내기 위한 방향으로(돈을 아끼기 위한 절세는 탈세와는 다르다) 소득을 추구하기 때문에 조세제도는 사람들의 취업, 소비 생활 패턴에 큰 영향을 준다. 우리나라 조세제도는 너무 복잡하고 자주 바뀌기 때문에 불필요한 사회 비용을 초래한다. 세금은 필요한 것이나 공평성, 단순성,

안정성, 효율성이 중요하며, 규모나 집행 방법에서 적절한 수준을 넘어서지 않도록 절제할 필요가 있다. 좋은 용도로든 나쁜 용도로든 돈이 돌면서 사용되는 순간마다 돈의 유통을 위한 비용, 즉 돈이 들어가므로 돈의 사용량은 커질 수밖에 없고, 돈의 가치가 떨어지지 않으려면 돈의 유통 과정에서 유통비용 이상의 가치가 만들어져야 한다. 가치란 돈을 주고 살 만한 '가치'가 있는 물건, 아이디어, 서비스, 파생상품 등을 일컫는다. 좋은 가치의 창출이 효율적으로 이루어지는 사회가 있고, 그렇지 않은 사회가 있다. 사회와 그 사회의 구성원들이 돈의 유통 과정을 통해 만들어 내는 가치를 돈이 실어나르는 것이니, 그 가치를 실현하고 확장시켜 가는 것을 '돈의 마음'이라 할 수 있을 것이다. 법의 정신과 돈의 마음은 사회를 지탱하는 기둥이며, 이끌어 가는 표지이기도 하다.

5장

창업가의 세계관

어떤 투자자로부터 사업계획서[BP]를 검토해 달라고 부탁이 왔다. 새로운 소자에 대한 아이디어를 기반으로 창업하려는 제안서인데, 실험적으로 증명된 것도 없고 시작품도 없다. 이론이나 발안자의 과거 실적도 약하다. 지금부터 향후 일이십 년 사이에는 그런 소자를 만들 수 있는 생산 공정을 확보하는 것이 불가능해 보였다. 도저히 추천할 수 없다.(A)

또 하나의 BP는 아파트나 공공건물에 진입하는 전력선에 코일을 감아서 트랜스포머 원리로 전력을 뽑아 쓰는 장치의 개발에 대한 것이었다. 기술적으로는 가능하지만 결국 이런 장치는 남의 전기를 훔쳐 쓰는 것에 해당한다고 알려주었고 자신의 전력선에 국한해서만 쓸 수 있다고 조언했는데, 결국 투자를 했다는 것을 나중에 알게 되었다. 사회와 윤리적으로는 물론 법적으로도 문제가 있다.(B)

또 나스닥 IPO 경력이 있는 한 사람이 특허 아이디어와 꽤 유력한 학회에 낼 논문 초안을 갖고 찾아와 동업을 하자고 했는데, 나중에 알고 보니 논문에 실린 시뮬레이션 자료가 특허 아이디어와는 다른 방식으로 만든 것임을 알게 되었다. 그 아이디어와 자료를 좀 더 자세히 확인했더라면 특허 아이디어가 실제로 유용한 아이디어라는 것을 증명하는 내용이 아니라는 것을 충분히 알 수 있었지만, 정작 그 문제를 확실히 깨닫게 된 것은 동업이 상당히 진행되고 다른 문제가 불거지고 난 후였다.(C)

중소기업의 대표진 몇 사람이 한 대기업 중견간부와 함께 찾아와 대기업과 우리가 한 프로젝트를 기반으로 창업을 하자며 준비된 투자자가 기다리고 있다고 했다. 투자가 들어오자마자 대주주였던 그 중소기업은 자기네 주를 투자자에게 넘기고(소위 엄청난 차익을 남기며 구주 매각) 빠져나갔다.(D)

잘 나가던 회사의 주주가 자기네 주식을 다른 투자자에게 팔고 나갔는데 새로 들어온 투자자들이 질이 안 좋은 사람들과 연결되어 있었고 이들은 주주라는 명분으로 회사의 온갖 자료를 요구하며 창업자를 협박하며 결국 회사를 빼앗았다.(E)

한 기업인이 찾아와서 내가 쓴 책에 크게 감동받았다면서 천 권을 구매하겠다고 했으나 마침 그 책의 출판사 재고가 그만큼 없었다. 그리고 내 아이디어에 투자를 하겠다고 했는데, 투자가 필요한 우리 입장에서 솔깃한 제안이었다. 몇 군데 알아보니 평판이 좋지 않아 마음 편하게 거절할 수 있었다. 투자를 받았더라면 골치 아프게 휘말릴 뻔 했다.(F)

한 분이 우리가 창업한 회사에 투자해 주는 조건으로, 자기가 개인적으로 만든 작은 창업회사에 투자도 하고 등기이사로 들어와 달라고 했다. 이중 관계가 생기면, 즉 두 사람의 관계가 한 가지 성격이 아니고 두 가지가 되면 배임의 사건이 생길 가능성이 커진다.(G)

여기 서술한 A~G 경우의 일부는 저자의 직접 경험이고 나머지는 아는 사람들의 경험이다. 만회할 수 있는 실수도 있으나 회복 불가능한 실패도 있다. 무엇이 문제였고 이런 문제가 다시 나에게 재연될 수 있는가 하고 지금도 복기해 보곤 한다.

왜 사회의 유력한 지도급 인사들이 조금만 떨어져서 보면 빤히 보일 그런 유치한 범죄에 힘없이 끌려들어가 무너지고 마는가? 신에 대한 복잡한 신학적 지식, 인간의 잠재의식, 타인에 대한 심리 해석 능력, 물질과 생명에 대한 과학적 지식이 없거나 부족해서인가? 왜 잘 굴러가는 것 같던 기업이 순간에 몰락하는가?

14
물심物心 양면의 세계

'용골의 힘'과 같은 기본 철학

호화 요트에는 럭셔리한 기능과 구조물이 많이 있지만 결국 긴급한 상황에서 가장 중요한 것은 배의 척추에 해당하는 용골이다. 배의 용골, 높은 건물의 골조와 같은 것이 우리 삶에서는 기본 철학이라고 할 수 있다. 기본 철학의 내용은 '세계, 물질, 생명, 타인, 신, 자기, 생각과 마음'과 같은 내용에 대한 지식이다. 기본 철학의 지식은 평범한 상황에서는 알든 모르든 별로 티도 나지 않고 막상 쓸 일도 없지만, 위급한 상황이 되면 매우 중요한 역할을 한다. 군대가 왜 필요한지 평화 시에 왜 군사 훈련을 해야 하는지 확실히 알게 되는 것은 전쟁이 터지거나 위험이 고조될 때다. 기본 철학에 관한 질문은 보통 때는 쓸모가 없어 보이고, 정답을 알기도 힘들고, 알아도 표현하기 쉽지 않지만 그 질문을 갖고 답을 얻으려 애쓰는 과정 자체가 유익하다고 할 수 있다.

사회에 여러 종류의 직업이 있지만, 기업에서 일하는 것이 일반적으로 공공기관에서 일하는 것에 비해 더 역동적이라 할 수 있다. 역동적이라 함은 상대하는 사람과 일의 다양성과 변수가 더 크고 예측하기 어렵다는 얘기다. 또한 같은 회사 안에서 일하더라도 기업을 이끌어 가는 경영자는 일반적으로 그 밑에서 일하는 사람들에 비해 그런 변수에 더 민감하고 그런 역동성을 더 심하게 겪고 느낀다. 더욱이 새로이 기업을 일으키려는 창업자는 이미 굴러가는 기업을 이끌어 가는 것보다 더 심한 역동성을 체험할 수밖에 없다.

그런데 이런 역동성을 대하는 데 필요한 것은 많은 지식과 능력, 경험이라기보다는 아주 기본적인 '품성, 자세, 깊은 믿음'과 같은 것들이다. 나는 이것을 '용골의 힘'이라 부르고자 한다. 그런데 이것들은 아주 어릴 적에 가정에서 부모로부터 교육을 통해 보고 배우는 것이다. 이 부분에 대한 것은 어릴 때 이미 뇌의 신경망 연결이 이루어진다고 한다. 곤경에 처한 사람을 만났을 때, 자신이 곤경에 처했을 때 어떤 태도를 취하느냐 하는 것은 책이나 학교에서 배우는 것이 아니라, 대부분 유전인자나 어린 시절 부모님이 보여준 모습과 가정교육으로부터 일찌감치 정해진다. 타인, 신, 자기, 생각, 마음, 그리고 4장에서 다룬 '돈과 법을 대하는 자세'와 같은 지극히 근본적인 내용은 지식의 저장소 저 아래에 저장된다. 시험을 잘 치르기 위해 책 보고 외운 내용이 아니라, 같이 사는 부모의 가르침과 삶을 보고 익히는 것이기 때문이다.

창업과 같이 고위험 고보상High risk, high return ; HRHR 성격의 일을 나이 들어서 감당하려면 이 중요한 부분의 뇌 신경망 공사를 보강해야 한다. 배의 용골은 뜯어내어 고칠 수가 없는 것인 반면, 사람의 생각과 정신은 쉽지는 않지만 그래도 살아 있는 상태에서 수선이 가능하다(그러나 타인이 해줄 수는 없고 스스로 해야 한다). 기본적인 뉴런 간의 연결은 이미 어릴 때 이루어진 것이지만, 그것이 잘되어 있든, 부족하게 되었든 간에 추가 작업이 필요하게 되었다면 해야 한다. 더 늦기 전에 최선을 다해서 해야 한다(포기하는 것보다 더 나쁜 것은 없다). 이 뇌 신경망 연결 작업은 다른 전문지식을 획득하는 것과는 다른 마음의 자세로 임해야 한다. 그래야 원하는 뇌 신경망 연결 작업이 잘 진행될 수 있다.

집안이나 회사 안에서, 거래처의 사람 사이에 문제가 생기면 창업이고 뭐고 어떤 일도 하기 힘들다. 이상한 사람이 회사에 들어와서 엉뚱한 일로 엮이게 되면 본연의 사업은 추진해 보지도 못하고 좌초할 수도 있다. 이런 기본적인 문제에 대한 근본적인 준비가 제대로 되어 있는 것이 중요한 것이다. 알고 보면 대단할 것도 없는 기본 철학이다. '그건 너무 어렵고 골치 아파, 그런 것은 나에겐 필요하지 않을 거야, 내게 그럴 일은 아마 안 생길 거야, 생기더라도 누구 찾아가 도움받으면 될 거야' 라고 생각하며 결국 '배의 용골, 사는 집의 골조와 기초, 삶과 세계의 기본 원리' 에 관하여 아무것도 모르는 상태로 아예 관심도 없이 살면 결국 사건이 터지는 것은 시간 문제다. 터지면 망해서 후회하고, 안 터져도 불안하다. 결국 시간이 흘러 확률적으로 터질 수밖에 없는 시점을 지나 하나가 터지면 전체가 주저앉게 된다. 어렵고 복잡한 전문지식이 없어서 곤경에 빠지는 것이 아니라, 아주 기본적인 문제에 대한 이해와 지식이 없어서 큰 곤경에 빠진다. 큰 투자를 하지 않아서 망하는 것이 아니라, 작은 책임보험을 들지 않아서 주저앉는 셈이다.

지금까지 타인과의 관계에 대하여 얼마나 생각하며 일해 왔는가? 아니, 타인이라는 존재에 대하여 얼마나 아는가? 독특한 자기 모습이 어떻게 타인과의 관계에 영향을 미치는지 얼마나 알고 처신하고 있는가? 나는 남에게 바람직한 타인으로 처신하고 있는가? 나는 누구인가? 나를 올바로 볼 수 있는 방법은 무엇인가? 지구상의 대부분의 사람들이 갖고 있는 신앙과 그들이 믿는 신은 그들과 나의 삶에 어떤 영향을 끼치는가?

기본 철학이 필요한 이유는 또 있다. 무너지는 것은 스스로 용골력이 약해서만은 아니다. 세상에는 악한 사람도 많다. 외부의 힘, 그것도 기술이나 영업, 재무와 같은 객관적인 판단 기준이 작동하는 영역의 원리가 아니라 사람의 심리와 연결되는 문제, 가족과 개인이 관련된 언론플레이, 사법 재판과 같은 문제로 걸고 들어오는 공격에 대하여는 강한 용골력과 냉정한 합리적 마인드가 반드시 필요하다. 그것이 없으면 아무리 주위에 사람이 많아도 도움을 받을 수 없다.

짧은 시간에 극심한 변화와 다양성을 겪는 창업, 기업 운영의 과정을 잘 이끌어 가려면 이상한 극단적인 사람들, 즉 편파적이거나 왜곡된 생각과 행동을 하는 사람들과도 상대해야 하고 그들로부터 자신과 기업을 보호해야 할 경우가 생긴다. 세계, 타인, 신, 자기, 생각과 마음에 대하여 '나는 아무것도 모른다'라고 생각하는 순간 별것 아닌 상황에서, 그리고 이런 것을 악용하고 공격해 오는 사람들에 의해 무력하게 무너지게 된다. 창업자의 기본 철학을 갖고 하루하루 다져 나가는 창업가라면 최소한 외부의 이러한 부당한 공격으로부터, 혹은 자기 그림자에 놀랄 정도로 지레 겁먹는 약한 자신으로부터의 공격에 대하여 불필요한 공포를 느낄 필요 없이 본업에 매진할 수 있을 것이다.

인생이 온통 싸움이라 말할 수는 없겠지만 인생에 싸움의 요소가 없다고는 할 수 없다. 기업을 하고 창업을 하면 그 싸움의 면이 더욱 선명하게 드러난다. 이기고 지는 사실 자체보다 싸움에 임하는 자세가 중요하다. 언제든지 다 안다고 생각하면 그것이 가장 무지하고 위험한 상태다. 패망의 선봉先捧은 대개 교만이 선다. 소크라테스는 지식의 본질과 역할에 대하여 가장 진솔하고 확실한 입장을 갖추고 말했다는 점에서 매우 탁월한 철학자라고 생각된다. 기본 철학은 큰 바다와 같아서 배를 띄워주기도 하지만 뒤집을 수도 있다. 큰 바다의 깊은 밑을 다 알 수는 없다. 큰 바다에 나서는 올바른 자세는 경계, 근면, 겸손과 존중이다. 큰 바다 위에서 원칙을 넘어서는 무지한 행동을 하면 배가 뒤집힌다. 큰 태풍이 오기도 전에 스스로 모자르는 행동을 하거나 작은 사건에 과잉 반응을 하는 바람에 배가 뒤집힌다면 어처구니없다 할 것이다. 싸움과 인생은 진인사대천명일진대, 기본을 못 알고 못 지켜 대천명待天命 후반 진입을 하기도 전에 진인사盡人事 전반에서 무너졌다면 더욱 안타깝다. 팔십이 넘어 치명적인 스캔들로 그 잘나가던 삶이 무너져 방송에 나와 최후의 인사를 하던 미국의 한 상원의원의 말은 씁쓸하다. '나는 이것으로 나의 모든 것을 잃었습니다. 회복할 수 없다고 생각합니다.' 그것이 아마 그 인생의 끝인 것 같아서 더욱 그렇다.

세계라는 무대의 출연자들

극장에 들어가려면 입장권이 필요하다. 기왕 좀 일찍 도착하여 등장인물에 대한 별도 소개 책자를 미리 보고 연극을 보면 연극을 이해하고 즐기는 데 많은 도움이 된다고 한다. 혹시 외국어나 오페라일 경우에는 배우의 대사가 잘 들리질 않기 때문에 연극의 줄거리, 각 등장인물의 역할, 배역을 맡은 배우에 대하여 미리 알고 보면 연극의 내용을 제대로 이해하는 것뿐 아니라 여유를 갖고 더 깊이 감상하고 즐길 수도 있다. 인생에도 연극처럼 무대가 있고 등장인물이 있다. 연출자나 감독의 입장에서는 스토리, 메시지, 혹은 느낌을 전달하기 위하여 어떻게 막과 장을 구성하고 캐스팅할 것인가가 중요하다.

연극은 영화와는 달리 관객의 참여가 중요하다. 연극은 떨어져서 보지 말고 참여하는 자세와 기분으로 보아야 더 즐길 수가 있다. 미국인들이 열광하는 미식축구나 유럽인이 열광하는 축구 경기를 즐기려면 어느 한쪽의 광팬이 되어야 한다. 중간자적 입장에서 스포츠 평론가나 기자처럼 객관적으로 보면 누가 이기건 지건 그냥 사실만 관찰하고 오게 된다. 기쁨도 탄식도 신나게 발산하질 못하므로 재미는커녕 스트레스 해소도 안 된다. 인생은 여러 사람들이 서로 만나고 부딪치면서 만들어 가는 이야기다. 창업을 하고 기업을 이끌어 가는 길은 누구도 피할 수 없는 현실적인 생존과 행복의 문제를 정직하고 진지하게 대하며 성실하고 치열하게 살아가는 것이다. 인생을 살고 창업을 하고 기업을 이끌어 가는 일에는 영화 관객보다는 연극 관객의 마음과 자세가 더 필요하고 잘 어울린다.

우리가 살아가는 세계라는 무대에 우리와 함께 등장하여 같이 살아가는 중요한 등장객인 다른 많은 존재들과 좀 더 친해지고, 그들에 대해 좀 더 잘 알 필요가 있다. 더욱이 창업을 하고 사업을 지속해 간다는 것은 여러 종류의 등장인물들과 만나고 접하면서 벌어질 수 있는 예측키 어려운 일들과 매일 마주하고 견뎌내며 어떤 목표를 이루어 내고 즐기는 것이다. '예측하기도 어려운 것을 어찌 미리 공부한다고 해결할 수 있을 것인가?' 라고 물을 수 있겠지만, 공부의 대상은 매일 바뀌는 겉모양이 아니라 내면의 본질이다. 표면의 파도와는 달리 심해의 물은 그 흐름을 함부로 바꾸지 않는다. 깊은 물은 도달하기 어렵지만 일단 도달하면 큰 흐름을 읽을 수 있다. 이것이 공부의 대상이 되어야 한다.

왜 실력과 경험을 갖춘 것으로 보이는 사회의 지도자들이 어이없게도 주술적 종교나 잡범들의 사기, 협박 술수에 한순간에 넘어가고 침몰하는가? 왜 신학자들이 신을 믿지 못하고, 판사들이 기본적인 법 상식에 어긋나는 행동을 하는가? 셋팅된 상황에서는 프로토콜을 따라 하면 된다. 더욱이 한 분야의 전문가로서 이미 권위와 명성이 어느 정도 있으면 나머지 일은 주변에서 받쳐 주기 때문에 웬만하면 대충 잘 넘어간다. 그러나 온실 밖 광야에서는 에누리도 프리미엄도 없이 매사를 맨몸으로 오롯이 감당해야 하기 때문에 심해의 지식이 필요하다. 화려하진 않아도 세계라는 무대를 대과 없이 살고 갈 만한 인생관, 투박해도 심지 든든한 잡초와 같은 철학과 세계관이 필요하다. 이것이 창업가와 기업가가 마음의 근저에 갖추어야 할 덕목이다. 세계의 큰 그림에 대한 기본 지식이나 관심도 없이 쌓아올린 명성, 경험, 지식, 돈은 모래 위에 지은 성과 같이 꼭대기에 올랐다고 기뻐하는 순간, 해이해져 경계를 푸는 순간 어이없게 작은 사건으로 인하여 허무하게 무너진다.

철학은 가장 중요하고 어려운 학문이다. 그런데 왜 창업에 철학이 필요한가? 철학자 중에서는 소크라테스가 세상을 대하는 자세를 가장 잘 잡은 사람이라는 생각이 든다. 지혜를 얻고, 자신을 알고, 남에게 잘 대하고, 삶에 감사하고, 친구와 같이하고, 죽음을 대하고, 고난에 처하고, 호기심과 물음과 미래에 도전을 생각하는 올바른 자세를 가르쳐 준 사람이 아니었나 하는 생각이 든다. 하늘의 말씀, 마음과 지혜를 지녔으나 스스로 낮아져 작은 부분이 되어 전체를 생각하며 자신의 자리를 잡고 은은하게 우리의 무지함을 깨우쳐 주던 또 한 사람이 있다. 잔혹하고 황량해 보이는 인간의 역사는 그렇게 풍요하다. 그래서 현명한 자는 묻고, 우매한 자는 거침없이 대답한다. 그러나 영원히 살아남는 것은 과연 무엇인까? 그런 것이 과연 있기나 한 것인가? 지금의 세계가 그런 것이 있다는 것을 웅변하고 있다. 이 세계를 보고 알지 못하는 사람에게 더 보여줄 세계는 없을지 모른다. 지금 만족하지 못하면 영원히 만족할 수 없다. 지금 힘든 도전의 과정에 만족하지 못하면 나중의 어떤 결과에도 만족할 수 없다. 창업가의 철학, 가장 기본적이고 실용적인 철학은 스스로 세상의 작은 부분이 되어 남의 좋은 타인이 되어 함께 미래를 향하여 미리 기뻐하며 도전해 가는 것이다.

물질과의 첫 만남 : 원초적 체험

아기가 세상에 태어나서 가장 먼저 만나는 것은 어떤 '물질' 이리라. 아기는 부드러운 엄마의 손길, 강렬한 빛, 알 수 없는 소음과 같은 어떤 물체나 현상과 같은 '물리의 세계' 와 만나게 된다. 물질과 만남은 우선 감각이라는 채널을 통해 이루어진다. 사람의 감각으로 모든 물리적 현상을 다 느낄 수 있는 것은 아니며, 설령 그렇다 해도 물질과 만남은 세계를 접하고 인식하는 도입부일 뿐이다. 아기는 커가면서 더 풍요한 물질의 세계와 만나며, 물질 세계의 다양함과 복잡함에 놀라고 바로 이어서 다른 세계, 즉 지금까지 알아 왔던 것보다 더 큰 세계가 존재함을 '알게' 된다. 이것이 아이의 힘이다. 새로운 것을 보는 순간 그것을 스폰지처럼 받아들이며 동시에 더 새로운 것이 연이어 온다는 기대감과 기쁨에 마음을 여는 것.

새로운 경험은 단순히 새로운 자료일 뿐만 아니라 사람의 지각과 생각의 체계와 방식을 바꿔놓기도 한다. 새로운 경험을 가져다주는 독서, 친구 사귀기, 낯선 곳으로의 여행, 그리고 도전적인 인생은 흥미진진한 것이고, 또 그만큼 위험한 것이기도 하다. 어쩌면 인생은 그 자체로 위험한 것이다. 왜냐고? 끝에 버티고 있는 죽음이 말해 주지 않는가? 그럼에도 불구하고 인생은 무엇으로도 바꿀 수 없는 '대단한' 것이다. 왜냐고? 죽음으로 마무리될 삶이지만 끝나는 순간까지 사람들은 열심히 살아가고 있지 않은가?

주요 캐스팅 : 인간과 신

물질의 세계에서 생명체는 물질 법칙의 지배를 받으면서도 역동성과 증식력을 갖고 있기 때문에 무생물 이상의 의미가 있다. 그중에서도 동물은 식물보다 더 복잡하고 능동적인 의지를 갖고 스스로 생각하고 이동하므로 좇아다니고 관찰하기가 더 힘들다.

동물 중에도 특히 사람은 스스로의 의지에 따라 생각의 차원을 높여 갈 수 있는 잠재력을 가진 특별한 존재로서 인격과 양심을 갖고 있으며, 다른 존재를 판단하는 자격을 받음과 동시에 타인에 의하여 판단받는 자리에 선다. 그냥 동물이 아니고 '나'와 같이 자의식을 가진 인격체인 '타인'과의 만남은 내가 '사람의 사회'로 나아가는 첫 관문이다. 자의식을 가진 인간은 고독한 존재이면서 동시에 복잡한 사고와 언어 능력, 그리고 이에 의해 시간과 사회 공간에서의 포괄적 이해관계의 관리 능력을 갖추게 된 사회적 동물이기도 하다. 타인은 각자 자신에게 '나'이므로 '나와 같은 인간인 타인'에 대한 올바른 인식을 가져야 올바른 사

그림 14-1 물질과 마음의 세계와 다양한 존재자들의 위상

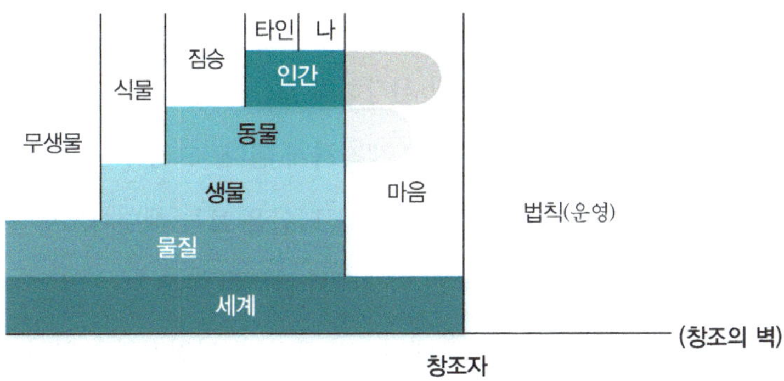

☞ 세계는 형이하학(形而下學)적 물질과 형이상학적 마음 혹은 정신의 세계로 구성된다. 물질은 무생물과 생물로, 생물은 식물과 동물로 나뉘고, 동물 중 사람은 특별한 종류로서 '나'의 관점에서는 나와 타인에 대한 의식과 태도가 다르므로 인간을 나와 타인으로 나누어 본다. 세계의 존재는 세계의 창조와 지속적인 존재를 위한 법칙의 존재를 강력히 증빙한다.

회관과 세계관을 가질 수 있다. 그래야만 자기에 대한 올바른 인식을 할 수 있고, 참된 인간으로서의 형상을 가질 수 있게 된다. 타인은 자기를 비추는 거울이기에 타인관과 자기관은 동전의 양면이라 할 수 있다.

타인에 관한 생각까지는 무신론과 유신론이 모두 같이 갈 수 있는 공통 영역이다. 여기서 과연 이 모든 생각의 과정과 결과가 신神에 대한 올바른 지식 없이 가능한가? 하는 질문이 나올 수 있다. 이 질문에 대하여 신이 이 모든 과정의 배후에 있음을 받아들이는 사람들이 있고, 그렇지 않은 사람들이 있다. 통상 전자를 유신론자, 후자를 무신론자라고 한다.

그런데 왜 이런 것들이 중요한가? 나의 삶에 무슨 영향을 미치는가, 신학과 철학이 어떤 실용적 가치가 있는가? 종교와 신앙은 실제로는 삶에 엄청난 영향을 준다. 특정 종교가 강요되어 다른 선택이 없는 사람이거나, 어느 신이나 종교에도 영향을 받지 않고 안전하고 경쾌하게(?) 살겠다고 결정했다면, 신앙은 일단 심각하지 않은 문제가 되고 그 사람은 일견 안전지역comfort zone에 있다고 생각하게 된다. 그러나 어떤 경우이든 신앙은 그것을 통해서 세계와 자신과 타인을 보는 채널이므로 신앙에 대한 견해를 정하는 것은 우리 인생에서 끝까지 미룰 수는 없는 중요한 문제다. 인생의 셔터는 언제 내려올지 모르며, 안전지역은 임시지역이라 마냥 머무를 곳이 아니다.

법의 존재와 법의 성격

사람의 사회에는 법法이 있다. 이 법은 법대생들이 공부하고 법조인들이 다루며, 사람들은 이 법을 지킬 수도 있고 지키지 않을 수도 있는 사람들 간의 규약이다. 이 법을 지키지 않다가 들키면 그 사회에서 규정하는 벌을 받을 수 있다.

그런데 도무지 지키지 않을 수 없는 법이 있으니 그것은 자연의 법칙이다. 이 법은 어기는 것 자체가 불가능하므로 벌도 있을 수 없다. 자연의 법칙은 준수의 대상이 아니라 탐구와 발견의 대상이다. 인간이 만드는 법은 사람들이 저지르는 다양한 범법 행위를 다루기 위하여 점점 복잡해지지만, 자연의 법칙은 항상 불변하여 위반을 허용하지 않는 (그러나 아직 발견되지 않았으며 영영 발견되지 않을 수도 있는) 완전한 법칙이다. 물리학자들은 '더 정확한' 물리의 법칙을 찾아내려고 연구하는 사람들이다.

나라가 있으려면 법이 필요하고 그 법을 존중하는 백성이 있어야 하듯이, 어떤 물리의 법칙이 있으면 그 법칙을 따르는 객체들이 있어야 할 것이다. 물리학자들은 어떤 생각을 갖고 연구를 하는 것일까? 법이 우선으로a priori(선재先在적, 즉 시간적으로라기보다 존재의 원인으로서) 있는데 사람들이 관찰되는 현상을 통해서 그 법을 찾아가는 것인가, 아니면 법이 이미 있는 것은 아닌데 물리학자들이 되도록 많은 현상을 설명하고 예측할 수 있는 모델을 찾아가는 것인가? 후자라면 법칙이 절대적인 힘을 갖지는 않는다. 왜냐하면, 물체들은 각각 소신껏(법에 신경을 쓰지 않고) 행동하고 법칙은 그 물체들의 평균적인 통계자료만 모아서 발표된 것일 뿐이니까. 그러나 만약 전자의 경우처럼 법칙이 먼저 있고 물질은 그 법칙에 따르게끔 된 것임을 받아들이면서 동시에 물질의 창조자를 받아들이는 사람이라면 물질의 창조자는 동시에 법을 있게 한 원인, 즉 법의 창조자임을 받아들이는 데 어려움이 없을 것이다(굳이 법의 창조자와 그 아래 서열의 물질의 창조자를 따로 설정하는 것은 굳이 1을 '1 곱하기 1'이라 부연하는 것처럼 실용적인 의미가 없다).

물리학의 쾌거(상대성 이론, 양자역학)도 완전한 승리는 아니다

아인슈타인의 상대성 이론(이하 상대론)은 우리의 일상 경험이나 느낌과는 동떨어진 이론이지만 뉴턴의 고전역학보다 더 정확하다. 우리가 쓰고 있는 GPSGlobal Positioning System(위성 위치 확인 시스템)에도 상대론에 의한 보정이 반영되어 있다고 한다. 고전역학에 더 친숙한 우리의 경험과 느낌이 결코 정확하지 않다는 반증이기도 하다. 그러나 이것은 상대론이 고전역학보다 상대적으로 더 정확하다는 것이지, '완전히 정확하다' 라는 것까지 증명하는 것은 아니다. 거시세계의 현상을 설명하는 데 있어서 상대론은 시공간에 대하여 우리가 가진 통상적인 개념을 뒤흔든다. 상대성 이론에 의하면 황당하게도 공간이 중력파에 의하여 휜다고 하는데, 이것은 시공간과 무관하게 성립하는 하나의 가설(빛은 관찰자의 속도와 무관하게 항상 같은 속도로 이동하며, 어떤 물체도 빛보다 빠를 수 없다)과 그것에 의한 식으로 표현되는 어떤 물리학의 법칙에 의해 설명될 수 있다는 것이다.

절대적인 기준이라고 여겨 왔던 시간도 '굴욕'을 당한다. 상대론에 의하면 시간은 여행자의 이동속도가 빠를수록 느리게 흐르는 것으로 측정된다고 한다. 빛에 근접하는 속도로 여행하는 관찰자에게는 시간이 엄청나게 느리게 흐른다고 느껴질 것이다. 이렇게 되면 어느 한 장소에서 만난 여행자 간에 지금 몇 시입니까? 하는 질문을 하기 어렵다. 서로 만나기 전까지 공간을 여행하고 온 속도에 따라 서로 현재의 시각이 다르기 때문이다. 시계는 각자 차고 다니는 것이고 한 번 차면 바꾸기 힘든 것이며, 여러 사람이 같이 보도록 길거리에 달아 놓을 수도 없다.

거시 물리학에서 세상을 보는 관점을 뒤바꾼 상대론도 미시세계의 불확정성은 설명하지 못하므로 더더욱 완전한 이론이 될 수 없다. 그동안 미시세계를 연구하는 학문의 최전방 채굴은 양자역학을 통해 상당한 성과를 거두었다. 가장 작은 입자를 찾는 것이 궁극적인 소립자 물리학의 목표인데, 그 증거를 빅뱅, 즉 우주의 기원론에서 찾다 보니 양자역학은 소립자 물리학을 통하여 우주 물리학과 영역이 겹치게 되었다. 너무 작은 입자는 입자인지 파동인지 알 수가 없어서, 양자역학에서는 '어떤 물체가 있다 혹은 없다' 하는 것을 결정적으로 말하는 대신 '존재할 확률'을 계산한다. 그러기 위하여 모든 물체의 존재 함수를 진동자(부드러운 물결 같은 sine 파로 보이는)의 집합으로 근사화한다. 즉, 모델을 만드는 것이다. 모델이라는 것은 잘 모르거나 혹은 알아도 쉽게 설명하기 어려운 것을 이미 아는 것을 써서 가급적 간결하게 표현하는 수단인 만큼 정확도의 한계가 있을 수밖에 없다(어떤 언어를 다른 언어로 번역할 때 두 언어집단이 관심 영역과 표현의 구조 방식, 어휘 집합이 서로 달라서 아무리 뛰어난 번역사도 완전히 정확하게 번역할 수 없는 것처럼……). 모델은 이미 아는 것을 쉽게 설명하는 데 좋고, 복잡하여 알기 힘든 것을 '여기까지만 보자' 하고 선을 긋는 데는 좋지만 그 이상은 아니다.

수학적 모델은 자연 현상을 분석하고 표현하는 강력한 수단이다. 수학의 기법은 점점 더 정교해지고 다루는 영역도 넓어지고 있으며 이 세계의 많은 현상이 수학을 통하여 좀 더 효율적으로 설명되고 있다. 그러나 그렇다고 해서 이 세계가 수학적으로 만들어진 것이라고 말할 수는 없다. 수학은 물리적 세계 자체보다는 형이하(물리)와 형이상의 세계를 생각하는 사람의 사고 과정과 방식을 모델링하는 방법론이라고 보아야 할 것이다. 과학자들은 물리학자들의 생각의 한계, 수학적 모델의 한계, 이러한 모델들의 정확도를 검증할 수 있는 측정기술의 한계에서 오는 부정확성을 줄이기 위하여 노력하고 있다. 특히 물리학자들은 미시세계와 거시세계를 하나의 이론으로 설명할 수 있는 통일장統一場 이론을 찾고 있다. 인류는 계속 적용 범위가 더 넓고 더 정확한 법칙을 찾아내려고 노력하고 있지만 지금까지 인류가 이루어 놓은 업적은 모두 이전보다 더 나은 결과이긴 해도 '절대적으로 옳은' 결과라고 할 수는 없다.

과학과 기술은 계속 발전해 갈 것이지만 그럼에도 불구하고 완벽해질 것이라 주장하기는 어렵다. 왜냐하면, 인간에게 드러나고 인식된 우주와 자연은 어떤 존재somebody가 그 무엇something을 표현한 결과의 일부분이고, 표현된 것은 존재하는 것의 부분집합일 것이므로(즉, 존재하는 것의 일부분만 표현되고, 표현된 것의 일부분만 인식된다), 지금까지 인식된 부분적 모습으로부터 원래의 전체적 존재의 본질과 그 본질을 표현하기 위하여 사용된 원초적 표현방식을 동시에 찾아내어야 하는데 이것은 다중적 모호성multiplicate ambiguity을 갖는 매우 어려운 문제다. 우리가 가진 물질에 대한 지식의 한계, 수학이라는 표현의 한계, 물리적 존재이기도 한 우리의 사고의 능력, 그리고 우리가 동원하는 기구들이 갖는 측정의 한계 때문이다.

이러한 보수적인 혹은 비관적인 생각은 본질적인 인간의 과학적 능력의 한계, 즉 자료의 수집, 측정, 인식, 혹은 표현으로 이루어지는 일련의 과정 각각의 한계에 대한 인식에 기반을 둔 것이다. 그러나 같은 말을 긍정적인 표현으로 바꾸어도 전혀 문제가 없다. 즉, 과학기술이 더 발전하면 더 나은 기계와 알고리즘의 도움을 받아서 더 광활하게 자료를 수집하고 면밀하게 측정할 수 있게 될 것이다. 새로운 사실의 발견으로부터 더 깊은 통찰을 얻게 되면 모든 자료와 자료의 처리 과정을 인식하는 방식에서 발전이 이루어질 것이다. 물리적 · 화학적 · 생물학적인 발견을 물리적인 통찰로 해석하고 수학적인 도구를 써서 표현하는 것이 좀 더 원숙해질 것이다. 이 발전의 과정에서 우주 자연 창조의 비밀을 하나씩 알아가는 과학자의 흥분, 감동과 보람이 인다.

세계와 법칙에 대한 견해를 밝히는 일

수백만 명이 참가하는 대통령 선거에서 내 한 표가 갖는 의미는 무엇인가? 한 표가 실제로 미치는 영향은 실로 미미한 것이다. 선거에의 참여는 선거의 결과에 미치는 영향력 때문이라기보다는 나의 삶에 미치는 영향력 때문이다. 나의 삶의 의미를 찾고 삶을 설계하고 살아가는 자세를 정하는 데 있어서, 천재 과학자들이 애써서 이루어 놓은 결과를 최대한 적용하고 활용하는 것이 중요한 것이다. 지금까지 과학자들에 의해 발견된 자연과학의 법칙은 실로 놀랍고 유용하다. 단순하고 정확하기 때문이다. 과학자들이 발견해 가는 자연의 법칙은 인간이 만든 법보다 훨씬 더 간결 명확하고 더 일반적이지만, 계속 새로 발견되는 더 많은 사실을 설명하기 위해서, 즉 더 포괄적인 일반성을 얻기 위해서 점점 더 복잡해질 수밖에 없다. 앞으로도 과학자들은 계속해서 좀 더 나은 새로운 과학적 설명을 위해 노력하겠지만, 그들도 다른 한편으로는 다음과 같은 생각이 들지도 모른다.

'이 세계는 도대체 누가, 무엇을 표현하기 위하여, 어떤 방식으로 생각하고, 어떤 수단과 재료를 써서 구현한 것일까?'

우리는 우리가 아는 것을 갖고 우리에게 보이는 모든 것을 해석하려 한다. 이것은 아주 자연스러운 자세며, 합당한 방법이다. 그러나 정작 그것이 가장 효과적인 자세일지 아닐지는 해석하려는 문제의 성격에 달려 있다. 실력 테스트를 위한 문제, 즉 정답이 있는 문제를 풀 때는 '정답이 있고 그 답을 내가 찾아낼 수 있다' 라는 신념을 갖는 것이 답을 찾는 데 큰 도움이 된다. 한편 완전한 정답을 찾는 것이 문제의 속성이나 개인의 역량의 한계로 인하여 매우 어렵다고 판단되는 경우에는 쓸 만한 답을 찾는 선에서 만족해야 할 수도 있다. 이러한 경우에는 자기가 찾은 답을 궁극의 답이라고 믿고 주장하는 것은 그 자체가 오류이기 쉬울 뿐더러 더 나은 답을 찾으려는 타인의 노력을 방해할 수도 있다. 진정한 과학의 발전이나 균형 잡힌 과학기술자의 삶을 이루려면 혁신을 추구하는 열정과 실용성을 고려하는 겸손의 양날이 모두 필요하다.

다음과 같이 과학과 과학자의 능력과 역할에 대한 바람직한 자세를 정리해 볼 수 있지 않을까 한다. 첫째, 자연의 법칙이 어떤 형태로든 존재한다는 것, 둘째, 인간은 지금까지 전보다 더 나은, 즉 더 간결·명확하고 포괄(일반)적인 자연의 법칙을 발견해 왔고 앞으로도 계속 그렇게 해갈 수 있고 그렇게 해가리라는 것, 셋째, 그런데도 인간이 완전한 자연의 법칙을 발견해 낼 수는 없을지 모른다는 것.

첫째, 자연의 법칙이 존재한다는 것은 가설假設이긴 하지만 운명적 가설이며 확률적으로 정설定說에 가까운 가설이라고 보아야 한다. '운명적'이라 함은 이 가설을 부정한다면, 즉 법칙이 없다는 것을 주장하려면 '법칙이 없다'라는 것을 증명해야 할 텐데 그럴 수는 없다. 따라서 어차피 유일한 가설로 내세울 수밖에 없다. 결국 '법칙이 없다'라는 것이나 '법칙이 있다'라는 것이나 가설이긴 매한가지이며 둘 다 과학적인 틀 안에서 정설로 되기는 불가능하다. 사실 전자前者를 증명하는 것은 후자를 증명하기보다 훨씬 더 어렵다(큰 방에서 바늘 하나를 찾는데 이 방 안에 바늘이 없다는 것을 증명하려면 반드시 온 방을 다 뒤져야 하지만, 바늘이 있다는 것을 증명하는 것은 방을 다 찾지 않고도 가능하다).

어차피 어느 가설을 받아들이느냐 하는 것은 과학의 틀 안에서 하는 결정이 아니고, 그 가설은 (정설이 아니라 가설로서) 일단 받아들여지면 (그 가설이 틀린 것으로 명백히 증명되어) 깨지기 전까지는 가설의 자격을 유지한다. 과학을 연구한다는 것은 이미 '자연의 법칙이 존재한다' 라는 긍정적인 가설을 받아들인 것이다. 이러한 긍정적 태도는 점점 더 그럴싸한 과학의 법칙이 발견되어 왔다는 사실에 의해 더욱 확고해진다. 앞에서 '올바른' 이라는 표현을 쓴 것은 인간이 완전한 자연의 법칙을 발견해 낼 수 없을지 모른다는 것 때문이다. 그 이상, 즉 완전한 자연의 법칙을 발견할 수 있다고 주장하거나 이미 발견한 어떤 법칙이 완전한 진리라고 주장하는 것은 과학의 영역을 넘어서는 것이다.

마음의 법칙, 마음의 세계

앞서 우리가 발견한 자연의 법칙의 한계를 얘기했지만 완전한 자연의 법칙 자체로도 설명할 수 없는 것이 있다. 물리의 법칙과는 별개로 마음의 법칙, 혹은 '양심의 법칙' 이 있다. 보통 사람은 나쁜 행동, 즉 약한 자를 괴롭히거나, 속이고 훔치거나 하게 되면 '마음에 걸린다' 라고 한다. 이렇게 '마음에 걸린다' 라고 하는 것을 체내의 호르몬이나 이온의 전기화학 작용으로 인하여 체세포 어딘가에서 생긴 비정상성이 통증으로 나타나는 것이라고 환원적으로 해석할 수도 있을 것이다. 그러나 아무리 환원적으로 해석해도 그 근본 원인이 왜 그렇게 제공된 것인지는 알 수 없으니, 역시 마음의 현상을 자연의 법칙으로 완전히 설명하기는 어렵다. 아무튼, 어떤 상황에서 '마음에 걸리기' 까지의 몸 안에서 일어나는 일련의 메커니즘의 시작은 물리적인 것이 아니므로, 일단 양심은 물리 법칙의 지배를 받는 것이 아니라고 해야 할 것이다. 더욱이 사람마다 적용되는 양심의 법칙이 똑같지 않다. 성숙한 사람일수록 작은 일에도 양심이 더 민감하게 반응한다. 양심의 법칙은 사람마다 다르고, 성숙해질수록 적용 기준점이 달라지지만, 법칙이 있는 것은 확실하다. 그리고 마음의 법칙은 자연의 법칙과는 다른 것이란 점도 확실해 보인다.

자연의 법칙, 마음의 법칙은 왜 있을까? 왜 법칙이 '없지' 않고 '있는' 것일까? 자연의 법칙은 완벽해 보인다. 설령 우리가 이 법칙을 완전히 알아낼 수는 없을지라도 매우 안정적으로 물리의 세계가 존재하는 것은 이 법칙이 존재하기 때문일 것이다. 마음의 법칙에 따르는 양심은 왜 있고, 왜 우리가 더 성숙해질수록 더 작은 잘못에도 우리를 부대끼게 할까? 양심이라는 말의 존재 자체가 마음의 법칙이 있다는 것을 뜻한다. '양심이 없다' 라는 것은 마음 안에 '양심', 즉 '마음의 법칙' 이 없거나 작동하지 않고 있어서 마음의 질과 수준이 저열하다는 것이기도 하다. 함부로 행동하는 사람을 '마음대로 행동한다' 라고 하는 것은 '성숙하지 못한 자기의 마음' 대로 행한다는 뜻이지, 양심, 즉 마음의 법칙에 따라 행한다는 뜻이 아니다.

여기서 아주 중요한 질문을 던져 보자. 자연의 법칙에 따라 존재하는 우주 자연의 세계 속에서, 각각 마음의 법에 따라 살아가는 동류 인간이 만들어 가는 사회에서, 양심, 즉 마음의 법칙을 갖고 이 세상에 하나의 인간으로 태어난 나는 어떻게 살아가야 하는가? 아니, 그 전에 나는 도대체 누구인가, 무엇인가, 어떤 존재인가, 어떤 의미가 있는 존재인가?

가장 인간적이고 실용적인 핵심 질문

'나는 어떤 존재인가, 나의 인생은 어떤 의미를 갖는가?' 라는 질문은 좀 사치스럽게 들릴 수 있다. 사람이 먹고 사는 데 필요한 질문이 아닌 것 같기 때문이다. 그러나 이 질문에 대한 답이 없으면 목숨을 부지하고 그럭저럭 잘 살았다 해도 그 인생의 끝은 허탈할 수밖에 없다. 평생 나름대로 잘 살았다면 어차피 죽을 때야 누구나 괴로울 것이므로 인생 끝자락에 좀 허탈해도 괜찮다고 말할 수도 있겠지만, 과연 그때, 인생의 끝 시점에서 과연 그럴 수 있을지 확실히 해두어야 한다. 삶의 끝 시점에 누워서 어떻게 생각하고 무엇을 느끼게 될 것인지 지금 잘 헤아리기는 어렵지만 지금 최선을 다하여 그 상황에 선 나의 모습을 상상해야 한다. 과연 외로움과 공허가 몰려드는 그 절명의 시점에서 느끼게 될 공포와 후회를 생전에 내가 가불假拂해서 누린 즐거움으로 덮어 버릴 수 있을까? 훗날을 바라보며 지금 쓸 돈을 예금하는 사람이라면 자신이 생각한 그 훗날이 과연 어떤 날이 될지 어느 정도는 미리 생각해 두어야 한다.

설상가상으로 만약 죽음이 끝이 아니라면? 물론 죽음이 인생의 끝인 것은 확실하지만 나의 물리적 · 생물적인 죽음 이후에 나의 존재가 내가 지금 알 수 없는 그 어떤 세계의 어떤 형태로라도 이어진다면 어떻게 될 것인가? 이 마지막 질문은 현실만을 보고 그 이상은 하나도 인정하지 않고 살아온 사람에게는 뒤통수를 세게 치는 꽤 도발적인 것이다.

나는 무엇으로 존재하는가? 내가 존재한다고 주장할 수 있는 근거는 무엇인가? 살아 있는 동안에는 나의 존재의 근거는 살아 숨 쉬는 나의 생명이다. 죽으면 생명체는 해체되고 물질의 자격만 남아 분자나 기본 원소로 환원되어 다른 무생물 혹은 생명체의 일부가 된다. 인간을 포함한 모든 생명체에게 죽음은 자연의 법칙으로 예외 없이 실행된다. 생명체, 인격체가 죽으면, 그것은 이 물리적 세계에서는 물리적인 존재로 남아 결국 원소로 환원, 귀결된다. 인격체나 생명체에서 육신이란 물질을 빼면 그 나머지, 즉 죽는 자의 마음과 영혼은 과연 어떻게 되는지 (적어도 물리학의 방법이나 물리학이나 자연과학에서 사용하는 '안다' 라는 말의 정의에 의해서는) 도저히 '알아' 낼 수가 없다. '아는' 것의 대상은 살아서 같이 만지고 보며 공유할 수 있는 것들이었지, 육체와 같이 존재하던 때의 '그 사람의 마음' 에 대한 기억 외에 지금 그 마음의 행방, 처지에 대해서는 너 이상 '안다' 라고 말할 수가 없다.

다만 모든 삶의 시작인 탄생이란 사건이 하나의 물리적 사건의 모습으로 자연의 법칙에 편승하여 세상에 들어왔듯이, 죽음이라는 또 하나의 자연의 법칙이 궁극적으로 무엇에 의하여 시동始動되는가, 즉 시동의 주체가 무엇인가 하는 질문을 할 필요는 있어 보인다. 그 원인의 제공자, 자연의 법칙의 실행자는 자연의 법칙을 만든 주체와 같은 급級이라고 봐야 한다. 자연의 법칙의 바깥에 존재하며 자연의 법칙을 만들고, 자연의 법칙에 따라 만물을 움직이게 하는 모든 운동의 원인 제공자를 사람들은 신神이라고 부르기 시작했을 것이다.

우리는 사람이기 때문에 '사람이 죽으면 영혼(여기서 영혼은 생전은 물론 사후에도 사람의 마음이 거하리라 생각되는 비물리적 장소다)이 어떻게 되는가?' 라는 질문에 대하여 다른 생명체나 동물보다 더 잘 생각하고 답할 수 있는 능력이 있다. 다른 생명체나 동물에 대하여 이 질문을 던진다면 우리의 관심도 좀 떨어질 것이며, (인간인, 즉 그들과 다른 우리가) 그 답을 알아내기는 더 어려울 것이다. 그리고 그냥 다른 생명체나 동물에 비하여 사람이 생전은 물론 사후에도 영혼이 존재할 확률이 더 높아 보인다.

적어도 사람의 경우에는 그냥 물질이나 물질의 그저 똑똑한 집합체가 아니기 때문에 그 존재의 의미를 이렇게 환원적인 방법과 자연의 법칙에 따르는 것만으로 단순화하기 어려워 보인다. 사람의 감정과 생각을 그저 생체 내의 전기화학적인 현상이라고 설명해 버리는 것으로 끝나질 않는다. 그러면 물질 외에 무슨 이야기나 의미가 더 있을 수 있는가 하는 물음을 물어야 하는데 이 질문을 신에게 하기 전에 일단 나 자신에게 물을 필요가 있다. 적어도 이 질문에 답하는 것이 생명체 중에서 가장 책임이 큰(권한이 가장 크니까 책임도 가장 클 것이라고 생각하는 것은 일리가 있다) 존재인 인간이 다른 생물체보다 추가로 져야 할 책무이자 고귀함의 근거일 것이다.

사람들과 맺는 마음의 관계가 삶의 핵심이다

사람은 인식認識의 주체이기 때문에 자기 생각과 행동에 책임을 진다. 사람은 주변의 것, 사물, 사람, 자연 등을 인식함으로써 관계를 맺고 동시에 자신의 위치를 설정하고 상호작용interaction을 하게 된다. '내가 그의 이름을 불러주었을 때 그는 나에게로 와서 꽃이 되었다' (김춘수 시인, 꽃)에서 내가 그의 이름을 불러주는 행위, 즉 인식이라는 행위에 의하여 그는 나와 관계를 맺고 드디어 나에게 의미 있는 존재가 된 것이다. 이렇게 인식은 나와 무관했던 존재를 나에게 의미가 있는 참 존재가 되게 한다. 그런가 하면 '나는 생각한다. 그러므로 존재한다cogito ergo sum' (데카르트)라는 말은 내가 능동적으로 생각하고 인식하기 때문에 비로소 '나의 존재함이 의미가 있다' 라는 것을 깨달은 것이라 생각된다.

색즉시공 공즉시색色卽是空 空卽是色이라는 말은 물질에 대한 우리의 통념을 한 번 살짝 뒤집어 보여준다. 단단한 물질도 속은 텅 비어 있고 비어 보이는 공간도 실은 빛으로 가득하다. 존재의 의미는 물체의 단단한 정도로만 판단할 것이 아니다. 물질은 '인식' 이라는 '관계 맺는 행동' 을 이루기 위하여 나타난 형이하학적인 구현 수단이라고 볼 수 있다. 모양은 어떤 생각을 표현하는 것이며, 물질은 레고블록과 같이 모양을 구현해 내는 데에 쓰이는 재료다. 물질은 선생님이 어떤 개념을 설명하기 위해 칠판에 분필로 어떤 모양(그림)을 그리고 개념이 전달되면 지우개로 그 모양을 지워 버릴 때 떨어지는 분필 가루와 비슷하다. '분필 가루 = 물질, 그림 = 사람, 개념 = 사람 존재의 의미' 와 같이 유추해 볼 수 있다. 사람과 같이 고도의 마음의 능력을 갖춘 존재의 경우, 만져지는 살과 뼈 같은 육체보다 사람 간에 상호 인식으로 맺어지는 두 존재 간 관계의 성격이 각 사람의 존재에 더 큰 의미가 있을 수 있다.

그래프 이론은 모든 시스템과 메커니즘을 점node과 점을 잇는 선edge으로 표현한다. 점은 한 개체의 고유한 속성이라 볼 수 있고 선은 각 개체 간의 관계라고 볼 수 있다. 지도상에서 각 도시가 점이라면 도시를

그림 14-2 어떤 시스템의 구조나 동작을 점과 선으로 표현하는 그래프

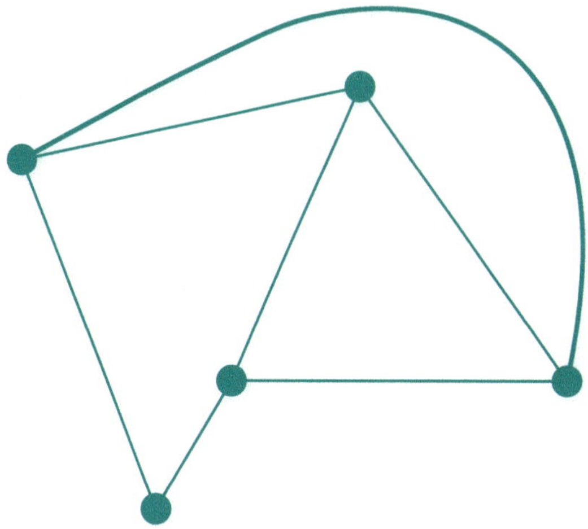

☞ 점(node)과 점을 잇는 선(edge)으로 구성되는 그래프는 서로 연관성이 있는 여러 개체로 이루어진 시스템을 표현하고 시뮬레이션하는 데 사용되는 수학적 모델이다.

잇는 도로는 선으로 표현된다(〈그림 14-2〉 참조). 만약 사람들 간의 관계를 그래프로 나타낸다면 그래프의 각 점은 한 사람의 물질로서의 형이하학적인 속성뿐 아니라 마음을 나타내는 형이상학적인 속성을 갖게 될 것이다. 각 사람은 크게 두 가지의 속성이 있으며 두 사람 간의 관계는 두 개의 채널(형이상 = 마음, 형이하 = 물질)을 통하여 이루어진다. 그러나 두 개의 채널은 서로 영향을 미치게 되므로 한 채널이 $N^{conteNts}$채널이 되면 다른 하나는 $X^{conteXt}$채널이 된다고 볼 수 있다. 물론 하나의 채널이 동시에 N채널과 X채널이 될 수도 있다(〈그림 14-3〉 참조). 그러므로 관계의 성격은 2×2 = 4가지, 즉, ① 마음을 위한 물질의 관계, ② 마음을 위한 마음의 관계, ③ 물질을 위한 마음의 관계, ④ 물질을

그림 14-3 사람 간의 관계를 나타내는 그래프의 점(사람)의 속성과 선(관계)의 두 종류

a) 점(node)의 두 속성 b) 두 가지 선(edge)

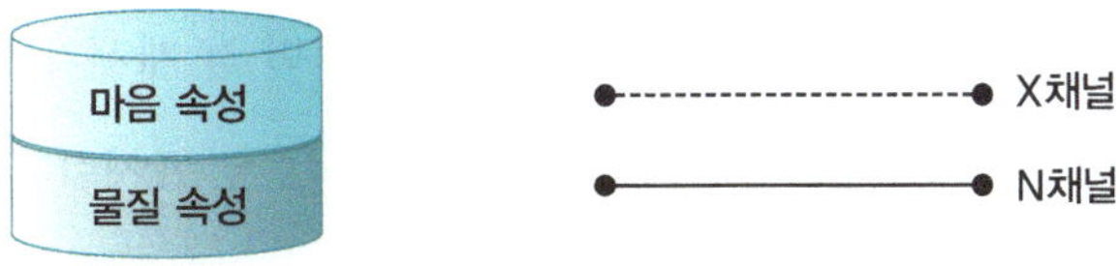

☞ 5인 가족과 같은 사람들의 관계를 나타내는 그래프의 경우, 각 점(node)은 두 개의 속성, 즉 마음 속성과 물질 속성을 갖는다. 마음과 마음 사이에는 마음의 채널이 열릴 수 있고, 물질과 물질 사이에는 물질의 채널이 열릴 수 있다. 실제로 내용이 오가는, 즉 소통이 일어나는 채널을 N채널이라 하고, 소통의 목적이 달성되는 채널을 X채널이라 한다.

위한 물질의 관계 네 가지로 나뉜다. 예를 들면 ① 마음을 얻거나 전하기 위해 선물을 하는 것, ② 다른 이의 영혼을 위해 말로 격려하고 기도하는 것, ③ 물건을 팔거나 투자를 받기 위해 열심히 설득하는 것, ④ 격투기에서 상대를 이기기 위해 몸을 피하거나 공격하는 것이 각각에 해

그림 14-4 두 사람 간에 생길 수 있는 네 가지 관계

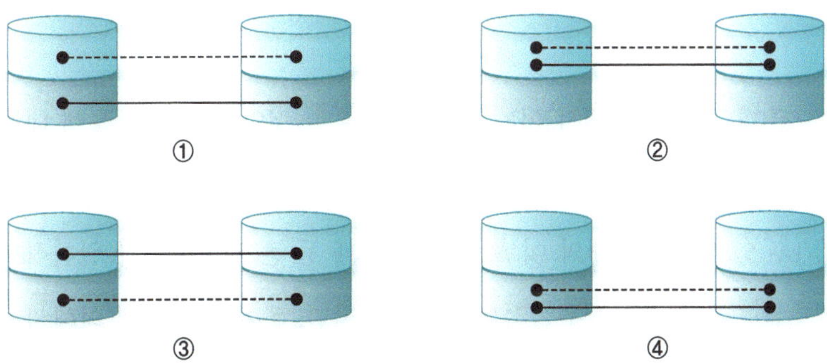

☞ 두 사람 사이에 생길 수 있는 4가지 종류의 관계. ① 물질을 위하여 마음을 얻어야 하는 관계, 모범적인 비즈니스 관계, ② 마음을 얻기 위하여 마음을 쏟는 연인 관계, ③ 열정과 예술을 위하여 빵과 물감을 사야 하는 예술가와 세상의 관계, ④ 큰 소득을 얻으려고 밑천을 투자하려는 투자자와 작은 지분을 주고 큰 투자를 받으려는 창업가의 관계.

당한다(〈그림 14-4〉 참조). 물질의 채널에서는 물리학이나 경제의 법칙이 적용되고, 마음의 채널에서는 마음의 법칙이 적용될 것이다. 존재하는 각 개체, 즉 개체의 존재를 점으로 나타낸다면 각 개체가 마음의 채널에서 서로 인식함으로써 관계를 맺는 것을 선으로 표시할 수 있을 것이다.

그림 14-5 철학의 두 부류인 존재론과 인식론을 그래프로 나타내 본 것

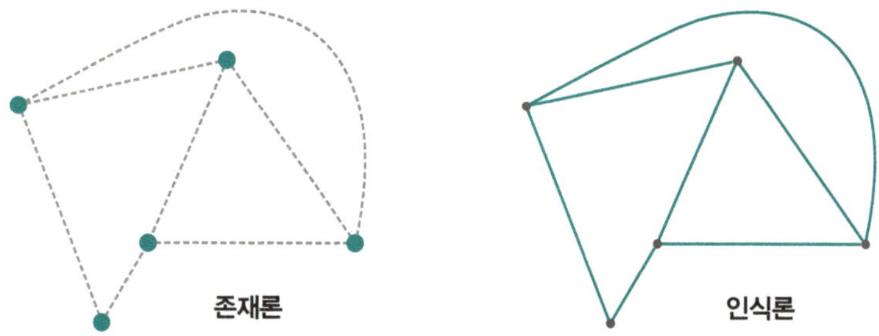

☞ 존재론은 각 존재자의 본질이 자체 안에 스스로 갖고 있다고 생각하는 것이므로 점(node) 중심의 그래프로, 인식론은 인식되어 관계를 맺는 것만큼만 상대에게 의미가 있다고 보는 것이므로 선(edge) 중심의 그래프로 나타낼 수 있을 것이다.

존재와 인식 중에서 어느 것이 더 중요한 것인가 하는 물음에 대한 의견이 철학의 큰 두 개의 부류, 즉 존재론과 인식론을 형성하였다(〈그림 14-5〉 참조). 존재의 여부, 존재의 형태 등 존재의 문제가 원천적으로[a priori] 유의미하고 우선적으로 중요하지만, 존재는 인식에 의해서만 파악되므로 인식 능력이 있는 존재만 다른 존재와 관계를 만들 수 있다(여기서 다른 존재란 일반적으로 자기 자신까지 포함할 수 있으며, 그럴 때 자의식을 갖게 된다. 자신이 인식의 주체와 객체로서 두 가지 역할을 동시에 하게 되는데 이것은 매우 정상적인 성인成人의 모습이며 다중인격과는 전혀 다르다). 인식의 능력이 있어야만 존재의 의미와 가치가 있는 것이다. 인식의 능력이 원숙할수록 존재의 의미가 더 충만하다고 볼 수 있다. 결국, 살아 있는 동안 우리가 올바른 인식을 통하여 맺는 관계만이 우리 삶의 수확이라고 할 수 있다. 인간은 물질적인 것뿐 아니라 타인과 자신의 마음, 생각, 인격과 같이 형이상학적인 것도 인식한다. 우리 인생의 결과물을 물질적으로만 판단하는 것은 적절하지 않다. 희망적 가설로 들릴지 모르지만, 형이상학적 혹은 정신적으로 주변의 존재들을 인식하고 그 존재들(사람 포함)과 서로 만나고 마음을 주고받고 하던 한 인간이 세상을 떠나면서 남긴 것은 (그것이 선하고 악하고를 떠나서) 정신적인 영역까지 닿아 있을 것이기 때문이다. 우리가 살고 있는 이 세계는 물질과 생명체가 있는 형이하학의 영역과 마음과 생각이 있는 형이상학의 영역으로 이루어져 있다. 이 세계의 중요 존재자인 물질, 생명, 생각, 마음에 대한 좀 더 깊은 생각은 5장 후반부 '17. 물질, 생명, 생각과 마음'에 담아 보았다.

죽음은 결코 우리 존재의 끝이 아니다. 특히 사후死後 영혼의 존재함을 믿는 사람에게는 더욱 그렇다(영혼의 존재하는 방식은 육체의 존재 방식과는 다르다고 보아야 하기 때문에 육체가 죽으면서 물리적으로 존재하지 않게 된다고 해서 살아서 눈에 안 보이는 영혼은 아예 존재하지 않는다든가, 혹은 영혼은 육체의 부속이기 때문에 육체의 소멸과 함께 소멸된다고 생각하고 주장하는 것은 정당하지 못하다. 그러므로 육체의 사후에도 영혼은 어떤 형태로든 존재할 수 있다고 생각하는 것이 더 유력한 입장이 된다).

우리가 살다가 떠날 세상은 나이가 들수록 어떤 법칙이 존재한다는 것을 더 선명히 드러내는 경향이 있어, 이 세계에 머무르는 시간이 길어지거나 보수적으로 되거나 생각이 깊어질수록 이 법칙의 근원인 신의 이름을 부르게 될 가능성이 커지는 것 같다. 신에 대하여는 다른 지식의 대상물과 같은 선상에 놓고 앎과 모름을 논할 수 없다. 신에 대한 지식을 얻는 것은 불가능할 뿐 아니라 설령 그 지식을 얻었다손 치더라도 그것을 표현하기에 인간의 어떤 언어도 충분하지 않다. 그래도 알고자 할수록 조금이라도 더 알아 갈 수 있을 터이고, 이 지식이 있어야 다른 지식들이 나머지 자리를 온전히 잡을 수 있기 때문에, 신을 알아가려는 이러한 절망적인(?) 노력을 오히려 서둘러 시작해 두어야 할지 모른다. 노력도 무한대, 보답도 무한대여서 투자 대비 이익Return on Investment ; ROI을 알 수 없는 이런 종류의 시도를 하기 전에 어떻게든 확률적으로 이해득실을 따져봐야 할까, 아니면 우리 인생이 그런 정도의 베팅을 할 여유는 있을 것이란 배짱으로 그냥 일찍 시작해 두는 것이 나을까?

15
타인과 세계

타인

한 번뿐인 인생을 잘 살려면 인생의 목적과 의미를 잘 알아야 하고 인생의 목적과 의미를 알려면 내가 누구인지 알아야 하는데 이것은 쉬운 일이 아니다. 당장 발 앞에 떨어진 불은 무소선 살기 시작해야 한다는 것, 즉 내가 살고자 해서 세상에 나온 것은 아니지만 나는 이미 살기 시작했다는 것이고, 내 인생의 목적과 의미에 대하여는 일단 살아가면서 생각해야 한다는 것이다. 그러니 '잘 살려면 일단 잘 살기 시작해야 한다' 라는 당연하면서도 막연한 통찰(?)에 이르게 된 것이다. 그나마 나만 그런 게 아니라는 점은 다행이다. 그동안 보이지 않던 타인들이 하나둘 눈에 들어온다. 나의 인생이 시작된 것과 같이 이 세계에 많은 타인의 삶이 있다. 타인에 관한 이야기는 실로 방대하다. 이미 인생을 다 살고 결론이 난 인생의 이야기도 많다. 타인을 대하는 자세는 다음 질문에 대한 답을 들어보면 알 수 있을 것이다. '당신에게 타인은 무엇인가, 그리고 타인에게 당신은 무엇인가?'

타인을 보는 눈은 실로 다양할 수 있다. 어떤 사람에게는 대부분의 타인이 특별한 가치나 관심을 줄 만한 대상이 아닐 수 있다. 가치도 관심도 주지 않는 대상이라면 자기의 이익이나 의도와 충돌할 때 마음의 부담 없이 공격할 수도 있다. 소위 사이코패스들이 이렇다. 설령 반사회적 성격장애는 아니더라도 법을 어기거나 들키지 않는 범위 내에서 남을 이용하여 자신의 이익과 생각을 실현하려는 사람은 이런 단계에서 더 나아가기 어렵다. 이런 생각에 머무르면 타인은 그냥 물질적, 하등동물적이고 경제적인 관계에서만 충돌하거나 협력 관계에 있는 상대일 뿐이다. 이것은 가장 저열한 타인관, 인간관이라 할 수 있다.

타인을 자기와 같은 가치와 의미를 갖는 존재로 존중하게 되려면 타인에 대한 옳고 깊은 지식이 필요하다. 그러려면 자기 자신에 대한 어느 정도의 지식, 즉 자의식이 있어야 할 것이다. 나아가 타인의 생각과 감정이 자신과 비슷한 것을 발견하게 되면 타인에 대한 깊은 관심을 갖게 된다. 감정과 생각의 넓고 깊은 공유, 공진이 일어나게 되면 더 깊은 관계를 형성하게 된다. 그러면 타인을 통하여 자기 자신을 더 비춰 봄으로써 자신을 더 잘 알게 될 수 있다. 타인에 관한 생각의 깊이와 수준은 자기 자신에 관한 생각의 그것과 같게 되어 있다. 부처 눈에는 부처만 보인다는 얘기다. 나아가서 타인에게 격려를 해주고 영감을 불어넣어 주는 역할도 할 수 있다. 우리가 살면서 멘토를 만나는 것처럼 우리도 다른 사람에게 멘토가 되어 줄 수 있다.

내가 이 세상에서 어떻게 살아야 하는가 하는 문제는 중요하긴 하지만 관념에만 머무를 수 있는 문제인데, 여기에 실질적인 도움을 줄 수 있는 존재는 바로 타인이다. 이 세상과 사회에서 어떻게 살아가야 하는

지 알기 위해서는 타인에 대한 올바른 지식을 갖고 사람들과 좋은 관계를 유지해 가는 것이 중요하다. 사람이 자신을 깊이 들여다보려면 자신을 비춰 주는 거울이나 비추는 빛과 같은 자의식自意識을 사용해야 한다. 그러나 실제로는 오히려 타인, 특히 가까이 있는 타인이 나보다 나를 더 잘 볼 수도 있다. 서로 도움을 주고받는 일 외에 각자 자신을 잘 알기 위해서도 서로에게 타인이 필요하다. 나 자신도 살아가면서 생각과 상태가 변하는데 내가 만나는 모든 타인이 다 똑같을 수도 없고 한결같을 수도 없다.

인생길에서 특히, 인격이 이루어져 가는 인생의 초입이나 사춘기 같은 갈급한 시점에 좋은 타인을 만나는 것은 정말 큰 행운이다. 큰 행운으로, 혹은 나의 노력이나 하나님의 은혜로 만나게 되는 이런 '특별한 타인'은 나와 같은 존재의 특성을 갖고 나와 비슷한 방향과 방식으로 사고하는 존재이면서 나를 읽고 도와줄 수 있는 '특별한' 존재다. 창조자의 설계로 생명체는 자가 번식능력을 갖추게 되었고, 생물적으로 거의 비슷한 개체가 한 시점, 같은 환경에 다수 존재하게 되었다. 모든 사람에게 '수많은 타인'이 있게 된 것이다. 깊은 생각, 자의식을 통해 타인에 대한 이해를 넓혀 가다가 서로 생각이 만나고 교차하는 것을 알게 되면서 타인의 존재하는 모습과 타인과의 관계를 통하여 나를 재발견하게 된다. 자의식과 타인은 나를 보는 거울, 깊이 들여다보는 내시경과도 같다. 가끔 자기 주위의 타인 안에서 자신의 모습을 발견하고 깜짝 놀라게 된다. 즉, 사람은 자신보다 타인을 통해 자신을 더 깊고 자세히 알게 된다.

인생길에서 특별한 타인과의 조우는 큰 복, 적어도 큰 사건이다. 내가 타인에게 복을 끼치는 사람이 되어 줄 수도 있다. 그리고 그 선행善行이 돌고 돌아 나에게 혹은 내가 아끼는 사람에게 그런 타인이 나타나 줄 수 있다. 하나의 선행은 다른 선행의 결정적 요인이 된다고 할 수는 없어도, 하나의 선행은 우리가 모두 숨 쉬는 대기를 순화시켜 어디선가 다른 이들에게도 그런 선행이 일어날 확률을 높게 해줄 것이라는 생각은 상당히 과학적인 혹은 그럴듯한 생각이다.

모든 사람은 각자에게 '나'다. 세상은 각자 '나'라고 생각하는 사람들이 모여 각자 '나는 누구이고, 타인은 도대체 무엇이며, 나는 어떻게 살아갈 것인가?' 하는 물음을 갖고 만나고 부딪치며 살아가는 곳이다. 대부분 사람이 일단 '나는 나에게 타인보다 더 특별한 존재'라고 생각한다. 나의 뇌에서 자라난 생각이 나를 형성한 것이고, 나는 내 몸의 일부분인 나의 뇌로 생각할 수밖에 없고, 내가 담당할 영역은 결국 '나'이기에 '나'는 당연히 나에게 특별한 존재다.

내가 나를 잘 알고 사회의 한 구성원으로 잘 살아가기 위해서는 타인에 대한 올바른 생각이 필요하다. 타인이라는 거울은 '자기'를 찾아가는 길목에 있다. 거울을 통해 자신을 보듯, 타인의 행동과 마음을 통해서 나의 모습을 보게 된다. 타인은 협력자, 친구이자 스승이 된다. 나 혼자 할 수 없는 많은 일이 타인과 만남을 통해 이루어진다. 그러므로 타인을 갑자기 눈앞에 나타나는 물체나 자의식 없는 동물처럼 대하는 것은 실로 무지몽매한 행동이다. 나를 대하는 것과 같은 섬세함과 배려로 타인을 대하여야 한다. 함부로 혹은 이해타산의 관점에서만 대하는 것은 매우 위험하다. 타인이라는 특별한—어쩌면 나의 태도에 따라 특별해질 수 있는—존재에 대한 일천한 인식과 생각으로 타인을 대하며 살아가는 것은 자폐아로 살겠다는 것과 다름없다. 타인을 만나고 사귀는 것은 웬만한 책을 읽는 것 이상의 가르침과 기쁨을 얻는 기회다.

그러나 어떤 사람과는 관계를 맺지 않는 것이 좋을 수 있으므로 잘 분별해서 사귀어야 한다. 좋은 것을 배울 수 있는 사람도 있지만, 나쁜 영향을 주는 사람도 있다. 좋은 사람과는 가까이 지냄으로써 배울 수 있다. 거짓말을 하거나 남에게 핑계 대며 책임을 지우거나 협박하는 사람과는 되도록 거래하지 않는 것이 좋다. 독毒으로부터 자신을 보호하는 가장 좋은 방법은 그것을 피하는 것이다. 타인에게 도움을 주고자 할 경우에도 나의 능력과 노력으로 도와줄 수 있는 사람인지 잘 분별하여야 한다. 내가 도와줄 능력이나 여건이 안 되면 가급적 피하고 경계하여야 한다.

그냥 친구, 그냥 일 파트너이면 간단하지만 일과 인간관계가 섞일 적에는 분별력이 필요하다. 일로 인하여 서로 만나게 된 경우에는 조심스럽게 인간관계를 만들어야 한다. 이 경우는 일에 관한 마무리를 깨끗하게 하는 것이 우선이 되어야 한다. 공적인 일이라면 더욱이 인간관계로 제삼자에게 피해를 주어서는 안 되도록 해야 한다. 일로 시작된 관계에서는 일이 어느 한쪽에라도 영향을 미치는 한, 일의 수행 과정이나 결과가 상대는 물론 그 일에 관련된 제삼자에게 나쁜 영향이 미치지 않도록 하는 것이 우선이다.

반면, 소싯적 친구나 심지어 형제, 친척 간에 일을 같이하게 될 수 있는데, 이 경우에는 인간관계가 우선이고 일은 그다음이 되어야 한다.

인간관계를 해치지 않는 범위 내에서 일을 추진하여야 한다. 더욱이 일이 너무 커져서 돈 문제까지 얽히게 해서는 안 된다. 일과 사람을 동시에 다 얻기는 힘들다. 가족, 친족, 친구 사이의 관계는 같이 동업이나 일 관계 청탁을 하지 않는 것이 최상이다. 서로 대하는 방식이나 상대에 대한 기대감 등 관계의 성격이 전혀 다르기 때문이다.

관포지교管鮑之交로 알려진 관중과 포숙아의 경우처럼 한 사람(포숙아)이 우정을 지키기 위하여 일방적인 배려를 베풀지 않고서는 일과 우정이 모두 지속되기는 힘들다. 관중이 오랜 친구 포숙아의 도움을 받고 큰일을 할 수는 있었지만 이는 한쪽(포숙아)이 너무 큰 희생을 한 예외적인 예다. 일 관계와 사람 관계가 얽히면 소도 잃고 외양간도 잃기 쉽다. 윗돌, 아랫돌이 서로 잘 안 물릴 때 하나만 치우려면 윗돌을 치워야 한다. 밑에 괴인 돌을 그대로 두고 위에 쌓은 돌을 치울 수는 있어도 윗돌을 그대로 두고 먼저 놓인 아랫돌을 치울 수는 없다. 먼저 맺어진 관계를 잘 지키는 것으로 만족해야 한다.

나의 삶과 타인의 세계

타인이 나의 인생에서 갖는 또 하나의 매우 중요한 의미는 내가 일군 열매가 타인의 삶으로 나타난다는 것이다. 이것은 내 삶의 목적이 타인을 섬김에 있음을 의미한다. 한 사람이 하나의 생명체로서는 죽을 수밖에 없어도 생존 시에 베푼 가르침과 섬김의 정신은 다른 사람의 생명을 통해 죽지 않고 이어진다는 의미다. 타인은 이러한 이어달리기에서 같이 달리는 팀 주자다. 호랑이는 죽어서 가죽을 남기고 사람은 죽어서 이름을 남긴다는 말이 있지만, '사람은 죽어서 사람을 남긴다' 라고 해야 할 것이다. 그 사람이 평생 한 일이 무엇인가 하는 것은 그 사람이 남긴 열매로 알 수 있다. 한 사람의 인생은 사후까지도 주위에 영향을 끼친다. 사람은 열심히 일해서 돈도 벌고 큰 건물도 짓고 유명해지기도 하고 권세도 누려 보지만 죽을 때 남기는 것은 결국 그 사람의 뜻과 생각에 영향을 받은 사람들이다.

시간이 가면 사람도 없어지고 건물도 무너지고 이름도 잊히지만, 사람과 사람의 마음을 통하여 생각과 정신은 계승·발전된다. 타인을 통한 이어달리기가 계속된다. 예수의 박해자였으나 회심하여 예수의 열렬한 추종자가 된 사도 바울은 자신의 목숨을 건 사역의 열매가 곧 고린도 교회의 미성숙한 교인들임을 다음과 같이 표현하였다.

> '너희는 우리로 말미암아 나타난 그리스도의 편지니 이는 먹으로 쓴 것이 아니요 오직 살아 계신 하나님의 영으로 쓴 것이며 또 돌 판에 쓴 것이 아니요 오직 육의 마음 판에 쓴 것이라' (고린도후서 3 : 1 ~ 5)

편지는 받아보는 사람이 있어야 의미가 있다. 사도 바울의 삶과 가르침 자체가 편지였으며, 사도 바울은 이 편지를 받아본 사람이 스스로 또 하나의 편지가 되어 후대에 이어지기를 바라고 있다. 우리와 직간접으로 만나는 모든 타인은 우리가 삶의 언행으로 쓰는 편지를 받는 사람이자, 우리의 편지가 되어 그것을 또 후대로 전하는 사람이니, 결국 그는 우리 삶의 진정한 열매가 되는 것이다. 이것이 우리가 타인에게 부여하는 가장 높은 의미이자 인류가 어려움을 뚫고 역사를 이어가는 비결일 것이다.

자신의 인생만 생각하고 사는 인생은 목표도 없이 총 끝만 보고 쏘는 사수처럼 무의미한 것이다. 총구 끝을 거치지 않고 나가는 총알이 어디 있으랴? 타인을 생각하는 섬김의 삶, 자신의 죽음 이후에 살아갈 사람들을 생각하고 사는 섬김과 남김의 삶은 명백하게 더 좋은 것이다. 자신만, 그것도 살아 생전만 생각하고 사는 삶과는 비교가 안 될 정도로.

그림 15-1 '살아 있는 나(①)'와 다른 세 존재와의 관계

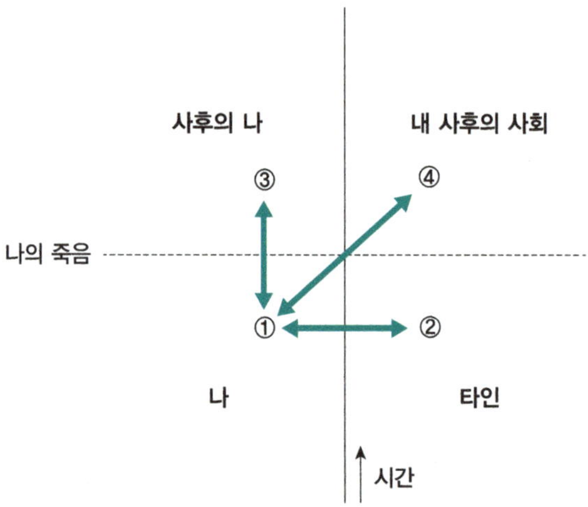

☞ 살아 있는 동안 나와 타인과의 관계(①-②)는 가장 현실적인 것이다. 살아 있는 나와 '사후의 나'의 관계(①-③)는 죽음 후의 나의 영적인 존재에 관한 생각에 따라 나의 삶의 태도에 영향을 미친다. 나의 삶이 현재 사회는 물론 나의 사후의 사회까지 영향을 미치는 부분까지(①-④) 생각을 하면서 사는 사람은 그 사회의 지도자로서 그렇지 않은 사람보다 더 탁월한 삶을 살 수 있게 된다.

〈그림 15-1〉에서 ①에 머무르는 인생은 동물적인 삶, ②까지 나아가 타인을 배려하는 삶은 도덕적인 삶, ③까지 나아가 자신의 사후의 문제를 두고 고민하며 사는 삶은 종교적인 삶, ①, ②, ③을 거쳐 사후의 사회(④)까지 고심하며 산 삶은 도덕, 종교를 넘어 진정한 지도자의 삶이라 할 수 있지 않을까 한다.

세계

세계는 여러 개의 축軸을 따라 광활하게 펼쳐진 큰 공간이다. 시간의 축을 따라 세계를 여행하면 역사가 있고, 공간을 따라가면 세계 각국이 나오고 지구를 떠나면 우주가 펼쳐진다. 사람의 마음을 깊이 헤쳐가려면 심리학의 세계를 거쳐야 하고, 그 너머에는 신학과 신앙의 세계가 기다리고 있다. 감각과 감성의 세계를 추구하면 음악과 미술의 거장들이 맞아줄 것이며, 논리와 이성의 세계로 치달으면 철학, 수학, 자연과학의 세계가 펼쳐진다. 세계 중 하나의 작은 어느 나라, 그중 한 시대의 삶을 따라가도 숱한 절절한 사연들과 이야기가 들려올 것이다. 어느 하나의 축을 택하여 따라 들어가도 그 여행은 깊고 다양하며 넓고 흥미진진할 것이다.

세계의 큰 모습은 거칠고 넓으며 어둡고 크다. 세계는 우리에게 때로는 희망을 열어 주며 흥미진진하게 다가온다. 우리 한 사람의 생각도 복잡한데 수많은 사람이 살고 있는 이 세계는 오죽할까. 인간은 차치하고 우주 자연만 바라보아도 얼마나 광대하고 기묘한가. 우리가 사는 이 세계는 크고 복잡할 뿐 아니라 매 순간 역동한다. 이 세계에는 물질 법칙을 따르는 자연의 세계도 있고, 수많은 사람의 생각, 마음이 이루는 형이상학적 세계도 있다. 두 세계는 서로 성격이 다르며, 어떤 방식으로든 연결되어 있겠지만, 구체적인 연결 관계는 아직 모른다. 질량을 가진 물질이 질량이 없는 에너지로 변환될 수도 있고, 질량이 없는 빛이 물리적 공간을 통해 에너지를 전달한다는 것 정도가 물질계와 비물질계 간의 소통에 대하여 과학적으로 알려진 몇 안 되는 사례다.

이 세계는 쉬지 않고 변화하며 엄청난 양의 정보를 만들어 낸다. 이 정보 생산의 과정에 모든 사람이 기여하고 있다. 우리가 살아온 시간 동안 이 세계가 변해 온 것을 볼 때 훨씬 더 긴 과거의 시간 동안 주름진 산하와 바다와 하늘의 허공에 얼마나 많은 사람의 생각과 사연들이 퍼졌고 쌓였을까. 그 빠른 빛이 오랜 시간 퍼나른 정보로 온 우주 공간이 얼마나 거칠게 닳았을까. 평생 달려도 빛이 고작 1～2초 정도 가는 거리를 굼벵이 걸음으로 가는 나의 삶의 여정은 그 안에서 얼마나 작은가. 그 짧은 인생에 무슨 대단한 의미가 있으랴. 다양함과 방대함을 치열하게 뿜어내는 우주의 한 자락 끝 동네에서 초라하게 견지해 온 한 인간이 이 큰 세계에서 무엇을 얼마나 느끼고 생각하고 기억하며 초라한 곳으로 돌아갈 것인가.

서사적인 상상 속의 우주여행을 마치고 책상 앞으로 돌아오면 다시 '초라한' 삶을 마주해야 한다. 세계를 '나'와 '나머지 세계'로 나누고 나의 삶을 '나와 나머지 세계 사이의 상호작용'으로 정의하며, 한 평범한 인간의 실용적인 관점에서 이 세계 속의 삶을 살아가는 데 유용한 실용實用 철학의 원칙들, 혹은 삶의 자세는 무엇인가.

우리는 이 세계를 다 알 능력도 없고, 그럴 필요도 없다. 살면서 필요한 만큼 알아가면 충분하고, 알게 된 만큼 우리의 생각과 행동에 반영하면 된다. 이것이 우리가 할 수 있는 최선이다. 알 필요가 없는 것은 모르는 상태로 있는 것이 차라리 좋다. 알 필요가 있는 것을 알아가는 과정에서도 모르는 부분에 대하여는 '모른다'라는 것을 냉정하게 인정하면 된다. 모르는 부분에 대하여 '아는 척하고, 우기고, 자신마저 속이는' 등 잘못된 대응을 하게 되면 불필요하게 삶이 꼬인다. 모르는 것을 만났을 때 솔직하게 무지함을 인정하면 여행자는 다시 길을 찾고 교훈을 얻으며 바라던 세계로 나아갈 수 있다.

세계는 크고 다양하고 복잡하며 시간 축을 따라 과거와 미래로 무한히 길게 이어진다. 세계는 우리가 잠시 한 자락 구석에 머물다 가는 큰 마당이며, 부족한 나를 넉넉히 품어 준 가슴이며, 많은 사람과 사건들을 만난 추억의 대용량 저장소며, 이 모든 것을 허락해 준 창조자의 이야기가 깊은 숨결처럼 일며 이어오는 곳이다. 세계는 사랑과 창조의 정신으로 끝없는 도전을 이어가는 사람에게 더 큰 세계로 가는 길을 기꺼이 연다.

세계 속 여행자의 이야기

한 사람이 사는 동안 아무리 열심히 일을 꾸미고 부지런히 뛰어다녀도 평생 이룰 수 있는 것, 보고 익히고 만나고 다닌 것은 결국 한 줌 정도다. 인생의 의미와 가치는 무게나 부피로 잴 것이 아니고 그 삶의 이야기에서 울려 나오는 감동과 타인과 사회에 끼친 영향으로 말해야 한다. 우리가 자유롭게 이리저리 헤집고 다닌 세계는 우리에게 직접 당장 이래라저래라 말하지 않는다. 우리의 작고 큰 생각과 언행들이 시간이 지나면 숲의 바람, 산의 울림과 바다의 이야기로 멀리 돌아가 우리가 모르는 사람들의 귀에 울릴 것이다. 세계를 살고 간 사람들의 숱한 얘기가 완전히 사라질 수 있는 것이 아니라면 어둡고 거칠고 텅 빈 공간 말고 그 많은 이야기를 둘 수 있는 곳이 어디인가.

숱한 광선들이 우주 쇼를 벌이고 있는 밤하늘에 우리가 보는 어떤 별은 수백만 년 전에 그 별을 떠나온 빛이라고 한다. 빛은 존재하지만 질량은 없으니 서로 오가며 만나도 충돌은 없다. 넓은 것도 모자라 계속 팽창한다는 우주의 공간을 가득 채운 빛은 어떤 정보와 이미지를 담고 실어 나르고 있나? 세계는 공즉시색, 인생은 색즉시공인가? 유치한 젊음과 지나가는 힘만 믿고 휘젓고 다닌 이 세계를, 이 세계의 진정한 존재자를 진정으로 느끼고 알게 될 날이 과연 나에게 찾아올 것인가?

인생이 여행이라면 세계는 땀 흘리며 일하다가 쉬어가고 지나가는 곳이며, 무엇인가 알고 찾기 위해 두드리는 곳이다. 사람들은 여행하면서 예기치 않은 사건들과 다양한 사람들을 만나고 세상의 새로운 것에 대한 깊고 흥미진진한 이야기들을 듣고 새로운 것을 깨닫게 된다. 좋은 여행자는 여행의 경험과 생각이 쌓이면서 더 좋은 여행을 하는 법을 알아간다. 좋은 여행은 그 자체가 즐겁고 유익한 것이다. 좋은 여행에는 아마도 말이 통하는 동행하는 사람들, 잘 짜인 일정, 사고를 당했을 때

당황하지 않는 여유, 아름다운 경치를 보고 소리 지르거나 과잉 반응하지 않는 것, 사소한 일로 마음과 시간을 낭비하지 않는 것, 아름다운 마음의 사람들을 만나서 나누고 떠나는 것, 편안하고 기쁜 감사와 겸손의 마음을 유지하는 것, 긴 하루 보내고 맞는 행복한 저녁 식사, 이런 것들이 있지 않을까?

이런 것을 통해서 여행자는 더 크고 깊고 넓은 세계와 만날 수 있다. 빡빡한 일정을 따라 인도자가 이끄는 대로 여기저기 조금 유명하다는 곳을 수박 겉핥기 하는 식으로 뛰어다니는 단체여행이 아닌 자기 생각과 박자와 취향을 오롯이 담은 여행이라면 이런 것들을 만나고 누릴 수 있을 것이다. 인생을 여행하는 데는 그렇게 하는 편이 조금 힘은 들고 귀찮을지는 몰라도 더 적절한 모습일 것이다.

16
자기와 신

세계의 중요한 존재자들, 타인과 세계에 관한 생각 이후에 우리는 가장 중요한 주제, 자신과 신으로 돌아올 수밖에 없다. 〈그림 16-1〉에

그림 16-1 관찰과 사고 영역의 확장 과정

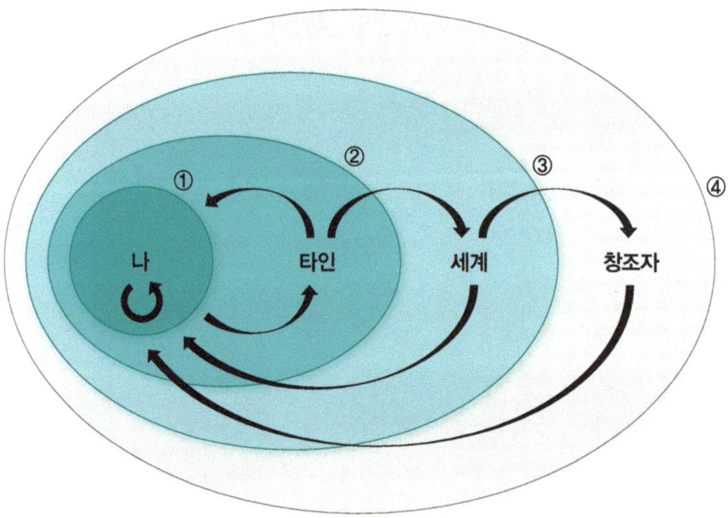

☞ ①은 자기밖에 모르는 유아론적인 사고에 갇힌 사람, ②는 타인과 형성된 사회적인 관계 안에서 사는 사람, ③은 다양한 많은 타인과의 관계를 통해서 더 큰 세계를 인식하고 그 안에서 살아가는 사람, 그리고 ④는 그러한 세계를 창조하고 운용하는 창조자까지 생각하며 사는 사람을 나타낸다.

보인 것과 같이 자신의 문제는 결국 창조자와의 관계에 대한 생각을 올바로 세움으로써 풀릴 수 있다. 입양아가 어릴 적 헤어진 생부모를 찾아가는 긴 여행처럼 사람은 자신의 존재의 근원에 대한 그리움을 뿌리칠 수 없다.

자기 찾아가기

평생을 살아도 자신이 누구인가, 어떤 존재인가 모르고 살기 쉽다. 많은 이들이 진정한 자기, '참 자기'가 무엇인지 모르는 것은 이 질문이 황당하고 막막하여 대답할 엄두가 나지 않았거나 삶에 딱히 유익할 것 같지 않아서 답하기를 지레 포기하고 잊어버렸기 때문일 것이다. '나는 누구인가?'라는 질문은 어떤 꽃을 보여주며 '이 꽃이 무슨 꽃이냐?'라고 묻는 물음과는 좀 다르다. '눈앞에 보이는' 꽃에 대하여 그 '종류'를 묻는 말은 닫힌 질문, 즉 답이 정해진 질문이다. 한편, 정의되지 않는 '나'에 대하여 '존재의 근원'을 묻는 질문은 열린 질문이니 정답이 따로 없다. 두 질문에 접근하는 방식, 대답에서 기대할 수 있는 정도가 다를 수밖에 없다.

'나는 누구인가?'라는 질문이 성립하기 위해서는 '나'를 정의하는 작업이 필요한데 그 작업이 바로 답변의 내용이기 때문에 이 질문은 열린 질문이다. 열린 질문의 목적은 종종 그 질문에 답하려 애쓰는 과정에서 성취된다. 답을 바로 제시하라는 것이 아니다.

보려는 주체도 자기이고 대상도 자기인 경우에는 주체가 올바른 관

그림 16-2 존재의 의미를 물으며 인간을 성숙케 하는 자의식

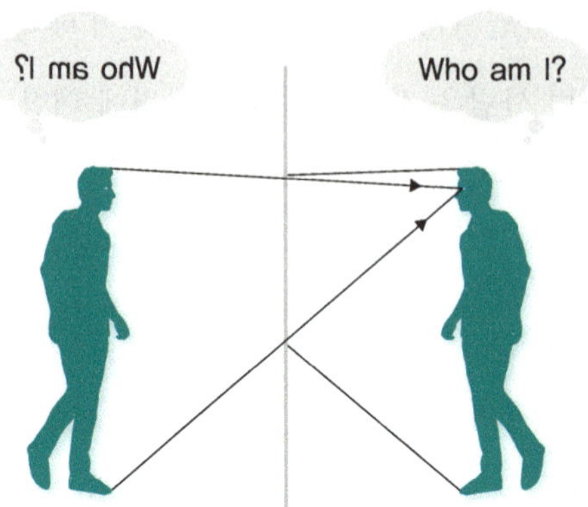

☞ 자의식은 참 자기를 찾는 첫 걸음이다. 빛이 대상물을 비추면 관찰자는 그것을 볼 수 있다. 대상물과 관찰자가 모두 '나'인 경우에 어떻게 하는가? 물체가 아닌 참 자기를 비출 수 있는 빛은 어디에서 오는가? 우리는 명백한 답이 안 보여도 이런 질문—묻는 자체로 의미가 있는—을 통해 유익한 지식을 얻고 성숙해진다.

참 자세를 갖는 것(정확한 관찰자), 관찰 대상인 자기가 정직한 자세를 잃지 않는 것(정직한 피관찰자)이 모두 필요하다. 이 두 가지가 각각의 조건을 만족시키면서 하나로 일치된 모습이 '참 자기'라고 할 수 있다. 그러나 이러한 일치는 실제로 거의 불가능하다. 둘 사이의 거리를 떨어뜨려야 하나가 다른 하나를 볼 수 있다. 비추는 빛과 비치는 물체 중 관찰 행위의 가장 본질적인 역할을 하는 것은 '빛'이다. 빛의 비춤이 없다면 관찰이라는 행위는 생각할 수도 없다. 빛이 있을 때 물체는 가만히 정직하게 있으면 된다. 관찰자는 가만히 눈을 열고 있으면 된다. 빛이 없으면 관찰이라는 행위 자체가 생길 수도, 정의될 수도 없다. 피사체인 물체가 있고 관찰자가 있어야 관찰의 결과가 나오긴 하지만, 빛이 먼저 존재하고 그 후에 물체와 관찰자가 존재의 영역 안에 들어서는 것이다.

보는 주체로서의 자기가 있고 보이는 객체인 자기가 있다. 참 자기를 찾는 노력인 자의식이 우리가 '나는 누구인가?' 라는 질문을 하게 한다. 열린 질문이란 대개 남이 정답을 줄 수 없고, 주어도 의미가 없으며, 스스로 물어야 하고 묻는 데 의미가 있는 것이다. 막막해도 포기하지 않고 용기를 내어 그 질문을 할 때마다 답을 향해 조금씩 나아가게 되는 그런 질문이다. 열린 질문의 진정한 목적은 답을 얻는 것이 아니라 그것을 묻는 질문자를 성숙하게 하는 것이다.

그러나 참 자기를 드러내는 빛의 역할은 내가 노력해서 할 수 있는 것이 아니고 창조자, 절대적인 존재만이 할 수 있는 것이다. 피사체로서 참 자기 역할이 내가 할 수 있는 모든 것이다. 빛이 먼저 창조되고 그 후에 여러 물질이 존재의 세계로 들어온 성경 창세기의 서술은 이러한 통찰(자연과 세계가 있기 전에 창조자, 그리고 빛이 먼저 있었다는)과 일치한다.

'에너지는 있으나 질량이 없고, 부딪쳐도 상호 간섭하지 않으며, 관찰자의 속도와 무관하게 일정한 속도로 진행하는' 빛, 그 빛에 관한 법칙이 우리의 일상 경험과 생각을 넘어서며 물리 세계의 다른 법칙들을 총괄하는 특별한 위치에 서게 된 것은 놀라운 통찰의 결과이며 동시에 과학적으로 증명된 사실이다. 우리는 우리에게 익숙한 경험만으로는 설명할 수 없는 과학의 영역을 만나고 있으며, 우리가 눈을 뜨고 마음을 열고 있다면 경이로운 사실들과 새로운 경험들을 앞으로 더욱 많이 만나게 될 것이다. 그러나 더 알게 될수록 더 많은 모르는 것이 보인다고 한다. 현대물리학은 많은 것을 알게 해주었지만 동시에 더 많은 미지의 영역이 존재함을 알게 해주었다.

설령 온 인류가 아무리 최선을 다해도 할 수 없고 알 수 없는 것이 있다. 결국, 무능력함을 인정할 수밖에 없는 상황이 온다. 이것은 절명絶命의 순간이라 할 수 있다. 절명의 순간이 주는 선물은 무력함이다. 그러나 이것은 진정한 최선을 다한 후에 맞게 되는 '특별한 무력함'으로 이 무력감은 진정한 최선을 다하지 않는 꼼수와는 달리 우리에게 진정한 자아와 힘과 자세를 찾게 해준다. 칸트는 자신을 비추고 인도하는 빛을 '내 안의 양심과 저 하늘의 빛나는 별'이라 통찰했는데, 우리도 그 비슷한 과정을 거쳐서 '형이하形而下와 형이상形而上의 두 세계가 실은 하나의 세계이며, 그것은 이성과 과학을 뛰어넘는 세계'라고 생각할 수 있다. 이 큰 세계는 결국 창조자, 절대자인 신의 영역일 수밖에 없고, 우리가 올바른 방향으로 최선을 다하고 또한 우리의 한계를 인식하고 인정한다면 진짜 신을 만날 준비가 된 것 아니겠는가.

그런데 '올바른 방향으로 최선을 다한다'라는 조건을 어떻게 만족시킬 수 있는가? 그것이 가능한가? 이 질문에 대하여 우리가 취할 수 있고 취해야 하는 가장 좋은 자세는 ① 그것이 가능하다는 것을 믿는 것, 그리고 ② '명백하게 알 수 있는 그릇된 길'로 가는 것에 힘껏 저항하는 것이다. 우리는 언제 그릇된 방향으로 가게 되는가? 감정에 휩쓸리거나, 욕심에 사로잡히거나, 고집, 교만과 허영을 부리거나, 악한 자의 유혹이나 협박에 굴복하게 되면 우리는 그릇된 방향, 망하는 길에 들어서게 된다. 그릇된 길을 거부하며 계속 저항하다 보면 언젠가 신을 만나고, 참 나를 만날 수 있을지 모른다. 진정한 자신을 찾는 것과 신을 만나는 것은 결국 같은 일이다.

신神에 대한 바른 생각

물질, 생명, 타인, 세계, 자신을 거쳐 이제 신까지 왔다. 세상과 소통하는 기술을 익히는 순서로 이런 단계를 제안한 것인데 결국 마지막 단어는 신이 될 수밖에 없다. 교육과 훈련의 목표인 성장과 성숙은 사람이 세상과 인생을 잘 알고 잘살게 하기 위한 것이다. 그러나 '모든 성숙의 정점에 있는' 신에 관한 생각과 개념은 그 과정이나 결과를 어떤 언어로도 표현하기 힘들 정도로 어려운 것이다. 도저히 알 수 없는 일에

그림 16-3 4,500년 전 이집트 쿠푸왕의 피라미드

☞ 돌을 밑에서부터 계단 모양으로 쌓아 올려가며 피라미드의 기본 구조를 만들고 마지막 캡스톤(머릿돌)을 놓은 후에는 매끄러운 흰 석회암으로 모든 층계를 덮어 가리며 내려온다(흰 석회암은 오랜 세월 빗물에 녹아 꼭대기 부분만 남아 있다). 사람이 가장 높은 단계의 지식에 다다르면 이전의 지식은 가장 높은 지식에 의하여 다시 해석되며 새로운 의미를 갖게 되듯이. (Image by Simon Steinberger from Pixabay)

대하여 영어권에서는 'God knows' 라고 말한다.

그림 16-4 존재와 인식의 계층과 순서

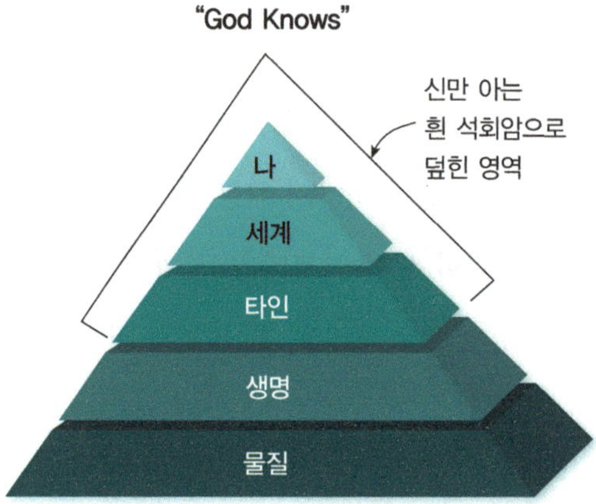

☞ 물질, 생명, 인간, 세계, 나, 이런 순으로 우리의 생각이 발전해 올라가지만 그 끝에는 모든 것의 창조자인 신이 있고, 신을 통해서 모든 것의 존재가 의미를 띠고 설명될 수 있다. 깨달음의 피라미드에서 비교적 이과의 영역인 하부의 물질과 생명의 부분이 흰 석회암이 녹은 탓에 드러나 인간의 지식 영역에 들어오고 있기는 하지만, 결국 인간은 다 알 수 없고 오직 '신이 안다(God knows)' 라는 말을 할 수 있을 뿐이다.

동물은 신을 찾지 않고 오직 사람만 신을 찾는 것 같다. 사람은 왜, 언제 신의 이름을 찾고 부르게 되는가? 첫째, 자신이 무엇을 하고 싶은데 능력이 부족하여 도저히 할 수 없는 경우다. 이 경우에는 전능한 신에게 기도하고 의지하게 된다. 능력의 부족함을 알기 때문에, 즉 자신에 대해 주제 파악을 했기 때문에 신을 찾는 것이다.

둘째, 이 세상이 어떤 것인지 알고 싶으나 도저히 알 수 없을 때, 많은 과학과 철학이 세계의 창조와 운행의 원리와 기원을 알기 위해 실제 자연이나 마음의 이성으로 법칙을 찾고 있다. 현상과 배후의 법칙, 그리고 법칙의 주관, 운영자로서 신을 설정하기에 이른다.

그리고 셋째, 자신이 누구인지 도저히 알 수가 없을 때 신을 찾는다. 이미 세상에 존재하는 자신에 대하여 잘 알고 싶고 살아갈 길을 찾고 싶으나, 자기가 자기를 바라보며 관찰할 수 없기 때문에, '자신을 자신보다 더 잘 아는' 존재인 신을 찾는 것이다. 신을 통하여 자신을 보고, 자신이 살면서 해야 할 일을 찾아 나서게 하는 신앙과 성찰의 자세에서 신을 찾는다. 이 경우가 신을 찾고 이름을 부르는 가장 성숙한 자세일 것이다.

신이라는 단어는 종교 중립적인 단어이기는 한데, 이 단어는 원시종교부터 주술 신앙, 그리스 신화의 신, 일본, 인도 같은 다신교의 신 등에서 보듯이 의미하는 폭이 너무 넓어서 이 단어에 의하여 실제로 한정되고 공유되는 의미는 별로 없어 보인다. 유교, 불교, 도교에서 명시적으로 신을 말하고 있지는 않다고 해서 신의 개념이 없다고 할 수도 없다. 유교의 도리, 불교의 부처, 도교의 자연은 사람이 지향하고 노력해 가야 할 방향성을 제시하고 있다는 점에서 유교, 불교, 도교와 같은 무신론적 종교에서도 적극적 존재자인 신의 개념은 어느 정도 있다고 보아야 할 것이다.

사람은 어려운 문제에 봉착하거나 중요한 문제에 대하여 깊은 생각을 하게 되면 자신의 능력의 한계를 깨닫게 되고 결국 신에 대한 막연한 생각을 하게 된다. 신에 대한 생각은 자신의 말과 행동에 영향을 주게 된다. 가장 해로운 것은 잘못된 방법과 생각 때문에 갖게 된 신에 대한 잘못된 생각과 믿음이다. 왜냐하면 맨 나중에 만나게 되는 이 문제에 대한 오해는 열심히 쌓아 올린 자신, 세계, 타인, 생명, 존재와 지식에 관한 생각의 근본 체계를 흔들어 망가뜨릴 수 있기 때문이다. 더욱이 잘못된 종교관, 신앙관은 자신 안에서 혹은 사람들 간에 실제 삶의 현장에서 불필요하고 치명적인 오해와 혼란과 반목을 불러오기도 한다.

'종교가 우리 삶에 구체적으로 무슨 유익을 주는가?' 라는 질문에 대하여 각 종교인은 물론 과학기술자들도 긍정적이고 실제적인 답변을 얻기 위해 노력할 필요가 있다. 누구를 막론하고 종교에 대한 잘못된 지식을 갖거나 잘못된 행동을 하지 않도록 분별하고 노력해야 한다. 예를 들어 '유신론이 옳은가, 무신론이 옳은가?' 라는 질문에 너무 집착하는 것은 별 의미도 소득도 없다. 이 질문 자체가 제대로 정의되어 있지도 않기 때문이다. '어떤 ○○이 있다, 없다' 라고 따지려면 ○○이 무엇인지 우선 정의해야 하는데 신의 경우에는 그에 대한 정의를 제대로 할 수 없기 때문이다. 정의되지 않은 것의 존재 여부를 어떻게 생각하고 말할 수 있는가. 신은 우리의 생각을 넘어서는, 즉 우리가 파악할 수도 정의할 수 없는 존재다. 인간의 입장, 능력과 관점에서 '신이 없다' 라고 말하는 것은 적절하지 않다. 앎은 실증적 · 논리적 사고 체계에 의해, 믿음은 체험적 · 직관적인 인식 체계에 의해 얻어진다. 믿음의 대상은 앎의 대상을 감싸 안는다. 즉, 초집합super-set이다. 즉, 모르면서도 믿을 수 있는데, 바로 이 부분에서 극히 조심해야 한다. 신은 우리의 앎의 영역이 아니라 우리의 믿음의 영역에 존재한다. 더 잘 보려고 앎의 영역에 끌고 들어오는 순간 햇빛 속의 얼음 조각처럼 녹아 버릴 것이다.

믿음의 영역에 존재하는 신에 대하여 각자는 더 인격적이고 더 가까우며 우리가 더 갈급해 하는 신의 품성을 느끼게 하는 이름을 붙인다.

천주교에서 '하느님', 개신교에서 '하나님', 이슬람교에서 '알라'라고 부르는 신의 이름은 결국 '마중물' 역할을 하는 것이다. 더 많은 물을 길어 올리는 한 바가지 마중물이다. 정작 중요한 것은 마중물 이후의 많은 양의 시원한 지하수다. 이 지하수의 특성에 대한 경험, 지식, 믿음은 사람마다 다르다. 모두 그 지하수는 풍부하고 신선하고 좋은 것이기를 바란다. 만약 내가 가진 이 지하수가 나의 삶과 행동을 자유롭게 하는 대신 나를 옭아매거나, 새로운 희망보다는 진부하고 지루한 느낌을 주며, 사람들과 화합시키는 대신 편 가르는 용도로 쓰이고 있다면 무언가 오염된 지하수를 길어 올리고 있는 것은 아닌지 확인해야 한다. 같은 이름으로 부른다고 같은 지하수가 올라오는 것도 아니고, 동시에 여러 사람이 같은 이름으로 크게 부른다고 해서 좋은 지하수가 올라오는 것도 아니다. 마중물의 이름은 올라오는 지하수의 본질과는 상관없다. 창조자인 신은 우리의 느낌과 생각과는 무관하게 존재할 것이다.

진정한 과학기술자는 삶의 모든 과정을 통해서 과학기술 외의 영역, 즉 진정한 과학기술이 알지 못한다고 인정하는 영역에 대하여 (모르는 것을 인정하면서도 알려는 도전을 계속하는) 열린 태도를 갖고, 과학기술자를 포함하여 모든 인간에게 부여된 올바른 삶을 향한 성숙의 의무를 담대하고 성실하게 이행移行해 간다.

신에 대한 그릇된 생각이 세계와 자신, 타인에 대한 태도를 왜곡시키고 자신의 삶을 망가뜨리는 일이 없도록 하려면 창업가도, 일반인도 과학기술자들이 잘 모르는 것을 알아갈 때 취하는 다음과 같은 자세와 방법론을 취할 필요가 있다. 즉, ① 나아갈 올바른 삶(연구)의 방향을 잘 찾고, ② 좋은 사람(연구자)들과 서로 어울리고 힘을 합하여, ③ 낙심하지 않고 꾸준히 앞으로 나아가며 끈질기게 기다리는 것이다.

'신이 있다, 없다' 라는 문제 자체가 잘못되었거나 나쁜 것이 아니다. 이 문제를 대하는 목적, 자세, 방법에 따라 좋은 결과를 가져올 수도 있다. 신의 존재에 대한 견해는 우선 '모른다, 안다' 로 나뉜다. '안다' 라고 생각하는 사람들은 '있다, 없다' 로 나뉘고, 그중에서 '있다' 라고 생각하는 사람들은 다시 유일신 사상과 다신多神 사상으로 나뉜다. 대부분 사람은 자기도 잘 모르는 사이에 하나의 진영에 서게 된다. 알게 모르게 자신이 용감하게 결정하였을 수도 있고, 주위의 사람들이 결정에 확실하게 반대하지 않음으로써 한쪽 진영으로 휩쓸려 가서 서게 되었을 수도 있고, 아직도 입장을 정하지 않았다고 생각하며 계속 회색지에 서 있을 수도 있다. 혹은 이런 문제에 관한 생각 자체가 큰 의미가 없고 결국 시간낭비라고 생각하며 계속 거부권을 행사할 수도 있다.

이 중 '모른다' 라거나 '알고 싶지도, 알고자 하고 싶지도 않다' 라고 하는 사람들은 신에 관한 적극적 견해라기보다는 그저 자신의 입장이나 느낌을 말하는 것이다. 이 문제에 대하여 이 사람들이 취한 입장은 소아小我적이고 위축된 자세 같아 보여도 실제로는 '내겐 중요치 않은 문제니 자꾸 묻지 말라' 는 상당히 확실한 자세를 견지하고 있는 것이다. 그러나 신은 그렇다 치고 '나는 누구인가?', '삶의 목적은 무엇인가?' 라는 좀 더 실용적인 문제를 던지면 이 사람들 역시 더 물러서기는 어렵다. 결국, 더 확정적인 입장을 천명해야 할 것이다.

신에 관한 생각이 이렇게 우리를 곤경에 빠지게 하는 것은 대개 첫 단추를 잘못 끼웠기 때문이다. 사람들이 '신이 있다, 없다' 라는 논쟁을 하는 것은 신의 존재에 대하여 '알 수 있고, 알고 있다' 라는 생각 혹은 믿음에 따른 것이지만, '모른다, 혹은 알지 못하고 알고 싶지도 않다' 라는 입장의 사람들보다 주장의 근거가 더 약하기 쉽다. 이 사람들은 아는 것과 믿는 것을 혼동하고 있을 수가 있다. '안다' 라고 말하지만 실제로는 '믿고 있을 뿐' 이다. 이는 모래사막에서 막대기 하나 가지고 국경 싸움을 벌이는 것과 흡사하다. 처음부터 신이라는 단어 자체가 '아는, 알 수 있는' 대상이 아닌 존재를 가리키는 용도로 만들어진 것이므로, 그런 한정적인 범위 내에서만 의미가 있는 단어이기 때문이다. 만약 우리가 신이라는 단어를 만든 이유를 망각하고 그 이름을 엉뚱하거나 헤프게 사용한다면 바로 그 순간 '신' 이라는 단어는 자정을 넘긴 신데렐라의 마차처럼 힘을 다 잃어버린다.

'신' 이라는 이름(그 외에 이 단어로 대표되는 여러 가지 이름들)은 목숨이 경각에 달렸으나 도와줄 사람들은 없고, 할 수 있는 것이 아무것도 없는 상황에 부닥친 사람들이 외쳐 부른 이름일 것이다. 신이란 단어는 분석과 활용의 대상으로 만들어진 이름이 아닌데, 사람들은 신에 대하여 '안다, 모른다,' 혹은 '있다, 없다' , 더 나아가서 '있기는 있는데 이렇고 저렇고' 라고 말하고 있다. 어쩌면 진정 시원한 지하수를 어떻게 해서든 발견하게 되었다면 그것을 끌어올리는 마중물, 부르는 소리에 '신' 대신 자신만이 알고 쓰는 '특별한 단어' 를 몰래 채택하는 것이 필요할지 모른다.

창조와 창업

신이라는 단어가 실용적인 의미를 가지려면 우리가 그 이름을 부를 때 신의 정체를 분석하는 것보다 우리가 살아가는 자세를 정하는 것에 관심을 더 가져야 한다. God knows는 '신이 알고 있다' 라는 것을 강조하기보다 '우리가 알 수 없으며 기다리고 참으며 순응해야 한다' 라는 것을 말하는 것이다. 이것을 알게 되면 신은 비로소 가장 실용적인 단어가 되어 우리가 살아가는 자세와 생각하는 올바른 방법을 찾을 수 있게 도와주거나 최소한 잘못된 길로 가는 것을 막아 줄 수 있다. 신에 대한 올바른 생각과 믿음의 자세가 결과적으로 우리의 삶을 정신적으로는 물론 물리적 · 재정적으로도 건강하게 만들어 주는 경향이 있다. 이는 신

그림 16-5 창조자의 정신과 창업가의 닮은 꼴 마음

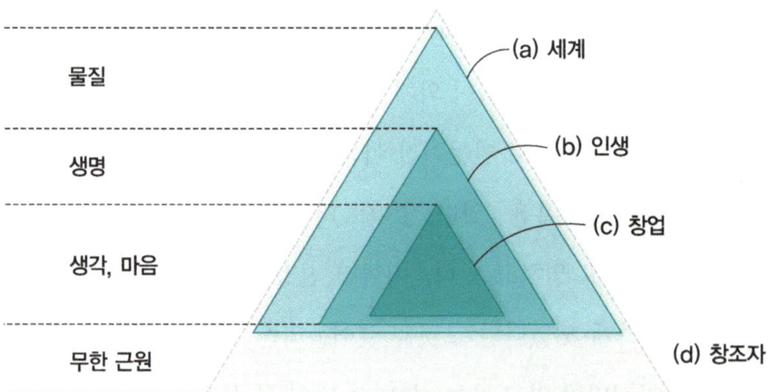

☞ **창업의 두 가지 의미** : 하나는 세계와 소통하고, 기회에 도전하고, 다양성과 풍성함을 누리는 인생의 보람이고, 다른 하나는 창업이라는 창조적 행위를 통해 궁극적 스승인 창조자와 닮은 형상을 구현하는 것

을 원하는 답을 맞춰 주면 좋아하고 틀리면 불평하는 점쟁이나 재무설계사로 보는 유치한 기복 신앙과는 전혀 다른 것이다.

진정한 자신을 찾기 위한 여행은 우리를 신에 대한 생각까지 데려왔다. 우리에게 가장 중요한 당면 과제는 우리의 인생을 최고로 살아내는 것이다. 우리는 이 세계에서 살면서 가장 먼저 물질을 만나서 물질의 법칙을 발견하고, 생명체로서 인생을 살아간다. 인격을 가진 고등 생명체인 인간의 생각과 마음에도 법이 있음을 알게 된다. 마음의 법과 물리세계의 법칙을 보면서 이 모든 실재와 현상의 근원인 창조자를 생각할 수 있게 된다. 고귀한 인격을 가진 생명체로서 이 세계에서 살아가는 인생의 보람과 의미를 가장 잘 우려낼 수 있는 길 중의 하나가 창업이라고 볼 수 있다. 창업에는 두 가지 중요한 의미가 있기 때문이다. 하나는 세계와 타인과 소통하고, 기회에 도전하고, 다양성과 풍성함을 누리는 인생의 보람이고, 다른 하나는 창업이라는 창조적 행위를 통해 궁극적 스승인 창조자와 닮은 형상을 구현하는 것이다.

17
물질, 생명, 생각, 그리고 마음

사람은 모두 세상에 왔다가 시간이 되면 떠난다. 지금까지 살아온 우리들의 경험과 지식을 통해서, 그리고 세상을 이미 살고 간 많은 이들이 남긴 여러 얘기를 통해 우리는 세상에 대한 그림을 그려간다. 그리고 그 안에서 어떻게 살아갈 것인지 생각하게 된다. 세상의 장을 열자마자 다양한 물체, 물질이 나오고 그중에 단연 생물의 세계가 돋보인다. 살아 움직이고 변화하는 생물은 단연 주도적인 주인공이다. 무생물인 물질은 생명체의 활동 배경이자 구성요소다. 생명체의 차별성, 즉 생명은 물리적인 생명에 그치지 않는다.

생명체의 정점인 인간의 마음과 생각이 인간을 오늘의 위치까지 이끌어 왔다. 우리가 탄 세계라는 배에 대한 궁극적인 이해를 위하여 물질, 생명, 생각과 마음에 대한 편안한 동반적 이해와 생각이 필요하다. 그 배 안에서 무슨 일을 하건, 특히 '창조와 도전의 성격이 짙은 행위'인 창업을 통하여 세상을 아름답고 멋지게 만들어 가며 멋진 한 생명체인 인간의 품격을 이루고 타인과 후대에 좋은 유산을 남기려 하는 창업가에게 가장 절실하게 필요한 것은 무엇일까. 그것은 아마 이 세계에 그토록 흔하지만 많은 이들이 무심히 지나쳐 버리는 물질과 생명에 대한 동반자로서의 마음과 생각일 것이다.

물질

우리는 물질의 존재를 다양한 방법으로 지각知覺한다. 감각은 그중 한 방법이다. 그러나 감각은 한계가 있다. 자외선, 적외선, X선은 사람의 눈에 보이진 않지만 엄연히 존재하는 것이다. 허공도 비어 있는 것 같지만 실제로는 다양한 입자들로 가득하다. 공기 입자도 없는 우주의 암흑 공간이나 진공마저도 그 안에 아무것도 없는 것 같지만 실상은 다양한 전자파나 빛의 다발로 붐비고 있다.

양전하와 음전하는 서로 당기고 같은 부호의 전하는 서로 밀어낸다. 현상은 어떤 성질이 드러난 것이다. 서로 미는 물체들은 서로 미는 성질이 있고, 서로 당기는 물체들은 서로 당기는 성질이 있기 때문이다. 그리스의 옛 철학자들은 물질을 성질에 따라 여러 가지로 나누면서 원소라는 개념을 생각했다. 뉴턴은 모든 물체의 행동이 물체의 성질이 아니라 외부의 힘에 의한 것이라고 통찰하였다. A, B 두 물체가 서로 직접 영향을 미친다고 보는 대신, A가 B에 힘을 가하고, B는 그 힘으로 움직이는 것이라고 통찰한 것이다. 이렇게 '힘'이라는 '매개체'를 도입하면 더 많은 물체 간의 운동을 일관성 있게 설명할 수 있게 된다. 보이지 않는 힘을 운동의 동인動因으로 지목한 것이 뉴턴의 통찰이다.

패러데이는 '힘의 존재'에서 한 걸음 더 나아가 전자기력에서 '장場, field의 존재'를 통찰하였다. 눈에 보이지 않는 장이 존재하기 때문에 그 장의 공간 영역 내에 있는 물체, 즉 전하를 띤 입자가 힘을 받아 움직이게 된다고 본 것이다. 전하가 있는 모든 물체가 그 주위에 장을 만든다는 생각이 물리적 현상을 설명하기 위한 하나의 수학적인 모델에 그치는 것인지 아니면 그것을 넘어 물리적인 실재實在인지 명확하게 말하기는 힘들다. 아무튼, 여기서 두 개의 질문이 생긴다.

첫째, 장이 만들어지는 데 혹은 장이 펼쳐지는 데(전파되는 데) 걸리는 시간은 무엇에 의해 정해지는가? 공간에 없던 전하가 갑자기 생긴다면 그 주위에 장이 생길 텐데, 없던 장이 생기는 데에는 시간이 걸릴 것이다. 아인슈타인이 예측한 중력파는 중력장이 퍼지는 속도를 말한 것이니, 전자장電磁場, electromagnetic field이 퍼지는 속도 역시 전자파의 속도, 즉 빛의 속도에 의해 정해질 것이다. 양자역학에 양자 얽힘Quantum Entanglement이라는 이론이 있어서 아무리 멀리 떨어진 물체 간에도 그 두 물체를 아우르는 그룹의 전체적인 양자적 상태Quantum State를 즉각적으로 만족시켜야 한다고 주장하는데, 그렇다면 이 법칙 혹은 정보의 전파 속도는 빛보다 빨라야 한다. 아인슈타인은 이것을 'Spooky action at a distance' 라고 하며 양자역학의 문제성을 지적한 적이 있다.

둘째는 그 장을 유지하는 데 에너지가 필요하지 않을까? 그렇다면 그 에너지는 전하 자체에서 오는 수밖에 없다. 그럴 경우 그 전하는 전자파로 에너지를 주위로 방출하면서 방전되어 전하를 잃게 될 것이다. 전자電子, electron가 핵 주위를 계속 돈다는 것은 고전역학적인 생각이어서 이렇게 되면 전자는 밖으로 전자파를 계속 방사放射, radiation하고 결국 탈진脫盡할 수밖에 없다. 양자역학에서는 전자를 공과 같이 단단한 작은 물체로 보지 않고 분산된 존재 확률을 갖는 하나의 수학적 · 함수적 변수로 보면서 이 문제와의 직접적인 충돌은 피하고 있다.

전자뿐 아니라 빛도 그 실재를 알 수 없다. 실제로 빛의 이중성—파동과 입자의 성질을 모두 갖는—은 공공연한 모순이자 우리의 자연에 가득 찬 빛과 같은 엄연한 실재에 대한 이해의 한계를 그대로 드러내고 있다. 물체의 본질은 무엇인가, 물체 간의 상호작용은 어떻게 일어나는가 하는 문제에 대해서는 좀 더 많은 현상을 설명하는 더 좋은 모델이 계속 나오고 있지만, 아직도 완전한 답은 없다.

전기장과 자기장의 존재에 대한 패러데이의 이론을 깨끗한 수학 공식으로 만든 사람이 전자기학의 아버지라 불리는 맥스웰인데 맥스웰 방정식에는 빛의 속도가 상수常數로 등장한다. 법칙이 일반성을 가지려면 그 법칙에 등장하는 상수의 값, 즉 광속光速 c가 관찰자의 상황에 따라 변하지 않아야 한다.

아인슈타인은 이러한 법칙의 불변성, 즉 '법칙의 존재'를 믿었기 때문에 모든 관찰자에게 그가 움직이는 속도와 무관하게 똑같은 법칙이 성립해야 한다고 생각했다. 즉, 빛의 속도는 빛을 관찰하는 모든 관찰자에게 관찰자의 운동 속도와 무관하게 일정한 값 c로 관찰되어야 하며, 법칙이 성립하려면 서로 다른 속도로 움직이는 이들 관찰자는 각자의 시계時計에서 서로 다른 시각時刻을 읽게 된다. 즉, '같은 시각에 같은 장소에 있는' 두 사람이 각자 움직이던 속도에 따라 서로 다른 시각을 읽게 되는 것이다. 이것이 소위 아인슈타인의 쌍둥이 역설twin paradox이다. paradox라는 이름이 붙긴 했지만, 이는 물리적으로 증명된 사실이다.

뉴턴은 만유인력의 장場, field이 항상 걸려 있다고 생각했지만 아인슈타인은 중력장을 포함하여 모든 장場이 그 장의 영역 내의 물체에 힘을 미치는 것은 장의 파도가 전달되는 것이고 그 전달 속도는 광속보다 빠를 수 없다고 하여 광속으로 진행하는 중력파를 예언하였다. 블랙홀 간의 충돌은 중력파를 만들어 내게 되므로 이 중력파를 측정함으로써 우주

그림 17-1 물체의 운동이라는 현상의 배후에 대한 해석의 변화(성질→힘→장→법칙)

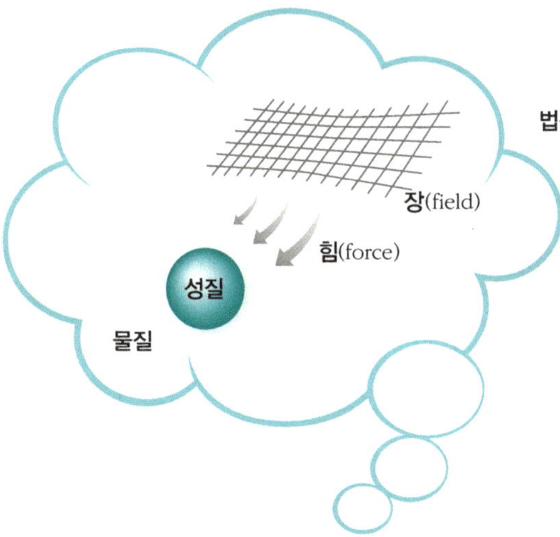

☞ 고대에는 물체 운동의 동인(動因)을 그 물체를 이루는 물질의 성질이라 보았다. 뉴턴은 힘이 물체 운동의 동인이라고 보았고, 패러데이는 전기를 띤 물체의 경우에는 전하를 띤 물체가 전기장을 만들고 이 전기장에 의해 만들어지는 포텐셜(전위)이 낮은 곳으로 전하를 띤 물체를 움직이게 한다고 보았다. 맥스웰은 전자기파의 모든 운동을 설명하는 법칙을 발견하였고 이 법칙을 표시하는 공식에 광속 c를 넣음으로써 관찰자의 속도와 무관하게 법칙이 성립해야 함을 암시했다. 이 암시가 상대성 이론의 출현에 일조했다. 장(場, field)은 중력에까지 적용되며 중력장, 중력파가 예고되고 확인되기에 이르렀다. 이런 인식의 변화는 '법칙이 존재하고, 법칙은 존재의 현상에 의해 확증되며, 법칙은 우리의 직관을 초월할 수 있음'을 말해준다.

생성의 비밀과 운행의 원리를 찾을 수 있다는 생각에 많은 물리학자가 고무되어 있다.

대략 정리하면, 눈에 보이는 물체, 어떠한 상황에서 나타나는 물체의 운동, 그 운동을 설명하는 그 물체의 성질, 혹은 그 물체를 움직이게 하는 동인動因으로서의 힘, 그 영향권 안에 들어가는 물체가 힘을 겪게 하는 장場, 장에 내재한 포텐셜(위치에너지), 전자기장 간의 상호작용을 표현한 맥스웰의 전자기 공식, 그 공식 내에 들어 있는 빛의 속도 상수, 그리고 그 법칙이 적용되는, 즉 그 법칙에 의한 장의 에너지가 전달되는 속도가 바로 광속에 의하여 한정된다는 통찰에 의해 예견되고 속속 증명되고 있는 중력파, 이런 것들의 존재가 속속 증명되고 있다.

그러나 과연 무엇이 본질이고 무엇이 그것에 의한 현상인가? 더 적은 분량의 식이나 말로 모든 사실을 설명할 수 있는 것이 더 일반적인, 즉 더 강력한 법칙이다. 겉에 드러난 현상을 보는 것이 관찰이라면 그것의 한 층 아래 본질을 보는 것은 통찰通察이며, 법칙은 통찰을 통하여 예측되고 발견된다.

인간은 이미 우주 안에 살고 있어서 알게 모르게 그 안에서 경험하고 생각할 수밖에 없다는 한계가 있다. 일반적으로 사람이 우주의 법칙을 발견할 가능성에 대하여 취할 수 있는 자세는 다음 세 가지 중 하나다. 첫째, '완전한 법칙은 없다' 라는 입장, 둘째, '완전한 법칙은 있으며 우리가 아직은 모르지만 찾아낼 수 있다' 라는 입장, 셋째, '인간은 더 좋은 법칙을 찾아낼 수는 있지만 완전한 법칙은 영원히 찾아낼 수 없다' 라는 입장이다. 모든 과학자는 두 번째 혹은 세 번째 입장을 선택했다. 법칙, 즉 답의 존재를 믿지 않고서는 더 좋은 법칙, 더 좋은 답마저 찾을 수 없다. 우주에는 법칙이 있다는 것을 통찰한, 혹은 이것을 믿는 믿음이 이들이 더 본질적인 것을 바라보게 했고 결국 더 좋은 답을 찾아내게 했다.

만져지고 보이는 물질만을 생각하며 존재의 개념을 그것에 국한하여 굳혀 버리는 것은 옳지 않다. 존재라는 현상의 본질, 혹은 존재라는 행위의 주체는 결코 보이고 만져지는 물질이 아니다. 우리에게 만져지지도, 보이지도, 생각될 수도 없는 것들이 존재할 수 있고, 그것들이 오히려 만져지고, 보이고, 생각할 수 있는 것들의 본질과 동인, 주체가 될 수 있다. 존재의 모습과 성격은 엄청나게 다양하다. 아마 이들에게 다 적용되기 위해서는 '존재'라는 단어의 의미가 우리에게 친숙한 개념보다 더 확장되어야 할지 모른다. (God knows에서 knows의 뜻이 Kim knows에서와 다를 수 있듯이) 우리의 제한된 감각에 의한 경험과 그것에 기반을 둔 지식만으로 실존實存에 관한 판단을 내리는 것은 성급하다.

생명

생명은 물질의 속성을 갖되, 그 이상이다. 생명체는 단순히 물질의 복잡하고 지능적인 결합 구조가 아니다. 그렇게 주장하는 첫째 근거는 생명체의 자기 복제複製 능력이다. 생명체는 '먹고 자고 일하고 말하는 능력 외에 그 생명체를 만들어 낼 수 있는 능력을 보유한 개체'와 같이 재귀再歸, recursive적으로만 정의될 수 있다. 재귀적이란 '나는 나인 존재다I am who I am'에서처럼 자체 내의 관계로 자신을 정의하는 방식이다.

어떤 인위적인 기계도 자체 생식에 의한 복제 능력이 없다. 씨앗은 마치 열 때마다 더 작은 인형이 계속 튀어나오는 러시아 마트료시카 인형과 같이 그 안에 나무와 씨앗이 '무한 층층으로' 숨어 있는 이상한(?) 물체다.

그림 17-2 생명체의 세 가지 특징

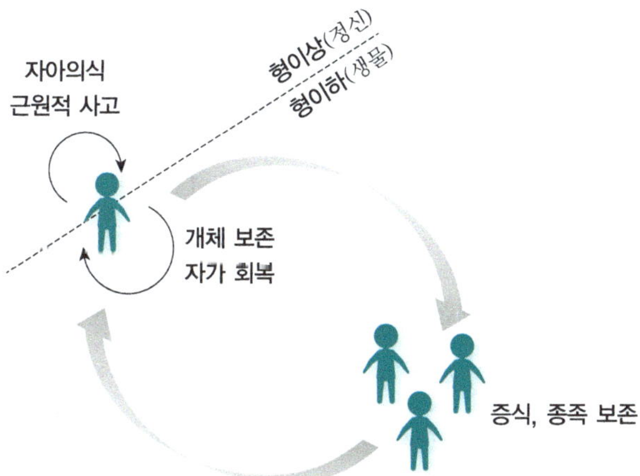

☞ 생명체의 세 가지 특징은 ① 자기 복제를 통한 증식과 종족 보존의 능력, ② 기관의 일부 고장을 스스로 치유하고 회복시키는 능력, ③ 자아의식과 근원적 사고의 능력이다. 앞의 두 가지는 형이하학적 영역의 특성으로 다른 동물에도 있는 것인데, 마지막의 형이상학적 특성은 거의 인간에게만 독점적으로 나타나는 특성이다.

이처럼 재귀적으로만 정의되는 생명체는 사람이 만들어 낼 수 없다. 나무의 겉모양은 모방할 수 있어도 나무의 씨앗 안 무한 재귀적인 구조는 실제로 설계할 수도, 구현해 낼 수도 없다. 스스로 있고 스스로 그런 것이니 인공적으로 만들 수 없다. 자연自然이란 표현은 '스스로 그렇다는(스스로 自, 그럴 然)' 것인데 무신론적이기보다는 오히려 절대자를 인정하는 데 더 가까운 표현으로 느껴지기도 한다. 이 표현으로부터 자연의 범접할 수 없는 작품성이 느껴질 것 같기 때문이다. 그렇게 보면 생명체는 자체적으로 자연적이다. 재귀적으로만 정의될 수 있고 사람이 설계하거나 만들 수 없는 물체, 이것이 생명체다.

두 번째 근거는 스스로 생명을 유지하기 위해 활동하는 생명체의 능력, 즉 생명력의 발현發顯이다. 동물의 생물적인 구조를 분석해 보면 근골계, 호흡 순환계, 소화기계, 생식계, 표피계, 신경계, 내분비계, 림프 및 면역계, 감각계, 비뇨기계 등이 있는데, 이들은 각각 독립적으로 동작하는 것이 아니라 서로 매우 복잡하게 구조적·기능적으로 연결되어 있다. 생명력은 각 기관의 고유 동작을 넘어서서 각 기관 간의 상호작용에 의하여 이루어지기 때문에 생명의 발현과 회복 작용은 각 기관을 연결하는 구조만으로는 파악할 수 없고 여러 조직 간의 상호작용하는 메커니즘과 순서에 매우 민감하게 의존한다. 단순히 보이는 모양대로 붙이고 연결하는 외과적인 처치로 생명이 만들어지거나 치료될 수 있다고 할 수 없다. 또 하나 각 기관 간의 연결이 신비스러운 점은 일부 기관이 손상되었을 때 주변 연결기관들을 통해 나타나는 자가 치료self-curing 혹은 회복 능력이 있다는 것이다. 그래서 생명체는 서로 도와주는 여러 개의 기능이 동시에 손상되지만 않으면 자가 회복이 가능하다고 한다.

세 번째 근거는 근원적 사고의 능력이다. 이것은 특별히 인간에게 가장 잘 발현되어 있는 능력으로, 주어진 문제를 푸는 능력뿐 아니라 문제를 만들어 내는 능력이며, 객체에 관한 생각뿐 아니라 자기 자신에 대해 생각을 하는 능력을 말한다. 물리와 생화학의 법칙을 따르는 기계적인 운동과 현상에 의해 구동되는 생명체 안에 어떻게 물질이 아닌 '근원적 사고'의 능력이 생겨나는지 알 수가 없다. 인간의 뇌는 단순한 기억, 기계적인 연산의 능력을 넘어 창의적인 생각, 자의식을 갖는데 이런 능력이 어떻게 생겨나는지 알 수가 없다. 생명체를 물리적인 결합으로만 보고 인간 생명체를 해체하고 냉각한 역순으로 합체하고 가온加溫하면 회생할 것이라는 생각으로 시작된 냉동인간 사업은 성공 가능성이 거의 제로라고 보아야 한다. 생명체는 레고블록이나 기계와 같이 가역적으로 붙였다 뗐다 할 수 있는 것이 아니다. 사람으로 자라는 정자, 난자를 만들어 내는 인체를 어떻게 해부 결합이 쉽게 되는 기계로 볼 수 있으랴?

생명이 있는 곳은 이 광활한 우주에서 아직은 오직 지구뿐이라고 알려져 있다. 생명체의 물리적인 구조가 신비스러울 정도로 복잡하고 미묘하다는 사실보다 '어떻게 생명체라는 것이 존재하게 되었을까', '도대체 누가 이런 희한한 생명체라는 것을 애초에 생각해 내었을까?'라는 생각을 하면 더욱 신비스러운 느낌이 든다. 생명체는 살아 있지만 반드시 죽게 되어 있으며, 개체는 죽으면 되살아날 수 없지만 종은 자손을 통해 대를 이어 계속 이어진다는 사실, 즉 생명체의 유한성과 무한성이 동시에 있다는 점, 이러한 모습으로 존재한다는 사실도 경이롭다.

이러한 특성—번식 능력, 근원적 사고 능력, 강인성과 회복 능력, 자율적인 행동—에 의해 나타나는 생명체의 행동과 그로 인한 전체 세계에 미칠 영향의 불확실성을 생각해 보면 이러한 생명체를 있게 한 존재의 예술성, 창의성, 담대함에 놀라게 된다. 이런 것을 창조자의 도전정신이라고 해도 될까. 생명체, 그중 다른 생명체와 비슷하기도 하나 확연히 다른 존재인 인간을 있게 한 창조자의 생각은 과연 무엇일까.

생각

우리는 거의 항상 무언가에 대하여 생각한다. 아니, 오히려 생각하지 않기가 힘들 수도 있다. 소위 '멍 때린다' 라고 하는 것도 완전히 아무것도 생각하지 않고 있는 것이라고 말할 수 없다. 자기가 무엇에 대하여 생각하는지 알지 못할 뿐일 수 있다.

'무엇' 에 집중하는 것을 몰입이라고 하며 몰입해야 잘 생각할 수 있다. 자신이 하는 사고思考, 혹은 생각의 행위를 의식하지 않고 있어야 생각의 목적을 달성한다. 오히려 '생각' 하고 있다는 것을 의식하고 있으면 자유롭게 생각하기 힘들다. 멍 때리기와 몰입의 공통점은 자기가 하는 행위를 의식하지 않는다는 것이다. 둘의 차이점은 몰입은 사고의 주제를 자기가 주도적으로 잡는 것인 반면, 멍 때리기는 그렇지 않다는 것이다. 몰입은 마술사를 따라가며 돌아올 길을 알려줄 빵 부스러기를 흘리며 가는 것이라고 볼 수 있다. 그래야 몰입의 결과를 취할 수 있다. 빵 부스러기를 뿌리는 것을 의식하면 몰입의 심도가 떨어진다. 자동적으로 무의식 상태에서 빵 부스러기를 남기는 기술이 필요할 것이다.

깊은 사고는 풍성하고 여유로운 자유가 있어야 가능하다. 우리는 자유를 신봉하지만, 실제 사회에서는 타인의 자유가 나의 자유를 침범하는 경우의 문제를 해결하기 위하여 자유의 한계를 설정할 수밖에 없다. 자유와 자유 절충의 문제를 같이 안고 사는 것이 자유 민주사회의 삶의 기술이라면(자유와 민주는 둘 이상의 독립적인 인격체가 같이 사는 순간부터 상호 충돌하는 개념이 된다) 좋은, 즉 자신과 사회에 유익한, 최소한 자신에 유익하지만 타인에 유해하지 않은 생각을 하는 것은 중요한 생각의 기술일 것이다.

그러면 어떤 것이 온전한 생각일까? 생각은 과연 무엇일까? 우리는 생각을 완전히 제어하기 힘들다. 만약 완전히 제어할 수 있다면 그것은 조작된 것이거나 궁극적으로 창의적인 것은 아니기 쉽다. 저자는 생각의 유용성이라는 가치와 그 가치를 추구하는 방법과 과정에 요구되는 자유라는 위험성 사이에서 고민하면서 결국 다음과 같은 세 가지 관찰에 근거하여 '생각은 우리 자신의 본질' 이라고 '생각' 하게 되었다.

첫째, 생각의 결과에 대한 의견으로서, 우리가 생각하는 것은 거의 어떻게든 말로 혹은 행동으로 나타나 자신은 물론 타인의 삶에 영향을 미치게 된다는 점이다. 아무리 조용히 생각하고 생각의 결과를 말이나 행동으로 나타나지 않게끔 억제하려 해도 결국 나의 표정, 탄식, 작은 행동, 어쩌면 몸 상태로까지 나타나게 된다.

둘째, 생각의 시작이나 진행 과정에서 주체가 누구냐가 매우 불분명하다는 것이다. 굳이 '나' 라고 주장하기도 힘들다. 만약 '나' 라고 주장하더라도 그 '나' 가 과연 무엇인지 말하기 쉽지 않다('16. 자기와 신' 참조).

셋째, 생각하는 큰 그림, 방식, 사용하는 수단은 오래 쌓아 온 생각하는 습관의 결과다.

이상과 같은 관찰에 근거하여 저자는 우리 각자의 생각은 각자의 본질을 이루는 것이며, '우리가 하는 생각의 내용이나 결과에 대하여 우리 자신보다 더 책임을 져야 할 존재는 없다' 라고 '생각' 하게 되었다.

마음

생각의 근저에는 어떤 '마음' 이 있을 것이다. 눈에 보이는 그림을 이루는 색깔이 여럿이듯이 마음이 그림이라면 평화, 기쁨, 열정, 슬픔, 그리움과 같은 색깔들로 이루어져 있을 것이다. 망가진 마음은 억압, 교만, 고집, 분노, 질시와 같은 색깔들로 이루어진 그림일 것이다. 성경 창세기에 창조 행위마다 하나님이 '보시기에 좋았더라' 한 것은 창조자의 생각과 행위가 모두 마음에서 나온 것임을 느끼게 한다. 사람의 타고난 기질, 그 사람이 겪어가는 환경이 마음이란 캔버스에 계속 색칠을 해댈 것이지만, 그 마음의 밭 위에서 어떤 생각을 하고, 어떤 말을 하고, 어떤 행동을 하며 살았는가에 대하여는 결국 누구에게 공과功過를, 책임을 물어야 할까?

18
창업에 미치다

음수의 개념과 창조의 벽

최근 뉴스에서 원유 값이 배럴당 마이너스 37달러라는 보도가 있었다. 원유를 한 배럴 받아가면 파는 측에서 사는 측에게 37달러씩 얹어준다는 것이다(물론 이 경우에 한두 배럴씩 거래하지는 않는다). 코로나 사태로 비행기가 뜨질 않고 공장이 문을 닫으니, 원유 수요가 대폭 줄어들고 원유를 담아 둘 저장고가 부족하게 되었다. 폐차 등 폐기물 처분 사업자는 (항상 그렇진 않지만) 폐기물을 수거하면서 돈을 벌고, 폐기물(폐차)을 분류 · 재생 · 가공한 후에 팔면서 돈을 벌 수 있다고 하는데, 이제는 중동 국가들을 부국으로 만든 석유가 천덕꾸러기 취급을 받게 되었다. 마이너스라는 개념이 수학이나 재무제표에서만 나오는 줄 알았는데 석유 값이라는 생뚱한 영역에 나타난 것은 실로 특이한 경험이 아닐 수 없다. 숫자의 세계에서는 (양의) 정수, 그리고 0[영]의 개념이 먼저 나왔고, 마이너스의 개념은 거의 최근 사오백 년 전경에야 나온 것 같다.

물리학에서는 세계를 구성하는 에너지와 물질 사이에 통로가 있어서(예를 들어 $E = mc^2$), 세계 전체를 '에너지-물질 연속체'로 본다. 빅뱅 이론이나 우주의 가속 팽창 등 계속 새로이 관측되는 현상들을 일반상대성 이론의 틀 안에서 해석하기 위하여(이런 암흑 물질과 암흑 에너지를 도입하지 않으면 일반상대론 자체를 수정해야 한다) 암흑 물질, 그리고 암흑 에너지의(중력과는 상호작용하지만 빛과는 상호작용하지 않는다는 뜻에서 '암흑'이라 함) 개념을 도입하였다. 즉, 물질과 에너지에 대한 개념이 점점 확장되는 경향이 있는 것이다. 아무튼 암흑 물질이건 암흑 에너지이건 아니건, 에너지의 값이나 물질의 값은 절대로 마이너스가 될 수 없다는 것이 지금까지 모든 물리학의 기본 가정이다(보통 우리가 말하는 물질은 우주 전체의 물질-에너지 연속체 전체의 5%, 그리고 나머지 중 27%는 암흑 물질이, 68%는 암흑 에너지가 차지한다고 하니, 지금의 이론으로 관측된 현상을 다 설명하기 위해 95%의 '암흑' 존재를 설정해야 하는 것인데, 20 : 1 지레에서 작용점의 5% 측정오차는 힘점에서 95% 오차로 나타나는 것을 생각하면 물리物理학이 너무 무리無理하는 것 아닌가 하는 생각도 들긴 한다).

마이너스의 질량 값을 갖는 '가상 입자virtual particle'는 스티븐 호킹이 물질 간의 작용을 설명하기 위해 도입한 것인데 아직 가상 입자가 발견되거나 증명된 것은 아니다. 한편, 마이너스 에너지의 개념은 폴 디락Paul Dirac이 거의 광속으로 움직이는 전자의 운동방정식에서 예견된 숱한 음에너지 양자 상태를 도입하기 위하여 진공을 음의 에너지를 갖는 입자들의 무한한 바다로 모델링한 '디락의 바다Dirac Sea'라는 개념에서 쓰긴 했지만, 여기서 입자는 실제 입자가 아닌 '입자의 부재', 즉 'hole'을 뜻하는 것이며, hole은 항상 메워져 있다고 가정했고, 또한

hole이 아닌 진짜 입자만으로 설명되는 양자장 이론quantum field theory과 등가적인 것이 증명되었기 때문에, 굳이 음에너지를 도입해야 할 특별한 물리적인 의미나 영향은 없는 것 같다. 아무튼 우리는 '양의 값을 갖는 질량의 물질과 양의 값을 갖는 에너지'로 이루어진 연속체인 물리적인 세계에 살고 있다. 그 너머의 세계는 최첨단을 달리는 우주 및 소립자 이론물리학자들조차 인정하지 않는 세계로, 우리가 어떻게도 가늠할 수 없는, 창조의 벽에 의하여 완벽하게 가려져 있는 세계라고 보아야 할 것이다(〈그림 18-1〉 참조). 〈그림 18-1〉에서 우리가 사는 세계는 제1사분면에 해당된다.

그림 18-1 에너지-물질의 세계와 창조의 벽

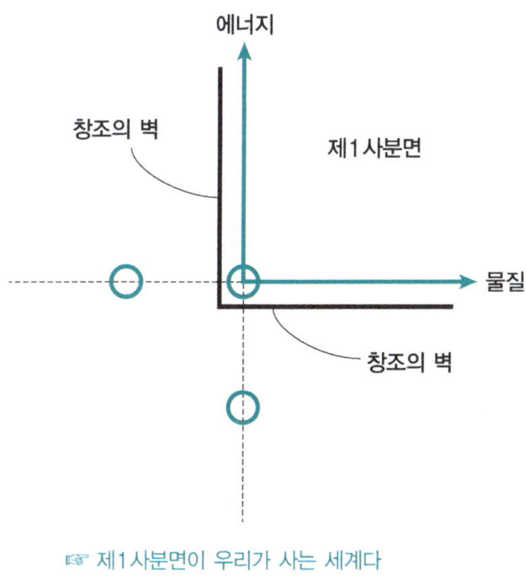

☞ 제1사분면이 우리가 사는 세계다

설계 능력-구현 열정 공간

진짜 물질은 무엇인가? 물질이 실제로 물리적으로 나타난 것, 즉 만져지며 부딪치면 아픈 것, 세계를 구성하는 것이라면, 에너지는 만져지지는 않지만 물질을 움직이는 힘이라고 할 수 있다. 힘은 그것이 움직이는 물체에 의하여 느껴지고 드러난다. 권투선수의 힘은 때리는 주먹에 의해, 야구선수의 힘은 날아간 공의 거리에 의해 느껴지고 드러난다. 사람은 세상의 여러 물질을 가지고 이것저것 다양한 기계나 시스템을 고안하고 설계할 수 있다. 이것은 '설계 능력'이라고 볼 수 있다. 그러나

그림 18-2 두 개의 벽을 넘으면 창업의 영역에 이른다

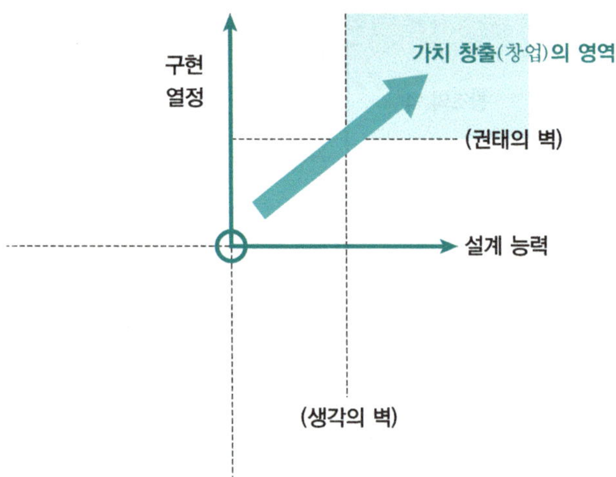

☞ 제물질(소프트웨어 포함) 축(x축)은 물질을 배열 혹은 설계하는 능력을 나타내고, 에너지 축(y축)은 생각과 능력의 구현 열정을 나타낸다. 생각의 벽이라는 턱(threshold)을 넘으면 창조적인 사람이 될 능력이 생기는 것이며, 권태의 벽을 넘어서야 힘차고 기쁘게 일하고 생각과 능력을 발현해 낼 수 있다.

사람이 어떤 일을 할 능력이 있다고 해서 꼭 그 일을 하는 것은 아니다. 그 일을 하고 싶은 동기가 부여되거나 그 일을 해야만 하는 충분한 이유가 있을 때에야 그 일을 하게 된다. 이것을 '구현 열정'이라고 할 수 있겠다.

〈그림 18-2〉는 능력-열정의 공간으로, 사람의 설계 능력과 구현 열정을 각각 수평, 수직 축으로 하여 이루어지는 이차원 공간이다. 여기에 표시된 두 개의 점선은 '권태의 벽'(수평선)과 '생각의 벽'(수직선)을 나타내는데, 권태의 벽은 그것을 넘어야 하는 최소한의 열정, 생기, 부여된 동기의 정도를 표시하며, 생각의 벽은 새로운 것을 생각할 수 있는 최소한의 설계 능력의 정도를 표시하는 선이다. 이 능력-열정 공간에 어떤 사람의 능력과 열정(어떤 주제나 일에 관한 능력과 열정을 말할 수도 있고, 종합적인 삶의 능력과 삶의 열정을 말할 수도 있다)을 표시해 보면 〈그림 18-2〉에 표시한 가치 창출의 영역(〈그림 18-1〉의 제1사분면을 다시 넷으로 나눈 것의 제1사분면에 해당된다)이 나오는데 여기가 바로 사람의 '창조의 영역', 즉 '창업의 영역'이다.

창조자가 세계를 창조하였고 지금도 여전히 창조하듯이(창조자가 옛날에 한 번 창조했지만 지금은 창조 활동을 멈추었고, 더 나아가 아무런 간여도 하지 않는다는 편리한 생각은 창조자의 능력을 시간 상에서 제한하거나 활동 능력 면에서 제한하는 것이므로 결국 마음대로 창조자의 역할과 권한을 설정하는 이상한 생각이다. 이러한 임의적인 정의는 창조자라는 이름 자체와 충돌한다), 그 안에서 존재하며 살고 있는 우리도 가급적 창조자의 정신을 따라 사는 것이 가장 적합한 모습이라고 생각된다. 이 생각은 '내 아버지께서 이제까지 일하시니 나도 일한다'(요한복음 5:17)라는 '내가 아는 한 창조자의 마음과 정신에 가장 가까이 간' 예수의 말씀을 들으며 드는 생각이기도 하다.

창업에 미친 사람들, 권태의 늪에 빠진 사람들

〈그림 18-3〉에 네 종류의 세상을 보였다. 제1사분면 '창업가의 영역'이 '창업에 미친' 사람들, 뚜렷한 세계관과 뜨거운 열정으로 이루어진 창업가의 정신을 갖고 살아가며 창업을 일구어 내는 사람들의 영역이다. 생각의 벽(가운데 수직선)의 오른쪽은 창작의 영역(여기서 창조는 창

그림 18-3 생각의 벽과 권태의 벽이 있는 생각-권태 평면

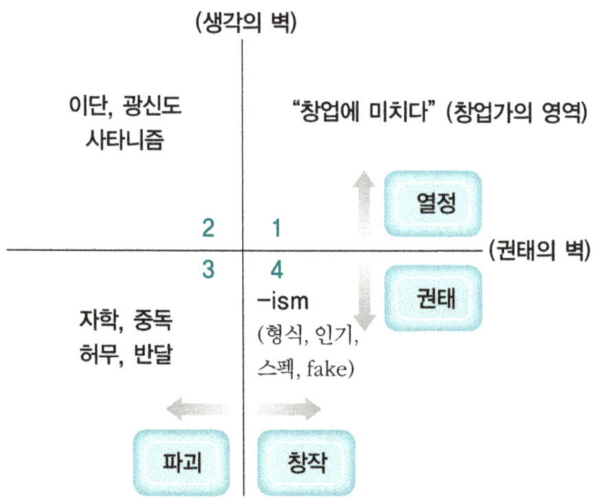

☞ 각 4분면에 있는 사람들의 증상과 모습이 나타나 있다. 권태의 벽 아래의 두 영역(제3, 4사분면) 간에는 (생각의) 벽의 높이가 낮아서 두 사분면의 사람들은 떡풀이나 플라즈마로 섞이게 된다.

조자의 행위, 창작은 인간의 행위를 뜻한다), 왼쪽은 아무리 지식이 많아도 파괴의 영역이다. 가운데 수평선인 권태의 벽을 넘어서지 못하면 무서운 '권태ennui'에 빠진다. 소설가이자 실존철학자인 까뮈는 부조리에서 권태와 무기력을 느끼며 다음과 같이 말한다.

> '삶의 끝이 결국 죽음이라면 인생은 부조리한 것이다. 하지만 비록 인간의 삶이 부조리한 것이라 해도, 난 계속해서 오직 인간이기를 원한다. 난 인간에게만 주어지는 생각하는 능력을 포기하지 않을 것이며, 내 이성을 사용해 끊임없이 세계를 이해하기 위해 노력할 것이다.'

여기서 말하는 것은 권태의 벽을 넘지 못한, 혹은 '부조리함의 덫에 갇힌' 사람의 생각이다.

〈그림 18-3〉의 아래 두 사분면, 즉 3, 4사분면은 (능력의 유무, 정도를 떠나) 활성화되지 않은 사람들의 영역을 나타낸다. 많이 알고 생각하는 능력은 그것을 활성화시키는 에너지를 만나서 권태의 벽을 넘지 않으면 별로 쓸모도 없고 의미도 없다. 〈그림 18-3〉의 제2사분면에는 사타니즘, 이단 종교집단, 광신도들이 자리 잡는다. 파시즘, 극단주의자, 인종주의자와 같은 적극적인 파괴자들이 여기에 포함된다.

결국 세상은 제1사분면 사람들과 제2사분면 사람들 간의 싸움이 된다. 이것은 반지의 제왕에서 말하는 선과 악의 싸움이다. 창조하는 것은 선한 것이고 파괴하는 것은 악한 것이다. 망가진 것을 고치고 더럽혀진 것을 청소하고 다친 사람을 치료하고 살리는 것은 선한 것이다. 선한 것은 긍정적이고 적극적인 것이다. 아무 일도 안 해도 되는데 적극적으로 생각하고 만들어 내는 것이다. 만들어진 좋은 것들을 망가뜨리는 것이 아니라 그 반대로 세우고 가꾸는 것, 무질서와 혼돈, 즉 엔트로피를 줄이는 행위이다.

우리나라 교육의 당면 과제는 권태의 벽을 넘는 것

권태의 벽 아래는 잠자고 있는 사람들, 실제로 이 세상에 영향력을 발휘하지 못하는 사람들의 영역이다. 제3사분면에는 마약중독자, 허무주의자들이 있다. 제대로 교육의 기회를 갖지 못한 사람들도 일단 이 영역에서 그들의 커리어를 시작한다. 마지막 제4사분면이 우리나라 교육의 문제 영역이다. 제4사분면은 열심히 지식을 축적하지만 스펙 쌓기, 형식주의, 인기 영합으로 무늬만 그럴듯한 사람들을 양산하는 것을 목표로 하는 우리나라 교육의 종착역, 우리 청년들이 매몰되는 영역, 일거리를 받지 못하고 쓸쓸히 돌아가는 새벽 노동시장의 노동자의 안타까운 모습이 잡히는 영역이다. 문제는 이것이다. 어떻게 여기에서 창업의 영역으로 점프할 수 있을까?

교육은 제3사분면에서 시작하여 제1사분면으로 인도하는 것이라고 볼 수 있다. 〈그림 18-4〉는 〈그림 18-3〉의 네 개의 영역을 각각 1사분면의 유익 혹은 유용한useful 사람, 2사분면의 유해한harmful 사람, 3사분면의 무익 혹은 무해한useless 사람, 4분면의 무의미한meaningless 사람의 영역이라고 표시했다. 교육의 시작점은 3분면이다. 여기에서 교

그림 18-4 무용에서 유용으로 가는 세 가지 길(b, c, d)

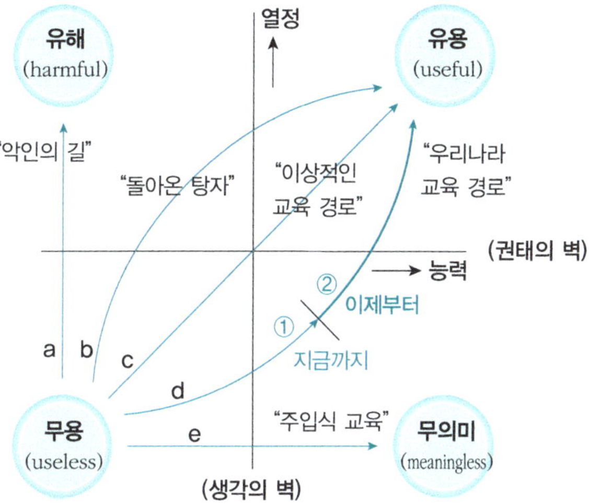

☞ 유해하거나 무의미한 삶으로 가는 a, e경로로 빠져 버리면 안 된다. c는 능력 계발과 열정(동기부여)을 같이 키우는 이상적인 교육 경로, b는 늦게 깨닫고 선한 길로 돌아온 만학, d는 ① 지금까지 능력 중심의 우리나라 교육의 전반부와 ② 시장의 요구, 인생의 참 의미, 존재와 기회에 대한 감사로 동기부여된 각성자의 후반부.

육의 바람직한 종착지인 제1사분면까지 가는 3개의 경로 b, c, d를 표시했다. 악인의 길로 가는 a경로, 죽은 사람, 무의미한 인생으로 이끌어 가고 팽개치는 주입식 교육의 경로인 e경로도 표시했다.

가장 이상적인 경로는 능력 계발과 동기부여를 같이 해나가는 c경로라고 볼 수 있다. 자발적으로 스스로 무엇을 할까 묻고 스스로 찾고 자발적으로 추구해 가는 것이 c경로다. c경로보다 약간 동기부여가 늦게 된 사람이라면 d경로를 따라가야 할 것이며, b경로는 일찍이 나쁜 길로 들어섰으나(즉, 나쁜 방향으로 동기부여가 되었으나) 뒤늦게 깨닫고 돌아와 열심히 하는 만학, 혹은 '돌아온 탕자'의 경로이며, d경로는 우리의 특별한 관심 경로인데, 이는 전반부와 후반부로 나누어 볼 수 있다. 주입식 교육으로는 결코 제1사분면까지 도달할 수 없다. 지금까지 열심히 노력하여 d경로의 ① 전반부 동안 운 좋게 제4사분면까지 왔다면 창업가의 영역인 제1사분면으로 가는 나머지 ② 후반전 경주는 이제부터 해야 할 일이다. 바로 이 부분이 시장의 요구, 인생의 의미를 알고 진정한 동기motivation을 갖고 달려가는 창업의 길이다.

미래의 파도를 타고 창업의 벽을 넘는 서퍼

물리의 세계에는 중력파가 존재한다. 모든 물질은 질량에 따라 시공간spacetime을 어떠한 곡률로 왜곡시키는데, 별의 폭발, 수축, 혹은 빅뱅과 같은 초기 우주 사건에 의해 물질의 거대하고 급속한 이동이 생기면 광속으로 진행하는 중력파가 만들어진다. 수학자인 앙리 포앙카레가 제안하고 아인슈타인이 예견한 중력파gravitational wave와 중력 방사gravitational radiation의 존재는 우주의 기원을 알아내려는 학자들의 노력에 중요한 단서를 제공한다.

현실 물리의 세계에 나타난 창조자의 가장 확실한 족적足跡, footprint은 물질의 질량(m)과 에너지(E)다. 물질 창조의 족적이 중력파에 의해 추적되고 있다. 물질과 에너지 간 상호 교류의 터널이 있음은 이미 알려졌다($E = mc^2$). 그러나 우리에게 엄연히 나타난 현실의 물리 세계에서 물질의 질량과 에너지는 음negative일 수 없다. 창조자는 이 모든 것을 있게 한, 무에서 유를 만들어 낸 존재이니, 창조자의 영역은 질량과 에너지가 양positive과 음인 전체 영역을 포함한다. 우리는 창조자만이 거할 수 있는 '창조의 벽' 저편으로는 가볼 수가 없지만 중력파를 통해서 창조의 얘기와 마음을 조금씩 엿볼 수는 있게 될지 모른다. 창조자가 우리를 만들고 우리에게 허락한 세계는 부정적이거나 소극적인 세계가 아니다. 긍정적이고positive, 적극적인positive 세계다!

사람은 과거와 현재의 단서를 추적하며 우주와 세계를 움직이는 법칙을 찾아내고 싶어하며 이 법칙이 우리의 미래 어디로 이끌어 갈지 예측한다. 더 나아가 인간의 창의력과 원하는 미래를 만들어 가기 위한 계획을 만들고 추진한다. 이렇게 주도적으로 미래로 가는 길을 먼저 걷는 사람들에 의해 미래로부터 바람이 불어온다고 할 수 있다. 이 바람은 모든 사람에게 불어오지만 특히 예측하고 주도적으로 먼저 움직이는 사람에게는 더 민감하게 느껴지고 더 잘 대비하게 한다.

과거의 우주 대폭발과 지금도 진행 중인 별의 명멸에서 오는 물리적인 파도가 중력파라면, 창업가에게 느껴지는 이 바람은 미래에 대한 창업가의 생각, 즉 미래를 계획하고 추진하는 마음의 생각에서 비롯되는 모든 움직임 때문에 불어오는 것이니, 가히 미래로부터 불어오는 '미래파未來派' 라고 부를 수 있지 않을까? 미래에 대한 사람의 생각 때문에 생기는 현상인데 과학기술로 대변되는 물질과 에너지의 세계뿐 아니라 사람의 마음까지 포함되니 물리의 영역을 넘어서 부는 큰 바람, 큰 파도다. 미래의 바람과 파도를 타고 거칠고 푸른 세계로 나아가는 젊은 창업가, 서퍼surfer를 미래가 부르고 있다.

친구 농장에서 모처럼 흰 구름 떠가는 파아란 하늘 아래 세상 걱정

그림 18-5 서로 닮은 모양의 창조의 벽과 창업의 벽

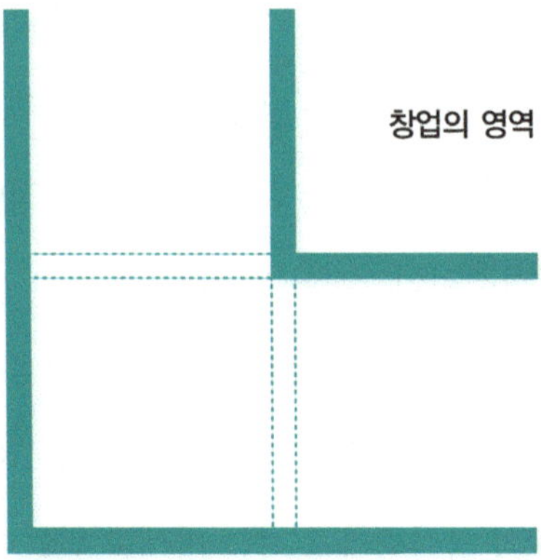

없이 무심히 익어가는 복숭아가 달린 나무 사진이 카톡으로 날아왔다. 경치 좋다니까 시를 하나 지어 보내라기에 '하늘이 파아랄수록, 땅이 거칠수록, 그 사이 떠가는 구름은 자유다' 해서 보냈더니, 친구는 '뭔 일 있냐?' 곧바로 걱정을 보내왔다.

우리가 거하는 창조의 벽 안쪽(창조자의 제1사분면)에는 생각의 벽과 권태의 벽, 이렇게 두 개의 벽이 있다. 창업가는 이 두 개의 벽을 넘어야 미래를 여는 창업의 영역에 들어갈 수 있다. 창업자가 넘어야 할 이 두 개의 벽을 합하여 '창업의 벽'이라고 부를 수 있겠다(〈그림 18-5〉). 인간이 오늘까지 이른 역사를 논함에 있어서 진화건, 진화적인 창조건, 급속한 창조건 그 이름과 세세한 내용을 떠나 아무튼 무에서 유를, 그것도 오늘 우리가 보는 정교한 유를 있게 한 원인인 창조자가 인간을 창조한 목적이 있다면, 아마 창업자의 길을 걷는 인생을 보면서 '사람이 쉬운 길을 두고 창업가의 길을 가기로 정하니 창조자가 보시기에 심히 좋았

더라' 하지 않을까 한다. 그러고 보니 창조자가 무슨 일이었는지 구태여 넘어오신 창조의 벽과 사람인 창업가가 넘어야 할 창업의 벽은 우연히(?) 서로 닮은 꼴이다. 빙고!

나가는 글

앞으로 살아갈 날들이 얼마나 되고 할 수 있는 일이 얼마나 될지는 모르지만 지나온 시간 나름 애써온 일들의 열매를 보면 오직 감사할 뿐이다. 그렇지만 딱히 드러내어 말할 만큼 해놓은 것도 깨달은 것도 없긴 하다. 세계와 인생에 대하여 근본적인 질문을 하며 살았지만 명쾌하게 깨달아 후배들에게 알릴 것도 딱히 없다. 모르는 것은 여전히 모른다는 것만 확인하였다. 창조자 하나님의 사랑이 나를 잘 거두어 주시기만을 바라며 가급적 참되고 좋은 신앙을 달라고 간구하며 살아가고 있는 형편이다. 젊어서 사람이 어떤 존재인지 잘 모르고 함부로 대한 것은 두고두고 회개할 일이다. 친구들과는 같이 싸웠으니 예외다. 그런 친구들이 남아 있어 이따금 만나 얘기를 나눌 수 있으니 그저 감사할 뿐이다.

나의 이 세상에서의 나머지 삶은 서산대사의 시처럼 눈 위에 어지러운 발자국 남기지 않도록 조심할 것, 남은 시간을 잘 추슬러야 할 것이다. 나의 인생도 흘러가는 강물 속 작은 물방울 하나, 그 소리에 지나지 않을 것이다. 그럼에도 이따금 우리나라와 세계의 역사를 읽고 들어보면 너무나도 크고 깊은 아픔을 보며 작은 떨림과 오열을 멈출 수 없었고, 버젓이 고개 들고 살아온 나의 게으름, 교만, 너그럽지 못함과 생각의 왜소함을 한없이 부끄러워하지 않을 수 없었다. 그럼에도 이 세상에서 받은 복이 넘치도록 크고, 미안하게 느끼지 않을 수 없을 정도로 풍성하였다.

골프를 치면 아직도 큰 평원 놔두고 공을 자꾸 옆의 숲으로 들여보내는데 …… 희한하게 계속 공을 찾게 되는 운 좋은 날이 있다. 공이 좋든지 운이 좋든지 자꾸 공을 찾게 되니 기분에 여유가 생기다가, 드디어 공을 잃어 버리고 아뿔싸 한다. '이 공은 아무리 잘못 쳐도 잃어 버리지 않아' 라고 생각하게 되고, 오늘은 이상하게 운수 좋은 날이라고 생각하는 순간 마법은 풀린다.

파아란 하늘 구름도 좋은 날 구두끈 질끈 고쳐 맬 수 있다면, 평화의 때에 폭풍을 생각할 수 있어 같이 힘차게 미래를 향하여 나아갈 수 있다다면, 부끄럽지 않은 시간을 후대에 넘겨줄 수 있을 것이다. 숱한 외세의 침탈 속 치욕의 역사를 살아온 우리나라가 가야 할 길은 무엇인가, 어떻게 하여야 고통과 치욕의 역사가 재발하지 않을 것인가? 정답은 말에 있지 않고 자세에 있음을 깨달았다.

창업 국가인 이스라엘이 천신만고 겪어 온 역사는 길고 혹독하다. 이사야, 예레미야 선지자가 그토록 경고하였지만 결국 나라는 망하고 이스라엘 백성들은 흩어져 살다가 근 2000년이 지나고 그 혹독한 나찌의 탄압과 학살을 거쳐 지금의 나라를 세우게 되기까지 얼마나 긴 칠흑같은 절망의 시간이 흘렀는가?

이 땅의 젊은이의 정신이 살고 나라의 건강한 미래가 희망 속에 펼쳐지는 비전은 창업으로 이루어질 것이라고 생각한다. 나는 정치가도 아니고 기업가도 아니고, 일개 과학기술자라서 내가 무언가 펼칠 수 있는 동네는 바로 여기 CISS 연구단에 젊은이들과 같이 자리 잡은 '창업의 터' 라고 생각한다. 내가 오래 신세 진 KAIST와 우리나라의 대학들이 기술창업을 미래로 가는 축으로 삼고, 시대에 걸맞는 노블레스 오블리주의 역할을 해주면 좋겠다. 그래서 우리 젊은이들이 세운 기업이, 우리 대학이 키워내는 이공계 청년들이 이 땅에 무성하고 건강한 산업의 생태계를 만들어 주기를 간절히 바란다. 꼭 그렇게 될 것을 믿는 마음으로 그런 날이 올 때까지 같이 달리고만 싶다. '그 정도 했으니 되었다' 하실 때(아내는 지금도 '그 정도면 되었다' 하지만) 나의 마지막 경주를 다 마치고 그 하늘 아래 동여 맨 신발의 끈을 풀고 그리운 하나님의 세계로 평화롭게 들어가게 되기를 그리워한다.

경종민

지은이에 대하여

경종민(慶宗旻, Chong-Min Kyung)

우리나라의 시스템 반도체가 거의 백지 상태이던 1990년대 당시 최첨단 386 마이크로프로세서 칩, 한국 최초의 32비트 RISC 마이크로프로세서 칩 등 핵심 비메모리 칩의 성공적인 개발과 세계적인 수준의 탁월한 연구를 통하여 우리나라 시스템 반도체 기술 경쟁력을 현재의 수준까지 올리는 데 기여하였다. KAIST에서 재직한 35년 동안 시스템 반도체 설계 분야에서 박사 60명 포함, 140명 정도의 석 · 박사 인력을 배출하였으며, 이들은 대부분 국내 반도체 기업의 연구개발과 현장에서 반도체 관련 중추적인 역할을 감당하고 있다. 1996년, 2006년에 KAIST 연구대상, 2000년에 국민훈장 석류장을 받았다.

1995년 통상산업부의 지원으로 국내 모든 대학에서 교수와 학생들이 칩을 설계 · 제작할 수 있는 인프라인 반도체설계교육센터(IDEC)를 창립하여 16년간 봉사하였다. IDEC은 지난 25년간 우리나라의 반도체 설계 기술 인력 양성에 핵심적인 역할로 기여해 왔다.

글로벌 프론티어 사업의 일환으로 2011년에 스마트IT융합시스템 연구단(CISS)을 설립하여 4차 산업혁명의 핵심 기술인 스마트센서 시스템 분야에서 지금까지 약 30개의 기술창업을 하는 데 기여하였다. 2018년 KAIST의 명예교수로 은퇴한 이후에는 CISS 단장의 업무에 전념하며 국민의 혈세에 의한 정부 사업이 뿌린 씨앗이 민간의 창업으로 연결되고 스스로 번창하는 선순환의 성공사례를 만들기 위하여 지금까지 노력하고 있다.

반도체 설계 전문가로서 다수의 전문 분야의 논문, 저서 외에 인문학술 저서로서 교육철학을 담은 『큰 나무가 자라는 땅』(1999년, 시그마프레스), 이공계 기피를 염려하여 쓴 『이공계가 살아야 나라가 산다』(2004년, 야스미디어), 공학자의 머리와 가슴으로 인생의 길을 논해 본 크리스천 간증집인 『인생백서』(2006년, 홍성사)가 있다.

창업가

초판 1쇄 발행 2020년 6월 1일
초판 2쇄 발행 2020년 6월 25일

지은이 경종민
펴낸이 박기남
펴낸곳 **율곡출판사**
08590 서울시 금천구 가산디지털1로 84(에이스하이엔드 8차), 803호
전화 (代) 02) 718-9872/3
팩스 02) 718-9874
home-page www.yulgokbooks.co.kr
e-mail yulgokbook@naver.com
등록 1989.11.10. 제2014-000031호
ISBN 979-11-87897-89-7 03320

정가 20,000원